Library of Marxism Studies, Volume 2

马克思主义研究论库
第二辑

马克思告别哲学的尝试
Marx's Attempt to Leave Philosophy

[美] 丹尼尔·布鲁德尼 (Daniel Brudney) 著
陈 浩 译

中国人民大学出版社
· 北京 ·

马克思主义研究论库
编委会名单

主编
庄福龄　罗国杰　靳　诺

委员（以姓氏拼音排序）
艾四林　陈先达　程恩富

顾海良　顾钰民　郭建宁

韩　震　郝立新　贺耀敏

侯惠勤　鲁克俭　梅荣政

秦　宣　石仲泉　吴易风

张雷声　郑杭生

出版说明

马克思主义是我们立党立国的根本指导思想，是我们认识世界、改造世界的强大理论武器，加强和推进马克思主义理论研究和建设，具有十分重要的意义。当前，随着中国特色社会主义伟大实践深入推进，新情况、新问题层出不穷，迫切需要我们紧密结合我国国情和时代特征大力推进理论创新，在实践中检验真理、发展真理，研究新情况，分析新矛盾，解决新问题，用发展着的马克思主义指导新的实践。时代变迁呼唤理论创新，实践发展推动理论创新。当代中国的学者，特别是马克思主义学者，要想适应时代要求乃至引领思想潮流，就必须始终以高度的理论自觉与理论自信，不断推进马克思主义中国化、时代化、大众化，不断赋予马克思主义新的生机和活力，使马克思主义焕发出强大的生命力、创造力、感召力，放射出更加灿烂的真理光芒。

为深入推进马克思主义理论研究、马克思主义中国化研究，中国人民大学出版社组织策划了"马克思主义研究论库"丛书。作为一个开放性的论库，该套丛书计划在若干年内集中推出一批国内外有影响的马克思主义研究高端学术著作，通过大批马克思主义研究性著作的出版，回应时代变化提出的新挑战，抓住实践发展提出的新课题，推进国内马克思主义研究，促进国内哲学社会科学的繁荣发展。

我们希望"马克思主义研究论库"的出版，能够受到广大读者的欢迎，为推动国内马克思主义研究和教学做出更大贡献。

中国人民大学出版社

致　谢

本书的写作耗时甚久，堪称一场马拉松。写作过程中我曾经得到过许多人的帮助。我要感谢贝瑟尔（Frederick Beiser）、布鲁德尼（Victor Brudney）、戴维森（Arnold Davidson）、福斯特（Michael Forster）、加伯（Daniel Garber）、哈迪蒙（Michael Hardimon）、希尔顿（Peter Hylton）、米那（Edward Minar）、罗森代尔（Ellen Rosendale）、沃格尔（Steven Vogel）、沃格勒（Candace Vogler）和沃特斯（Lindsay Waters），此外还有哈佛大学出版社的审读人，感谢他们长久以来对于本书手稿所做的有益评论，以及他们围绕本书主题所做的会谈和交流。

我要感谢芝加哥大学人文研究所。研究所为我免除了1993年冬季学期的教学任务。我还要感谢芝加哥大学在1995年秋季学期和1996年冬季学期两度准许我学术休假，使我能有时间安心完成本书手稿的写作。

在家庭电脑有限的硬盘空间中，戴维·布鲁德尼（David Brudney）和阿莉·布鲁德尼（Allie Brudney）非常慷慨地允许我占用其中的绝大部分，这使得他们无法运行电脑游戏。他们迫切地想知道：如果他们的父亲没有写作这本书，生活会是怎样的一种情形。

我的父亲维克多·布鲁德尼的辛勤培养和言传身教，让我感受到了思考的乐趣。我对他感念甚深，他是我一生的导师。我的母亲，朱丽叶·布鲁德尼（Juliet Brudney），在遣词造句方面所表现出的坚忍和毅力，堪称激励人心的典范。我的岳母埃莉诺·罗森代尔（Eleanor Rosendale）和岳父金·罗森代尔（King Rosendale），同样给予了我莫大的帮助。我要感谢他们一直以来从未间断、从不动摇的支持和鼓励。

我的妻子艾伦·罗森代尔的支持是长年累月，且始终如一的。我要感谢她的，远不只是支持和鼓励。她是我的世界运转的源泉和动力。

缩　写

只要条件允许，我会同时引证德文本和英译本。在引证费尔巴哈、鲍威尔和马克思的文本时，我借助圆括号使用了夹注的形式（如正文第5页，如遇有括号套用，则改为方括号形式），每条夹注具体由三部分组成：德文书名的缩写、德文本页码和左斜线分割的英译本页码①。在引证其他作者的文本时，我采用了尾注的形式，并且仍然以德文本为先。

对于尚未翻译为英文的内容，我自己进行了翻译。已有的翻译内容，只要译本得当，我一律加以采用；不过，对于所有引文，我几乎都在一定程度上做了修正。（为了保持文本的整洁，我没有标注"译文有改动"字样。）在引证为数不多的几个评论家，以及阿尔都塞和傅立叶的著述时，我使用了现行的英译本，而且既没有修正译文，亦没有引证德文本和法文本。文中但凡有字体加粗的情况，悉数为原文自带。

---

① 有中译本的，译者补充了相应的中文书名简称和中译本页码，如在"导论"第2页，译者补充了"《导言》，第199页"字样。此外，为了尊重英文原文，译者对有些引文做了改动。——编辑注

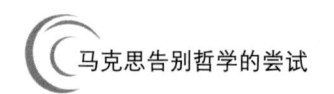

费尔巴哈（Feuerbach）

xiv Werke   *Gesammelte Werke*. Edited by Werner Schuffenhauer. Berlin：Akademie Verlag，1967. Cited by volume. 截至 1845 年的著作引自《文集》（*Gesammelte Werke*），我标注了书名和第一版的出版日期。这些著作收录在舒芬豪威尔版中（Schuffenhauer edition，这一版以脚注的形式标出了后来的修改之处）。1846 年的费尔巴哈《全集》（*Sämmtliche Werke*）对所有这些著作悉数进行了细微修正，并且调整了部分著作的书名。费尔巴哈后来所做的并不是实质性的修正。

AB   *Ausgewählte Briefe von und an Ludwig Feuerbach*. Edited by Wilhelm Bolin. Leipzig：Otto Wigand，1904.

AP   "Einige Bemerkungen über den *Anfang der Philosophie* von Dr. J. F. Reiff"（1841）. In *Gesammelte Werke*，vol. 9. "On The Beginning of Philosophy." Translated by Zawar Hanfi. In *The Fiery Brook*. New York：Anchor Books，1972.

BN   *Ludwig Feuerbach in seinem Briefwechsel und Nachlass sowie in seiner Philosophischen Charakterentwicklung*. Edited by Karl Grün. Leipzig & Heidelberg：C. F. Winter'sche Verlagshandlung, 1874.

BWC   "Beleuchtung der in den *Theologischen Studien und Kritiken* (Jahrgang 1842，I. Heft) enthaltenen Rezension meiner Schrift *Das Wesen des Christentums*"（1842）. In *Gesammelte Werke*，vol. 9.

CA   "Zur Charakteristik des modernen Afterchristentums. Herr D. Nepomuk von Ringseis oder Hippokrates in der Pfaffenkutte"（1841）. In *Gesammelte Werke*，vol. 9.

CR   "An Carl Riedel. Zur Berichtigung seiner Skizze"（1839）. In *Gesammelte Werke*，vol. 9.

Fr   *Fragmente zur Charakteristik meines philosophischen curriculum vitae*（1846）. In *Gesammelte Werke*，vol. 10. "Characteristics Concerning My Philosophical Development." Translated by Zawar Hanfi. In *The Fiery Brook*.

G *Grundsätze der Philosophie der Zukunft* (1843). In *Gesammelte Werke*, vol. 9. *Principles of the Philosophy of the Future*. Translated by Manfred Vogel. New York: Bobbs-Merrill, 1966. 费尔巴哈. 未来哲学原理 (简称《原理》). 洪谦, 译. 北京: 三联书店, 1955. 舒芬豪威尔所收录的是德文第一版。在第二版 (1846) 中, 后半部分的节号相比第一版错后一节, 文本结尾处的节号错后两节。本书所遵行的是第二版的节号。如此一来, 引文中的节号无法与我所引证的德文第一版节号保持严格一致。我首先给出德文版的节号 (用§表示), 然后给出德文版页码, 最后给出英译本页码。读者如果想要查找英译本的相应段落, 最好参考页码而非节号。第 2、8 章中讨论较多的第 44 节, 在英译本中是第 43 节。

JacP "*Jacobi und die Philosophie seiner Zeit. Ein Versuch, das wissenschaftliche Fundament der Philosophie historisch zu erörtern. Von J. Kuhn.*" (1835). In *Gesammelte Werke*, vol. 8.

KAH *Kritik des "Anti-Hegels". Zur Einleitung in das Studium der Philosophie* (1835). In *Gesammelte Werke*, vol. 8.

KB "Kritische Bemerkungen zu den *Grundsätzen der Philosophie*" (1848—1849). In *Sämmtliche Werke*, edited by Wilhelm Bolin and Friedrich Jodl, vol. 2. Stuttgart: Fr. Frommanns Verlag, 1904.

KH "Zur Kritik der Hegelschen Philosophie" (1839). In *Gesammelte Werke*, vol. 9. "Towards a Critique of Hegelian Philosophy." Translated by Zawar Hanfi. In *The Young Hegelians*, edited by Lawrence S. Stepelevich. Cambridge: Cambridge University Press, 1983.

KP "Zur Kritik der 'positiven Philosophie.' *Über das Wesen und die Bedeutung der spekulativen Philosophie und Theologie in der gegenwärtigen Zeit, mit besonderer Rücksicht auf die Religionsphilosophie. Spezielle Einleitung in die Philosophie und spe-*

	kulative Theologie. Von Dr. Sengler." (1838). In *Gesammelte Werke*, vol. 8.
NR	"Die Naturwissenschaft und die Revolution" (1850). In *Gesammelte Werke*, vol. 10.
NRP	"Notwendigkeit einer Reform der Philosophie" (1842). In *Sämmtliche Werke*, vol. 2. "The Necessity of a Reform of Philosophy." Translated by Zawar Hanfi. In *The Fiery Brook*.
OI	"Outline for an Introduction to the Complete Works, 1845/1846." Translated by Lawrence S. Stepelevich. *The Philosophical Forum* 8, nos. 2-4 (1977). 该文由两个简短的片断构成，首次发表在《哲学论坛》上。
UPC	*Über Philosophie und Christentum in Beziehung auf den der Hegelschen Philosophie gemachten Vorwurf der Unchristlichkeit* (1839). In *Gesammelte Werke*, vol. 8.
UW	"Ueber das Wunder" (1839). In *Gesammelte Werk*, vol. 8.
UWC	"Über das *Wesen des Christentums in Beziehung* auf den *Einzigen und sein Eigentum*" (1845). In *Gesammelte Werke*, vol. 9.
V	"Vorwort" to the first edition of the *Sämmtliche Werke* (1846). In *Gesammelte Werke*, vol. 10.
VT	*Vorläufige Thesen zur Reformation der Philosophie* (1843). In *Gesammelte Werke*, vol. 9. *Provisional Theses for the Reformation of Philosophy*. Translated by Daniel Dahlstrom. In Stepelevich, ed., The Young Hegelians.
VWR	*Vorlesungen über das Wesen der Religion* (1851). In *Gesammelte Werke*, vol. 6. *Lectures on the Essence of Religion*. Translated by Ralph Manheim. New York: Harper & Row, 1967.
WC	*Das Wesen des Christentums* (1841; rev. ed., 1843; rev. ed., 1849). Edited by Werner Schuffenhauer. Berlin: Akademie Verlag, 1956. *The Essence of Christianity*. Translated by George Eliot. New York: Harper & Row, 1957. 费尔巴哈. 基督教的本质 (简称《本质》). 荣震华, 译. 北京: 商务印书馆, 1984.

WC-1　*Das Wesen des Christentums*. 1st ed. Leipzig: Otto Wigand, 1841. *The Essence of Christianity*. Translated by George Eliot.

WGL　*Das Wesen des Glaubens im Sinne Luthers. Ein Beitrag zum "Wesen des Christentums"* (1844). In *Gesammelte Werke*, vol. 9. *The Essence of Faith According to Luther*. Translated by Melvin Cherno. New York: Harper & Row, 1967.

ZB　"Zur Beurteilung der Schrift *Das Wesen des Christentums*" (1842). In *Gesammelte Werke*, vol. 9.

鲍威尔（Bauer）

BS　"Bekenntnisse einer schwachen Seele" (1842). In Hans-Martin Sass, ed., *Feldzüge der reinen Kritik*. Frankfurt am Main: Suhrkamp Verlag, 1968.

CLF　"Charakteristik Ludwig Feuerbachs" (1845). In *Wigand's Vierteljahrschrift*, vol. 3. Leipzig: Otto Wigand, 1845.

DN　"Die deutschen 'Nationalen.'" *Rheinische Zeitung für Politik, Handel und Gewerbe*, no. 69, March 30, 1842, Beiblatt. Reprinted in Heinz Pepperle and Ingrid Pepperle, eds., *Die Hegelsche Linke: Dokumente zu Philosophie und Politik, im deutschen Vormärz*. Frankfurt am Main: Röderberg-Verlag G. m. b. H., 1986.

ECh　*Das entdeckte Christentum* (1843), edited by Ernst Barnikol and published under the title *Das Entdeckte Christentum im Vormärz*. Jena: Eugen Diederichs, 1927.

Ein　"Einleitung in die Dogmengeschichte. Von Theodor Kliesoth" (1843). In Arnold Ruge, ed., *Anekdota zur neuesten deutschen Philosophie und Publizistik*. Vol. 2. Zurich and Winterthur: Verlag des Literarischen Comptoirs, 1843.

Fä　"Die Fähigkeit der heutigen Juden und Christen, frei zu werden" (1843). In Sass, ed., *Feldzüge der reinen Kritik*. "The Capa-

	city of Present-Day Jews and Christians to Become Free." Translated by Michael P. Malloy. *The Philosophical Forum* 8, nos. 2 – 4 (1977).
Gat	"Die Gattung und die Masse" (1844). In Sass, ed., *Feldzüge der reinen Kritik*. "The Genus and the Crowd." Translated by Michael Malloy. In Stepelevich, ed., *The Young Hegelians*, Cambridge: Cambridge University Press, 1983.
GK	"Was ist jetzt der Gegenstand der Kritik?" (1844). In Sass, ed., *Feldzüge der reinen Kritik*.
GLJ	"*Die Geschichte des Lebens Jesu mit steter Rücksicht auf die vorhandenen Quellen*. Von Dr. von Ammon." (1843). In Ruge, ed., *Anekdota*, vol. 2.
J	*Die Judenfrage* (1843). Braunschweig: Friedrich Otto, 1843. *The Jewish Problem*. Translated by Helen Lederer. Cincinnati: Hebrew Union College.
JP	*The Jewish Problem*. Translated by Helen Lederer, in Stepelevich, ed., *The Young Hegelians*. 莱德勒（Lederer）的全译本不容易寻得，所以我尽可能引证了《青年黑格尔派》（*The Young Hegelians*）所收录的节译本。
LF	"Leiden und Freuden des theologischen Bewußtseins" (1843). In Sass, ed., *Feldzüge der reinen Kritik*.
MH	"Die Mythe von Hegel." *Rheinische Zeitung für Politik, Handel und Gewerbe*, no. 167, June 16, 1842, Beiblatt. Reprinted in Pepperle and Pepperle, eds., *Die Hegelsche Linke*.
Po	*Die Posaune des jüngsten Gerichts über Hegel, den Atheisten und Antichristen* (1841). Leipzig: Otto Wigand, 1841. *The Trumpet of the Last Judgement over Hegel, the Atheist and Antichrist*. Translated by Lawrence Stepelevich. Lewiston: Edwin Mellen Press, 1989.
SF	*Die gute Sache der Freiheit und meine eigene Angelegenheit* (1842). Scientia Verlag Aalen, 1972.
Syn	*Kritik der evangelischen Geschichte der Synoptike*, vol. 1

(1841). Leipzig: Otto Wigand, 1841.
SZ　"Der christliche Staat und unsere Zeit" (1841). In Sass, ed., *Feldzüge der reinen Kritik*.
TS　"Theologische Schamlosigkeiten" (1841). In Sass, ed., *Feldzüge der reinen Kritik*.

马克思（Marx）

Werke　Marx-Engels Werke (MEW). Berlin: Dietz Verlag, 1956. Cited by volume.

Works　Marx-Engels Collected Works (MECW). New York: International Publishers, 1975. Cited by volume.

AKZ　"Der leitende Artikel in Nr. 179 der *Kölnischen Zeitung*" (1842). From *Rheinische Zeitung*, no. 195, July 14, 1842, MEW, vol. 1. "The Leading Article in No. 179 of the *Kölnische Zeitung*." MECW, vol. 1. 马克思.《科隆日报》第179号的社论//马克思恩格斯全集：第1卷. 2版. 北京：人民出版社，2002：206-228.

AM　*Auszüge aus James Mills Buch "Élémens d'économie politique"* (1844). MEW, Ergänzungsband. *Comments on James Mill, "Élémens d'économie politique."* MECW, vol. 3. 马克思. 詹姆斯·穆勒《政治经济学原理》一书摘要（简称《穆勒评注》）//1844年经济学哲学手稿. 北京：人民出版社，2000：149-189.

Br　"Briefe aus den *Deutsch-Französischen Jahrbüchern* (1843). MEW, vol. 1. "Letters from the *Deutsch-Französische Jahrbücher*." MECW. 马克思. 第一部分 马克思书信 1837年11月—1844年8月//马克思恩格斯全集：第47卷. 2版. 北京：人民出版社，2004：21-77.

DhF　*Die heilige Familie oder Kritik der kritischen Kritik: Gegen Bruno Bauer und Konsorten.* (1845) MEW, vol. 2. *The Holy*

Family or Critical Criticism: Against Bruno Bauer and Company. MECW, vol. 4. 马克思, 恩格斯. 神圣家族, 或对批判的批判所做的批判//马克思恩格斯文集: 第1卷. 北京: 人民出版社, 2009: 249-359.

DI *Die deutsche Ideologie: Kritik der neuesten deutschen Philosophie in ihren Repräsentanten Feuerbach, B. Bauer und Stirner, und des deutschen Sozialismus in seinen verschiedenen Propheten* (1845—1846). MEW, vol. 3. *The German Ideology: Critique of Modern German Philosophy According to Its Representatives Feuerbach, B. Bauer and Stirner, and of German Socialism According to Its Various Prophets*. MECW, vol. 5. 马克思, 恩格斯. 德意志意识形态（节选本）（简称《形态》节选本）. 北京: 人民出版社, 2003; 马克思, 恩格斯. 德意志意识形态: 对费尔巴哈、布·鲍威尔和施蒂纳所代表的现代德国哲学以及各式各样先知所代表的德国社会主义的批判（简称《形态》）//马克思恩格斯全集: 第3卷. 北京: 人民出版社, 1960: 11-640.

EP *Das Elend der Philosophie: Antwort auf Proudhons "Philosophie des Elends"* (1847). MEW, vol. 4. *The Poverty of Philosophy: Answer to the "Philosophy of Poverty" by M. Proudhon*. MECW, vol. 6. 马克思. 哲学的贫困//马克思恩格斯文集: 第1卷. 北京: 人民出版社, 2009: 593-656.

Gr *Grundrisse der Kritik der politischen Ökonomie* (1857—1858). Berlin: Dietz Verlag, 1974. *Grundrisse*. Translated by Martin Nicolaus. New York: Vintage Books, 1973. 马克思. 政治经济学批判（1857—1858年手稿）[手稿前半部分][简称大纲（上）]//马克思恩格斯全集: 第30卷. 2版. 北京: 人民出版社, 1995: 55-623. 马克思. 政治经济学批判（1857—1858年手稿）[手稿后半部分][简称大纲（下）]//马克思恩格斯全集: 第31卷. 2版. 北京: 人民出版社, 1998: 31-296.

Kap *Das Kapital. Kritik der politischen Ökonomie* (1867, 1885,

	1894). Vols. 1-3. Berlin: Dietz Verlag, 1982. *Capital*. Vol. 1. Translated by Ben Fowkes. New York: Vintage Books, 1977. Vols. 2 and 3. New York: International Publishers, 1967. 马克思. 资本论（全3卷本）//马克思恩格斯文集: 第5～7卷. 北京: 人民出版社, 2009.
KGP	"Kritik des Gothaer Programms"（1875）. MEW, vol. 19. "Critique of the Gotha Programme." In *Marx-Engels Selected Works*. New York: International Publishers, 1984. 马克思. 哥达纲领批判. 北京: 人民出版社, 1992.
KHE	"Zur Kritik der Hegelschen Rechtsphilosophie. Einleitung"（1843）. MEW, vol. 1. "Contribution to the Critique of Hegel's Philosophy of Law: Introduction." MECW, vol. 3. 马克思. 《黑格尔法哲学批判》导言（简称《导言》）//马克思恩格斯全集: 第3卷. 2版. 北京: 人民出版社, 2002: 199-214.
KpÖ	*Zur Kritik der politischen Ökonomie*（1859）. MEW, vol. 13. *A Contribution to the Critique of Political Economy*. Translated by S. W. Ryazanskaya, New York: International Publishers, 1970. 马克思. 政治经济学批判（第一分册）//马克思恩格斯全集: 第31卷. 2版. 北京: 人民出版社, 1998: 407-582.
KR	"Kritische Randglossen zu dem Artikel 'Der König von Preußen und die Sozialreform. Von einem Preußen'"（1843）. MEW, vol. 1. "Critical Marginal Notes on the Article 'The King of Prussia and Social Reform: By a Prussian.'" MECW, vol. 3. 马克思. 评一个普鲁士人的《普鲁士国王和社会改革》一文（简称《评一个普鲁士人》）//马克思恩格斯全集: 第3卷. 2版. 北京: 人民出版社, 2002: 375-396.
LK	*Lohnarbeit und Kapital*（1849）. MEW, vol. 6. *Wage Labour and Capital*. MECW, vol. 9. 马克思. 雇佣劳动与资本//马克思恩格斯文集: 第1卷. 北京: 人民出版社, 2009: 699-743.
LSSF	"Luther als Schiedsrichter zwischen Strauß und Feuerbach"（1842）. In Ruge, ed., *Anekdota*. vol. 2. "Luther as Arbiter

xviii

	between Strauss and Feuerbach." In *Writings of the Young Marx on Philosophy and Society*, Easton and Guddat, ed., Garden City, N. Y.: Anchor Books, 1967. 马克思. 路德是施特劳斯和费尔巴哈的仲裁人（简称《仲裁人》）//马克思恩格斯全集: 第 1 卷. 北京: 人民出版社, 1956: 32-34.
MK	*Manifest der Kommunistischen Partei* (1848). MEW, vol. 4. *The Communist Manifesto*. MECW, vol. 6. 马克思, 恩格斯. 共产党宣言（简称《宣言》）. 北京: 人民出版社, 1997.
ÖpM	*Ökonomisch-philosophische Manuskripte aus dem Jahre* 1844. MEW, Ergänzungsband. *Economic and Philosophic Manuscripts of 1844*. MECW, vol. 3. 马克思. 1844 年经济学哲学手稿（简称《手稿》）. 北京: 人民出版社, 2000.
TF	*Thesen über Feuerbach*（1845）. MEW, vol. 3. *Theses on Feuerbach*, MECW, vol. 5. 马克思. 关于费尔巴哈的提纲（简称《提纲》）//马克思恩格斯文集: 第 1 卷. 北京: 人民出版社, 2009: 499-506.
TM	*Theorien über den Mehrwert* (1861—1863). MEW, vol. 26.1. *Theories of Surplus Value*. Vol. 1. Translated by Emile Burns. Moscow: Progress Publishers, 1969. 马克思. 剩余价值理论（第一册）//马克思恩格斯全集: 第 26 卷. 北京: 人民出版社, 1972.
W	"Wages" (1847). MECW, vol. 6.
ZJ	"Zur Judenfrage"（1843）. MEW, vol. 1. "On the Jewish Question." MECW, vol. 3. 马克思. 论犹太人问题//马克思恩格斯全集: 第 3 卷. 2 版. 北京: 人民出版社, 2002: 163-198.

恩格斯（Engels）

Werke	*Marx-Engels Werke* (MEW). Berlin: Dietz Verlag, 1956. Cited by volume.
Works	*Marx-Engels Collected Works*（MECW）. New York: Inter-

	national Publishers，1975. Cited by volume.
AntD	*Herr Eugen Dührings Umwälzung der Wissenschaft* (*Anti-Dühring*) (1878). MEW，vol. 20. *Herr Eugen Dühring's Revolution in Science* (*Anti-Dühring*). New York：International Publishers，1939. 恩格斯. 反杜林论//马克思恩格斯文集：第9卷. 北京：人民出版社，2009：3-398.
LE	"Die Lage Englands：*Past and Present* by Thomas Carlyle" (1843). MEW，vol. 1. "The Condition of England：Past and Present by Thomas Carlyle," MECW，vol. 3. 恩格斯. 英国状况　评托马斯·卡莱尔的《过去和现在》1843年伦敦版（简称《英国状况》）//马克思恩格斯全集：第3卷. 2版. 北京：人民出版社，2002：495-525.
LudF	*Ludwig Feuerbach und der Ausgang der klassischen deutschen Philosophie* (1888). MEW，vol. 21. *Ludwig Feuerbach and the Outcome of Classical German Philosophy*. New York：International Publishers，1978. 恩格斯. 路德维希·费尔巴哈和德国古典哲学的终结（简称《终结》）//马克思恩格斯文集：第4卷. 北京：人民出版社，2009：261-313.
Umr	"Umrisse zu einer Kritik der Nationalökonomie" (1843). MEW，vol. 1. "Outlines of a Critique of Political Economy." MECW，vol. 3. 恩格斯. 国民经济学批判大纲//马克思恩格斯全集：第3卷. 2版. 北京：人民出版社，2002：442-473.

目　录

导　论 ··· 1
  1. 青年黑格尔派的主题 ··· 3
  2. 费尔巴哈和马克思对哲学的不满 ···························· 6
  3. 文本的价值 ··· 11
  4. 章节概述 ··· 15

第1章　费尔巴哈对基督教的批判 ································ 27
  1. 基督教批判的内容 ··· 29
  2. 基督教批判的方法 ··· 39
  3. 比较 ··· 45
  4. 精神之自然科学家 ··· 54

第2章　费尔巴哈对哲学的批判 ································ 67
  1. 哲学的地位 ··· 68
  2. 哲学批判的方法 ·· 79
  3. 哲学批判的目标 ·· 94
  4. 问题 ··· 99
  5. 前身 ··· 108
  6. 结语 ··· 110

第3章　布鲁诺·鲍威尔 ··· 121
  1. 自我意识 ··· 122

2. 国家和市民社会 …………………………………… 126
　3. 宗教批判 …………………………………………… 131
　4. 采取批判家立场 …………………………………… 138
　5. 评价 ………………………………………………… 143

第 4 章　1844 年的马克思（上）：自我实现 …………… 155
　1. 类存在：产品 ……………………………………… 156
　2. 类存在：享受 ……………………………………… 163
　3. 人与对象的关系 …………………………………… 167
　4. 类存在：不朽 ……………………………………… 171
　5. 人的自我实现活动 ………………………………… 172

第 5 章　1844 年的马克思（中）：共同体的结构 ……… 185
　1. 相互成全 …………………………………………… 185
　2. 充当类的中介 ……………………………………… 192
　3. 共同体的题外话 …………………………………… 199

第 6 章　1844 年的马克思（下）：证成难题 …………… 213
　1. 劳动者对其真正本性的无知 ……………………… 214
　2. 证成难题 …………………………………………… 218
　3. 共产主义者的目标和信念难题 …………………… 222
　4. 1844 年的马克思对哲学的批判 …………………… 230
　5. 当前的问题 ………………………………………… 237

第 7 章　《关于费尔巴哈的提纲》 ……………………… 249
　1. 基本关系和基本取向 ……………………………… 250
　2. 第十一条 …………………………………………… 257
　3. 劳动 ………………………………………………… 263
　4. 实践的唯心主义解读 ……………………………… 267
　5. 第一步的难题 ……………………………………… 274
　6. 第六条 ……………………………………………… 279

第 8 章　《德意志意识形态》（上）：再反哲学 ………… 289
　1. 几点一般性评论 …………………………………… 290
　2. 青年黑格尔派批判 ………………………………… 293
　3. 经验性确证 ………………………………………… 302
　4. 反哲学Ⅰ …………………………………………… 306

5. 反哲学Ⅱ ……………………………………………………… 311
　　6. 转变 …………………………………………………………… 317
第 9 章　《德意志意识形态》（中）：善好生活及 1844 年以来的转变 …… 327
　　1. 分工 …………………………………………………………… 327
　　2. 共同体 ………………………………………………………… 330
　　3. 自主活动 ……………………………………………………… 335
　　4. 1844 年以来的转变 …………………………………………… 338
第 10 章　《德意志意识形态》（下）：道德批判（与回归哲学） …… 353
　　1. 道德的问题所在 ……………………………………………… 354
　　2. 社会学论点 …………………………………………………… 356
　　3. 强社会学论点与结构性论点 ………………………………… 359
　　4. 共产主义条件下的道德和道德哲学 ………………………… 366
　　5.《形态》能否证成对于资本主义的谴责？ ………………… 375
　　6. 回归哲学 ……………………………………………………… 381
结　论 ……………………………………………………………………… 393
索　引 ……………………………………………………………………… 399

导　论

本书从路德维希·费尔巴哈的《基督教的本质》(The Essence of Christianity, 1841, 简称《本质》)和《未来哲学原理》(Principles of the Philosophy of the Future, 1843, 简称《原理》)发轫, 经过对布鲁诺·鲍威尔1841—1843年的报刊类著作和论战类著作的讨论, 转入卡尔·马克思1844年的著作, 最后分析马克思的《关于费尔巴哈的提纲》(Theses on Feuerbach, 1845, 简称《提纲》)和《德意志意识形态》(The German Ideology, 1845—1846, 简称《形态》)。本书的主题, 在于一系列观念——人的本性、人的善好生活、人与世界的关系, 以及人与他人的关系——的"嬗变记"。这些观念所关注的是：为什么人关于这些问题会持有错误的信念, 以及人在资本主义社会中能否知道这些问题的真相；此外, 这些观念还关注由知道真相而引发的对资本主义的批判。

1841—1846年这五年时间, 是19世纪40年代德国的"温室期", 是一个骚动不安的年代, 此时对各种立场的标榜、批判、辩护和改造, 均以极快的速度进行着。人们普遍认为时代精神(Zeitgeist)处于高速变迁之中。鲍威尔宣称, "在1841年值得关注的一本著作", 对于时代而言, 到了1845年不可能"仍然具有价值"(CLF 126)。人们在这一时期发现了费尔巴哈最为重要的著作, 以及费尔巴哈和鲍威尔对马克思产生重要影响的一些著作, 此外还有马克思本人的, 对于其诸多规范性观念, 以及基于这些观念对于资本主义所做的不同批判极为重要的一些

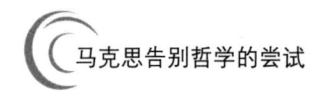

著作。

更为详尽的论述应该再往前追溯，追溯至施特劳斯（David Friedrich Strauss）的《耶稣传》（*Life of Jesus*，1835）和鲍威尔的《复类福音作者的福音史批判》（*Kritik der evangelischen Geschichte der Synoptiker*，1841）。实际上，我或许可以进一步追溯至黑格尔的宗教哲学和18世纪的圣经批判家，比如雷玛勒（Reimarus）、塞姆勒（Semler）和艾科恩（Eichhorn）。不过，青年黑格尔派批判圣经的细节并非我的关注点，我所关注的是他们的宗教批判怎样变成了哲学批判，并进而在马克思手里变成了对宗教和哲学批判的批判。"对宗教的批判是其他一切批判的前提"（KHE 378/175；《导言》，第199页），马克思在1843年这样写道。几年之后，马克思和恩格斯宣称，"德国哲学从天上降到人间；和它完全相反，这里我们是从人间升到天国"（DI 26/36；《形态》节选本，第30页）。我尝试论述这一转变过程，以及其所引发的概念性难题。基于这一目的，施特劳斯的著作可以忽略，并且相比卷帙浩繁的圣经论战著作，鲍威尔在19世纪40年代初期完成的报刊类著作（稍稍涉及19世纪40年代中期的著作）要更为重要。

评论家们曾经一再研究这些材料，不过，对于青年黑格尔派这样一个难以归类的德国激进作家团体来说，我们仍然很难看到针对其中某一位成员的严格的哲学讨论。他们总是要么以先驱者的面目出现，要么以靶子的身份出现，并且不可避免地以马克思式棱镜所折射出的人物形象出现。[1] 当然，他们既是马克思的先驱，亦是马克思的靶子。通过阅读他们的著作，以求透彻理解马克思的文本，这一点原本无可厚非。我在本书中的做法亦是如此。不过在此之前，我们必须恰当地阅读，即为了他们自身而阅读他们的作品。

当我们阅读费尔巴哈时，我们从中尤其会看出路德新教的认识论结构和精神转变目标的持续影响。这一传统直接地影响了费尔巴哈——事实上它以两种方式施加了影响——并且通过费尔巴哈间接地影响了马克思。我所提出的马克思1844年著作中的证成难题，从根本上是源于费尔巴哈的下述尝试：一方面试图摆脱新教，另一方面又在相当大的程度上停留在新教的认识论框架之内。对于费尔巴哈来说，这是一个现实的影响问题；而对于马克思，这仅仅是概念的相似性问题。对于两位思想家，我的主要关注点均在于他们文本的内在结构，而非他们的历史前身

（而且对于马克思来讲，历史前身只是间接性的，即以费尔巴哈为中介的前身）。尽管如此，记住他们——费尔巴哈最为明显——所由以产生的宗教传统，对于我们理解这两位思想家会有帮助。

我的研究从马克思曾经的导师费尔巴哈开始，继而转到马克思曾经的朋友和老师（或许还曾是合作者）鲍威尔[2]，最后转向马克思本人。这项研究的终点站是《形态》。在某种程度上，任何终点都是人为的，不过《形态》提供了一种显著的断裂。因为马克思的历史理论是在《形态》中首次加以论述的，而对于政治经济学的全面研究是《形态》的自然产物。我并没有处理这些主题，我所关注的主题在马克思《形态》之后的著作中渐渐式微。我的关注点在于不同的善好生活观念，正是从马克思1844—1846年的文本中，我们可以发现其对于这些观念所做的最为有趣的讨论。

说《形态》提供了一种自然的断裂，还有另外一个理由。由于马克思采用了费尔巴哈式拒斥哲学的特殊方法，这为他带来了证成的难题（如我在第6章所论证的那样），在《形态》中，我将考察马克思试图摆脱此一证成难题的几种不成功的尝试；此外，我将获得这样一个立场，即就算马克思本人的主张是对的，但只要资本主义仍在继续，最终便至少有一种形式的哲学，即道德哲学，是马克思没有必要回避的。

这个导论牵涉的领域很广。第1节我会对青年黑格尔派做一些布景式（stage-setting）评述。第2节我将讨论费尔巴哈和马克思对于哲学的不满。在第3节中，我将概述一下这些文本的重要性，以及它们为什么仍然值得研究。最后，第4节我将概述本书的章节脉络。

1. 青年黑格尔派的主题

在青年黑格尔派看来，如果个体认识到人在实际上是一种怎样的造物，他们就会看出现行的制度与实现我们的本性是不相容的——与构成具有人的本质属性的人的善好生活的条件和（或）活动是不相容的——他们因而将会改变这些制度。鲍威尔指出，"只要现行秩序与哲学的自我意识相矛盾，它就必须遭到直接的批判和动摇"（Po 83/128）；马克思在1843年宣称,"对宗教的批判最后归结为**人〔der Mensch〕是人的最高本质**这样一个学说,从而也归结为这样的**绝对命令:必须推翻**那些使人成为被侮辱、被奴役、被遗弃和被蔑视的东西的**一切关系**"(KHE 385/182;《导言》,第207-208页)。恩格斯在同一年写道:"人〔der Mensch〕只须认识自身,使自己成为衡量一切生活关系的尺度,按照自己的本质〔Wesen〕去评价这些关系,根据人的本性〔Natur〕的要求,真正依照人的方式来安排世界,这样,他就会解开现代的谜语了。"(LE 546/464-465;《英国状况》,第521页)[3]对人的本性的认识给出了政治变革的标准。

青年黑格尔派试图提供这样的认识。在这样做的过程中,他们认为自身正在改变人们关于人的本性的观念。对于他们而言,这种改变包括改变人所是的那种存在。在他们看来,改变人关于人的本性的观念就是对人加以改造,因为他们是黑格尔派,尤其是继承了19世纪20年代和30年代的先驱的黑格尔派。尽管可能与老年黑格尔派有所不同,但他们仍然持有一些共同的观念。[4]最主要的共同点在于,成为黑格尔派倾向于被描述为一种皈依(conversion,或译"改宗")。特夫斯(John Toews)在其杰作《黑格尔主义》(Hegelianism)中追溯了皈依体验在19世纪20年代和30年代黑格尔派中的发展历程,其中两位老年黑格尔派成员的说法值得引证。"我们可以通过我们的知性理解一个完整的体系,教授和学习哲学",哥塞尔(Karl Göschel)指出,"然而却缺乏赋予我们所学的内容光和真理的立场。哲学家也必须庆祝他的圣灵降临节。没有再生,没有人能够从自然知性领域上升至鲜活概念的思辨高度。每个人都必须跨越那座著名之桥:从心理学领域的有限地平线猛然跃向哲学的光之环"[5]。作为其中的一员,罗森克兰茨(Karl Rosenkranz)曾经谈及19世纪20年代的黑格尔派怎样体验了"最为崇高感情的战栗……欣然热切的狂喜不断降临……重新升华了他们的生命"[6]。费尔巴哈在20岁时宣称,他在1824年与黑格尔的相遇是其生命的"转折点"。后来他说,通过黑格尔,他的"心灵和头脑"得到了"校正"[7]。狂信(Schwärmerei)是青年黑格尔派和老年黑格尔派的典型特征,不过对于这样的声明,我们不能不予以认真的考虑。对于黑格尔派,成为一名黑格尔派成员意味着成为一名"新人"。

对于19世纪20年代和30年代的黑格尔派,哲学——黑格尔哲学——既是对于这些皈依体验的准备,在某种意义上也是这些皈依体验的内容。他们的皈依是由黑格尔哲学所构建的理性立场所促成的,并且由向这种理性立场的攀升所构成。在这一点上,费尔巴哈和马克思(但不包括鲍威尔)与早期黑格尔派有着显著的不同,因为对于他们来说,主体的变化包含对黑格尔哲学的**拒斥**。不过,我将证明(参见第2、6章),即便是在这里——并且正是在这种拒斥中——意识中的变化观念,一种与皈依相差无几的变化,亦是非常重要的。

洛维特(Karl Löwith)在论及青年黑格尔派时曾指出,"他们的著作是一些宣言、大纲和论文,但从来不是完整的、本身重要的著作。在他们手中,他们的科学论证变成了面向大众或个人的耸人听闻的宣言。无论谁研究他们的著作,都会发现,尽管他们有着煽动性的腔调,却给人留下了枯燥乏味的印象。他们用不充分的手段提出无节制的要求,并将黑格尔的抽象辩证法膨胀为修辞的碎片"[8]。洛维特在下述两个方面没能抓住要点。

(1) 青年黑格尔派的目标仅在于变无意识为有意识。一个旧时代正在消失,一个新时代正在到来,这是19世纪30年代和40年代的普遍观念。[9]青年黑格尔派认为新时代并非真正的新时代;它更多是旧时代业已发展的思想可能性和政治可能性的实现。具体而言,青年黑格尔派将黑格尔的宗教哲学和政治哲学解读为无神论的先声和政治专制主义的丧钟。在他们看来,他们的工作是将当前的潜在内容明晰化。1843年马克思在《德法年鉴》(*Deutsch-Französische Jahrbücher*)中宣称:"我们就能……表明我们杂志的倾向:对当代的斗争和愿望作出……自我阐明(批判的哲学)。"(Br 346/145;《马克思致阿尔诺德·卢格(1843年9月)》,第67页)他认识到变化既是必须又是可能的时机已经成熟。

这样的认识经常被称为如梦初醒、破壳而出或者揭开面纱——这是青年黑格尔派著作中反复出现的比喻。他们指出这种认识理应可以自我证明,理应具有返回澄明之境,抑或自我认知的感觉(参见 WC 319/205;《本质》,第271页)。"意识的改革,"马克思在《德法年鉴》中写道,"**只**在于使世界认清本身的意识,使它从对于自身的迷梦中惊醒过来,向它**说明**它自己的行动。……问题在于**忏悔**,而不是别的。"(Br 346/145;《马克思致阿尔诺德·卢格(1843年9月)》,第66-67页)这里不需要任何外在的标准来区分沉睡和觉醒。如果人已经觉醒,他自然就会知道。

(2) 青年黑格尔派并未在哲学上与黑格尔进行对抗。那些将自身视为黑格尔学生的人是其自觉的追随者。那些反对黑格尔的人并没有以另一个体系的名义反对他。[10] 对于所有人,问题均在于将哲学付诸实践。对于所有人,问题均在于让人们看到变革的必要性与可能性。

对于费尔巴哈和1844年的马克思(写作《詹姆斯·穆勒〈政治经济学原理〉一书摘要》,Comments on James Mill's "Éléments d'économie politique",简称《穆勒评注》和《1844年经济学哲学手稿》[Economic and Philosophic Manuscripts,简称《手稿》]的马克思,参见第4、6章)来说,这意味着批判黑格尔。对于鲍威尔,这意味着将隐微的、革命的黑格尔显化。在黑格尔哲学(以及一般的抽象思想)是敌人还是盟友的问题上,这些著作家之间存有分歧,但是他们中没有一个人把进一步推进学院哲学的立场作为目标。对于费尔巴哈和1844年的马克思来说,目标在于明确地与这样的哲学保持距离(可参见 ZB 241)。

当我们这样来理解费尔巴哈、鲍威尔和1844年的马克思时,洛维特的批评就可以被视为无的放矢。我们进而可以不把《提纲》,尤其是《形态》解读为正统马克思主义传统之粗糙的哲学唯物主义宣言,而解读为马克思下述尝试的延续:一方面试图理解和谴责资本主义,另一方面试图彻底避开某些哲学问题,尤其是避开最终生成正统马克思主义所谓"辩证唯物主义"的存在论和认识论问题。[11]

2. 费尔巴哈和马克思对哲学的不满

本书的书名提到"告别"哲学,但是哲学包括许多东西,因而"告别"哲学可以有许多种方式。在这一部分中,我想稍微谈一下马克思和费尔巴哈究竟反对所谓"哲学"的什么。

当马克思和费尔巴哈明确地批判哲学时,其具体的目标几乎总是黑格尔主义的某种变体,或者更为一般地说,是笛卡儿所开创的哲学传统的某种变体。这常常导致研究者将马克思和费尔巴哈划入反对唯心主义和理性主义的阵营,划归为某种形式的唯物主义和经验主义。

这是一种严重的误导。因为马克思和费尔巴哈对于哲学的批判，与其说是对特定哲学立场（虽然批判自身亦是一种哲学立场）的批判，倒不如说是对特定"存在模式"①（ÖpM 581/339,《手稿》，第 108 页）的批判。他们的批判对象是这样一种观念：人的最优生活是精神的生活和纯粹理智的生活，是某种截然不同于马克思所谓"感性活动"的世间生活。马克思用"感性活动"意指人与物质世界日常互动的集合（对他而言，这通常是指从冷酷的自然求得生存和发展的活动）；他们同时批判下述主张，通达最高真理的途径在于摆脱感性活动之日常世界的抽象反思；此外，他们还批判那种完全分裂的、抽象的关联世界的方式，费尔巴哈和马克思将这种方式视为哲学世界观的典型特征。用口号来讲，他们的靶子与其说是唯心主义，不如说是抽象。因而对于他们来讲，洛克（Locke）和休谟（Hume）——他们的文本和《第一哲学沉思录》（*Meditations*）同样抽象——与笛卡儿一样成问题。

现在我经常会说马克思和费尔巴哈认为主体不应当将某个问题视为抽象问题，抑或马克思和费尔巴哈反对主体采取一种抽象立场。但是"抽象"本身是个模糊的概念。当我说洛克和休谟的文本是抽象的，我在部分程度上是说他们使用了考究的专业术语——"印象""观念"——但更多是说他们需要采取某种特定的精神立场。人至少在精神上必须退回自身的研究之中。人必须使自身抽离于日常生活之外，以便对论证加以反思，但是并不是**所有**退回自身研究的情况都要反对。数学家正是这样做的，其他类型的研究者也是这样做的。我认为马克思和费尔巴哈所反对的是这样一种观念：明确宣称人的本性、现实的本性和知识的本性只能从抽象的立场加以考察。在他们看来，抽象反思或许是证明数学定理的方法，但抽象反思并非理解上述其他问题的方法。1844 年的马克思同样竭力反对这样一种传统观念：伴随哲学研究的反思活动，其本身就是人的活动的最高形式（在较弱的程度上，后一个主题同样是费尔巴哈和写作《形态》时期马克思的关注点）。[12]

此外，马克思和费尔巴哈还强烈反对他们眼中的哲学家面对世界的方式，以及哲学家看待自身与世界关系的方式。在马克思和费尔巴哈看来，作为一种研究模式和一种活动，哲学以错误的方式看待世界中的自

---

① 引文有改动。中文版是"存在方式"。——编辑注

身，更确切来讲，以错误的方式生活在世界中。此一观念的具体含义在于，哲学家从事抽象反思的立场，在某种程度上是与世界相分离、相疏远的，是从世界的一种抽身后退，因此是与在世界中存在的正确方式相冲突的，与在日常生活中面对世界的正确方式相冲突的。抽象反思立场不仅不是通达真理的道路（比如关于人的本性的真理），而且将人与世界以错误的方式相关联。不论是这种活动的内容，还是人从事这种活动的立场，均与我们的本性相冲突。

这一特定主题出现在第 1、2、6 章中，第 4 章隐含了这一主题。第 7 章重点强调了这一主题，我在那里引入了讨论这一主题的专业术语（参见第 7 章第 1 节）。我之所以迟至第 7 章才来探讨这一主题，理由如下：首先，我认为只有到了第 7 章，不受专业术语规制的通俗解释才足够明确，而专业术语或多或少总是一种限制；其次，专业术语本身是相当抽象的，而讨论的现象却绝非抽象的。到了第 7 章，读者对于这个现象应该已有感觉，此时提出专业术语，对于其所要讨论的内容，读者应当会比较熟悉。

批判所谓"哲学"已成为 20 世纪的一大学术产业。马克思的做法与近来的反哲学立场存在某种相似，但同时亦存在重要的不同。这里我简单做一对比。

尽管马克思经常强调"实践"的重要性，但在我们所考察的文本中，没有一个文本支持将他的立场视为一种实用主义。比如，马克思并不认为一个主张的核心在于其改善人的生活的有用性。更为重要的是：不论是马克思还是费尔巴哈，均不同意那种基于不存在需要回答的"深层"问题，而反对将哲学理论化的实用主义。在《本质》中，费尔巴哈指出他的目标是"为平凡的东西取得**不平凡的意义**，为一般的**生活本身**取得**宗教意义**"（WC 419/278；《本质》，第 358 页）。可以说尽管青年黑格尔派的所有成员都反对宗教，但是他们的世界却从未被祛魅。他们是激进的无神论者，但同时也是世俗的千禧年者。在 1843 年针对卡莱尔的《过去与现在》（*Past and Present*）一书的评论中，恩格斯（无疑受到了鲍威尔和费尔巴哈的影响）写道："我们要推翻卡莱尔描述的那种无神论，我们要把人因宗教而失去的内容归还给人；这内容不是神的内容，而是人的内容，整个归还过程就是唤起自我意识……我们要求把历史的内容还给历史，但我们认为历史不是'神'的启示，而是人的启示,并且只能是人的启示。"(LE 544-545/463;《英国状况》,第519-520页)这个方案旨在不借助宗教的手段——实际上是与宗教相反的手段——来实现宗教的目标。对于实用主义来说,善好社会只是比其他备选项略好而已。对于青年黑格尔派来说,善好社会使得人能够实现其人的本性(其作为人的本性),并且它还为人以恰当的方式在世界中存在提供了条件。《形态》时期的马克思也持这样的观点。马克思同样认为,世界自身就有其潜在的完满性,这一点尤其体现在马克思1844年的著作和《提纲》中,不过《形态》中同样有所体现(尽管不可否认,《形态》对这一点已不再那么强调;参见第9章第4节)。

费尔巴哈和马克思与近来一些著作家的显著相似之处**在于**,他们认为追问哲学问题是一种错误。有时他们认为这是一种现代术语所称的"范畴错误"。问题所问的是一种事物,但是只有当所问的是另一种事物时,问题才有意义。(赖尔[Gilbert Ryle]对此曾举过著名的例证,有人问"大学"在哪,却被告知了建筑、操场、院系等等的所在[13];费尔巴哈式类似的做法,可参见第2章第2节。)另外一些时候,他们认为这种错误在于相信哲学问题有其**重要性**,需加以回答。但实际上,如果以正确的方式进行考察,哲学问题便没有其重要性,不需要加以回答——至少不需要哲学所给予的那种抽象的回答。放弃哲学问题不是因为其是无法理解的,或者在某种程度上不合逻辑规范,而是因为哲学问题无的放矢。对于费尔巴哈和马克思来说,后一种批评与拥有面对世界的恰当立场是相关联的。有了恰当的立场,某些主张——比如对于1844年的马克思来说,改造自然的劳动是人的活动的最高形式——绝对是真的,**显然**是真的,这一点理应是显而易见的。因而需要进一步加以证成的想法理应是一种无的放矢。哲学问题因此理应丧失其重要性。人理应具有这样一种意识:对于这些问题的回答是简单明确的,既看不出挑战这些回答有什么意义,亦看不出攀登抽象之梯,即采取哲学家处理问题的常用手法有什么意义。马克思认为,在共产主义条件下,作为抽象问题的一般哲学问题,将丧失其重要性。

因而,就其关注平息追问哲学问题的冲动来讲,马克思和费尔巴哈似乎与近来的一些著作家,尤其是后期维特根斯坦(Wittgenstein)比较相似(费尔巴哈甚至一度诉诸酷似维特根斯坦的治疗比喻,以描述他的方法的特征;参见WC 7;《本质》,第6页)。我认为这只是表面的相似性。在我看来，可以负责任地说，维特根斯坦从未从社会所造成的、充塞个体生活的幻觉中看到哲学问题的根源，而马克思一直是这样做的。维特根斯坦是否有关于哲学问题起源的解释，这一点并不清楚，并且更不清楚的是，如果他有，其是不是一种类似于费尔巴哈的心理学解释：哲学问题是人的基本冲动的一种扭曲形式的表现。不管怎样，即便存在相似性，费尔巴哈也不会认同下述观念，哲学思想的诱惑是一种精微之物，需要精微处置。对于费尔巴哈来说，这意味着太多的让步。一种像《哲学研究》（*Philosophical Investigations*）那样的辩证式礼尚往来，是他想事先避免的。对于费尔巴哈来说，哲学应当并且能够被完全地从我们身上抖落下来。[14]

稍带指出，不论是费尔巴哈的方案，还是马克思的方案，都应该不会依赖于玄奥的知识或玄奥的方法。与近来的另一位哲学传统的批判家海德格尔不同，费尔巴哈和马克思（在相当程度上鲍威尔也是如此）应该不需要一种专业的词汇或者特殊的思想风格，正如费尔巴哈所说的那样，没有东西超越于"人的［……］语言"之上（WC 17/xxxv；《本质》，第15页），只有日常生活才能最终散发出神圣的光芒。虽然他们或许会鄙视这一联想，但是费尔巴哈和马克思更像是浪漫主义作家。[15]

现在来汇总一下。费尔巴哈和马克思对哲学的不满，所针对的是哲学尝试探寻特定真理的方式、哲学活动的类型以及哲学面对世界的立场。对于我所考察的文本，上述这些因素中不存在贯穿始终的主导性主题。不同的主题在这些文本的不同阶段占据支配地位，并在本书的不同章节得到强调。把它们整合在一起的是下述两个因素：一种因素是关于这些关注点在费尔巴哈的基督教批判中的概念性根源和其贯穿多个不同文本的发展这一叙述，另一种因素是马克思不诉诸他所拒斥的那种抽象思想对资本主义进行批判的能力（在所讨论的文本中）这一问题。

对于费尔巴哈和马克思，某些哲学问题作为不规范的（ill-formed）问题不会被讨论，哲学问题作为抽象问题理应丧失其重要性。不过，尽管他们对哲学有所不满，费尔巴哈和马克思并没有忽视所有的传统哲学问题，他们确实处理了其中的一些，但在这样做时，他们并不想去犯他们所猛烈抨击的诸多错误。在第2章中我勾勒了处理哲学问题的四种方式。这些方式代表了人们对哲学问题所可能持有的四种态度。通过这些范畴，我试图呈现出（他们认为）在不被哲学问题束缚的前提下，费尔巴哈和马克思处理哲学问题方式的具体特征（参见第2章第2节，第6章第4、5节，第8章第4、5节）。

我写这本书，追溯马克思和费尔巴哈告别哲学的尝试。在这样做的过程中，我认为这两位著作家所持有的关于人和世界的观念，是相当一般性、抽象性的，理应被冠以（在他们看来是不光彩的）"哲学"的称号。也许有人会问，他们为什么要大费周章去处理这些问题？对此的回答是：他们认为这些问题很重要，并且哲学地处理一个话题，就其发展抽象的、相对体系性的论述这层意义而言，并非是唯一的选择。费尔巴哈和马克思都拒绝把教席当作目标，不过两人都不曾拒绝理性。当他们使用的方法不同于大多数教授时，他们所持的是这样一种信念：理性本身能因此得到更好的阐发。他们认为自身对于世界的把握要比对手做得更好。他们的目标是把思想实践化。

无疑，正如洛维特所言，他们的著作是论战性和宣言式的。这一点使他们遭到了各式各样的批评，比如一个严酷而不争的事实在于，他们的著作是不成功的，或者如我针对马克思将会证明的那样，由于缺乏他所拒斥的抽象概念和论证，马克思的著作依据其自身的前提，缺乏一些完成核心目标所需的资源。不过，试图用非哲学的方式处理问题 Q 并没有必然的不一贯之处，即便 Q 是一个传统哲学问题。

3. 文本的价值

人们经常会对文本在哲学史上的历史价值和文本持久的哲学价值做出区分。前者系指文本对于理解一系列观念的发展轨迹，或者对于理解特定国家特定时期之历史的价值，后者表示文本对于**我们**理解哲学问题的持久价值。我认为，除此之外，文本尚且存在表现价值的第三种方式，我们或许可称之为**美学**价值。我们不应当低估文本的美学价值。遵循逻辑论证可以是精巧可爱的，概念描述可以是引人入胜的。一般而言，即便论证不起作用，概念描述是错误的，它们仍然具有重大价值。我们不应当仅仅为了历史叙事或从中吸取哲学教益而去阅读过去的哲学文本。

费尔巴哈和鲍威尔的文本有其历史价值，对帮助我们理解从德国唯心主义向马克思的转变，向 19 世纪唯物主义的转变，乃至向尼采的转变，都很重要。我不认为他们的著作有多么持久的哲学价值（虽然费尔巴哈的价值被低估了），不过，我确实认为他们的著作具有极大的美学价值。与其他形式的美学价值一样，在某种程度上，这种价值体现在旁观者的眼中。我从费尔巴哈和鲍威尔身上所看到的引人入胜之处，在于他们对于复杂哲学问题和实践问题简单性的忘我信念，在于他们对于只要人能够成为人所是的造物，一切事物都将安泰平顺的崇高信心。他们都相信生活的秘密终将大白于天下。虽然我们很难分享他们的热情，也不可能分享他们的信心，不过我们可以发现他们在某种程度上是值得敬重的。品钦（Thomas Pynchon）在一部小说中曾让他的主角反思"他所敬重的……那种人格失常"[16]。在某种意义上，费尔巴哈等人有我所敬重的那种"哲学失常"。

马克思的早期文本（迄至《形态》的著作）显然具有很高的历史价值。马克思毕竟是马克思。他的文本同时还具有与费尔巴哈和鲍威尔类似的美学价值。

马克思的著作当然还有其真正的哲学价值。本书并非是对马克思的维护。实际上，我对他文本的考察，经常是持相当的批判性态度。与许多学院哲学家一样，我认为认真对待一个文本意味着挑战它，这种挑战经常会指出文本的某种缺点。不过，我从马克思的文本中发现缺点，与相信它们拥有恒久的哲学价值并不矛盾。

马克思在其 1844 年的著作中提出了一种独特而有趣的共同性关系结构（structure of communal relationships）的观念，一种与近来的政治哲学争论有着直接关联的观念（参见第 5 章）。

更一般地说，我认为（至少）马克思迄至《形态》的著作的恒久价值，是因为其是非形而上学人道主义的源泉和原型。20 世纪六七十年代，阿尔都塞（Louis Althusser）在人道主义马克思和"成熟"马克思之间做出了明确的划分，他推崇后一种马克思，而将前一种马克思扫进了前马克思主义的垃圾箱。1978 年，G. A. 科恩（G. A. Cohen）出版了一部解释马克思历史理论的渊博而严谨的著作。[17] 在过去的二十多年间，许多著作家试图用马克思主义或准马克思主义的意识形态理论，依据信念的社会功能，来解释信念的霸权。[18] 人道主义马克思长期处于阴影之中。是时候让它重见天日了。

导　论

近来，人道主义受到了多方面多角度的批判，而且毫无疑问，这个标签之下包含了诸多不同的事物。我将用这一部分的余下篇幅，讨论一下通常被认为适用于早期马克思的一个重要批判，亦即人道主义会将人限定于某种关于人的本性的论述，而任何此类论述都是令人反感的形而上学。

如果想用人的本性观念服务于特定目的，我们可能确实需要一种关于人的本性的论述，不过这个观念并不必然是令人反感的形而上学。设想一下为"人的本性"赋予内容的两种方式。第一种方式，人可以提出一种在所有时间所有地点，都是关于人的一种本质性特征或多种本质性特征（和/或一种能力或多种能力）的论述。第二种方式，人也可以提出这样一种论述，人的一种特征或多种特征（和/或一种能力或多种能力），仅在当前时间和当前地点，对于规定何为人的善好生活是最重要的。

或许第一种论述是令人反感的形而上学。对此问题暂且存而不论。让我们来看第二种论述。这里不存在将一种论述宣称为在所有时间所有地点都是真理的抱负，而只有对于我们认为人应当拥有的，并且我们已知人确实（或者即将）实际拥有的那种特征或那些特征（和/或一种能力或多种能力）的论述，而人恰当地拥有（和/或运用）那种特征或那些特征，对于过一种善好生活来讲是（或即将是）重要的。

很明显，论述内容的可变范围是很大的。问题在于，它植根于我们目前所持有的人的本性的观念。在其涉及主张哪些特征（和/或一种能力或多种能力）对人的善好生活是至关重要的这层意义上讲，它确实涉及主张何者构成了人的核心要素。这种主张一方面是描述性的（descriptive），涉及人能够（或可能）做什么样的主张，涉及人确实（或可能）拥有的心理特性。这种主张或许与已有的证据相冲突，抑或在其他方面是不可信的，但是它们与下述主张同属一种**类型**（因而在形而上学上并不是更成问题的），比如主张所有人都有能力欣赏并享受艺术作品，或者主张至少在某些时候所有人都是自私的。

就其关注对人的善好生活至关重要的那些特征（和/或能力）而言，这种主张同样是规范性的（normative）。要想辩护相对"人的本性"所提出的这样一种特殊内容，并不是件容易的事。不过这是所有基础性规范性观念的普遍状态。没有理由认为，辩护相对"人的本性"所提出的

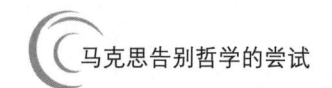

内容，在实质上要难于辩护其他规范性观念，比如"公正"或者"公平"。

我们必须有关于人是什么样子的某种论述，更为确切地说，关于我们是什么样子的某种论述，以便使下述说明有意义：哪种形式的生活是我们的善好生活，是切合于我们本性的生活？[19]说我们的论述是针对某一群人，而非针对所有时间所有地点的所有人的论述，这并不是一种欺骗。很显然，如果这种论述想要获得重要性，这个群集就不能太小；同样很显然的是，关于在何处划定当前时间和地点的边界，将会存在争议；不过可以肯定的是，我们描述其成员的这个群集，没有必要成为贯穿时间始终的类。

即便可以表明，第二种论述能够避免（至少在某种程度上）第一种论述所容易招致的反对意见，这对于马克思也并没有什么帮助，因为人们通常认为，马克思所提出的是第一种论述，而非第二种。这里我将仅讨论1844年的马克思。我（在这个问题上）对于1844年的马克思的说法，可以拓展适用于《提纲》和《形态》阶段的马克思。不过，《提纲》和《形态》并不是那些认为早期马克思具有严重的形而上学倾向的评论家们所通常关注的文本。许多评论家认为，1844年的马克思使用第一种（形而上学的）方式为"人的本性"赋予内容。我们所需做的是概述1844年的马克思对于这种指摘所可能做出的回应。

1844年的马克思并不是非形而上学人道主义的代表人物，不过他距离这一立场并不太远。他确实持有关于人的本性的特定观念，但是对他来讲同等重要的是持有关于人的本性的观念将会涉及什么。按照马克思对共产主义的描述，个体出于个人偏好，出于意识到这是人的生活方式，是鉴于他们之所是的人的生活方式而从事各种活动。**我们**或许认为这些个体持有一种关于人的永恒本性的信念，但是**他们**仅仅怀着这是人做事情的方式的意识，做着他们自己的事情。并且如同我们将会看到的那样（第6章第4～5节），提出某种关于人的本性的一般理论，去支撑人关于应该怎样做事情的信念，对于共产主义者来讲，将恰恰是不应该做的事情。

根据1844年的马克思的论述，共产主义条件下的个体明确知道他们的活动是实现他们的（人的）本性的活动。说他们持有关于人的本性的观念，这无疑是对的。不过，对于他们来说，这并非一个需要在反思环节加以确证的观念。这个观念并不表现在他们怎样看待自身上，而主要表现在他们的生活方式上，体现在他们怎样立身处世上。

这是否意味着对于1844年的马克思而言，仅当被运用到实践生活中，被运用到共产主义社会的个体的实践生活中，人的本性才有意义，人的本性概念因而是一个纯粹的实践概念？这种表述并不完全对，因为在1844年，马克思的共产主义愿景中，理论和实践之间的分裂是不存在的。在他对共产主义的描述中，关于世界的本性和人的本性的信念影响了实践并被实践所影响。人们感觉不到有对独立的理论王国的需要，至少在这个问题上是这样。因而不存在生活的一个领域优先于另一个领域这种意义上的实践优先性。尽管如此，只要它所指的是如下事实：在1844年马克思的共产主义社会描述中，持有关于人的本性的观念并不（当然并不必然）等于反思性地认同一种特定的哲学理论，上述说法就仍然是正确的。确切来讲，它是指过某种特定类型的生活。

显然，尽管这并不是合适的场合，但是一种关于人的本性的非形而上学的论述，将会涉及哪些内容，尚需要更进一步的阐发。马克思1844年的观念并非这种论述的一个例证，不过在部分程度上亦相差不远。他的观念——迄至《形态》——应当被理解为基于人是怎样的一系列观念，而鼓吹人类社会组织的恰当形式的一种尝试，并且在这样做时试图避免伴随这些观念的诸多（或许所有）传统问题。另一种类似的观念，是约翰·罗尔斯（John Rawls）所演绎的表现为纯粹政治观念的作为公平的正义，虽然其在正面主张和回避策略方面大不相同。[20]

4. 章节概述

第1、2章计划讨论费尔巴哈的《本质》和《原理》。我在这一部分中指出，费尔巴哈的目标在于尝试改变其读者的生活，而非提出哲学的教义。他想让读者（同时在日常生活和反思信念中）摆脱下述观念：一个人真正的生活在于照料其不朽的灵魂，抑或运用其抽象思维的能力。毋宁说，人真正的生活在于日常生活，在于此世的物质性生存。

这种变化中存在一种认识论的因素。关于人的本性的认识，不是通过抽象思考，而是通过恰当类型的直观达至的。对于怎样可以轻而易举地获得这样的直观，费尔巴哈在这些文本中表现得相当乐观。他认为人对于人的本性所需要知道的内容，可以径直从世界中看出来，不用去钻研和探究。

我曾指出，黑格尔主义者强调皈依体验。这将青年黑格尔派与基督教的思想结构，尤其是新教的思想结构关联了起来。尽管这种体验并不是某一种宗教所独有的传统，但它却是源自路德一系的，强调内在观照，哥塞尔称之为"圣灵降临日"的典型特征。在费尔巴哈那里，这种关联采取了更进一步的形式。标准的黑格尔式皈依是转向理性立场：如哥塞尔所说的那样，人从"自然知性领域"上升至"哲学的光之环"。[21] 费尔巴哈式皈依所走的是相反的道路，远离哲学而回归自然知性。

我在第 1、2 章中指出，费尔巴哈的著作与德国反启蒙运动（Counter-Enlightenment）的两位信仰主义思想家哈曼（Johann Georg Hamann）和雅可比（Friedrich Jacobi）的著作高度相似。费尔巴哈想为感觉正名，想反驳宗教对于世界的拒斥。他把这种正名与对于内心确信和精神皈依的需要关联起来。与 19 世纪 20 年代和 30 年代的黑格尔主义者不同，对哈曼和雅可比来说，内心确信和精神皈依并非是基于抽象论证的智性发展的最高阶段，而是通过拒绝这样的论证获得的。费尔巴哈在这方面与他们类似，因而 19 世纪 40 年代他的两部最有影响的著作（尤其是《本质》）的思想结构，不仅与黑格尔和黑格尔主义有关，而且与反启蒙运动有关。通常的做法是把费尔巴哈仅仅理解为支持唯物主义的哲学家，这是对费尔巴哈莫大的误解。[22]

第 3 章考察 1841 年至 1843 年的布鲁诺·鲍威尔。鲍威尔与告别哲学的主题没有直接的关联。在我们所考察的文本中，他所使用的究竟是不是黑格尔的方法？如果不是，其是不是抽象化、体系化意义上的哲学？这些都是不明确的。（鲍威尔所中意的"批判家"立场，没有被费尔巴哈和马克思将自身视为物质世界一个重要组成部分的冲动所激活，这一点倒是明确的。）之所以把鲍威尔纳入这项研究，部分原因是他是 19 世纪 40 年代早期黑格尔派的主将（同时期黑格尔派的另一位成员，切兹科夫斯基 [August Cieszkowski]，将鲍威尔的重要性与宗教改革相提并论）[23]，而更主要的原因是他的思想对于马克思的重要影响：先是影响了马克思，后又变成了马克思的批判对象。马克思 1844 年的自我实现观念相当于鲍威尔下述观念的一种变体（一种强调劳动过程之重要性的变体）：人在本质上是创造者，是通过不断改造自身和其居住的世界而实现其本性的存在。由于鲍威尔在诸多重要方面与费尔巴哈存在差异，为了考察《形态》批判青年黑格尔派运动的整体结构，我们有必要了解鲍威尔的工作。

本书的后续部分所关注的是马克思在 1844 年至 1846 年的著作。第 4~6 章考察 1844 年的马克思（《穆勒评注》和《手稿》中的马克思）；第 7 章探讨《提纲》；第 8~10 章研究《形态》（之所以对此一时期的另一本著作《神圣家族》略而不谈，是因为马克思指出，《神圣家族》的内容在上述著作中得到了更为清晰的阐发）。

在第 4 章中我探讨了马克思关于人在共产主义中如何面对对象、自然世界以及他们作为人类成员的共同身份。同时我还论证了对于 1844 年的马克思而言，人的善好生活的关键活动，个体实现其本性的活动，是在创造人类生存和更好发展所需的物质产品的过程中改造自然世界的那种活动。马克思在《资本论》（Capital）中称这种活动为"必要劳动"，意为必须完成的劳动。

在第 5 章中我将考察 1844 年马克思的共同体观念，以及他对个体在共产主义社会中怎样相互关联的描述。这是马克思 1844 年思想中独树一帜却又常被忽视的一个方面。

第 6 章提出证成难题。大致是这样的：青年黑格尔派认为他们的皈依使他们准确把握了人的本性，并由此获得了评价现行制度的标准；但是 1844 年的马克思关于资本主义影响现行信念的论述，否定了这种皈依能够**准确**把握人的本性的说法。费尔巴哈的哲学批判极大地影响了 1844 年的马克思，因而与费尔巴哈一样，马克思试图规避抽象思维，转而依赖日常生活的所见所闻。问题在于，与费尔巴哈不同的是，马克思对于日常生活的所见所闻持一种悲观态度：他认为**当前的**所见所闻极具误导性。我将证明，1844 年的马克思最终陷入这样一种困境：由于他所相信的是人的本质属性，并且他所相信的是资本主义社会下的日常生活结构，这使得在资本主义社会中，他缺乏足够的资源去证成他自身对于人的本质属性所主张的认识（因而同样缺乏足够的资源去证成他关于人通过何种活动在原则上实现了其本性的主张）。

这里并不存在对人的本性概念的拒斥。相反，问题取决于接受关于这个概念的一种特殊观念。在马克思 1844 年的著作中，如果我们实现了我们的本性（亦即如果我们生活在共产主义中），生活将会变成什么样子，马克思对此谈了许多。与费尔巴哈和鲍威尔一样，马克思参照人的真正所是的观念来批判当下。不过，他在 1844 年持有这样的主张：如果对资本主义世界细加审视，我们将会从中揭示出对人的真正所是的一种错误的、扭曲的描述。更为糟糕的是，如果参照这一描述，我们**不会**发现当下有什么问题，至少在现行社会制度与实现人作为人的本性之最为根本的方式之间，不会发生马克思所认为的那种严重的内在冲突。马克思的证成难题，源于他**既**想批判资本主义，同时**又**想避开渗透在日常生活表象之下的那种抽象理论，还想宣称当下日常生活中所显现的人的本性与人的真正的本性完全不同。对于 1844 年的马克思，我们通常所争论的马克思是否对资本主义做过规范性批判（某种不限定所使用的具体道德概念的道德批判）的问题，应当重构为马克思是否能够提供某种（与他的其他信念不构成矛盾的）他自认为具有说服力的规范性批判这样一个问题。

第 7 章讨论马克思的《提纲》。在我看来，《提纲》试图将活动观念或实践概念不是运用为理论概念，而是运用为对于立场或视角（我称之为**基本取向**［fundamental orientation］）的选择。一旦我们采取了恰当的立场，这种立场就可以解决对证成的担忧。不过难题又回来了，如今变成了在资本主义下采取能够生发恰当立场所需步骤（行动）的合理性难题。

我在第 8 章中指出，关于马克思对青年黑格尔派的批判，几乎所有评论家的解读都是错的。马克思并非简单批判一种显然荒唐的立场，亦即社会变革只需观念的变革而无需具体的行动——费尔巴尔和鲍威尔（马克思在《形态》中重点批判的两个对象）所持的当然不是这种立场。我认为马克思的主要不满在于认识论。青年黑格尔派错误地相信，他们的皈依业已赋予他们可以清楚明白地洞见人的本性的立场。此外，我还要指出，马克思在这个文本中不遗余力地试图回避传统哲学立场。具体来讲，我将通常被视为马克思主义唯物史观诞生地的一些陈述，解读为避免陷入形而上学观念的尝试。

第 9 章的关注点在于《形态》对于善好生活的描述。这种描述与 1844 年的差异，在于其对传统观念的挑战没有那么激进。在这一章中我还指出了 1844 年的马克思与《形态》之间的另外一些重要差异，马克思在这个文本中似乎否定了他早先的一些观念。

第 10 章考察《形态》对所谓"道德"的批判。我的关注点在于理解马克思反对道德思想的具体方面,以及他为此所提供的理由。证成难题再一次出现——现在变成了这样一个难题:鉴于马克思自身在《形态》中拒绝诉诸道德规范,马克思似乎无法证成《形态》对于资本主义所做的明显规范性批判。在该章结尾处,我对共产主义下的道德生活做了一些推测,并且提出了我所认为的奇怪主张,即如果有人**竭力**推进马克思在《形态》中的一些主张(最初出现在 1844 年的著作中,对于生成我所追溯的证成难题异常重要的一些主张),结果将会发现,马克思主义者没有什么理由不涉及道德哲学。实际上,我将指出,马克思如果再三思考,是**可以**无矛盾地诉诸哲学理论,从而将自身从证成困境中解救出来的。即便按照他自身的看法,马克思也无需像他所认为的那样与抽象相隔绝。

费尔巴哈和马克思的反哲学目标,马克思关于善好生活的(不同)观念的内容,以及马克思对于资本主义规范性批判的证成,这样三条线索将不同的方面整合了起来。最根本的链接在于,不论依据马克思哪一种善好生活观念所做出的资本主义批判,都需要——在资本主义之下,依据马克思的前提——一种显然只有哲学理论才能提供的证成。不过,作为费尔巴哈的追随者,这是马克思最不愿加以利用的工具,但同时却是其唯一可以无矛盾地加以利用的工具(参见第 10 章第 6 节)。

上述线索的重要性全在于细节。这一点尤其体现在证成难题中,因为类似于马克思式的难题结构是众所周知的:如果某些错误信念源于广泛分布且不可避免的一些条件,这些条件在认识论上会造成特定形式的歪曲,如果现有条件在认识论上仍然会造成特定形式的歪曲,并且如果科学家和哲学家尝试用以消除这些认识论歪曲条件之影响的智能装置,要么不能适用,要么甚至于助长了错误的信念,那么要想证成这些信念**是**错误的,可能就会异常困难。至少自卢卡奇(Georg Lukács)的《历史和阶级意识》(*History and Class Consciousness*)以来,马克思主义的讨论对于这种"立场难题"就已经非常熟悉了。它是后现代思想的主题,作为一种普遍的模式,它是很容易被发现的。它的重要性来自它是如何产生的这个细节——在这个案例中,重要性来自尽管马克思竭力想避免这个困境,可最终还是把他自己装了进去。

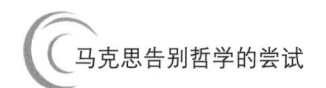

关于证成难题，我们应当记住下述几点：

● 这个难题内在于马克思的文本之中。马克思那里一再出现的难题在于他所发起的批判，无法在保持与其他信念连贯性的同时，在资本主义之下得到证成。而这与下述说法并不矛盾，马克思的批判即便在资本主义之下也是可以证成的。这一说法的部分寓意，在于支持类似这样的主张：那些同情马克思对资本主义所持敌意的人，应当放弃他们对于从哲学上证成这种敌意之做法的抵触。不过，从马克思自身的文本出发，通过仔细考察它们进而得出这一结论，是不无裨益的。

● 证成难题与意识形态理论所处理的问题不同，意识形态被认为是参照信念的社会功能来解释某些据称是错误的信念之存在的理论。我的关注点在于马克思怎样能够证成某些据称是正确的信念。可以肯定的是，我所谓的马克思式证成难题的终极原因，马克思会认为是资本主义。而且以下说法是可能的：（1）在资本主义社会中，这些难题的存在有其社会功能；（2）这种社会功能甚至可以解释这些难题的成因。意识形态理论将会关注（1）和（2）。对此我不置可否。我的关注点不在这里。

● 证成难题与马克思关于人的本性观念以及善好生活观念相关，而无关乎其他的资本主义批判。一位评论家宣称，"马克思的规范性主张在事实上是无可争议的"[24]。另有一位评论家指出，"说变相的剥削、不必要的奴役、经济动荡和生产衰退这些特征构成了谴责一个生产体系的充分理由，这完全没有问题"[25]。实际上，马克思的一些规范性主张极具争议性。不过，他的大部分著作，不论早期还是晚期，的确只是指出了明显存在的可怕状况，并且论证了其在资本主义下的不可避免性。老派的观念认为，马克思主义是价值中立的科学，这种看法的真理性在于：如果马克思批判资本主义的规范性主张是正确的，那么我们就可以对资本主义进行严厉的谴责，而无需诉诸马克思主义所特有的人的本性观念和善好生活观念。

本书大部分篇幅所讨论的是马克思，不过我对马克思的解读，与我对费尔巴哈的解读，以及我对鲍威尔的一小部分解读是密切相关的。除了关注一些特定的文本之外，本书与其他马克思解读著作的不同主要体现在下述三个方面。首先，我认为马克思与费尔巴哈和鲍威尔的不同是马克思自身关注点之辩证的结果，而非源于对他们"错误"的认识。其次，我对鲍威尔，尤其是对费尔巴哈的考察，相比一般的研究要更为详尽。最后（这同样是本书与近来关于马克思的分析著作的不同之处），我对马克思所采取的是一部著作接着一部著作的重构（我将《穆勒评注》和《手稿》视为一部著作）。偶尔我会涉及马克思的后期著作，并且在注释中我会提及后续的连续性和非连续性，援引后期著作的目的是澄清概念，而非用来支撑我对早期著作的解读。在原则上，它们是可以删掉的。（这一点同样适用于我对费尔巴哈的考察。在他那里，援引其他文本仅是作为核心关注点，亦即他在 1841 年至 1843 年观念的一种补充。）我所在意的是对一系列问题的逐步考察。这意味着我不仅要将自身限定在那个问题系列上，而且更为重要的是，我对与"1844 年的马克思"、"《提纲》中的马克思"和"《形态》中的马克思"相对的"马克思"的观点，不做任何判定。[26]

对不同的马克思的生硬提法，表明我认为马克思的观点随时间而有变化。我的看法确实如此。目前，关于马克思思想发生转变的最为著名的说法出自阿尔都塞。在他看来，根本的转向开始于《形态》：出现了一条裂缝，成熟的、"真正的"马克思破茧而出。显然，如果我所考察的文本有其独立的价值，那么它们是否可以算作备受推重的、"真正的"马克思的手笔，就是无关紧要的。核心的注解问题在于，《形态》是否真的标示了一个新阶段。在《形态》中马克思的关注点发生了明显的变化，比如转向了历史理论。不过，在我看来，《形态》同时还在其他两个方面表现出了重要的变化：在对马克思所呈现的善好生活的描述方面，以及在对经验性验证所赋予的作用方面（作为后一方面的结果，这种变化表现在拒绝诉诸任何特定的立场）。但是我想强调的是，这种转变与试图回避传统哲学争论的一贯努力是齐头并进的。这种转变尤其是与试图避开困扰阿尔都塞的那些问题的一贯努力是齐头并进的，困扰阿尔都塞的问题主要涉及唯物主义与唯心主义的对立，推进研究的恰当认识论立场等。阿尔都塞关于《形态》中出现了一些不一样的因素的说法是对的，不过至于这些不同的因素究竟是什么，阿尔都塞的结论就大错特错了（有关阿尔都塞的讨论，参见第 9 章第 4 节）。

这里有必要对本书没有涉及的人物做一点说明。我没有讨论施蒂纳（Max Stirner，除了顺带提及；参见第 8 章第 2 节）、卢格（Arnold Ruge）、埃德加·鲍威尔（Edgar Bauer）、赫斯（Moses Hess），以及

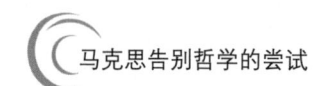

同时期的一些其他小人物。与费尔巴哈和鲍威尔一样，这些人也曾经影响过马克思，并且也曾经被马克思批判过。不过，拣择是不可避免的，而且作为曾经影响过马克思，被马克思批判过的作家，这些人物既没有持久稳固的影响，亦没有身居核心的位置；此外，他们也没有费尔巴哈和鲍威尔那么引人入胜。这一点同样适用于恩格斯在这一时期单独执笔的著作。必须指出，只有当我认为包括费尔巴哈和鲍威尔在内的这个团体对于某些问题存在根本性共识时，我才会提及作为整体的"青年黑格尔派"。

在呈现我所考察的文本时，我会尽量弄清楚它们的意思。在需要抉择的时候，我会尽量让作者的说法言之成理，而非难以置信，不过文本理应带有我的解读，并且我最终的评论常常带有相当的批判性。我的目标是让费尔巴哈、鲍威尔和马克思的文本和关注点明白易懂，即便——也许尤其——是在我认为他们的观点最终并不能令人信服的地方，亦是如此。

注　释

[1] 近年来英文世界，主要是思想史领域，涌现出了一大批讨论青年黑格尔派的著作。对于关注青年黑格尔派整体观念的读者来说，最值得参考的是 John Toews, *Hegelianism* (Cambridge: Cambridge University Press, 1980)。Robert Gascoigne, *Religion, Rationality, and Community* (Dordrecht: Martinus Nijhoff Publishers, 1985)，以及 Harold Mah, *The End of Philosophy, the Origin of "Ideology"* (Berkeley: University of California Press, 1987)，此外，William Brazill, *The Young Hegelians* (New Haven, Conn.: Yale University Press, 1970) 及 Leszek Kolakowski, *Main Currents of Marxism*, trans. P. S. Falla (Oxford: Oxford University Press, 1978), vol.1，也非常有帮助。David McLellan, *The Young Hegelians and Karl Marx* (London: MacMillan, 1969)，仍然是哲学史家就这一论题所写的最好论著。英文世界唯一一部研究鲍威尔的专著是 Zvi Rosen, *Bruno Bauer and Karl Marx* (The Hague: Martinus Nijhoff, 1977)。对费尔巴哈做哲学讨论的著作有 Eugene Kamenka, *The Philosophy of Ludwig Feuerbach* (London: Routledge & Kegan Paul, 1970)，以及 Marx Wartofsky, *Feuerbach* (Cambridge: Cambridge University Press, 1977)。后一部要更为学术，虽然瓦托夫斯基（Wartofsky）太过于将费尔巴哈视为马克思的先驱，但这仍然是迄今关于费尔巴哈的最好论著。也许最为重要的是，目前我们有了一部收录青年黑格尔派著作的英文文集：Lawrence Stepelevich, ed., *The Young Hegelians* (Cambridge: Cambridge

University Press，1983）。

尤其应当指出我的著作与 Harold Mah 的 *The End of Philosophy and the Origins of "Ideology"* 的不同。我是在完成了本书的初稿之后，才首次读到马（Mah）的著作。我发现马已经对我的一些论点做了预演。马对于马克思告别哲学的尝试，以及这一尝试与某些社会诱发性幻觉之关联的关注，与我有相似之处。与特夫斯一样，马留意了这些著作家在试图克服黑格尔思想过程中的转变要素；留意到马克思在 1844 年从抽象化的抽离，此外，他还留意了《形态》对于经验性方法的诉诸，以及马克思对于日常活动的关注。事实上，在我所读到的著作家中，马是唯一一位关注到《形态》诉诸日常生活的怪异之处的著作家（参见 Mah，*The End of Philosophy and the Origins of "Ideology"* 212-215），虽然我并不认为马充分激活且解释了此种诉诸中所发生的一切。有关我对此种诉诸的讨论，可参见第 8 章第 3~5 节。我在第 8 章注释 [31] 中讨论了马对于这一问题的看法。

我们之间的部分不同，在于怎样追溯朝向《形态》的发展线索。我没有讨论马予以强调的卢格。另外，我强调费尔巴哈，以及费尔巴哈著作对于反启蒙运动的共鸣。不过根本性的不同在于方法，方法昭示了细节方面的不同。我的关注点在于对文本进行哲学重构和评价。我既没有讨论当时的社会史，亦没有讨论著作家的心理。如果能够这样去做，将会很有帮助。可惜我既缺乏进行这种讨论所需的专长，亦缺乏所需的篇幅。马的著作不是（亦未打算是）一种哲学分析，而本书是。我重构且评估了著作家的论证。这不是马的关注点。虽然我们耕耘的是同一块地，但我们翻地的方式不同，目的也不同。

[2] 学界有时会认为马克思和鲍威尔曾经合写过一部甚至两部著作。有关学界论争的概况，可参见 Rosen，*Bruno Bauer and Karl Marx*，129-130。

[3] 我将 "*Mensch*" 一般译作 "human being"（人）。当德语 "*Mensch*" 意指人类一般所具有的某种特征时，我有时译作 "human beings"（人类），有时译作 "humanity"（人性），有时亦译作 "people"（人们）。我避免使用 "man"（男人），因为 "*Mensch*" 并未专指人类中的男性。不过，我遵从与 "*Mensch*" 一并使用的阳性代词，将它们译作 "he"（他）和 "his"（他的），等等。

[4] "青年和老年" 的区分颇有误导性，未能与神学立场和政治立场的区别相对应。参见 Toews，*Hegelianism*，chap. 7。

[5] Karl Göschel，*Aphorismen über Nichtwissen und absolutes Wissen im Verhältnisse zur christlichen Glaubenserkenntnis*（Berlin，1829），160；quoted in Toews，*Hegelianism*，90。

[6] Karl Rosenkranz，*Kritische Erläuterungen des Hegelschen Systems*（Königsberg，1840），354；quoted in Toews，*Hegelianism*，90。

[7] 费尔巴哈致达布（Daub）书信，1924 年 8 月，出自 Ascheri，"Ein unbekannter Brief von Ludwig Feuerbach an Karl Daub," in H. Braun and M. Riedel eds.，

Natur und Geschichte：*Karl Löwith zum 70. Geburtstag*（Stuttgart，1967），450；转引自 Toews，*Hegelianism*，183；以及 BN 387，转引自 Toews，*Hegelianism*，183。

[8] Karl Löwith，*From Hegel to Nietzsche*，trans. David E. Green（Garden City，N. Y.：Doubleday，1967），64.

[9] 青年黑格尔派经常将其所处的时代与宗教改革的前夜相比较（参见 Syn Ⅰ，xxiv）。

[10] 麦克莱伦（David McLellan）指出，青年黑格尔派认为他们的处境与亚里士多德身后的那一批思想家较为相近。参见 David McLellan，*Karl Marx：His Life and Thought*（New York：Harper & Row，1977），34-35。鲍威尔关于哲学体系的构建终结于黑格尔最为明确的论断，出自 1853 年 *Rußland und das Germanenthum* 一书："绝不会再有形而上学体系，亦即这样构建的体系，绝不会再在文明史上占有一席之地"。参见 Karl Löwith ed.，*Die Hegelsche Rechte*（Stuttgart-Bad Cannstatt：Friedrich Fromman Verlag，1962），102。

[11] 恩格斯当然是《形态》的合著者，但是我对《形态》的解读，与恩格斯本人的后期著作《反杜林论》（*Anti-Dühring*）是截然冲突的。这种不一致或许可由以下事实加以解释，即在两人的合作过程中，马克思始终是主导者，抑或可用从《形态》到《反杜林论》超过 30 年的时间差加以解释。对我而言，相比于解释这种不一致，证明这种不一致更为重要。而这一点只有参照文本才能做到。对此，我将在第 8 章中加以证明。

[12] 这两种事物在逻辑上是不同的。人们可以相信，通达包括人的本性问题在内的特定问题的道路，需要从事纯粹的抽象研究，但可以同时相信，人类活动的最高形式（最能实现我们本性的活动类型）与这样的研究毫无关系。有些时候，特别是 1844 年，马克思似乎认为偏好抽象的认识论和偏好抽象的活动类型是相伴相生的。实际上，马克思同时反对两者。

[13] 参见 Gilbert Ryle，*The Concept of Mind*（New York：Barnes & Noble Books，1949），16.

[14] 我要感谢爱德华·米那（Edward Minar）在最后三个段落上所给予的帮助。

[15] 以华兹华斯（Wordsworth）的《隐居者》（The Recluse）为例：

> 伊甸、树林、乐土和福地——如同远古发现的大西洋大陆——为什么仅是过往事物的历史，抑或从未存在过的想象？当人的敏锐理智，伴着爱和神圣的热情，投身于美好的世界时，将会发现，所有这些，不过是日常生活的产物。

不论是费尔巴哈还是马克思，都没有强调敏锐的理智和感觉之间的对立性，不过他们都会同意，幸运之地最终可以被视为"日常生活的产物"。关于费尔巴哈与浪漫主义在主题方面的相似性，可参见第 2 章。

［16］Thomas Pynchon, *Gravity's Rainbow* (New York: Viking, 1973), 390.

［17］G. A. Cohen, *Karl Marx's Theory of History: A Defence* (Princeton, N. J.: Princeton University Press, 1978).

［18］关于意识形态理论较好的历史讨论和分析讨论，可参见 Michael Rosen, *On Voluntary Servitude: False Consciousness and the Theory of Ideology* (Cambridge, Mass.: Harvard University Press, 1996)。目前对于意识形态概念的权威分析，可参见 Raymond Geuss, *The Idea of a Critical Theory* (Cambridge: Cambridge University Press, 1981), chap. 1。

［19］关于同一论点的进一步发展，可参见 Allen W. Wood, *Hegel's Ethical Thought* (Cambridge: Cambridge University Press, 1990), 17。

［20］参见 John Rawls, *Political Liberalism* (New York: Columbia University Press, 1993)。

［21］Göschel, *Aphorismen*, 160, 转引自 Toews, *Hegelianism*, 90。

［22］我原本同样可以将费尔巴哈与 19 世纪晚期德国一些被称为**通俗哲学家**的著作家关联起来。这些著作家相信真理最终的试金石在于普通人的健全常识，而非职业哲学家纠缠不清的论证。这一派别中较为著名的成员加尔夫（Christian Garve）曾抱怨说，哲学家们倾向于导向"空洞的，亦即无意义的观念"。(Christian Garve, "Ueber die Laune, das Eigenthümliche des Englischen *humour* und die Frage: ob Xenophon unter die launigen Schriftsteller gehöre?" in Garve, *Popularphilosophische Schriften* [Stuttgart: J. B. Metzlersche Verlagsbuchhandlung], 2: 1148) 这一点与我归给费尔巴哈的观点有类似之处，但是追究起来，这一点对于费尔巴哈来说仍然不够激进，因为**通俗哲学家**并不担心哲学是对一种成问题的面对世界之立场的表达。他们认为哲学的问题仅在于哲学给正确的问题提供了完全不必要的晦涩回答或错误回答。加尔夫写道，"但对我来说，'通俗'一词不应当指所处理的对象，而应当指处理对象的方式"。(Garve, "Von der Popularität des Vortrages," *Popularphilosophische Schriften*, 2: 1061) 对于费尔巴哈来说，抽象问题本身就是不可接受的。关于**通俗哲学**，可参见 Fred Beiser, *The Fate of Reason* (Cambridge: Harvard University Press, 1987), 第 6 章。我要感谢哈佛大学出版社的审读人，感谢其督促我揭示出费尔巴哈与**通俗哲学**的关联。

［23］参见 August Cieszkowski, *Gott und Palingenesie* (Berlin, 1842), 93；转引自 McLellan, *The Young Hegelians and Karl Marx*, 70。迈耶（Gustav Mayer）认为鲍威尔是青年黑格尔所"崇敬"的领袖人物。可参见迈耶仍具有启发性的文章："Die Anfänge des politischen Radikalismus im vormärzlichen Preussen," *Zeitschrift für Politik* 6 (1913): 46。

［24］William Shaw, "Marxism and Moral Objectivity," in *Marx and Morality*, ed. Kai Nielsen and Steven Patten (Guelph, Ontario: Canadian Association for Publishing in Philosophy, 1981), 33.

［25］Allen W. Wood, "The Marxian Critique of Justice," in *Marx, Justice, and History*, ed. Marshall Cohen, Thomas Nagel, and Thomas Scanlon, (Princeton, N. J.: Princeton University Press, 1980), 40-41.

［26］除了第8章对《形态》的批判对象做了讨论外，我没有评价这些著作家对其他著作家的批判——既没有评价费尔巴哈在《原理》中对黑格尔的批判，亦没有讨论马克思在1844年的著作中对黑格尔的批判，此外，我也没有讨论马克思在《提纲》中对费尔巴哈的批判。我所关注的是这些文本所呈现的积极正面的内容。第8章之所以要讨论马克思针对青年黑格尔派所做抱怨的准确性，纯粹是为了弄清楚其批判的内容。至于这些著作家是否击中了所批判对象的要害，是另一个研究话题。

第1章 费尔巴哈对基督教的批判

评论家们对于费尔巴哈的著作,似乎总是惴惴不安,往往在具体阐述他的优点之前,就急于想要认识到他的错误,好像为了维护其作为评论家的正直感,必须一上来就对其研究对象做一番例行的批判。朗格(Friedrich Lange)在《唯物主义史》(*History of Materialism*)一书中这样写道:"费尔巴哈从未做到逻辑清晰。与唯心主义时代的普遍做法一样,其哲学的勇气仅止于预言。'因此'[*folglich*]一词在费尔巴哈那里缺乏……知性的、真正的推理力量,或者至少缺乏预期的推理力量,而是指……思想的飞跃。"朗格进而总结说,费尔巴哈的著作"飘浮在神秘的黑暗之上"[1]。卡缅卡(Eugene Kamenka)亦曾觉得,在承认"费尔巴哈所讲内容的极端重要性与丰富性"之前,有必要强调指出,"用词不严密和表述夸张""对于[费尔巴哈]所怀抱的跻身一流哲学家行列的抱负"来讲,是"极为致命的"[2]。

事实上,费尔巴哈固然称不上逻辑严密的典范,不过批评家并未能理解其"因此"所包含的全部意蕴。费尔巴哈的目标不在于阐明和证成一个普遍的理论。他的目标与其说依赖于理智的认可,倒不如说有赖于精神的转变,他根据这一目标选择了他的修辞策略。他试图让读者用一种新的方式看待自身、世界以及两者之间的关系。在《宗教本质讲演录》(*Lectures on the Essence of Religion*)的结尾部分,费尔巴哈指出,他的愿望在于"将上帝的朋友转变为人的朋友,将信仰者转变为思

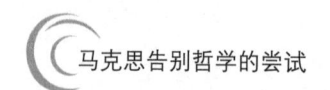

26 想者，将祈祷的信徒转变为工作的信徒，将来世的选民转变为今世的学生，将据其自身的表白和承认，'半是野兽，半是天使'的基督徒转变为人"（VWR 320/285）。费尔巴哈的写作方式旨在促成这样一种转变。

我曾指出，经历皈依体验是所有派别的黑格尔主义者的共性。费尔巴哈式皈依的独特之处在于无神论。费尔巴哈问道："我们的内心是否发生了一场宗教革命？"他对此做了如下回答，"是的，我们已……无宗教可言"（NRP 216/146）。不过，对于费尔巴哈来说，这种革命并没有取消宗教在人的生活中的位置。他坚称"关于人的生存的首要要素和基础的一种新的信念"，"如果我们愿意保留这个词——一种新的宗教"（VWR 243/217；一并参见 G §64，《原理》第 80 页）仍然是需要的。

在费尔巴哈看来，哲学，一种"完全不同的哲学""取代了宗教曾经所占据的位置"（NRP 216/416）。费尔巴哈的哲学看起来的确和别的哲学有所不同。实际上，费尔巴哈的哲学经常仅以反论（counterassertion）的形式与传统哲学相关联，比如费尔巴哈指出，"现代哲学寻求直接的确定性"，导致人们对感觉之真实性产生严重怀疑，进而他声称确定性仅存在于心智能够清楚明白加以洞察的事物之中。但是，费尔巴哈反驳说，"只有感觉的对象，直观［Anschauung］的对象，知觉的对象，才是无可怀疑地，直接地确实存在着的。"（G §37，320/55；《原理》，第 60—61 页）

> 只有那种**不需要任何证明**的东西，只有那种**直接通过自身而确证**的，**直接为自己作辩护**的，**直接根据自身而肯定自己**，绝对无可怀疑，绝对明确的东西，才是真实的和神圣的。但是只有感性的［*das Sinnliche*］事物才是绝对明确的；只有在感性［*die Sinnlichkeit*］开始的地方，**一切怀疑和争论才停止**。**直接**认识的秘密就是**感性**。（G §39，321/55；《原理》，第 61 页）

诸如这样的声明很难说是论证。它们很难说是对于放任感觉的笛卡儿式担忧的尝试性回应。它们更像是让人转变立场，从而运用笛卡儿式担忧将不再有其效力的方式去看待世界的尝试。

27 一般来讲，费尔巴哈不是把传统的认识论和存在论视为某种错误理论的要素，而是倾向于将之视为一种人的严重扭曲的生活方式的表现。他认为对此的恰当回应不在于运用抽象的论证去批判抽象的立场，而在于促成读者用不同的方式看待世界、面对世界。费尔巴哈截然不同的哲学（取代宗教位置的哲学）并非旨在促成我们皈依一种全新的哲学信念，而是为了转向一种全新的生存方式。（俄国实证主义者拉夫罗夫曾经评论说，"费尔巴哈对读者的影响，更像是讲道坛上的布道词，而非大学课堂的演讲"[3]。）常规的解读认为，费尔巴哈所试图回答的是一些标准的问题，所提供的是关于认识和存在的理论——虽然较为松散，但仍可以看得出是在常规游戏的范围之内。[4]这种解读没能抓住费尔巴哈的核心。

我并不是说费尔巴哈从未试图提供逻辑严密的论证，从未试图分析概念之间的关系。费尔巴哈做了这两件工作。此外，我也并不认为我们不能通过重构费尔巴哈的文本，为其总结出某种存在论或认识论。正如评论家们指出的那样，通常在一个文本之中，我们就可以为其总结出太多这样的立场。我想说的是，如果我们能够认识到费尔巴哈式特殊论证的关节点，其研究基督教和哲学的总体方法的核心，在于人所采取的立场，人如何看待世界，并且**这一点**并未得到其理应得到的充分论证，那么我们就能透彻理解费尔巴哈1841年至1843年的著作（后期著作可以有助于这种理解）的意义。[5]

我对费尔巴哈的讨论分为两个阶段。本章考察费尔巴哈《本质》一书中的基督教批判。下一章分析《原理》和《关于哲学改造的临时纲要》（*Provisional Theses for the Reformation of Philosophy*，简称《临时纲要》）中的哲学批判。

1. 基督教批判的内容

费尔巴哈指出，宗教信念是一种心理投射。在《本质》中，他在两种显著不同的意义上使用这一观念：一种是指将被视作单一不死实体的人类（human species）所特有的能力，投射到一个超越性实体上；另一种是指把满足人的某些愿望的能力，这些愿望超出了即便被视作单一不死实体的类（species）的能力之外，投射到一个超越性实体上。我们先来看第一种投射。

费尔巴哈认为，"一切属神的规定，一切使上帝得以成为上帝的规定，都是**类之规定**。这些规定，虽然在个体里面是有限的，但是，其界

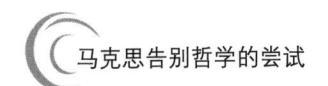

限却在类之本质［Wesen］甚或类之实存——如果类只有在总共一切人之中才有其相应的实存的话——之中被扬弃掉了"（WC 243/152；《本质》，第 208 页）。比如，上帝关于所有具体事实的知识对应于自然科学的无限知识这一点，费尔巴哈在《原理》中曾做过最为明晰的阐述：

> 自然科学的领域，从量的范围来说，对于个人完全是一种无法全面认识的，莫测高深的领域……但是个别的人所不知所不能的事，人们集合起来就会知道的，会作到的。因此那种**同时**认识一切个别事物的上帝的知识，是在全人类的知识中得到实现的……当一个人感觉到月球上或天王星上所发生的事件的时候，另一个人就去观察金星或毛虫的脏腑。（G§12，279-280/17；《原理》，第 17 页）

这一段落只涉及观察，而未涉及原因的知识，并且其似乎认为上帝的知识只是单个人所知的具体知识的总和，而未曾考虑那些不为人知的事实。不过，论点倒是非常鲜明的。上帝的所有知识都是人所知的，或者是可以为人所知的。上帝与个体之间在知识上只有量的差距，因而当未来的人类同时被视为认知主体时，这种差距就可以被弥合。

费尔巴哈用类似的手法处理上帝的力量问题。上帝的力量所代表的是人类逐步实现的对于自然的掌控。对于晚近仍为人力所不及的事情，如今可以大有作为。费尔巴哈对于人类能力的长期发展持乐观态度："我坚定不移地相信，许多东西，许许多多东西，虽然在今天还被近视和怯懦的实践家们看作幻想，看作决不可能实现的理念，看作纯粹的妄想，但是到了明天，也就是说，到了下一个世纪……就将具有完全的现实性"（WC 16/xxxiv，243-244/152-153；《本质》，第 13-14，208 页）。

即便是上帝的善，也可以如此处理。对于费尔巴哈而言，上帝的善似乎时常表现为人的范导性理想（regulative ideal），而非一种可以现实地达到的状态。他指出，作为"道德上完善的存在者"，上帝"不外乎就是**实现了的道德理念、人格化了的道德律**"（WC 99/46；《本质》，第 83 页）。由于上帝并不受制于让人误入歧途的欲望，所以这里出现了一种非对称性，即只存在属人的理想和现实之间的不同，而不存在属神的理想和现实之间的不同，倒也并不奇怪。神人同形同性论仍然是可能的：上帝将是人的特定理想的现实化形式。

但是，费尔巴哈强调上帝和人的道德平等。费尔巴哈对于道德完善，是以对知识和力量同样的复合方式来理解的，"许多人复合在一起

第 1 章　费尔巴哈对基督教的批判

才成了人所应当是的和能够是的状态"。主体之间相互抵消了各自的不足。费尔巴哈指出，所有人都是罪人，但各有各的罪业。有人撒谎，有人酗酒，还有人好色，等等，不一而足。他指出，与其他领域一样，在道德领域中主体"互相补足〔此处指补足各自的罪业〕，从而使他们总共加起来便成了他们所应当是的，便表现出完善人"（WC 247-248/155-156;《本质》，第 212 页）。

如果说费尔巴哈似乎未曾受到这一论证的消极方面（作为一个复合体，类既是上帝亦是撒旦）的困扰，这可能是因为他相信类在道德上处于不断进步之中（WC 15-16/xxxiv;《本质》，第 13-14 页）。作为整体的人在相互弥补个体的缺点，个体自身也在不断变得更好。就知识和力量而言，个体的持续道德进步意味着不能对类在未来的道德能力施以任何的限制。

因而核心的主张在于，必须从类这个整体及其未来的成就出发，评价人的知识、力量和道德。对于人的认知力、行动力、抑或存在力的所谓限制，仅仅是局部性的限制，是对于个体的限制，而非对于类的限制（WC 243/152-153;《本质》，第 208 页）。

对于类的能力的这样一种信赖，要求排除任何与属人的可能知识和力量之间存在质的差异的属神的知识和力量（WC 341/221;《本质》，第 290-292 页）。不过有人会说，上帝可以认识即便是作为类的人亦不能认识的事物。费尔巴哈认为，任何所谓这样的认识，都只是幻觉。

针对所谓这样的认识，费尔巴哈有时提出逻辑学的主张，有时又提出心理学的主张。前一种主张的例证之一涉及创世问题。费尔巴哈指出，关于特定现象的创造问题，是自然科学终将会提供答案的真正问题。但是要求为万事万物——"一切"（the All）——的创造给出解释，则是无意义的。"上帝并不创造特定的事物，并不像人那样创造这个或那个特殊的事物，而是创造一切东西，他的活动是**彻头彻尾普遍的、无限的**。所以，**不言而明**、势所必然的，论到上帝怎样创造这一切，论到其创造的方式，那就是不可思议的了，因为这个活动并不是某一种活动，因为**在这里不允许问'怎样'；无限活动之基本概念**，自在自为地便已经**否定**了这个问题。"（WC 336/218;《本质》，第 286 页）我们既不能回答怎样"创造"这一问题，亦不能像解释其他事件那样，将创造解释为一自然因果事件。因为这样一来会将其降格为对某一特定事物的创造。一旦使用特定事物之类的术语来进行表述,自然科学就可以处理这个问题,而无需上帝的帮助:"一切某物,都自然而然地产生出来;它是特定的东西,并且,作为特定的东西,不言而喻,具有特定的根据,具有特定的原因。"(WC 337/218;《本质》,第 287 页)但是如果在定义上无法给出"怎样"创造世界的问题,那么在费尔巴哈看来,问这样的问题就等于犯下范畴错误。它是借用自然问题的形式,询问某种自然术语无法描述的事态。不存在上帝怎样创造世界这个问题的答案(WC 336/218;《本质》,第 286-287 页)。自然科学不会接受这样的问题。首尾一贯的自然科学方法,将会放弃这一问题(WC 337/219;《本质》,第 288 页)。

奇迹问题呈现出了类似的难题,因为奇迹是"无中创有"(WC 214/131;《本质》,第 183 页)。不过对奇迹的分析将依据其产生的心理根源,而非将之归为某种逻辑错误。费尔巴哈指出,奇迹问题不在于其完成了什么,而在于其以违背自然法则的方式完成了什么。病人恢复如初,这并不是什么奇迹。但是,病人在"**一声命令下**就立刻复原,那就是奇迹之秘密了。[……]奇迹活动跟自然与理性之活动的区别,不在于其所产生出来的**产物**或**客体**有所不同,而是仅仅在于**方式方法**的不同"(WC 212/129;《本质》,第 182 页)。

对于费尔巴哈来说,核心问题在于怎样解释对于一个具备奇迹力量的存在者的顽固信仰。这样的力量不能被化约为人的能力的投射,这倒并不是说它们远远超出人的任何可能的力量,而是说它们与人的任何可能的力量不成比例。但是,它们可以被化约为人的愿望和感受的投射。人尤其希望那些无法加以自然满足的事物(为人类进步所不可触及),可以在一个不受自然法则约束,能够真正满足每一个愿望的存在者形象中得到满足(WC 210/128;《本质》,第 180 页)。

费尔巴哈指出,通过祈祷我们表达了最为深层的愿望,并坚信其一定能够实现(WC 201/122;《本质》,第 172-173 页)。在这样做时,我们不顾世界及其限度。如果我们着眼于如其所是的世界,我们会知道"每一个作用都有其属自然的原因,每一个愿望都只有在它被当作目的来看待并且已经获得了相应的手段时才能够被达到"(WC 202/123;《本质》,第 173 页)。认识到世界的这种因果结构的人"不会去祈祷,而只是去工作"(WC 202/123;《本质》,第 173 页)。与之相对,信仰者在祈祷中对世界掉头不顾。"他使自己的愿望、自己的内心活动成为不依赖的、全能的绝对本质之对象,换句话说,**他无限地 [unbeschränkt] 肯定它们**。"(WC 202/123;《本质》,第 173 页)

费尔巴哈似乎认为,人的感受不愿受到限制。我们希望自身明知其为不可能的感受变为可能。在祈祷中我们从现实世界转向我们更为深切的渴望,这些渴望与其说自身是无限的,倒不如说它们不受真实世界限度的影响(WC 205–206/125;《本质》,第 176 页)。

这是费尔巴哈所讲的第二种投射。此处上帝并非人的(集体)能力的投射,而是人的(个体)感受和愿望的投射。他是一个想象的实体,能够并且愿意去做那些我们渴望却绝无——永远没有——能力去做的事情。[6]

因而关于人与神的关系的问题,在费尔巴哈那里存在两种观念。一方面,人的能力被归给上帝。这是一些人作为类已经拥有,抑或将会拥有的能力。只要我们聚焦于类,上帝的能力就不外是人的能力。另一方面,人希望去做一些不论科学怎样进步,却仍然超出人的能力的事情。在这种情况下,上帝的能力就是人想拥有却无法拥有的能力。

保持这样两种形式的投射区分非常重要,因为它们各自代表了不同类型的错误。第一种错误源于人倾向于将个体的限度视为类的限度。假设不论单凭我自身还是其他任何一个人,都无法单独完成行为 D。通过想象一个能够完成 D 的存在者(上帝),我克服了这种限度。我因而未能认识到,人要么已经能够(共同地)完成 D,比如使沙漠变成绿洲,要么最终将能够(共同地)完成 D,比如登陆火星。无需诉诸上帝,我们就可以满足这样的关切,即找到一个能够完成 D 的存在者。上帝因此变成了一个不必要的假设。

这是一种很特别的错误。它不是我们**对于**某一事物的认识错误,亦不是谓词和主词之间的归属错误,因为谓词的归属是正确的。**对于**上帝的描述是正确的——但这是对于人类,而非对于超越性实体的描述。不过,它也不是关于作为这些谓词之主词的错误,因为费尔巴哈认为,凡是谓词正确地表现了主词之本质的场合(他认为"神学尤其"是这种情况),谓词的同一性便蕴含了主词的同一性(WC 19–20/xxxvii;《本质》,第 17 页)。使得这个错误有其特别之处的原因在于它是一个仅仅关乎我们对于某一特定谓词集合之主词的命名错误。这也是费尔巴哈为什么并不声称我们**应当**将这些谓词归属给人，而是声称我们在事实上**已经**在这样做了的原因。我们对上帝的崇拜是这种归属的隐秘形式。不过，为其正名并非无足轻重，因为正确的名字就是**我们的**名字。为其正名向我们揭示了我们一向的真正作为。当我们谈及上帝及其力量时，我们真正所谈及的是人及其力量。这亦是费尔巴哈为什么说无神论不是宗教的对立面，而恰是"宗教本身之秘密"（WC 18/xxxvi；《本质》，第16页）的原因。

我们所犯的另一种错误，在于将一种虚幻的客观性归属给我们的愿望。比如我们未能看到，上帝的神奇力量不过是人的愿望之想象的化身，其只能作为愿望而存在。此处愿望要想得到满足，拥有神奇力量的上帝是必要的假定。而我们的错误在于，没能把对这样一个上帝的信仰单纯视为上述愿望的一种结果。

这种虚幻的信仰，与心理分析所考察的信仰之间存在相似性。想象实体的谓词不同于任何一种可能的现实实体的谓词，因而这里不存在属人与属神之间的同一性。确切来讲，属神是源于人的一种幻觉（WC 22/xxxix；《本质》，第20页）。费尔巴哈这里的任务是将宗教的"**秘密的本质**"从其"**公开的，被意识到的本质**"（WC 376/247；《本质》，第321页）中抽取出来。"对宗教……我只不过使其**睁开眼睛**，或者说得更明确一些，使其向内面的眼睛转向**外面**；就是说，我只不过将存在于表象或想象之中的对象转变为存在于现实之中的对象而已"（WC 22/xxxix；《本质》，第20页）。处于内面的是上帝的形象，单纯想象的主词，"在幻觉和专擅之迷人的假象中看到现实事物"；处于外面的是"在现实性和必然性之光辉中"（WC 22/xxxix；《本质》，第20页）拥有其需要和欲望的人。此处看待事物的正确方式，在于将我们自身的愿望视为我们信仰的真正的（且唯一的）源泉。

虽然并不相同，但这两种形式的投射亦是相互关联的，理由是人的愿望对于两者都非常重要。当认识到我无法完成 D，我不仅想象出一个可以完成 D 的存在者——我想象一个准备为我去完成 D，准备为了满足我的愿望而去完成 D 的存在者。不过，只要我能够认同作为整体的类，有一些愿望就可以无需上帝的介入而得到满足。我无法使沙漠变为绿洲，无法登陆火星，但是类却可以做到。对于这些愿望，消除对神灵之需要的方法并不是通过放弃愿望，而是通过认识到如果我们采取类的视角,我们的愿望就可以得到实现。

费尔巴哈对不死的讨论,既表现了他对于人神关系两种论述之间的关联,亦表现了两种论述的不同。他指出,人愿望不要死去(WC 219/135;《本质》,第 187 页)。在现代基督教社会中,愿望不死是指愿望个体的不死。这种愿望之中包含了对于个体永生之可靠性的愿望。不过,这种可靠性并非理性所能够提供的。理性"不能给我以我的**人格永生之可靠性**,而这种可靠性却正是大家所要求的"(WC 219/135;《本质》,第 188 页)。基督徒通过信仰基督的复活获得了其所要求的可靠性。基督作为现实的人死而复生,满足了人对于"自己死后的**人格永生**,即作为不容置疑的感性事实的人格不死之**直接可靠性的愿望**"(WC 220/135;《本质》,第 188 页)。

费尔巴哈对于这种解决方案的看法是两面性的。一方面,他将之视为基督教对于自然和自然进程的普遍敌视态度的体现。他指出,如果人不曾远离自然,人就能够平静而坦然地接受自身的有限性,即作为一种自然生物,人是一种有限的生物。对于个体永生的愿望便不会主导人的生活(WC 221/137, 223/138;《本质》,第 189-190 页)。

另一方面,费尔巴哈同时强调说,类是永生的,如果人放弃对**个体**永生的愿望,他就可以在事实上以类成员的身份实现永生,"所以,谁在生活时意识到类是一个真理,那谁就将自己的为了别人的存在,将自己的为了公众、公益的存在,当作是与**自己的**本质[Wesen]之存在同一的存在,当作是自己的永垂不朽的存在。他全心全意为了人类而生活"(WC 269/171;《本质》,第 230 页)。此处永生不是通过个体,而是通过类来实现,抑或确切地说,通过个体与类相认同来实现。

针对个体永生的这两种不同的回应,并不是相互排斥的。人可以一方面从个体对类的认同中,从类的永生中获得满足,同时另一方面接受个体的有死。第一种回应承认特定个体的有限性,第二种回应承认类对于这种有限性的超越。与之不同,费尔巴哈认为,对于基督徒,信仰基督**既是**对于类的永生的(间接的)承认,**亦是**对于个体永生的保证。基督是"基督徒们实在的上帝"(WC 245-246/154;《本质》,第 210 页)。因而其具有基督教上帝的所有完善性,在费尔巴哈眼中,这是被视为整体的类的完善性(WC 246/154;《本质》,第 210 页);不过基督同时也是一个个体,一个有血有肉的永生的个体(WC 244/153;《本质》,第

209 页)。当然，类化身在一个个体之中，这超越了自然的法则。它是一个奇迹，一种幻想的产物（WC 246-247/155；《本质》，第 211 页）。费尔巴哈指出，基督的巨大吸引力，在于他既是我们通过类所实际拥有之物的化身，同时亦是我们作为个体愿望却无法拥有之物的化身。

在两种形式的宗教投射之间做了区分之后，我们有必要重申，两者共同植根于人超越自身个体有限性的欲求之中。费尔巴哈可能忽视了我所做的区分，因为对他来讲，最为重要的是用属人的事物——能力或愿望——来解释属神的事物。无论对于哪一种形式，"人都是宗教的开端，宗教的中心点，宗教的尽头"（WC 287/184；《本质》，第 246 页）。无论对于哪一种形式，费尔巴哈都可以说，"而我呢，却让宗教**自己发表意见**；我只是充当宗教之旁听者和译员，而不是充当它的幕后提词者……我只是泄露了基督教的秘密"（WC 18/xxxvi；《本质》，第 15-16 页）。秘密实际之为秘密，远没有下述这一点来得重要：神性不过是源于某种人性。

同样值得强调的是，对于费尔巴哈而言，作为宗教信仰基础的愿望本身是没有问题的。部分愿望在现世中是可以真正得到满足的。比如，贫困据说是宗教信仰的根源之一（WC 136/73；《本质》，第 115 页）。在现世中满足需要，可以消除对于来世的渴望（WC 454/296；《本质》，第 379 页）。即便是对于个体永生的愿望，作为愿望本身也是没有问题的（WC 244/153；《本质》，第 208-209 页）。问题在于我们怎样回应这个愿望。在宗教中虚幻的并不是愿望本身——它们相当真实——而是愿望所产生的对象化。[7]

费尔巴哈力陈对于类的认同，能够替代对于上帝的信仰。不过，这种替代并不能应用于所有时间所有地点。费尔巴哈所谓"人类作为整体的观念"，只能从历史进程中产生。只有在历史进程中，人类才能替代基督。这种替代一经完成，宗教便随之凋谢。生成宗教的需要找到了另外一种满足："哪里产生了对于类作为类的意识，人作为整体的观念，哪里的基督就会消失……因此，历史必然会出现这样一个转折点，到那时，人们就**公开地供认和承认**，对上帝的意识不外乎就是对类的意识。"（WC 408/269-270；《本质》，第 348-349 页）这一点令人费解。难道不是一直存在"人类作为整体的观念"？个体将其自身设想为同一个类的成员，果真是晚近才有的现象？

第 1 章　费尔巴哈对基督教的批判

这里可与黑格尔做一比较,黑格尔声称,只是到了现代才产生出人作为人是自由之意识。[8] 在黑格尔看来,所有人一向就是自由的,或者至少拥有自由的能力。他的重点指出,只是到了晚近,这一事实才被广泛承认,并逐步体现在政治制度中。费尔巴哈的类似之处在于:人一向就是人类的成员,但只是到了晚近这一事实才得到广泛承认,才产生出"对于类作为类〔Gattung als Gattung〕的意识"。

两者之间亦存在重要的不同。自由在黑格尔那里含义甚多,这里我们可以仅限于不同于奴隶的人的自由。否认某些人本质上是自由的造物,可能是错的,但没有荒谬到不可理解。关于自然奴隶的理论有一大堆。与之不同,作为人却是不言自明的。虽然存在关于高等人和低等人的论争,但是,在关于存在者的相当广义的分类上,所有这些存在者都是"人"的成员,这不仅不是晚近的新说法,而且似乎也很难说是有争议的问题。承认所有人单纯作为人的自由权利,可能是现代的一种成就,但承认我们所有人都是同一类的成员,这不是现代才有的成就。[9]

我认为费尔巴哈是想强调,对于这一事实的承认尚未在人的生活中发挥足够重要的作用,尚未成为我们自我描述的足够重要的方面。我们要么缺乏显著的团体认同,要么仅仅看重我们作为希腊人或野蛮人、女人或男人、犹太人或非犹太人、德国人或法国人的身份。单纯作为人尚未能达成一种普遍的认同,以便个体能够将类的成就视为其自身的成就。他们至多只能将一些小团体的成就视为自身的成就。这与费尔巴哈认为的人所渴望的,他归给作为整体的人的无限大的力量、知识和美德的说法,相去甚远。结果,人将自身提升至"其个体限度之上"(WC 408/270;《本质》,第 349 页)的渴望,只能通过虚幻的对象化、超越性的实体进行表达。

费尔巴哈知道,就心理上而言,以他所要求的强度与类相认同有一定的难度。并且他还知道,对于他所探讨的感情需要来讲,基督教信仰是一个尤其有吸引力的发泄渠道,"正是由于类跟个体性这样直接统一了起来,正是由于一切普遍性与本质性都这样集中于一位人格式的存在者身上,因此,上帝就是一个深深合乎心意的、使幻想狂喜的对象;而人的观念对于感情来讲,却相当乏力"(WC 244-245/153;《本质》,第 209 页)。费尔巴哈指出,问题在于人只是一种抽象的观念,而在现

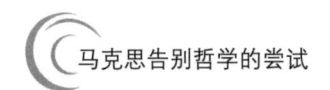

实生活中我们看不到"人",而仅仅看到"无数分散的、有限的个体"(WC 245/154;《本质》,第 210 页)。

费尔巴哈因而似乎承认,所需要的认同是很难实现的。不过,根据他对"类作为类的意识"之历史性特征的强调,我认为他的真实看法是,这样的认同已经变得容易了,并且还会越来越容易。这是因为类在实践中已不再单纯是"分散的、有限的个体"的集合。费尔巴哈认为,随着技术上不断进步、关系上不断交织的社会的兴起,人们更容易遭到自然的反击,同时亦变得更加相互依赖。结果,基督教信仰自身开始萎缩,表现出一种"内在衰变"(NRP 217/147),"基督教不仅早就从人类理性中消失了,而且也早就从人的生活中消失了……基督教不过是某种**固执想法**而已,这种**固执想法**,是跟我们的火灾和人寿保险机构、我们的铁路、我们的蒸汽机车、我们的绘画陈列馆和雕刻陈列馆、我们的军官学校和实业学校、我们的剧场和博物标本室处于最最尖锐的矛盾之中的"(WC 29-30/xliv;《本质》,第 26 页)。

联合起来的人如今越来越能够控制自然("我们的铁路、我们的蒸汽机"),即便在他们尚不能控制的地方,他们亦至少可以缓解自然的打击("我们的火灾和人寿保险机构")。用上帝替代人的必要性越来越小。基督教信仰的前提不断遭到侵蚀。在 1841 年关于基督教医疗方法的评论中,费尔巴哈指出,即便是自称宗教医生的医生,其表面上用有罪解释疾病,实际上仍然是用药物治疗病人,而非仅仅依靠祈祷(CA 115-142)。这足以证明,伴随人的力量的不断增强,诉诸超越性实体的必要性不断消退。现时代,**真正的**信仰——包括对于奇迹的真正信仰——正在快速消退。费尔巴哈认为,人们在实践中不再依赖上帝,转而依赖他人和他们的成就。在《改造哲学的必要性》(The Necessity of a Reform of Philosophy)中,费尔巴哈甚至直接宣称"基督教在事实上已经不存在了"(NRP 217/147)。

费尔巴哈认为,人们对医生和层出不穷的新发明的信赖,意味着宗教在总体上的完全衰落,这显然是错误的。大约同时,马克思指出,宗教在最为现代的美国社会仍然蓬勃繁荣(参见 ZJ 352/151;《论犹太人问题》,第 168-169 页)。不过,值得指出的是,费尔巴哈认为他的预言是他的同时代人业已准备好接受的预言。当他坚称无神论是宗教的秘密时,他并不认为他告诉了人们什么新东西,而认为他只是试图让人们承认他们已然在过的生活的本性。[10]

2. 基督教批判的方法

以上是对费尔巴哈实质性主张所做的扼要概述。许多东西显然略而未谈。(比如，与基督教的解释不同，费尔巴哈认为基督教教义的每一细节，都可以追溯至人的愿望和能力的特定方面。《本质》一书的前半部分，便是对基督教教义的逐项还原。)不过在这一部分，我将集中关注费尔巴哈在《本质》一书中所使用的方法。费尔巴哈用许多方式描述了他的方法。他称其方法为"分析化学的方法"(WC 5；《本质》，第 4 页)，自称为"精神上的自然科学家 [*ein geistiger Naturforscher*]"(WC 16/xxxiv；《本质》，第 14 页)。他的著作同时亦是对宗教的"历史哲学的分析"(WC 25/xli；《本质》，第 22 页)；他"颠倒"了宗教的关系 (WC 415/274–275；《本质》，第 355 页)；他"将基督教由东方之离幻比喻语言翻译成优美易解的德语"(WC 14–15/xxxiii；《本质》，第 13 页)；他是宗教的"旁听者和译员"(WC 18/xxxvi；《本质》，第 15 页)；并且他还宣称，"我把宗教还原为"人类学 (WC 22/xxxviii；《本质》，第 19 页)。

转译和颠倒涉及对于现象的重新描述，或者真正使用正确的名称来称呼现象：具备特定属性之存在者的正确名称 (比如全知) 是"人类"而非"上帝"。这就是对宗教的**转译解释** (translation account)。此外，对宗教做"历史哲学分析"，涉及巨细无遗地展现出宗教现象是对非宗教现象的回应，抑或在某种程度上是非宗教现象的功能：信仰奇迹是对人的愿望的回应，即对宗教的**起源解释** (genetic account)。[11] 这两种方式都可以用来解释宗教或将宗教消解为人类学。

不论是起源解释，还是转译解释，对于宗教主张的真理而言，都未曾被认为是中立的。常识的语言理应是真理，东方意象语言理应是幻觉。对于宗教信仰内容之详尽的起源解释，理应能够表明这种内容是错误的，奇迹并没有发生。

至少在费尔巴哈那里，不论是哪种解释都未能证明这一点。可以转译并不能证明一种语言相比另一种语言更有特权。对于信仰的起源分析

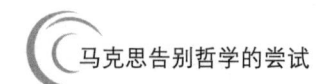

丝毫不涉及信仰的真假问题。信仰基督教上帝，也许是由克服人类生活之贫乏这一愿望催生的，但是基督教上帝仍然是可能存在的。事实上，上帝引导主体转向对他的真正信仰的计划之一，可能便是通过将他们置于将会驱使他们转向信仰的处境之下的途径来实现的。仅仅进行转译，抑或对信仰的心理起源做出解释，费尔巴哈的主张并没有证明信仰者的信仰是错误的。

我之所以要强调这一点，是因为评论家们往往忽视了这一点。他们不问何者证成了费尔巴哈的主张，便想当然地认为费尔巴哈的解释揭示了基督教的真相——或者至少展现了基督教真相的实质性部分。但是，如果费尔巴哈所提供的只是关于基督教的描述（关于基督教是人的加密真理，抑或是人的愿望之庸俗伪装的描述），那么他的主张似乎就需要证成。[12]

费尔巴哈指出，"本书中的思想，仅仅是由下面这样的前提[*Prämissen*]中所得出的结论或**结果**，而这个前提，并**不仅是抽象的思想，而是客观的、活生生的或历史的事实**"（WC 15/xxxiii；《本质》，第 13 页）。结论是从真实的前提（"客观事实"）中合法地推导出来的，不存在逻辑漏洞。如果费尔巴哈能够组织起这样的论证，他将能够表明信仰者的信仰是错误的。

不过，正如朗格所说的那样，我们不能在严格演绎的意义上看待费尔巴哈的"因此"。费尔巴哈自己曾说，得出"结论或**结果**[*Konklusionen, Folgerungen*]"，意味着对"人的本质[*menschlichen Wesens*]……之事实表现"加以归纳（WC 15/xxxiii；《本质》，第 13 页）。[13]他指出，这一点适用于"《本质》一书有关本质[*The Essence*]的所有重要观念"（WC 15/xxxiii；《本质》，第 13 页）。

"人的本质……之事实表现"的例证是指：（1）人具有特定的需要，比如感受到与某种超越于人的个体生活之上的事物相关联的心理需要；（2）人信仰各种形式的宗教主张，比如上帝化身为基督。根据这两点费尔巴哈得出结论，信仰基督的神性只是对于人的需要的想象式满足，他认为这种需要"仍然存在于宗教意识之中"，充当了"化身的基础[*Grund*]"（WC 104/50；《本质》，第 87 页）。

可惜，费尔巴哈的前提无法导出他的结论。人的需要可以解释人们对于上帝化身为基督的轻信，但这并不能导出这种需要是"化身的基础",即这样一种化身并没有发生。费尔巴哈此处的"事实"只是表明对于基督教进行起源解释是可能的,却并没有表明基督教教义是错误的。

与此类似,费尔巴哈指出,"上帝出于慈悲而化身为人;可见,在他成为实在的人以前,他就已经在自身之中是一位属人的上帝了"(WC 104/50;《本质》,第 87 页)。但是,上帝与人共有慈悲的属性这一点,并不能导出上帝是与人不存在质的区别意义上的"人化上帝"。费尔巴哈假定转译的描述(完全用人的术语描述上帝)必定是正确的,但是这种假定尚需要证明。

如果费尔巴哈所追求的是较弱的主张,这又将如何呢?假如他仅仅提出了关于基督教信仰之心理起源的论点,这些论点对于基督教的产生与存在,对于人们相信基督教的原因,做出了一种合理的解释——这种解释相比信赖圣经故事的历史准确性更为合理。如果费尔巴哈可以用自然主义的(心理学的)术语解释基督教,其将会侵蚀基督教信仰的合理性,虽然这并未证明基督教信仰是错的。

如果是这种解读,费尔巴哈便是在声称圣经故事相对于其自身关于信仰起源解释的不合理性。在某种程度上,这正**是**他所做的工作。不过,费尔巴哈同时还曾尽力将他的著作与同时代对于圣经的历史批判区分开来:

> 我并不去问……现实的、自然的基督到底是什么或者能够是什么;我宁可假定这个宗教上的基督,只是,我指出,这个超乎人的存在者,不外就是超自然的属人的心灵之产物和客体。我并不问这个或那个奇迹是否**可能**,一般地,我并不问奇迹是否**可能**;我只是指出奇迹到底**是什么**,就是说,并不是采用**演绎法**,而是利用那在圣经中作为实有的事情加以叙述的奇迹之**实例**。而这样一来,就正好一劳永逸地回答了,抑或扬弃了[*aufhebt*]关于奇迹之可能性、现实性以及必然性方面的问题。(WC 26/xli–xlii;《本质》,第 23 页)

当时德国(更不必说法国和英国)已有好几代人致力于挑战《新约》关于奇迹的论述。费尔巴哈指出他并非旨在推进这样的挑战(一并参见1846 年费尔巴哈关于其并不关注上帝是否存在的说法 [V 189])。费尔巴哈对于基督教的描述,并不是(虽然它可能是)为这种怀疑再次提供一个基础。

那么，费尔巴哈到底在做什么？我认为，他并不强调其自身观点的相对合理性，而只是希望我们看到，他对基督教所做解读的真实性与他所试图生成的那种信念有关。费尔巴哈的目标不仅在于引导人们赞成理性的平衡，他所希望的是，人们一经被他的解释说服，就不会再费心去估量某个奇迹的可能性。相比向主体证明理性的平衡点，费尔巴哈更关心怎样改变主体面对世界的立场。

费尔巴哈想把我们**世俗化**。他希望我们把自身视为物质世界中完全的物质（虽然有感受和思想）存在者。结果，一些特定的问题从一开始就被排除了。与奇迹之"可能性、现实性和必然性相关的问题"甚至都不会出现。[14]有时人们会说，对于真正的信仰者，神在世界上是无处不在的。伴随宗教体验而来的，是爱德华兹（Jonathan Edwards）对世界的这样一种描述："一切事物的表象都变了；神圣荣耀的表象，近乎呈现在一切事物之中……呈现在蓝天白天、青草红花和绿树碧水之中，呈现在万事万物之中。"[15]对于爱德华兹来说，每一朵花都表现了上帝的存在。费尔巴哈似乎想用相同的方法，将世界完全地祛上帝化（完全地祛除超越性存在者）。

来看一下费尔巴哈关于宗教信仰的现象学描述，对我们会有帮助：

> 对于特定的宗教来说，也即**相对地**来说，上帝实存的确实性确是一种**直接的**确实性；因为，既然希腊人如此不由自主地、必然地是希腊人，那末，他的神也如此必然地是希腊式的，如此必然地是实在生存着的。宗教，就是与人的本质［Wesen］同一的世界观［Anschauung］和人生观。但是，并不是人超越于自己的本质观［wesentlichen Anschauung］，而是**自己的本质观超越于他**；它激励他，规定他，支配他。这样就根本没有必要提出一种证明……也没有可能再去怀疑了。（WC 61/20；《本质》，第51页）

对于真正的信仰者来说，上帝（抑或神）的存在是直接而确定的。证明是不必要的，因为怀疑是证明的前提，而费尔巴哈认为怀疑在这里并没有用武之地。费尔巴哈指出，真正的信仰者不会怀疑上帝的存在，正如其不会怀疑自身的存在一样（WC 61–62/20；《本质》，第52页）。对于真正的信仰者，他的神是事实,也曾经确证自己的实存……事实是一个表象,这个表象的真理性是不容怀疑的,因为它的对象并不是关乎理论的事,而是关乎[感受]的事,而[感觉]及愿望凡它所愿望的和相信的都**存在**着;事实是禁止人们加以否认的,虽然并不是外在地加以禁止,而是内在地加以禁止;事实是任何一种被认作是现实性的可能性,是任何一个表象,这个表象,在它作为事实而存在着的那个时候,表达了当时的某种需要,而现在则成了精神之不可逾越的界限。(WC 319/205;《本质》,第 271-272 页)

宗教信仰根源于人的愿望。这些愿望通过想象的对象获得了满足。基于下述两个方面的原因,对于这些对象之存在的信仰不会受到怀疑。第一,对象是感受的对象。信仰者与对象的相遇方式,表现为其对相遇的感受。对象的存在不容怀疑,因为感受的经验不容怀疑。第二,对于费尔巴哈而言,我们的"世界观和人生观"规定了我们所问的问题,诸如我们关于相遇的感受,是否对应于我们与存在于我们之外的实体的实际相遇这样的问题。费尔巴哈的观点是,只要宗教实际上处于支配地位,在宗教体验方面就不会出现这样的问题。这些经验被感受为"自我证明"的,因为没有什么证明能比这些经验更有说服力。在我看来,费尔巴哈并不是说,作为概念问题,人**不能**怀疑经验(这种怀疑是无法理解的),而是说人**不会**怀疑经验:经验有其足够的权威预先阻止怀疑(WC 320/206;《本质》,第 272-273 页)。[16]

费尔巴哈希望他自身关于宗教的解释,能够产生一种类似于"不证自明"(self-certifying)的信念。他曾在著作中反复要求一种"直接的"信念,一种不是作为哲学论证之结果的信念(NRP 219/149)。他指出,关于上帝存在的证明,无法"给出令人满意的确定性"(NRP 219/149),这一点同样适用于关于上帝和奇迹不存在的证明。费尔巴哈似乎认为,如果问题在于推理的链条,抑或理性的平衡,那么怀疑便始终是可能的:完全的——可称为**彻底的**——相信或不信便不可得。费尔巴哈所求的是一种无需进行推论和判定的状态,因为世界在这种状态下有其特定的外观。上帝的不存在(以及奇迹的不存在)将是不证自明(self-evident)的,如同我的双手事实存在一般。

无疑,哲学家们所担心的正是这样一种不证自明。正如我们在第 2 章将看到的那样,这关乎费尔巴哈对哲学家们的抱怨。但在这里,我们需要记住，只有哲学家才会提出这个问题。对于普通人来讲，其双手之不证自明式的存在，构成了将其他事物视为不证自明式存在的典范。费尔巴哈认为对普通的（真正的）信仰者而言，上帝的存在是不证自明的。他希望上帝之不存在对于普通无信仰者亦是同样不证自明的。

我并未说费尔巴哈认为，一种根据奇迹的相对不合理性而做出的论证，**无法**带来所需要的转变效果。它或许可以，或许不可以。我认为费尔巴哈所担心的是，以论证方式所产生的信念，通常并不**排斥**怀疑，通常并不占据全部心灵。如果有人只是判定论证的平衡，那么他可以**同时**保有两种针锋相对的观点：论证 A 占据优势，但并没有完全取代论证 B。与之相对，卡维尔（Stanley Cavell）业已指出，面对著名的鸭兔图，我们无法同时既看到鸭又看到兔，不论何时，图形都只能且完全是——彻彻底底的——鸭（或者兔）。[17] 费尔巴哈不仅希望我们同意关于奇迹的论证是软弱无力的，而且希望我们将世界仅仅且完全地——彻彻底底地——看作非奇迹的。[18]

依据我的解读，费尔巴哈试图将主体看待世界的基督教方式，转变为一种无神论方式[19]，并且这种转变应当是不证自明的。人们如今所接触的是现实而非幻象，这一点被认为无需证明。

请看不证自明式转变的一个例子。一名儿童打开卧室的灯，看到坐在椅子上的不是一条龙而是只泰迪熊。由于打开了灯，是只泰迪熊这一点毫无疑问。这名儿童必须学习的不是关灯后看到一条龙，而是使灯光内在化。这并不那么容易。

相比之下，费尔巴哈认为宗教信仰者可以很容易地内化下述观念，即他所崇拜的对象是人而非神。首先，因为费尔巴哈为信仰者提供了关于错觉的因果性解释（类似于向儿童解释黑暗和恐惧如何产生错觉）。其次，更为重要的是，因为信仰者在实际上**已经**内化了新的观念。他**不是**一名真正的信仰者。一名真正信仰者的观念是无法被改变的。但是费尔巴哈指出，"我们的信仰并不是不受制约的、断然的、活的信仰，而宁可说是怀疑的、折中的、非信仰的、由于艺术与科学之威力而变得支离破碎的信仰"（WC 510/323；《本质》，第 413 页）。基督教目前**未能**满足时代的需要（NRP 217/147）。目前所谓的信仰，是对现代实践生活无神论的一种逃避（NRP 216/146）。这是一种不诚实的信仰。

因而，当朗格将"预言"称为费尔巴哈式"因此"的本质时，他触及了问题的核心。在某种意义上，它应当是启示性的。但其所启示的全部内容，不过是我们已经之所是。费尔巴哈所陈述的是我们业已明知的，"基督教被否定了——既在精神中亦在心灵中，既在科学中亦在生活中，既在艺术中亦在工业中，被完全且无可挽回地彻底否定了，因为人现在业已为其自身占有了真正的、人的、反神圣的所有……迄今为止，这种否定都是一种无意识的否定。只有现在，它才是或者说才变为一种有意识的否定……这种有意识的否定开创了一个新时代"（NRP 218/148）。

费尔巴哈所描述的宗教，不过是人们早已踏上的道路的最后一步，这条道路之所以尚未抵达终点，仅仅是因为"内心的怯懦和智能的薄弱"（WC 58/17；《本质》，第 48 页）。基督教的申言已不再是"事实"，不再是对"精神不容违背的限制"。在日常生活中它们早已被超越了。在其全盛期，宗教并非自欺欺人，因为全盛期的宗教与信仰者的自我是同一的。宗教所表现的正是信仰者的是其所是，以及世界之所是。可惜基督教不再表现世界之所是。实际上，人的心灵业已发生了变化，变得不再需要它。基督教如今**不过**是一种自欺欺人，一层有待蜕去的壳。费尔巴哈因而对其颠倒方法的即时效用抱持无比的信心。"诚如前面已经说过的，只要我们把宗教上的关系颠倒过来，始终把被宗教设定为手段的东西理解成目的，把被宗教认为是从属的、次要的东西，把被宗教认为是条件的东西，提升为主要的东西，提升为原因，这样，我们就会打破幻觉而看到真理的纯净光辉。"（WC 415/274-275；《本质》，第 355 页）

费尔巴哈所提出的是一种启示性观念，其既是对宗教的起源解释，亦是对宗教的转译解释。费尔巴哈或许并未在这两者之间做出区分，因为就方法论来讲，两者并无区分可言。两者的目的都在于认识到宗教现象，正如费尔巴哈反复所言，"只不过是"非宗教现象。

3. 比较

此处，通过稍稍引入一些同时代的思想家来形成鼎足关系，可能不无裨益。最为显著的是与康德理性宗教的对照。康德在《实践理性批判》（*Critique of Practical Reason*）中指出，"在追求至善的必要努力中……至善的存在由不同于自然而充当自然整体的原因加以保证，后者构成了道德与幸福真正达成一致的基础"[20]。

康德的论证所采取的是归谬法。如果上帝（和不朽）不存在，那么至善观念就是幻觉，道德法则就是假象："因此，如果根据实践准则至善不可能，那么命令推进至善的道德法则必定是幻想，指向子虚乌有的目标，因而在本质上是虚假的"[21]。但是，我们知道道德法则是存在的，因而我们必须同时假定上帝是存在的。

此处的归谬法，即康德《理性神学讲义》（*Lectures on Philosophical Theology*）中的"**实践归谬**"（absurdum practicum）。康德指出，"**归谬逻辑**是指判断中的悖谬，不过尚存在一种实践归谬，其表明任是谁如果要否认这个或那个，都将不得不成为一名恶棍。道德信念便是如此"[22]。否认上帝存在的论证并没有导出逻辑上的矛盾。它所表明的是：这种否定会与我们关于道德法则权威的意识相矛盾，以及与我们采取道德行动的可能性的信念相矛盾，"信仰的基础在于道德，亦即整个义务体系，其无可置疑的确定性可以借助纯粹理性**先天**加以认识……在任何一种科学中，没有什么可以被设想成比我们履行道德行为的义务更为稳固且更为确定……只有通过将履行义务设定为目标，人才成为人，否则他便是野兽或怪物"[23]。信仰源自理性，作为一种能力，理性使人们不仅知道道德法则是存在的，而且使人能据此展开认识活动并做出推论。我们必须相信上帝的存在，因为我们知道道德法则存在，因为我们既非野兽亦非怪物。康德指出这样一种信念与"数学演证一样确定无疑"[24]。

康德与费尔巴哈的关键不同，不在于费尔巴哈关于宗教信仰源于人的希望和感受的说法，而在于真正的信仰者通过感觉与其信仰发生关联的说法。依据费尔巴哈，信仰者对于事物的"看法"如此这般"激励他，规定他，支配他"（WC 61/20；《本质》，第 51 页），使得他现实地看到了神，直接地看到了原初之神（primitive gods）——"人拥有直接**确定性的首要**存在物，人的首要之神是感性的对象"（VWR 101/87）——通过其对奇迹的显现看到了犹太基督教的上帝。真正的信仰者与其信仰的关系，就如同其与一般知觉的日常关系一样质朴无疑。对他来讲，上帝（或神）的存在是明白显豁的（参见 WC 320/206；《本质》，第 272-273 页）。理性和推理纯属多余。因而通过指出上帝的存在不是理性之议题，费尔巴哈对康德既有赞成亦有指责，"如果说他应当受到非难，那至多也只在于他想以此来说明某种特殊的东西，似乎想以此来责难理性。这一点，是不言自明的……对上帝实存的证明，逾越了理性之界限；正是这样，但是，其实这无异于看、听、嗅逾越了理性之界限。只有傻瓜才会责备理性不能够满足人们只能对感官提出的要求"（WC 313/201；《本质》，第267页）。说证明的要求针对感官而发，并不意味着我们必须根据物理事件证明上帝的存在，比如X违反了自然法则；并不意味着解释X的唯一方法，在于假定存在一种能够引起自然法则被违反的存在者。这不是直接的确定性。费尔巴哈的要点在于信仰者生活于其信仰之中。信仰者并不将奇迹视为推导上帝之存在的现象，而仅将之视为其存在的显现。信仰者的感觉告知他上帝的存在，其方式与感觉告知他世界存在一样。伍德（Allen Wood）指出，对于康德来说，"采信道德信仰是'自由'且'自愿'的"[25]。对于费尔巴哈来说，这完全不是信仰。

因而费尔巴哈与康德是截然不同的。不过，他似乎与穆勒（John Stuart Mill）的"人道宗教"（religion of Humanity）略为近似。在《宗教的效用》（The Utility of Religion）一文中，穆勒写道：

> 与人类统一与共的意识，对普遍善的一往情深，可以被陶冶成一种能够满足宗教的每一种重要功用的情操和原则，并且其自身亦足堪当宗教之名……人道宗教与超自然宗教同样不折不扣地满足了这一条件……如果能够对人道宗教加以超自然宗教般的不懈陶冶……那么所有接受了惯常程度的道德陶冶的人，在观念上至死都将活在其追随者的生命中。[26]

与其同时代人以及稍晚一些的评论家，经常认为费尔巴哈的初衷在于以这样一种人道宗教取代基督教。[27]

这种说法在一定程度上是对的。费尔巴哈和穆勒的文章在观点上的类同性是非常显著的。不过对费尔巴哈来讲，穆勒的宗教进路未免太过抽象。虽然穆勒强调情操、感情和欲望，但是他试图为读者提供理由，以便生发出一种特殊形式的信仰，就这一点而言，穆勒所讲的宗教仍然是一种理性宗教（rational religion）。对于费尔巴哈来说，生发信仰的观念是一种诅咒（anathema）。如果穆勒的宗教必须加以"不懈陶冶"，那么主体尚未将所涉的宗教视为事物之自然无疑的显现。穆勒的宗教尚需要人去孜孜以求。对于费尔巴哈，这样的宗教行将灭亡；在他看来，人选择拥有信仰，就如人选择去看去听一样简单，不费吹灰之力。

如果说费尔巴哈在提倡一种新宗教，那么他认为这是一种我们业已（在无意识中）信奉了的新宗教。在《改革哲学的必要性》一文中，他指出历史运动必须根植于人的心灵之中（NRP 216/146）。他认为这是一条普遍的原则。因而当费尔巴哈指出，一种"宗教革命已然在我们内心展开"时（NRP 216/146），他所指的是人的心灵业已发生了变化。这种宗教革命导向无神论，导向与人类（human species）的同一，但这并不妨碍其具备与其他宗教革命相同的结构。眼下的基督教不过是隐匿了我们所经历的变化（NRP 216/146）。与穆勒不同，费尔巴哈并不要求改变我们的情操。它们已然是其应当所是的样子。错误在于我们对于情操的理解。之所以需要改革哲学，并不是为了陶冶新的情操，而是为了清楚地认识我们已然拥有的情操。

费尔巴哈强烈呼吁真正的信仰。为此他不惜痛责同时代宗教思想家的苍白信仰，因为这种信仰经过了现代科学视角的过滤，已经无法想象奇迹，当前，"只有当上帝**特殊**功用，直接表象——**奇迹**被相信时，一种信仰才是真实而鲜活的信仰……当对奇迹的信仰不过是对历史性的、过去的奇迹的信仰时，那么上帝的存在也同样不过是一种历史性的，就其本身而言是一种无神论概念"（WC 316/203；《本质》，第 269－270 页。一并参见 UW 302）。

就其强调信仰的非理性本质这一点而言，费尔巴哈最应当与德国反启蒙运动的两位作家——哈曼和雅可比做一对比。[28]哈曼在其 1759 年的一封书信中，引证了休谟《论奇迹》（On Miracles）一文（《人类理解研究》[An Enquiry Concerning Human Understanding]的第 10 章）的结语："总之，我们可以总结说，基督教信仰不仅在最初依赖于奇迹，而且即便是现在，一旦离开了奇迹，基督教也不能获得任何一位有理性之人的信仰。仅用理性无法说服我们相信其真实性；并且任何被信仰打动而认同基督教的人，都会从自身人格中意识到持久的奇迹。"[29]哈曼评论道，"休谟在道出这一点时，其口吻或许是嘲弄挖苦的，或许是严肃认真的：不论是哪种情况，这都是出自宗教的敌人和迫害者之口的正道观念，是对真理的见证"[30]。哈曼指出，信仰与理性毫无关联："休谟的理性也许极其具有说服力，只能用假设和怀疑去反驳……但是信仰并非理性的对象，因此亦不会受害于理性的攻击；因为理性生发信仰的概率，如同品尝和观看生发信仰的概率一样小之又小。"[31]

第 1 章　费尔巴哈对基督教的批判

雅可比在《论斯宾诺莎讲义》(*Über die Lehre des Spinoza*，1785，简称《讲义》)中表达了类似的观念。他在讲义中（徒然地）要求莱辛(Lessing)做出**信仰的腾跃**(*salto mortale*)。雅可比从多个方面，将此处的目标描述为"揭示，开显**存在**"；抵达"无解的、直接的、单纯的不可说明之境"；使灵魂能够感知上帝。[33]与哈曼一样，雅可比所强调的是与上帝的一种直接而非演绎的相遇。

虽然雅可比的**信仰的腾跃**并非是对休谟的回应，但想必**是**对莱辛在《论精神和力量的证明》(On the Proof of the Spirit and of Power，1777)一文中描述的"丑陋鸿沟"所做的腾跃。[33]莱辛在此文中论证：关于奇迹的历史性证言永不能为基督教真理提供充分的证据。莱辛并不认为人的无知或欺骗比违反自然法则更为可能，并且他亦不关心"反对"信仰者特定历史主张的"可靠证词"[34]。毋宁说，在莱辛看来，历史证据对于"形而上和道德的观念"来讲根本就是错误的基础。[35]莱辛的名言是，"历史的偶然真理，永不能成为对理性必然真理的证明"[36]。

莱辛的要点似乎在于，我们不能从物理事件推导出宗教（形而上学的）教义，尤其不能推导得出与理性相冲突的教义，"如果以历史为基础，我对基督复活了死人的说法并无异议；这是否意味着我必须相信下述为真——上帝有一个与其自身本质相同的独子？在我不能对前者提出实质性异议，与我有义务相信某种违反我的理性的说法之间，究竟存在怎样的关联"[37]？莱辛的推理并不反对一名死人被复活了的说法，而是反对上帝有一个与其自身本质相同的独子的说法。他的要点因而似乎在于，事实领域和教义领域之间存在莫大的裂缝。如果教义本身是非理性的，何种事实能够证明其真理性？

不过莱辛亦承认，显见的奇迹将会克服这一裂缝。这一点异常重要。根据莱辛的观点，显见的奇迹甚至能够提供充足的基础，以至于变更人关于"上帝本性的根本观念"[38]：

> 对于最后一种情形，当指出在精神和力量［比如奇迹］的这样一种证明中，基督教自身能够提供出比所有希腊辩证法更为神圣的证明时，奥利金(Origen)所言非虚。因为在他那个时代，仍然存在"做成奇迹之事的力量，这种力量仍然持存"于那些信守基督箴言的人之中。如果他对此拥有确凿无疑的事例，并且他并不否定他自身的感觉，那么他就必然会认可精神和力量的证明。[39]

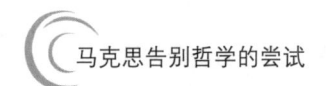

所以莱辛并不反对从物理事件推出宗教结论。事实上，对于诸如上帝有一个与其自身本质相同的独子的说法，物理事件可以为之提供优于理性（辩证法）的证明。莱辛甚至宣称他愿意将自身的理智献祭给这样的证明：

> 如果我生活在基督时代，那么充盈其人格的预言能力必定会引起我对他的密切关注。如果我甚至亲眼看见了他施展奇迹，并且我毫无理由怀疑这些奇迹的真实性，那么对于这位久已被标识为奇迹的创施者，我将积累起十足的信心，并愿意将自身的理智献祭给他，并且，在所有同样确凿无疑的经验与他不相抵触的情况下，我都会对他信从不疑。[40]

那么莱辛所反对的是什么？他所反对的是从**单纯可能的**经验事件出发，朝向宗教真理的推导，尤其当对这些真理的接受，包含着对理智的压制时：

> 我们所有人都相信曾经有一位亚历山大，在极短的时间内几近征服了亚洲全境。但是有谁会为了这个信念，甘冒失去一经丧失，便永无补偿可能的无价之宝的风险？有谁会为了这个信念，胆敢立誓抛弃所有与这一信念相冲突的认识？我是当然不会的。我对亚历山大及其历史毫无疑义，但这并不排除这段历史单纯来自科里洛斯（Chörilus）诗篇的可能性……正如特洛伊十年围城除了荷马史诗，别无所据一样。[41]

"历史的偶然真理永远不能成为对理性必然真理的证明"的理由，并不在于前者是偶然的，后者是必然的，而是因为前者是历史的真理，我与其之间的认知关联是间接性的，"关于奇迹的报道并非奇迹"[42]。直接的个人观察将会充分地证明宗教真理。困扰莱辛的，不是历史证明的经验特质，而是其二手特质（"我用自己眼睛所看到的……是一种奇迹，我仅从历史知道的……是另一种奇迹"）。[43]这是他无法"腾跃"的"丑陋鸿沟"。不论怎样与理性相抵触，基督教教义都能由启示加以证实，但这必须是针对主体本身的启示，而不能是仅仅报道过去所发生的事件的启示。

莱辛所反对的是帕斯卡尔式的赌博。他指出，基于或然性，我们可以理性地肯定"曾经有一位亚历山大，在极短的时间内几近征服了亚洲

第 1 章 费尔巴哈对基督教的批判

全境"。因为此说法并未关涉"永无补偿可能的无价之宝"。但是,或然性推理对于信仰基督教教义来说,未免太过薄弱,因为这种信仰会要求我们"立誓抛弃所有"——数量相当可观的——"与这一信念相冲突的认识"。肯定基督教教义,将会有丧失永无补偿可能的无价之宝的风险。

莱辛并没有像休谟那样,罗织论证以质疑奇迹所涉历史证据的可靠性。他也没有像狄德罗那样,断言死人完全不可能复活,纵使全巴黎都在报道,他也不会相信。莱辛并没有讨论判定某一具体奇迹是否存在的必要证据。他的关注点在于,要想从这一判定推导出某一具体的宗教结论,这要求判定本身建立在与不做这种推导所不同的基础之上。这并不是出于宗教的结论与理智的说法相冲突的逻辑理由,而是出于接受宗教结论意味着人自此放弃理智这一实践理由。基督教信仰冒有如此之大的风险,因而必须在实际上有压倒性的无可争议的胜算。历史证据无法满足这一标准。只有当下的奇迹才能满足这一标准。它将使人皈依基督教。

哈曼和雅可比的做法,是将莱辛关于人应当亲睹奇迹的要求,转变为休谟关于人应当"在其自身人格中意识到持久的奇迹"的嘲弄式要求。他们断言后一种要求是可以实现的。确切来讲,内在的信仰体验是一种启示。"所有宗教与**信仰**的关系,都处于唯一的、自足且鲜活的**真理**之中",哈曼指出,"与我们的**存在**一样,这种真理必定比**理性**更加古老,因而无法从后者的**起源**中加以认知,而只能从前者〔自足的真理〕的直接启示中〔eine unmittelbare offenbarung〕加以认知。"[44]

在哈曼对信仰和"品尝与观看"的比较中,有两个因素值得强调。首先,信仰是被给予我们的,如同感觉经验一样。信仰不是意志的一种功能。其次,这种给予没有丝毫怀疑的余地。如果我们仅仅谈论品尝与观看的**经验**,这一点便是不言自明的,不容怀疑的。不过,比较的真正威力在于(此处的情形同样适用于费尔巴哈),在一般日常的品尝和观看经验中,我们不会怀疑——这里从未产生过怀疑——我们正在品尝和观看某物(请记住莱辛愿意将**自身**关于奇迹的感觉证据视为可靠的)。

在《讲义》中,雅可比并未用感觉(sensation)来指称其**信仰的腾跃**,反而将信仰〔Glaube〕视为一种独特的精神能力。[45]不过,在其 1815 年文集的导言中,他确曾将信仰称为一种"精神感觉〔Geistes-Gefühl〕",认为这是人类至高的能力[46]:

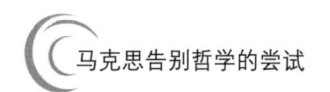

> 因而我们公然认识到，我们的哲学源于感觉，源于**纯粹客观**的感觉；感觉将自身视为最高的权威，视为超感觉教义的权威，将自身仅仅奠立于这一权威之上。
>
> 我们认为，对人类来讲，感觉能力是无以上之的至高能力。[47]

虽然雅可比将这种"感觉"等同于"理性"[48]，并且在1815年的作品中急于避免将感觉构想为理性的对立面，但他仍然与哈曼有近似之处，因为他既强调信仰的直接性，亦强调信仰源于某种形式的感觉。

这里的问题不在于哈曼或者雅可比对于费尔巴哈的直接影响。费尔巴哈在其著作中从未提及哈曼。[49]他确曾讨论过雅可比，并且不同时期对其评价亦有不同，这其中包括《本质》第二版前言中对雅可比所做的重要援引。不过，我们参照哈曼和雅可比真正的用意，在于构建一种能够安置费尔巴哈宗教观的语境，通过发现这种宗教观背后的传统，从而更好地理解这种宗教观。[50]

费尔巴哈与哈曼、雅可比之间存在三点主题性关联。首先，三者都强调信仰的直接性，尤其强调信仰与感觉和感受（sensation and feelings）的关联，都将信仰置于情感层面。其次，费尔巴哈的著作与雅可比《讲义》的论述之间，存在一种颠倒性的类似（inverted parallel）。在《讲义》中，雅可比引证了莱辛所坚持的论点，"一切都应当用自然的眼光来观看"。雅可比告诉我们他本人认为"不可能存在超自然的自然哲学，但是这两者（自然和超自然）显然都是被给定的"。[51]鉴于费尔巴哈明确认为他本人所提供的正是一种"超自然的自然哲学"，试图将两种明显被给定的现象合二为一，他似乎与雅可比正好相反。但是，就在前一页，雅可比宣称，"依据我的判定，一名探寻者的最大美德在于揭示，开显存在 [*Dasein zu enthüllen, und zu offenbaren*]"。在《本质》第二版序言中，通过给雅可比著名的纲领性措辞加引号（虽然没有直接引证），费尔巴哈宣布了他自己的方案："我并不要发明、发现什么东西，我的唯一的目的在于'揭示存在'[*Dasein zu enthüllen*]；我的唯一的努力，在于要正确地**看**"（WC 18/xxxvi；《本质》，第15页）。雅可比之所以这样说，是尝试说服莱辛做出**信仰的腾跃**。事实上，费尔巴哈同样在要求**信仰的腾跃**，只不过这是一种非信仰的腾跃，将超自然消融于自然之中的腾跃。费尔巴哈在明确接受雅可比方案之形式的前提下，颠倒了雅可比方案的内容。[52]

第1章 费尔巴哈对基督教的批判

最后，哈曼和雅可比提醒我们留意路德一脉神学传统的存在，对于这一传统，重要的不是证明而是信仰者遭遇上帝的体验。[53]从第一版《本质》到第二版，费尔巴哈关于真正的信仰的观念发生了转变。第一版强调早期基督徒及其对外在奇迹的亲见亲历。第二版承认新教传统的内在启示同样是真实的，是费尔巴哈所说的"奇迹"（参见 BWC 194，196–197）。[54]哈曼和雅可比没有谈及对外在奇迹的亲见亲历，但是他们所谓的内在启示，可以算作费尔巴哈要求于真正信仰者的直接体验——并且费尔巴哈试图在真正的非信仰者心中激起这种体验。

路德本人对于费尔巴哈的极端重要性是不言自明的。在《路德论信仰的本质》（*The Essence of Faith According to Luther*，1844）中，费尔巴哈认为《本质》中的所有说法，都可以从路德本人的说法中引申出来。他赞赏路德关于理性无法以确定的方式通达上帝（WGL 379/68-69；一并参见 WGL 375–376/63）；人必须依赖感觉，依赖对基督的直观的说法。费尔巴哈继而引证路德，论述了上帝业已给出的，用以证明基督神性的"有形［*greiflichen*］证据和象征"的重要性：

> "因为我确确实实看到了水（在洗礼中），看到了面包和酒（在最后的晚餐中），看到了圣言的仆人，所有这一切都是有形的，在这些有形人物和图像中他显现了他自身。""实际上，他建构了所有这一切，因为他希望你能获得十足的确定性，祛除你心中的大错误与大缺憾——怀疑，如此你不仅能在心中信仰，而且能用有形之眼去观看，能用双手去把捉。"（路德，转引自 WGL 380/69-70）[55]

但是只有当我能以特定的方式，**视之为**有形的证据和象征时，水、面包和酒之类的有形对象才能提供确定性。只有当我的心灵发生了转变，它们才能"祛除［我］心中的大错误与大缺憾——怀疑"。在《本质》一书的结尾，费尔巴哈同样要求我们进行转变，"因此，愿我们把面包、酒奉为**神圣**，而同样也把水奉为**神圣**！阿门"（WC 419/278；《本质》，第358页）！无疑，对于费尔巴哈而言，心灵不再试图借助面包和水升华至什么超自然之物（参见 G§34；《原理》，第59页）。心灵不再把这些对象视为神圣的象征，而是视为神圣本身。不过路德的影响仍然是显见的。[56]费尔巴哈又一次将有神论转变成了无神论。19世纪20年代至30年代的黑格尔派强调需要一种皈依体验。费尔巴哈类似的强调与他们是一致的，并且或许曾经受到过他们的影响。但是，费尔巴哈同样直接受到过路德的影响。[57]

4. 精神之自然科学家

费尔巴哈旨在促成一种类似于宗教皈依式转变的看法，与费尔巴哈自诩为一名"精神上的自然科学家 [*ein geistiger Naturforscher*]"（WC 16/xxxiv；《本质》，第 14 页）的说法极不相称。费尔巴哈的这种自诩，表明他只是提供了理论以说明数据。在《本质》第一版的序言中，费尔巴哈以一种有趣的组合方式描述了他的目标："这本著作的内容"，"是病理学的或生理学的"（WC 7；《本质》，第 6 页）。这里的类似之处在于经由形体的表面通达隐匿的病源——这是费尔巴哈所偏好的，科学揭示世界的隐匿结构这一常识的另一种说法。很显然，成为一名精神之自然科学家的部分含义，在于揭示宗教信仰现象隐匿下的心理结构。

不过，费尔巴哈的目标尚有另外一个维度。前述科学目标还关联着一种治疗学目标，"这本著作的内容是病理学的或生理学的，然而其目的则又是治疗学的或实践的"（WC 7；《本质》，第 6 页）。[58]

此处有两点需要说明。首先，在导出此一论断的同一页中，费尔巴哈指出，《本质》是对神学的秘密在于人类学的先验证明（WC 6；《本质》，第 5 页）。我们业已了解这个证明的结构：它是费尔巴哈对于宗教信仰所做的解释。我们也已知道，费尔巴哈认为他的解释能够说服读者，因为他认为这种解释是"序言"所强调的时代之声："基督教以前曾具有的超自然的和超人的内容，早就完全自然化和拟人化了。"（WC 6；《本质》，第 5 页）他认为所剩下的不过是"头脑中的幽灵"（*Gespenst im Kopfe*）。

费尔巴哈认为这种幽灵在科学上是无关痛痒的。他很不屑地指出，证明幽灵事实上不过是幽灵，这一任务"毫无哲学价值"可言（WC 6；《本质》，第 5 页）。不过，他并没有说他（抑或其他哪位思想家）对此已有具备说服力的证明，他只是异常明确地否认了这种需要。正是在这种语境中费尔巴哈宣布了他的治疗学目标：驱除幽灵。在他看来，之所以有此任务，完全是因为时代的懦弱性（WC 6；《本质》，第 5 页）。费

第1章 费尔巴哈对基督教的批判

尔巴哈的治疗学目标是要让我们意识到我们业已知道的，但迄今为止由于我们太过懦弱而没有承认的事实。

其次，费尔巴哈所诉诸的是一种水疗法，"这个目的就是……教导人运用和利用自然理性之冷水；在思辨哲学的领域中，首先在思辨宗教哲学的领域中，恢复古老而朴实的伊奥尼亚水学"（WC 7；《本质》，第6页）。这里的类比是重要的。此一阶段的德国，冷水浴作为一种自然疗法（Naturheilkunde），被视为医治多种小病的良方。当时最为著名的浴场，是由西里西亚的农民普里斯尼茨（Vincent Priessnitz）经营的。与人们饮用矿泉水、沐浴矿泉水的上等温泉浴场不同，普里斯尼茨位于格拉芬贝格的设施所使用的是纯净水，简单的饮食，辅以养生运动。水疗法在这些休闲设施中的疗效，实际上要求个体在生活方面做出改变，这经常会包含个体皈依的环节。[59]虽然没有理由认为，费尔巴哈专门学习过水疗法的理论或技术，但是指出他与试图引导病人去过一种公认的简单自然生活的治疗法存在相似之处，这一点是重要的。[60]

费尔巴哈当然确实相信水有净化甚至启示的力量。他感到与人类自然日常生活的其他一些明显的琐碎的方面一样，事实上水是相当不寻常的。他认为洗礼的真正意义在于

> 洗礼是**水本身的意义**（Bedeutung）的象征……洗礼应当向我们提供水对于人的既神奇而又自然的作用。水对于人事实上不但具有物理上的作用，而正因为如此也具有道德上的和知性方面的作用。水不仅净化人肉体上的污秽，在水中人也顿开茅塞；他看得更明白，想得更明白了，觉得自己更自由了……从水里起来的人变成了新的、**再生的人**。只有当我们用**自然之道**取代想象与超自然之道，缺少蒙恩之道，道德一无所能这一教义才有其实际意义。（WC 415-16/275-276，WC 7-9；《本质》，第355-356，38页）

费尔巴哈是宗教意识上的水疗法专家，洗去我们眼中的翳障，带给我们非信仰的恩典。

费尔巴哈的水疗法类比，把我们拉回到了他对证明基督教教义之不合理性的拒斥上来。他的目标在于医治一种精神疾病。[61]我们无疑可以给出其他的论证，以表明病人生病了。或许这样的论证能够产生治疗的效果。但是在我看来，费尔巴哈认为论证的治疗效果必定是不充分的。

可以这样来解释这一点。针对基督教之不合理性的论证，就是针对

世间的事物的论证，比如对神圣的存在者或所谓的历史事实的论证。费尔巴哈式主张所关注的是主体，是主体自身信仰的根源。他认为一旦揭示出基督教教义中的心理学根源和人类学内容，主体就能够克服精神上的怯懦。费尔巴哈没有说主体尚未拥有足够的理由，去断定上帝和奇迹不存在。毫无疑问，费尔巴哈认为主体已然拥有了足够的理由。他所说的是主体必须知道自身信仰的根源和背后的内容。主体必须知道其宗教信仰所要满足的需要，必须知道其不再需要这些信仰去满足这些需要，并且知道在浅层次上，他并不真正地持有这些信仰。只有到了那时，主体才能够真正地、完全地放弃宗教信仰，去过一种截然不同的生活。

应当记住的是，费尔巴哈认为真正的宗教信仰者在当时寥寥无几，并且他很清楚他的著作所针对的并非这些信仰者。[62]他所针对的是除此之外的我们，帮助我们克服障碍，去承认我们其实并无信仰。对于宗教意识的水疗法专家，解释说明疾病固然重要，但更重要的是具备治疗疾病的技术。

正如费尔巴哈所指出的，什么是"寓言的道德"（WC 24/xl；《本质》，第 22 页）？它是指我们应当"**在其本身**所拥有的意义上来接受并理解（真正的存在者和事物）"（WC 24–25/xl；《本质》，第 22 页）。费尔巴哈大胆地承认，他坚持用一件事物取代另一件事物的举动——比如用真正的水取代洗礼圣水——可能是微不足道的："多么'乏味'，多么微不足道！是的，确实非常微不足道。但是婚姻也是如此，其最初只是**一个非常微不足道的真理**，路德凭借其天生良好的感知，为了反对貌似神圣的独身幻觉而坚持了下来。"（WC 25/xl；《本质》，第 22 页）很显然，我们应当用一种不同的取向，去做我们一直在做的事情——沐浴、吃喝。这些活动对于我们而言应当具备全新的意义。像在宗教的伪装下一样，它们应当具备极端重要性，但如今它们是人的日常活动："**吃和喝就是圣餐之神秘——吃和喝其实自在自为地就是一种宗教活动**，至少，**应当是一种宗教活动**。"（WC 418/277；《本质》，第 357 页）对于别人或许认为微不足道，稀松平常之事，费尔巴哈不厌其烦地强调其重要性："在超自然宗教和思辨所忽视的**稀松平常之物和日常之物**中，隐藏着**最为深奥的秘密**。"（WC 416–417/276；《本质》，第 356 页）

按照弗洛伊德的心理能量理论，分析性解释的效果应当在不减损心理能量的前提下变更其导向，与之相似，费尔巴哈将宗教化归为日常世俗活动的解决方案，可以认为是在保存宗教冲动力的同时，将其导向了更为恰当的方向。其结果是赋予"平常事物以**不平常的**意义，**赋予生活本身以宗教的意义**"（WC 419/278；《本质》，第 358 页）。格尔茨（Clifford Geertz）写道，"宗教视角"包含了人业已通达的"真正现实"（really real）[63]的意识。对于费尔巴哈，目标在于使基督徒的宗教视角发散化，以期明了——且生活得好比——真正的现实原本只是一种稀松平常。

注　释

[1] Friedrich Albert Lange, *History of Materialism*, trans. Ernest Chester Thomas (London：Trübner & Co. 1880), 2：247.

[2] Eugene Kamenka, *The Philosophy of Ludwig Feuerbach* (London：Routledge & Kegan Paul, 1970), 38. 马克思·瓦托夫斯基以下述说法开始其关于费尔巴哈的长篇论著，"我将认真对待费尔巴哈。但这有时并不容易"（*Feuerbach*, [Cambridge：Cambridge University Press, 1982], 1）。亨利·阿冯（Henri Arvon）在其文章的开篇指出，"德国哲学家路德维希·费尔巴哈被视为二流的思想家，他仅有《本质》一书尚未被时间湮没"。对于费尔巴哈有时候还会有这样一种拙劣的恭维，即其虽然不是一名体系性思想家，却是一位批判性思想家。可参见 S. Rawidowicz, *Ludwig Feuerbachs Philosophie：Ursprung und Schicksal*, 2d ed. (Berlin：Walter de Gruyter & Co., 1964), 9；Gregor Nüdling, *Ludwig Feuerbachs Religionsphilosophie* (Paderborn：Verlag Ferdinand Schôningh, 1961), 3.

[3] 转引自 Kamenka, *The Philosophy of Ludwig Feuerbach*, 38. 卡缅卡深知费尔巴哈是多么地与众不同。比如他曾指出费尔巴哈从未试图证明外在世界的存在。不过，卡缅卡的核心关注点在于尽可能地"驯化"费尔巴哈，以为其多少赢回一些尊重。

[4] 参见马克思·瓦托夫斯基关于费尔巴哈"唯物主义人道主义"的最新讨论，*Feuerbach*, 341-432。

[5] 有两位评论家，卡尔·巴思（Karl Barth, *Theology and Church*, trans. by Louise Pettibone Smith [London：ScM Press, 1962]）和格雷戈尔·努德林（Gregor Nüdling），确实将费尔巴哈的工作近乎完全看作劝诫性的，而非论证性的。努德林深有同感地引述了巴思的下述论断，"费尔巴哈的学说在本质上是一种传召，呼吁和宣言"。引文出自 Barth, *Theology and Church*, 218. 此处转引自 Nüdling, *Ludwig Feuerbach's Religionsphilosophie*, 75。

[6] 瓦托夫斯基认为费尔巴哈在《本质》中对于宗教的论述，仅仅是从人的愿望而非同时从人的能力出发做出的，瓦托夫斯基所指的是人（作为类）业已拥有的能力。瓦托夫斯基指出，对于能力的诉诸，是在后期诸如 1846 年《宗教的本质》

(*Essen of Religion*)等著作中才出现的（参见 Wartofsky,*Feuerbach*,394）。

这确实抓住了《本质》和后来著作之间的某种不同。《本质》中的费尔巴哈的确坚持神的谓词与人的谓词的同一，并且这很可能是指神人能力的同一。但是，《本质》强调的重点是类在**未来**克服当前的局限的能力，而非类在**当前**的能力。不过，瓦托夫斯基过分渲染了这种不同。对于人类当前的能力的强调，同样存在于较早的文本中。我关于能力投射的第一条引文即出自 1843 年出版的《原理》，仅比第一版《本质》晚了两年。并且所引证的段落论及了人类当前的能力。所以如果说强调的重心有转变，那么它来得也很快。此外，在《本质》第二版前言中，费尔巴哈强调，信仰基督教上帝与我们已有巨大能力去组织控制世界这一事实是冲突的（WC 30/xliv；《本质》，第 26 页）。这篇序言写于 1843 年 2 月，不过费尔巴哈显然未曾将其视为相对于《本质》内容的一种转变。并且在论述这一说法时，费尔巴哈（准确地）引证了自身早在 1838 年的许多著作，认为这些著作表达了相同的观念。

[7] 有关此一论题，可参见 Wartofsky, *Feuerbach*, 216。

[8] G. W. F. Hegel, *Werke in zwanzig Bände* (Frankfurt：Suhrkamp Verlag, 1971), 12：31；*Reason in History*, trans. Robert S. Hartman (New York：Macmillan, 1953), 24.

[9] 费尔巴哈似乎未曾注意到同时代单源说（单一创造）和多源说（对不同的种分别加以创造）的不同支持者之间的动物学论争。至少"人名索引"(*Namenverzeichniss*)、《全集》(*Sämmtliche Werke*) 和《书信选》(*Ausgewählte Briefe*) 均未曾提及这些学说的倡导者。费尔巴哈当然提到了康德（多源说的主要支持者），但从未讨论过康德的生物学著作。费尔巴哈的确相信康德是将"类"(*Gattung*) 概念引入哲学的第一人，不过他所引证的著作却是《以世界公民为目的的普遍历史观念》和《赫尔德〈人类历史哲学观念〉书评》（参见 Feuerbach, "Uber Philosophie und Christentum", 8：254）。后一篇书评虽然简要提及了人类的统一性和多样性问题，但其既非评论的主题，亦非所评论著作的主题。其中引起费尔巴哈注意的可能是康德在书评结尾处的下述论断，"不是人类这些世代中的某个成员，而是类，完全实现了这一目标"。

"人名索引"和《书信选》曾提到动物学论争中的两位倡导者，乔治·福斯特 (Georg Forster) 和詹姆斯·普里查德 (James Prichard)，但提到他们的是其他人而非费尔巴哈——摩莱肖特 (Moleschott) 在其 1854 年的两封书信中提到过（普里查德仅见于其中一封书信，福斯特同时见于两封书信），多伊布勒 (Konrad Deubler) 在 1866 年的一封书信中提到了福斯特，但没有提及动物学论争。

基于下述四点理由，我认为费尔巴哈所使用的"类"概念，与动物学论争完全没有关联：

1. 费尔巴哈似乎未曾留意到动物学的相关论争。
2. 19 世纪 40 年代的主流观念倾向于多源论。

第 1 章　费尔巴哈对基督教的批判

3. 费尔巴哈在使用比较宗教学的资料时，理所当然地认为不同人种之间的区别与其著作并不相关［比如可参见 1851 年《宗教本质讲稿》（*Lectures on the Essence of Religion*）第 10 讲对于自然宗教的讨论］。

4. 费尔巴哈在使用"类"时，所强调的是这样一种观念：我们应当将自身视为更大的、持存的集体的一部分。即便对于不同人种的成员来说，这种集体将会有所不同（也就是说，如果将不同的人种视为不同的类），但费尔巴哈所谓的个体与类的关联，对于每个团体来说，仍然将是有效的。只有当人们增加下述这样的条件，某些人种无法实现费尔巴哈所强调的科学和道德进步时，这一点才会是无效的。由于这曾是大多数当代单源说信徒的论题（尤其是在美洲），将费尔巴哈的说法与生造出来的观念——不同人格之间的区别不仅体现在生物学层面，而且体现在认识能力和道德能力层面——两相嫁接，将是荒唐可笑的。

关于德国境内迄至 1800 年动物学论争的优秀研究，可参见 Phillip Sloan, "Buffon, German Biology, and the Historical Interpretation of Biological Species," *British Journal for the History of Science* 12, no. 41（1979）：109–153；Owsei Temkin, "German Concepts of Ontogeny and History around 1800," *Bulletin of the History of Medicine* 24（1950）：227–246；Earl W. Count, "The Evolution of the Race Idea in Modern Western Culture during the Period of the Pre-Darwinian Nineteenth Century," *Transactions of the New York Academy of Science*, ser. 2, 8（January 1946）：139–165。从哲学维度讨论动物学论争的优秀研究，可参见 Richard Popkin, "The Philosophical Bases of Modern Racism," in *The High Road to Pyrrhonism*（San Diego：Austin Hill Press, 1980），79–102。

[10] 关于承认这一主题，以及知道（knowing）和承认（acknowledging）之间的区别，我曾受惠于斯坦利·卡维尔（Stanley Cavell）的著作，尤其参见 "Knowing and Acknowledging" 和 "The Avoidance of Love"，Cavell, *Must We Mean What We Say?*（Cambridge：Cambridge University Press, 1969）以及 *The Claim of Reason*（Oxford：Oxford University Press, 1979）pt. 4。

[11] 在写给出版社的一封书信中，费尔巴哈指出，"此处用以处理宗教的方法……可以描述为**思辨经验性的**、**思辨理性的**，抑或按照我另外的说法，称为**起源批判性的**。只有依靠这种方法，最令人头疼的困惑，才能以最可理解的深刻方式，最有成效的简单方式，完成自行消解"（AB 2：55）。除了表明其著作中包含了不同的、潜在不相容的东西之外，这些标签基本没什么帮助。费尔巴哈在《致 C. 里德尔书信》（Letter to C. Riedel）中关于其方法的评述同样是暧昧的。不过，《黑格尔哲学批判》（Towards a Critique of Hegel's Philosophy）中有一句论述，虽然有其内容，却又并不完全适用于《本质》。费尔巴哈认为其"起源批判性的哲学"类似于"纯粹的物理哲学和自然哲学观念［Anschauung］，比如，后者认为五倍子是由于单纯的昆虫蜇伤，而不像神学那样，将之视为恶魔以人形存在的征兆"（KH 53/

121)。此处的困难在于，自然科学家所提供的解释虽然更为合理，但仍然与神学家的解释处于竞争之中。而在《本质》中，费尔巴哈要求一种相对于宗教的更为内在的胜利，这种胜利在与每一种解释的竞争中，都能占得先机（参见本章第3节）。

[12] 努德林留意到了这一点。他甚至指出，"人们几近可以将［费尔巴哈的］程序称作思想魔术"（Nüdling, *Ludwig Feuerbachs Religionsphilosophie*, 150)。

[13] 有必要对我关于"*Wesen*"的译法稍做说明。除了"本性"（nature）或"本质"（essence）以外，这个词还可以指称许多意思。当像此处这样，用"人的"（*menschlich*）加以修饰时，我译作"人的本性"（human nature）。在我看来，"人的本质"（human essence）与哲学传统的专业术语之间的关联似乎太过紧密了。在费尔巴哈和马克思的文本中，"人的本质"这一术语仅出现过一次。虽然费尔巴哈和马克思确实拥有人类所是的那种存在者的观念，但是两人都未曾将这样的观念视为哲学一般理论的组成部分。"人的本性"（human nature）较好地把握了其用法的含义。

[14] 乔治·艾略特（George Eliot）将这里的"*aufhebt*"译作"排除"（precludes）。虽然一般而言，这将是对一众所周知的多义词的令人遗憾的片面翻译，不过我认为艾略特是对的。费尔巴哈只是试图消除奇迹的可能性（或者现实性、必然性）问题。

[15] Jonathan Edwards, "Personal Narrative"转引自 M. H. Abrams, *Natural Supernaturalism* (New York：Norton, 1971)，384。

[16] 此外，在宗教占支配地位的地方，宗教满足了时代的需要。信仰者拥有植根于人类生活现状的愿望；通过宗教信仰，其以想象的方式满足了这些愿望；但是其对于这些满足的体验，却完全是真实的，与其自身一样真实。在宗教概念内部，毫无怀疑的余地。

[17] 参见 Stanley Cavell, *Pursuits of Happiness* (Cambridge, Mass.：Harvard University Press, 1981), 36。

[18] 卡维尔认为，将某一现象所"看作"（seeing-as）的状态，是选择与人目前看待这一现实的方式有所不同的另一种方式的可能性(Cavell, *Pursuits of Happiness*, 36)。费尔巴哈想要消除基督教的世界解读——就好比摧毁人看见兔子的能力。借用卡维尔的术语，在以非奇迹的方式看待世界的过程中，人们将不再把世界看作非奇迹的。人们将仅仅看见世界。这便是费尔巴哈试图促成的一种状态。

[19] 评论家们经常慨叹费尔巴哈的文风华而不实。詹姆斯·马西（James Massey）指出，在《关于死亡和永生的思考》（*Thoughts on Death and Immortality*）中，费尔巴哈虽不熟练，却有意要将文学技巧用作转变读者的方法。(参见 Feuerbach, *Thoughts on Death and Immortality* [Berkeley and Los Angeles：University of California Press, 1980], xxiii–xxiv] 另外一名认为费尔巴哈要求某种转变的评论家参见 Claude Welch, *Protestant Thought in the Nineteenth Century*, vol. 1, 176

第1章 费尔巴哈对基督教的批判

(New Haven, Conn.: Yale University Press, 1972), 还可参见 Barth, *Theology and Church*, 219。

[20] Immanuel Kant, *Gesammelte Schriften* (Berlin: Druck und Verlag von Georg Reimer, 1911), 5: 125; *Critique of Practical Reason*, trans. Lewis White Beck (New York: Macmillan, 1993), 131.

[21] Kant, *Gesammelte Schriften*, 5: 114; *Critique of Practical Reason*, 120.

[22] Immanuel Kant, *Gesammelte Schriften* (Berlin: Walter de Gruyter & Co., 1972), 28.2, 2: 1083; *Lectures on Philosophical Theology*, trans. Allen W. Wood and Gertrude M. Clark (Ithaca, N.Y.: Cornell University Press, 1978), 122-123. 关于康德的讨论, 我曾受惠于 Allen Wood 在其 *Kant's Moral Religion* (Ithaca, N.Y.: Cornel University Press, 1970), chap. 1 中对于**实践归谬**论证的杰出论述。

[23] Kant, *Gesammelte Schriften*, 28.2, 2: 1011; *Lectures*, 40-41.

[24] Kant, *Gesammelte Schriften*, 28.2, 2: 1011; *Lectures*, 40.

[25] Wood, *Kant's Moral Religion*, 33.

[26] John Stuart Mill, "The Utility of Religion", in *Nature, The Utility of Religion, and Theism* (London: Longmans, Green, Reader, & Dyer, 1874), 110, 109, 119. 虽然这一论文集直到1874年才得以出版, 但是所引证的论文却是写于1850—1858年的。

[27] 比如, 可参见 Ernst Troeltsch, "Die Selbständigkeit der Religion", *Zeitschrift für Theologie und Kirches* (1895): 403。托马斯·马萨里克 (Thomas Masaryk) 也用这种方式解释费尔巴哈 (*Humanistic Ideals* [Lewisburg, Pa.: Bucknell University Press, 1971], 67)。这些引文出自 Rawidowicz, 310。另外一位谈到人道宗教的同时代思想家是孔德, 参见 Auguste Comte, *System of Positive Polity* (New York: Burt Franklin, 1875), vol.2 (初版于1852年)。

[28] 现有的哈曼英译本, 可参见 James O'Flaherty, *Hamann's Socratic Memorabilia: A Translation and Commentary* (Baltimore: Johns Hopkins University Press), Ronald Gregor Smith, *J. G. Hamann, 1730—1788: A Study in Christian Existence* (London: Collins, 1960)。现有的雅可比英译本, 可参见 Gérard Vallée, *The Spinoza Conversations between Lessing and Jacobi* (Maryland: University Press of America, 1988)。

[29] David Hume, *An Enquiry Concerning Human Understanding* (Indianapolis: Hackett, 1977), 90.

[30] Johann Georg Hamann, *Briefwechsel* (Wiesbaden: Insel Verlag, 1955), 1: 356. 我的引证曾受到伯林的启发, 参见 Isaiah Berlin, "Hume and the Sources of German Anti-Rationalism", in *Against the Current* (New York: Penguin Books,

1982），178. 伯林对于哈曼所做篇幅最大的讨论，可参见 The Magus of the North: J.G. Hamann and the Origins of Modern Irrationalism（London: J. Murray, 1993）。英文世界中对于哈曼和雅可比最为哲学的讨论，是由弗雷德里克·贝瑟尔（Frederick Beiser）做出的，参见 Frederick Beiser, The Fate of Reason（Cambridge, Mass.: Harvard University Press, 1987），第1～4章。我基本同意贝瑟尔的解读。不过，他认为哈曼坚称信仰与理性虽有不同，但并不冲突（Beiser, The Fate of Reason, 29）。我觉得这令人费解。在几周后写给康德的一封书信中，哈曼引证了休谟的同一段落，并对之做了这样的评论，"即便人是像蛇一样的彻底怀疑论者，希望怀疑上帝的言辞，人也可以无意识或无目的地，以玩笑的方式鼓吹真理"（Briefwechsel, 1: 380; Study, 240）。因而哈曼两番支持休谟所谓基督教信仰"颠覆了［信仰者］知性的所有原理"这一说法。关于雅可比宗教观念的有趣讨论，可参见 B.A. Gerrish, Continuing the Reformation（Chicago: University of Chicago Press, 1993），chap. 4。

［31］Johann Georg Hamann, Sämtliche Werke（Wien: Verlag Herder），2: 73-74; O'Flaherty, Socratic Memorabilia, 167-169.

［32］参见 Friedrich Heinrich Jacobi, Werke（Leipzig: Gerhard Fleischer, 1819），vol. 4, pt. 1, 72-73; Vallée, Spinoza Conversations, 95-96。

［33］Gotthold Lessing, "Über den Beweis des Geistes und der Kraft," Gesammelte Werke in Zwei Bänden（Gütersloh: Sigbert Mohn Verlag, 1966），vol. 2; "On the Proof of the Spirit and of Power," in Lessing, Theological Writings, trans. Henry Chadwick（Stanford, Calif.: Stanford University Press, 1956）。

［34］Lessing, "Über den Beweis," 767; "On the Proof," 54.

［35］同上。

［36］Lessing, "Über den Beweis," 766; "On the Proof," 53.

［37］Lessing, "Über den Beweis," 767; "On the Proof," 54.

［38］同上。

［39］Lessing, "Über den Beweis," 764-765; "On the Proof," 52.

［40］Lessing, "Über den Beweis," 764; "On the Proof," 51-52.

［41］Lessing, "Über den Beweis," 766-767; "On the Proof," 54.

［42］Lessing, "Über den Beweis," 765; "On the Proof," 52.

［43］Lessing, "Über den Beweis," 766-767; "On the Proof," 51. 当雅可比指出，"基于证明的信念是间接的确定性，其所依赖的是比较；其永远不可能是完全的确定和完全的完成"时（Jacobi, Werke, vol. 4, pt. 1, 210; Vallée, Spinoza Conversations, 120-121），费尔巴哈的说法与之类似："所有的证明都无法给出令人满意的确定性。"（WC 317/204；《本质》，第270页）

［44］Hamann, Sämtliche Werke, 3: 191, Smith, Study, 258. 对于从外在

第 1 章 费尔巴哈对基督教的批判

启示向内在启示的转变（虽然仅就雅可比而言才是明确的），贝瑟尔做了相似的解读。参见 Beiser, *The Fate of Reason*, 58。哈曼和雅可比都提出了下述有趣说法：信仰是先于理性的，并且构成了类似于某种我们生于其中，存在于其中的环境，"我们全都生在信仰之中，必须在信仰之中持存，正如我们全都生在社会之中，必须在社会中持存一样"（Jacobi, *Werke*, vol. 4, pt. 1, 210; Vallée, *Spinoza Conversations*, 120）。"宗教的基础位于我们整个生存之中，存在于我们认知能力的领域之外，后者在整体上构成了我们生存的最为偶然、最为抽象的方式"（Hamann, *Sämtliche Werke*, 3: 191; Smith, *Study*, 258）。至于哈曼所坚持的信仰类似于感觉这一说法，与休谟对他的影响之间的关联，我们有必要指出，哈曼曾翻译了《自然宗教对话录》（*Dialogues Concerning Natural Religion*）的前一半。其中的一个人物克里安西斯（Cleanthes）说："设想一下，剖析眼睛，审视其结构和装置，告诉我，从你自己的感觉之中，是否有一种创造者的观念，带有像感觉一样的力量，立刻向你涌现而来？"

[45] 参见 Jacobi, *Werke*, vol. 4, pt. 1, 210-212; Vallée, *Spinoza Conversations*, 120-122。哈曼在此处与雅可比分道扬镳。有关这一论题，可参见 Beiser, *The Fate of Reason*, 332n46。

[46] Jacobi, *Werke*, 2: 60.

[47] Ibid, 2: 61.

[48] 同上。

[49] 哈曼的名字既未出现在费尔巴哈第 2 版《全集》的"人名索引"中，亦未出现在《书信选》的"人名索引"中。

[50] 施莱尔马赫（Schleiermacher）对于感觉的关注，对费尔巴哈产生了显著的影响。在《本质》中，费尔巴哈明确承认了这种影响（WC 28/xliii；《本质》，第 25 页；在同一句中，他还承认了雅可比的类似影响）。不过，施莱尔马赫所主张的是一种费尔巴哈所批判的贫乏信仰。费尔巴哈曾在其他场合批评施莱尔马赫未能从信念基于感觉这一前提中推导出恰当的结论。

[51] Jacobi, *Werke*, vol. 4, pt. 1, 75; Vallée, *Spinoza Conversations*, 97.

[52] 颠倒性对比并不确切。雅可比想让莱辛摆脱斯宾诺莎式泛神论，据说莱辛曾经向雅可比坦白过这一点。而对于费尔巴哈来说，斯宾诺莎主义并非无神论，而是有神论（参见第 2 章第 1 节）。与雅可比一样，费尔巴哈亦希望促成对于斯宾诺莎主义的放弃，但对他而言，这是从宗教立场向无神论立场的移行。不过关键的对比在于：费尔巴哈将超自然纳入自然的解决方案，是基于这样一种启示的确信，这种启示无需超出自身以外的证明，而仅仅依靠"自我证明"。

有关费尔巴哈的二手文献几乎未曾留意到他和雅可比之间的关联。评论家们提到了（费尔巴哈所明确承认的）雅可比关于费尔巴哈强调宗教的情感品质的影响（比如，可参见 Rawidowicz, *Ludwig Feuerbachs Philosophie*, 260），除此之外的其他一些相似性则被忽视了。

[53] 比如，约翰·韦斯利（John Wesley）曾指出，"最可靠的证据[是]内在感觉"。参见 See Welch, *Protestant Thought in the Nineteenth Century*, 1：27。关于路德一脉传统的解读，以及对宗教真理的"自我证成"（self-validating）标准的强调，可参见 Richard Popkin, *The History of Scepticism from Erasmus to Spinoza* (Berkeley and Los Angeles：University of California Press, 1979), chap. 1，"自我证成"出自第 9 页。

[54] 关于这一问题的讨论，我曾受惠于 Carlo Ascheri, *Feuerbachs Bruch mit der Spekulation* (Frankfurt am Main：Europäische Verlagsanstalt, 1969), chap. 4。

[55] 参见 Martin Luther, *Werke：kritische Gesamtausgabe*, (Weimar: H. Böhlav, 1912), 43：459, 462, 460。

[56] 费尔巴哈曾明确地将其任务与路德相提并论。其在一封书信中指出，"我是路德二世"（转引自 John Glasse, "Feuerbach und die Theologen：Sechs Thesen Über den Fall Luther," in *Atheismus in der Diskussion*, ed. Hermann Lübbe and Hans-Martin Saβ）。在残篇《全集导论大纲》（Outline for an Introduction to the Complete Works）（1845/1846）中他这样提到早期的《关于死亡和永生的思考》："这部著作虽然略显粗糙，并且错误很多，但是其仍然划定了基督教世界观和人类世界观的分界线。这在人类历史上第一次确立了新生活的基础和起点。人在这里直截了当地、非科学地宣告了自身，人在这里解决了旧的信念，且只是简单说出'我无所不能'"（OI 26）。

[57] 与费尔巴哈最具可比性的思想家是克尔凯郭尔（Søren Kierkegaard）。克氏的写作年代与费尔巴哈完全相同，克氏对于思辨神学的批判，对于圣经批判学与真正信仰之不相干性的批判，以及同时代信仰之贫乏性的批判，听上去与费尔巴哈的论调异常相近。克氏曾经受到反启蒙运动的强烈影响[比如，可参见其在《非科学的结语》（*Concluding Unscientific Postscript*）第 2 章中对于莱辛和雅可比的讨论，以及其日记中对哈曼评休谟《论奇迹》的回应]。对费尔巴哈和克氏加以广泛的对比，当然是恰当的。

不过，费尔巴哈和克氏在信仰观念问题上存在一种根本性的不同。对于费尔巴哈而言，真正的信仰在一些特定的历史时期是平易而自然的，而在另一些历史时期却断然不可能。这对于潜在的信仰者来说从来不成为问题。但对克氏来讲，这一点却恰好成为问题。信仰问题正是他所研究的主题。克氏嘲讽雅可比说，人获得信仰的过程在雅可比看来未免太过简单(*Concluding Unscientific Postscript*, trans. David F. Swenson and Walter Lowrie [Princeton, N. J.：Princeton University Press, 1968], 91-97)。(费尔巴哈同样嘲讽过雅可比关于"超感性"的"直接认识"非常简单的说法——他称雅可比为"主日的孩童"，满嘴跑火车——但是其嘲讽的根据却与克氏不同[参见 JacP 16]。)

[58] 还可参见费尔巴哈写给《本质》出版商的书信,他在信中指出此书的实质在于一种"深刻的实践关切"(AB 2:55)。

[59] 关于普里斯尼茨和当时德国的其他水疗师,可参见 Susan Cayleff, *Wash and Be Healed* (Philadelphia: Temple University Press, 1987), 19-24; Vladimir Krizek, "History of Balneotherapy," in *Medical Hydrology*, ed. Sidney Licht (New Haven, Conn.: Elizabeth Licht, 1963), 140-142; 以及 Alfred Martin, *Deutsches Badewesen in Vergangenen Tagen* (Jena: Eugen Diederichs, 1906), 367-398。

[60] 第 2 版《全集》和《书信选》的"人名索引"中未曾提到普里斯尼茨和其他一些与水疗法相关的名人,比如约翰·弗洛耶(John Floyer),约翰·柯里(John Currie),抑或哈恩(Hahn)家族的成员。(1840 年 12 月至 1841 年 1 月)写给克里斯琴·卡普(Kapp)的三封书信,提到了另外一名水疗师 E. F. C. 厄特尔(E. F. C. Oertel),但厄特尔对于水疗法的关注仅被提到了一次,而且还是稍带提及的。

[61] 有趣的是,虽然医生们确实想弄清水疗法——显著——成功的原因,但起码可以肯定的是,水疗法的民间医学成分和科学医学成分不相上下。费尔巴哈用以类比其科学宗教研究的实践结构,其本身的宗教成分和科学成分亦不相上下。

[62] 参见 BWC 195,特别是 UPC 234,费尔巴哈在其中否定理性能够影响真正的信仰,并且指出,"哲学家知道……哲学的限度"。

[63] Clifford Geertz, "Religion as a Cultural System," in *The Interpretation of Cultures* (New York: Basic Books, 1973), 112.

第 2 章　费尔巴哈对哲学的批判

本章将考察费尔巴哈对哲学所做的批判，这种批判主要体现在《原理》中，并且在一定程度上旁及《临时纲要》。哲学批判延续了宗教批判所发起的转变主题，以及转变读者在世界中对于自身的意识这一目标。如同《本质》一样，这种批判一并改变了人关于何种方式才是对特定问题（此处指哲学问题）的正确回答的观念。

瓦顿伯格（Thomas Wartenberg）认为《原理》一书可分为三部分：第一部分将现代哲学与神学关联起来，第二部分将黑格尔著作视为现代哲学的顶峰加以刻画和批判，第三部分呈现费尔巴哈新哲学的主题。[1]第一部分意图确立起下述观念：现代哲学或"思辨"哲学——主要指从笛卡儿到黑格尔的理性主义传统（参见 VT 243/156 以及 G §10，275/13，§19，295/31：《原理》，第 19，33 页）——有着与基督教相同的概念结构，因而可以利用相同的原则加以批判。《原理》一书的关注点即在于这种批判。[2]不过我们首先需要明白的是，费尔巴哈为什么认为现代哲学与基督教在结构上是类似的。所以我会从这个论证切入。这并不是一个很好的论证，我将仅对之做一概述。我的目标仅在于使大家对费尔巴哈自认为其所追溯的辩证法稍有头绪。

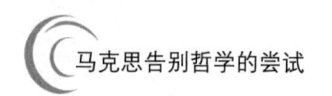

1. 哲学的地位

59 依据费尔巴哈，宗教一向是一种异化形式——"人对他自己的本质的关系……这里所说的他的本质，却并不是被当作他自己所固有的本质来看待"（WC 307/197；《本质》，261-262 页）——但是在尚未变为神学体系的概念结构之前，宗教曾表现出一种纯真的形式［尽管其在宗教史上的作用是恐怖的（WC 308/197；《本质》，第 262 页）］。早期的宗教信仰是一种直接、简单而显著的神人同形同构论。早期宗教在上帝和人之间并未设定质的差异。比如，最初耶和华与人有着同样的"内在本性……同样的激情，同样的人性特征，甚至于同样的形体特征"。其与人的不同仅在于前者活得更长更久（WC 308/197；《本质》，第 262 页）。

由于早期的神被构想成与我们相类似的对象，费尔巴哈指出，这些神实际上是感知的对象。耶稣基督是可感知的存在，就好比由肉体、木头或石头制作成的精神的物神。上帝和人的分离因而同样是可感知的，不过这只是在量上不同的存在者之间的分离，而非在质上不同的存在者之间的分离。费尔巴哈称这种关于上帝和人相分离的信念是"无意识的"（WC 308/197；《本质》，第 262 页），因为其中所牵涉的是对对象的**感知**。最初，宗教体验并非是内在的，而是外在的，所以对于信仰者而言，其信仰并不比他的其他感知更为神秘。理智与宗教仍然"处于和谐之中"（WC 308/197；《本质》，第 262 页）。

神学则不同。它兴起于这样的一个历史节点：个体变得更加富有经验，不再相信神的可感知性存在，作为感性知觉形式的信仰衰落了。当洞察宗教背后的真理——人与神的完全同一——成为可能时，神学便兴起了。如今人的知性将诸如物神这样的事物仅仅视为人的产物，而不再视为神的体现。宗教中的神人同形同构因素如今成了问题：它们似乎让宗教太过人化了。怀疑主义应运而生。

神学因此揭开了序幕。拒绝承认人神同一，神学家们重新表述了宗教的结构，将宗教的对象升华为无法感知的神人同形同构特质的一种超越性实体，"随后，就有曲解者、思辨家们**玄而又玄**地来吹嘘一番，因为他们其实不再知道**真正的感觉**了"（WC 194-195/117；《本质》，第 166 页）。上帝如今成了与信仰者本质性不同的存在，成为只有非感知才能理解的存在。所以如今需要关于上帝存在的证明（WC 309/198；《本质》，第 263 页）。这是一些有关一种与人有着本质性不同的存在者的证明（WC 308/197；《本质》，第 262 页）。

  费尔巴哈式解读的核心在于下述申言：我们所能够感知的事物随时代变化而变化。在其 1839 年《论奇迹》（On miracles）一文中，费尔巴哈指出，对于不曾生活于"严格区分主观和客观、想象和经验、信仰和现实、神话和历史"（UW 309）情境中的前现代人来讲，奇迹不过是自然事件。前现代人不会怀疑奇迹，因为对人的信仰进行质询，探明其是否与作为自然原因之结果的现实相一致，这种现代观念尚未出现。此外，前现代人能够看到我们通过批判立场无法看到的事物。"只要神、魔鬼和天使这些超自然存在仍是真心信仰的对象，我们对于他们会怎样了如指掌！……现代人丧失了崇知超感性［*übersinnliche*］世界及其奥秘的器官"（G§15 286/23；《原理》，第 24 页）。稍后我会讨论费尔巴哈在何种程度上真的抱持此处所表述的认识论相对主义。眼下的要点在于：费尔巴哈认为神学源于坏信仰，因为他认定坏信仰无视世界的变化，并且相对于这种变化，试图构建一种与被费尔巴哈视为真正信仰特征的感性确定性相冲突的信仰。

  费尔巴哈指出，坏信仰的作为造成了神学永久性的前后矛盾。因为神学的神不是一种存在于某一特定地点、可以被看到和听到的实体，而是"非感性的，**只能为理性或理智所接受和作为理智的对象的实体**"（G§6，266/6；《原理》，第 4 页）。但是神学同时将神构想为"**与理性不同的独立实体**"（G§6，266/6；《原理》，第 4 页）。神学家的神只能通过理性加以把握，但是它又应当独立存在，如同外在于人类心智的物理对象一样。费尔巴哈将此看作前后矛盾，因为他指出每一种存在于"思维或观念以外的存在，它的基本特征，就是**感性**［*Sinnlichkeit*］"，即其可以为人的感知器官所感知（G§7，269/9；《原理》，第 7 页）。费尔巴哈因而说，神学家"将上帝与自己分开，其意义正如将感性的［*sinnlichen*］事物与实体自己分开，认为是存在于自身之外的东西一样。简言之，有神论是从**感觉立场**［*Standpunkt der Sinnlichkeit*］上去思想上帝的"（G§7，269-270/9；《原理》，第 7-8 页），但是神学

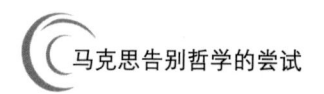

家否认上帝是可感知的。[3]

费尔巴哈并没有教条性地坚称,存在于我们之外的只有物质对象。他所抱怨的是,所讨论的非物质对象被认为一方面存在于"思想和想象"之外,另一方面在物质世界中有其因果力,并确实创造了世界。但是,"如果**上帝自身被规定为物质存在**,那么物质事物只能源自上帝"(G§14,285/22;《原理》,第22页)。神学"从感性立场去构想上帝",这一说法的意思是,神学将上帝构想为拥有因果力的实体,而**因果力**只能从感性立场加以构想。费尔巴哈意在指出,任何一种介入物质世界的实体,其本身都应当是物质的,"有什么样的结果,就有什么样的原因"(G§14,285/22;《原理》,第23页)。

这种说法与费尔巴哈对创造观念的批判是一致的。因果解释是对一种物质现象如何导致另一种物质现象的解释。只要超人的原因是物质的,这种解释就并不必然排斥超人的原因。对于费尔巴哈来说,神投掷闪电的观念毫无矛盾之处。它与气象学现象的现代解释方案存在冲突,不过其在概念上并没有问题。与之相对,基督教神学的设定,即物质事件(包括物质世界本身的被造)有非物质的原因,在概念上**是**有问题的。

费尔巴哈知道他,并非洞悉基督教上帝是对不同属性的特殊混合的第一人。他只是想澄清神学的地位,以便表明神学与思辨哲学之间的关联逻辑。他的要点是说神学既非依赖于感觉的原始信仰,亦非从"**思想立场**"理解万物,理解上帝的思辨哲学(G§7,270/9;《原理》,第8页)。神学所处的是一种不稳固的中间立场。费尔巴哈证实,一贯性要求两条道路择其一。不过复归原始信仰是不可能的事(ZB 236)。[4]上帝已然不可见。而且神学家的上帝属性超出了感觉的辐射范围。我们的感知能力是有限的,无法指向无限之物。能够这样做的只有理性(G§6,267/6;《原理》,第5—6页)。因而保持一贯性的方法,是承认只有理性才能把握上帝,所以"思辨哲学才是**真正的、一贯的、理性的**神学"(G§5,266/6;《原理》,第4页)。

对于费尔巴哈来说,这一步是极为重要的,因为他认为只有如此才可以表明不仅只有人类理性才能理解上帝,而且上帝**就是**人类理性(G§7,269/8;《原理》,第7页)。

费尔巴哈此处的证明不怎么有说服力。他引入了一个可信的前提,(1)"上帝仅仅是人的对象"(G§7,270/9;《原理》,第8页);以及

第 2 章　费尔巴哈对哲学的批判

一个可疑的前提，(2)"与某一存在者必然相联的对象，不过是此一存在者**被揭示**了的本性"(G§7，270/9；《原理》，第 8 页)。他进而证明"如果上帝是人的对象——并且事实上由于他必然地，本质性地当真是——那么此一对象所表现的本性，不过是人的本性"(G§7，270/9；《原理》，第 8 页)。

我们姑且同意前提 (1)，并且甚至于有保留地同意前提 (2)，即一个存在者的首要"对象"揭示了此一存在的某种根本内容。此外还同意上帝是人的首要对象。但这仍然不足以得出"此一对象所表现的本性，不过是人的本性"这样的结论。费尔巴哈指出植物是食草动物的"对象"，光是"眼睛的对象"(G§7，270/9；《原理》，第 8 页)。但是，这并没有使植物和光"不过是"动物或眼睛之被揭示了的本性。除了作为动物和眼睛的对象之外，植物和光还另有其独立的存在。我们不能从"X 是阿尔法的对象"直接推导出"X 没有独立的存在"。

对于这一证明，费尔巴哈本人似乎亦心存疑虑，他试图用一种思想实验加以捍卫。

> 请设想一种位于行星或彗星上的，仅仅看过寥寥几段基督教教义的思维存在者，会怎样处理上帝的本性。这种存在者会从这些段落中得出怎样的结论？会得出基督教教义意义上所存在的神？绝不可能！它只会推导出地球上同样存在思维存在者；它会从地球人对他们的神的定义中，发现这不过是他们对自身本性的定义。比如在"上帝是精神"这一定义中，它只会发现地球居民对他们自身精神的证明和表达。(G§7，270-271/10；《原理》，第 8-9 页)

但是外星人为什么不能得出"地球人对他们的神的定义"是对某种存在着的神的定义？外星人为什么必须将这些定义人类学化？正如在《本质》一书中，这种思想实验将宗教陈述转译成了人类学陈述。如同在那部著作中一样，关于转译相对于原文的优越性，我们没能看到足够的证明。费尔巴哈认为外星人将从对象的属性中推导出主体的属性，并且基于"在这种对象中，对象自身之所是与其对人之所是之间的区别被清除了"(G§7，271/10；《原理》，第 9 页)，他明确地支持这种推导。这是丐题论证(question-begging)。"对象自身之所是与对人之所是"之间的关系，正是此一思想实验理应解答的问题。[5]

如同《本质》一样，只有当费尔巴哈试图用其来转变我们的视角时，上述思想实验才能成立。它是我们想象中的所作所为：摆脱我们自身的生活，采取一位置身于基督教以外的存在者的立场，即外星人的立场，来客观地观察基督教。从这一立场出发，我们将会认可下述说法的真理性，"地球人对他们的神的定义，不过是他们对自身本性的定义"。从只有人类理性才能理解上帝的说法，过渡到上帝不过是人类理性的说法，是通过转变而非论证实现的。

附带一提的是，我认为费尔巴哈假定外星人的科学发展至少处于中高级水平，很难说科学水平相当原始的外星人，能够轻易"从地球人对他们的神的定义中，发现这不过是他们对自身本质的定义"。我认为费尔巴哈的论点在于，一位具备中等程度的科学修养，又未曾被基督教所感染的存在者，可以一眼看穿基督教的人类学内核。

另外需要指出的是，要想这一思想实验适用于我们，**我们必须已足够地非基督教化**，才不至于仅凭"寥寥几段基督教教义"，便得出基督教是真实的这一结论。如同《本质》一样，这一思想实验理应用来推进对已有的怀疑的承认。

因而，思辨哲学与神学是一贯的。费尔巴哈指出，从神学到思辨哲学的移行，实际上是向泛神论的移行，但是向泛神论的移行必然导致观念论。

费尔巴哈此处老调新弹。这一点早在18世纪便已有讨论，其中最负盛名的当属雅可比的《泛神论之争》（*Pantheismusstreit*）。雅可比认为任何一种关于宗教的一贯的哲学进路，均无可避免地会导致斯宾诺莎主义，即泛神论。并且泛神论是真正的无神论，因为它否定了外在于世界的神的存在。[6]费尔巴哈同意哲学上一贯的宗教会导致泛神论（G§14，283/20；《原理》，第20页）。他甚至称赞雅可比发现这一点是"真正的天才之举"（KP 185），并且费尔巴哈也同意泛神论与无神论有着不解之缘："泛神论堪称**神学无神论**。"（G§15，285/22；《原理》，第23页）但是，不同于雅可比，费尔巴哈认为泛神论最终会回归宗教。它是"**站在神学立场上对神学的否定**，也就是说：泛神论是神学的否定，然而**本身又是神学**"（G§21，295/31；《原理》，第34页）。

关于为什么一贯的神学信仰实际上是泛神论，费尔巴哈给出了两种论证。第一种论证所采取的是上帝存在的本体论证明，第二种论证重提非物质存在如何创造物质世界的难题。两种论证都经不起推敲。第一种

第 2 章 费尔巴哈对哲学的批判

证明是这样开始的：

> 如果事物存在于上帝的理智之内，那么它怎么能在上帝的实体以外存在呢？如果事物是上帝的理智的结果，那么何以不是他的实体的结果呢？如果上帝其存在与其实在是直接统一的，并且如果上帝的存在与上帝的概念 [*vom Begriffe Gottes*] 是密不可分的，那么在上帝关于事物的概念中 [*im Begriffe Gottes von den Dingen*]，事物的概念 [*Begriff des Dinges*] 和真正的事物为什么是可分的？仅只构成有限的、非神圣理智之本性的区分，亦即概念中的事物与仅仅构成了有限物和非神圣精神的本性概念外的事物之间的区分，为什么会发生在上帝那里？（G§14, 283/21；《原理》，第 21 页）

由于泛神论宣称无物与上帝之间存在本体论层面的区分，所以表明有神论导向泛神论，就是表明依据有神论的前提，无物能够存在于上帝之外。费尔巴哈的前提包括：

（1）神学宣称上帝拥有所有事物的知识（上帝无所不知）。这意味着他的理智包含了所有事物的概念。

（2）神学宣称"上帝的存在与上帝的概念 [*vom Begriffe Gottes*] 是密不可分的"。费尔巴哈似乎认为（1）和（2）蕴含

（3）"在上帝关于事物的概念中 [*im Begriffe Gottes von den Dingen*]，事物的概念 [*Begriff des Dinges*] 和真正的事物是不可分的"。这一点又可改述为

（4）"概念中的事物和与概念外的事物的区分……不能发生在上帝那里"。

从（1）（2）推进到（3）是非常可疑的。为什么会认为上帝不能拥有一种缺乏实在属性的概念？这是否是说，如果"上帝"概念本身，以及上帝**所拥有**的概念没有自动地关联到现实的对象，上帝将不够完美？（我会不假思索地认为，如果上帝永远不能**仅是**想象事物，那将会是上帝的缺点。）[7]

如果我们真的承认（4），那么这个论证就可以说得通。因为如此一来，在实在是处于神圣理智之中的事物概念的属性意义上，每一种事物的实在都位于神圣理智之中。如同费尔巴哈所证明的那样，如果事物的概念和实在都位于上帝的理智之中，那么在上帝之外就无物存在："一

旦我们没有事物**外在于**上帝的**理智**,那么我们很快同样无物**外在于存在**,最终无物**外在于**上帝的**存在**……不过,如果我们一旦没有事物没有世界外在于上帝,那么我们同样没有上帝外在于世界。简言之,我们只有斯宾诺莎主义或泛神论"(G§14, 284/21;《原理》,第 21-22 页)。[8]

费尔巴哈的第二种论证依赖于(1)物质世界存在这一事实,以及(2)原因与结果必须同属一类这一条件,"有神论将上帝构想为一种纯粹的非物质存在。但是,将上帝规定为非物质,无非意味着将物质规定为虚无,规定为非存在,因为只有上帝才是实在的标尺……物质对于有神论是一种纯粹**无法说明**的存在"(G§14, 284/21;《原理》,第 22页)。如果上帝既是非物质,又是"实在的标尺",那么为什么会存在一种不同的实在,即物质世界?费尔巴哈指出,神学对此的回答是将上帝视为世界的创造者。但这会带来问题,因为只有当上帝自身是物质的,上帝才能创造出物质对象(G§14, 285/22;《原理》,第 22-23 页)。所以与神学最初的前提相反,上帝变成了"一种**物质**的存在,或者借用斯宾诺莎的说法,一种**广延**的存在"(G§14, 285/22;《原理》,第 23页)。但是,基督教神学的上帝,不能是某种具体的物质存在。他与宙斯和雅典娜不一样。如果他是一种物质存在,他必定是完全的物质存在。有神论解释物质的唯一途径在于泛神论。

这样一种解释看上去似乎不能令人特别满意。费尔巴哈声称"谁不羞于做鞋,也就应当不羞于做一名鞋匠,并且不羞于被人称为鞋匠"(G§14, 285/22;《原理》,第 23 页),但是上帝的创世与鞋匠(他只是对事先存在的些许物质做出变更)不一样,泛神论的上帝尤为如此。当费尔巴哈指出物质世界是由一个与整个存在同一的存在者创造的,我们很难说在何种意义上他将泛神论视为对物质存在问题的解决。

此处我们也不应当看得太紧。费尔巴哈力图展现认真对待神学的后果,展现对于基督教上帝做前后一贯性解读的必然结论。泛神论代表了一种"进步",因为创世者和创世之间不存在本体论的裂痕。费尔巴哈当然认为泛神论同样有其自身的概念性问题。他最终会证明,泛神论同样无法成功地解释物质存在这一事实。但在此一阶段他仅限于指出,泛神论是理性地辩护基督教神学所必须迈出的一步。较之用一种非物质原因去创造物质实体,泛神论的创世要稍显合理一些。

费尔巴哈指出,泛神论是朝向真理迈出的一步,因为对于泛神论,

第 2 章 费尔巴哈对哲学的批判

物质是上帝的谓词和属性（G§15，285/22；《原理》，第 23 页）。泛神论的视角在部分程度上是正确的，因为它至少从口头上照顾到了现存世界的重要性。从概念上讲，它没有超脱尘世。费尔巴哈因此称之为"**神学的无神论，神学的唯物论**"（G§15，285/22；《原理》，第 23 页）。

就指向世俗世界这一点而言，泛神论与现时代的实践观是一致的。它与被费尔巴哈称作"否定"神学的自然科学是一致的（G§15，285-286/22；《原理》，第 23 页）。这种否定不是理论的而是实践的："这是一种**凭借行动**的否定，借此，实在论者将对上帝的否定行动，或者至少是与上帝**无关**的行动，视为其生活的**本质**方面，其活动的**本质对象**。不过，谁全心全意只关注物质和感性，**实际上**就等于否定了超感觉的实在性；因为对人来讲，只有那（物质和感性）才是实在的，那才是真正现实活动的对象"（G§15，286/23；《原理》，第 23-24 页）。正如《本质》一样，费尔巴哈认为上帝已不再是我们日常世界的组成部分。我们从自然主义出发构想我们的世界，并且自行采取行动解决我们自己的问题。我们不再寻求外部上帝介入我们的生活结构。费尔巴哈指出，泛神论所主张的上帝和世界的同一，表现了上帝在实践层面的消亡。

不过，泛神论也只是中转站。物质虽然变成了上帝的属性，但是上帝仍然是感觉所无法把握的事物，因为感觉只能感知有限的现象，而上帝的每一种属性却都是无限的。所以上帝仍然只是理性的对象。费尔巴哈这里再度声称上帝因而必然只能**是**理性（G§17，290/26-27；《原理》，第 28 页）。

费尔巴哈在《原理》的这一部分中所提供的论证究其实质是一样的，所以究其实质还会面临与之前一样的难题。他依赖下述两条原理：

（1）"对象是什么样，主体就是什么样"（G§17，289/26；《原理》，第 27 页）；以及

（2）"**先天的，首要的存在**……不是**被思想的存在**（being that is thought），而是**思想着的存在**（thinking being）；**不是对象，而是主体**"（G§17，290/27；《原理》，第 29 页）。

依据原理（1），如果上帝是理性的存在，那么只有理性才能理解上帝。依据原理（2），如果理性理解了上帝，那么它在本体论上就先于上帝。但是无物在本体论上先于上帝，上帝是"首要的存在"，所以上帝必然是理性。

费尔巴哈将这两条原理归给"哲学",所以不太清楚他是否认同这两条原理。不管怎么说,(1)没有什么问题。它所说的不过是感知主体和被感知对象必须拥有大体相同的存在模式,比如需要用诸如感觉器官这样的物质事物去感知物质事物,用诸如精神这样的非物质事物去感知非物质事物。

问题在于(2)。其申言认知器官在本体论上先于认知对象。基于此申言,费尔巴哈立马指出"所有的存在都是对意识的存在,**在意识中被理解**的存在",就一点也不让人意外了(G§17,291/27;《原理》,第29页)。问题是,怎样证明原理(2)?

关于原理(2)的证明似乎是一团糟:"如同自然科学必然从光追溯到眼睛,哲学必然会从思想对象追溯到'我思'。"(G§17,290/27;《原理》,第29页)这显然相当糟糕。科学研究感知器官这一事实,并不意味着感知器官所感知的对象缺乏其独立的存在。

这个论证的实践形式稍有改善,"光是什么——作为发光和照明的存在,作为光学的对象——如缺少了眼睛?它便是无"(G§17,290/27;《原理》,第29页)。此处光是通过其在人们生活中的作用加以规定的。费尔巴哈并未否认机械工具能够测定可名之为"光"的现象。他的要点在于指出,"缺少了眼睛",光将会从我们的生活中消失。因而他会说,"说我**无意识地**看和说我**不看**,是同一个意思"(G§17,291/27;《原理》,第29页)。作为一种实践事务,这话是有道理的。如果我没有注意到,没有运用我所看到的——众所公认的难以搞懂的一个概念,如果我所看到的并没有进入我的思考,对我的决定未曾产生作用,那么至少对于许多实践目标来讲,我就好比是盲人。不过,这个论证仍然是错误的。因为虽然对于实践目标来说我是盲人,但这并不等于我什么都没看到。

我认为费尔巴哈真正追求的是下述重言式,即如果没有人曾经拥有某种感知器官 P,那么只有 P 才能感知的那些现象对我们来说便是不存在的,我们的生活中便没有它们的位置(G§15;《原理》,第23-25页)。如果所有世代中的所有人自出生起便是盲人,那么就不会存在诸如"视力""视觉对象"这样的范畴。我认为这才是费尔巴哈的要点所在,他指出"如果我们根本不信仰上帝,不去思想上帝,那么我就没有上帝;上帝只是**通过我**而**对我存在**,通过理性而对理性存在"(G§17,

290/27;《原理》，第 28-29 页)，这些说法肯定了下述重言式，如果主体未曾意识到与某一实体的任何关联，那么这个实体"对于"主体便不存在，亦即主体未曾意识到实体的存在。因而在某种（重言式）意义上，当他进而推导出原理（2）时，费尔巴哈是对的："**先天的，首要的存在……不是被思想的存在，而是思想着的存在；不是对象，而是主体。**"（G§17，290/27；《原理》，第 29 页）

但是，这完全未能帮助费尔巴哈得偿所愿。因为一旦我们拥有了"视觉对象"的范畴，对象的本体论独立性问题，就不是通过指出如果没有这个范畴就不会有这个问题所能够回答的了。现在已经有了这个问题。与之类似，如果我们中没有人"一般性地信仰或思想"上帝，那么对于我们就不会有所谓上帝存在的问题。但是现在已经有了这个问题。"上帝"是现代生活中的一个范畴。所以我们不能因为上帝在无神论者的生活中毫无作用，就推导出上帝并不存在，这就好比我们不能因为一个盲人看不到某物，就推导出某物并不存在一样。费尔巴哈错误地假定，由于提出某一问题需要某些前提条件，此一问题的答案便可以从这些前提条件中衍生出来。[9]

尽管如此，假使我们同意原理（2），根据基督教神学，世界完全是上帝的创造物——"没有上帝，无物能够存在，无物能被思想"（G§17，291/28；《原理》，第 29 页）。如果理性取代了这个位置，那么便成了没有理性，无物能够存在。如此一来，泛神论将会导向观念论（G§17，289/26；《原理》，第 27 页）。

费尔巴哈试图展现导致理性，亦即思辨哲学取代上帝的辩证法。对于费尔巴哈，这并不是什么了不起的变化。思辨哲学可以是不脱离尘世的。它可以将"神圣本质导入世界之中"（VT 243/156）。但是如果世界被构想为纯粹思想或意识的世界，那么这样的进步就仍然是幻觉。费尔巴哈指出，这正是思辨哲学构想世界的方式（G§17，291/27；《原理》，第 28-29 页）。与神学一样，思辨哲学轻视物质世界、轻视日常生活的有限世界，将之构想为某种应当被克服和超越的非本质因素。费尔巴哈直言，"思辨哲学的绝对和无限……无非就是旧的神学形而上学存在，抑或**非**有限的、**非**人的、**非**物质的、**非**规定的并且**非**受造的**非**存在"（VT 245/157）。

在费尔巴哈看来，思辨哲学家所做的工作，不过是将神圣本质变成

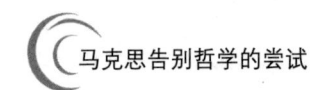

思维的对象,而非想象的对象。"那么,神圣思维与形而上学思维之间的区别能被归结为什么?归结为想象的区别,归结为仅仅是**想象的**思维**和现实的**思维之间的区别"(G §11, 277-278/15;《原理》,第15页),这是对黑格尔所谓宗教和哲学的区别在于想象和思维的区别的嘲讽。费尔巴哈的观点在于,如果神学和哲学都将主要的存在形式置于脱离了人的日常生活的场所,那么神学和哲学就没有区别。不论处在首要地位的是上帝还是理性,人的物质存在显然都是第二位的。

费尔巴哈认为思辨哲学之所以未能真正同神学划清界限,是因为其要求哲学应当无前提,是因为这一要求使感觉成了可疑物。接受感觉提供给我们的真理,将会是对某种可能错误的真理的依赖,将会预设某种前提。只有理智的证词才能告知我们逻辑上不可怀疑的真理,因而无需预设前提。这直接导向了现代哲学的各种出发点,在费尔巴哈看来,它们全都是这种或那种形式的理智。与之相对,"直观[Anschauung]……[被视为]仅仅是幻想和谎言,不被纳入考虑"(G §18, 294/30;《原理》,第32页)。有鉴于从感觉所开始的这种抽象,费尔巴哈指出,物质世界不可避免地被视为某种不太真实,且依赖于理智的存在。唯心主义已是必然之事。

所以费尔巴哈认为,唯心主义是有神论的密码化形式。由于哲学家所依赖的认知器官必须要能够免于失真,而这只有当其不为任何外物所规定时才能得到保证,费尔巴哈因而指出,只有一种不为外物所规定,具备认识能力的存在,才能拥有无前提的认识。符合这种描述的存在听起来很像上帝:"费希特所谓'因为我是,所以我才是'(I simply am because I am)的自我,抑或黑格尔的纯粹无前提思维,如果不是旧神学和形而上学的神圣存在,究竟是什么……**所有前提的绝对缺失——思辨哲学的开端——不过是前提和开端的缺乏,神圣存在的自我存在。**"(G §13, 282, 281/19, 18;《原理》,第18-19页)思辨哲学因而在结构上与神学是同一的。与神学一样,它轻视物质世界,并且将人类的属性投射到一个超越性实体身上(G §23, 300/36;《原理》,第39页)。与神学一样,物质世界的存在对思辨哲学同样是一个问题。不论物质"接收了多少精神和理智……它仍然与哲学所假定的真正的存在相**冲突**"(G §21, 296/32-33;《原理》,第35-36页)——真正的存在即思维。物质仍然是需要被克服的事物。

尽管如此,相对神学,思辨哲学仍是一个进步,因为上帝被转化成了人化的事物，即便它只是被转化成了人的思维。所以费尔巴哈才会有下述略显矛盾的评价："作为上帝之实现的思辨哲学，**既是对上帝的设定亦是对上帝的取消和否定，既是有神论亦是无神论**。"（G§14，282/19；《原理》，第19-20页）现代哲学因而有其内在的"矛盾"（G§21，295/33；《原理》，第35-36页），其关注点显然是人的能力——思维，但是其与作为物质感知存在物的人之间所保持的距离，正如神学和人之间的距离一样遥远。费尔巴哈新哲学的任务即在于克服这种矛盾。

克服之道在于认识到人在本质上是物质存在。正如思辨哲学将神圣存在移入人的思维世界一样，费尔巴哈的新哲学是将思维移入人有限的生活世界，"根据其历史起源，新哲学相对于**现代哲学**所承载的任务，**如同现代哲学**相对于**神学**所承载的任务**一样**"（G§20，295/31；《原理》，第33-34页）。但是其间亦有重要的不同。现代哲学包含着矛盾，与之不同，费尔巴哈指出他的新哲学将既是"盛行至今的哲学……"的**"实现"**，亦是对其所做的"**否定**，确切来讲，是**无矛盾的否定**"（G§20，295/31；《原理》，第34页）。这里将不会再有矛盾，因为与神学和思辨哲学不同，费尔巴哈将认可——不受其困扰——物质世界的存在。他认为物质世界曾是神学和思辨哲学的障碍所在。

按照费尔巴哈的解读，与之相对，物质世界并不会妨碍对真正实在的理解。因而费尔巴哈完全没有必要抽离感觉。恰恰相反，感觉将发挥非同凡响的功用："如果旧哲学把下述命题视为其出发点：**我是抽象的，单纯的思维存在，身体并非属于我的本质**，与之相对，新哲学以这样的命题为出发点：**我是真正的，感性的存在，身体属于我的本质，事实上，整个身体就是我的自我，我的本质本身**。"（G§37，319-320/54；《原理》，第59-60页）以前微不足道的事物，如今变成了本质性的。不论是神学还是思辨哲学都没有否定人的形体化，它们所否定的是，拥有身体是人的本质性特征。新哲学的要义在于这一点是本质性的。如此一来，问题当然在于，这究竟意味着什么？

2. 哲学批判的方法

费尔巴哈认为，他业已展现了思辨哲学和宗教的结构性同一，因而批判它们的方法可以是相同的,"对于**思辨哲学**的改造性批判方法,**总体而言**与应用于**宗教哲学**的批判并无不同。我们只须始终将**谓词**用作**主词**,并将**主体**用作**对象**和**原则**。因而我们只需**颠倒**思辨哲学,即可获得裸露的[*unverhüllte*]、纯粹的、完全的真理"(VT 244/157)。颠倒方法在这里的有效性,应当与其在《本质》中的启示性功效一样。费尔巴哈在《本质》中曾写道,"只要我们把宗教上的关系颠倒过来……我们就会打破幻觉而看到真理的纯净光辉"(WC 415/274-275;《本质》,第 355 页)。此处他写道,我们只需颠倒思辨哲学,即可获得裸露的、纯粹的、完全的真理。与在《本质》一书中一样,费尔巴哈认为他只是澄清了我们业已知道的内容,"新哲学……仅仅**用理性合理地肯定了每一个人**——真正的人——**心中所承认的**内容"(G §35,319/53;《原理》,第 59 页)。

只有当我们奋力推进哲学批判与神学批判在方法上的类似,费尔巴哈的哲学批判才能讲得通。不过要想实现这种推进,同样需要认识到两者的不同。首先,宗教批判是基于对宗教信仰所做的心理学解读,但费尔巴哈并未给出关于哲学信念的心理学解读。思辨哲学据说是从神学衍生而来的,而神学又来自宗教信仰,所以思辨哲学的终极根源或许会是与宗教相同的感受和愿望。不过,至少就表面而言,思辨哲学与费尔巴哈的神学和宗教概念并不相同。它既非神职人员阶层的糟糕信仰,亦非对于心灵深处渴望的直接满足。或许对于特定哲学信念(抑或单纯进行哲学讨论)的冲动,是神学或宗教的变异形式,但如果是这样,就需要对这种变异做一番说明,而费尔巴哈什么也没有提供。

另外,宗教批判的一个重要前提在于基督教是一种衰败的生活形式,其中真正的信仰早已消失不见了,对于费尔巴哈所力图激起的变化,我们已经做好了准备。撇开好坏不论,这种看法曾是 19 世纪 40 年代的老生常谈,基督教的支持者和反对者不断悲叹或者欢呼真正的宗教信仰事实上业已日薄西山。与之相对,从笛卡儿到黑格尔的哲学传统,至少到 19 世纪 30 年代,无疑是如日中天。可以说,19 世纪 40 年代的德国,刚刚见证了哲学传统最伟大、最辉煌的时刻,即黑格尔思想在德国智识生活中的统治和支配。如果费尔巴哈批判思辨哲学意在扫除蜘蛛网,那么这些蜘蛛网则是非常新的。

这些不同表明,思辨哲学或许并不具备成功运用颠倒方法的前提条

第 2 章 费尔巴哈对哲学的批判

件。而这一方法的主要问题,实则在于哲学家认为他们的观点得到了论证的支撑。如果我可以提供合理且令人信服的理由去相信 X 在事实上为真,那么关于我如何(无意识地)相信 X 为真,哪怕是最为精微、精确的心理学解读,其意义又是什么呢?如果我仍然能提供合理且令人信服的理由去相信 X 为真,我所属文化圈的其他所有人都不再相信 X 为真,这又有什么关系?在费尔巴哈看来,宗教信仰不会受损于论证。怀疑在宗教感知的直接性方面没有立足之处。在其衰败阶段,这种信仰是从内部开始腐烂的。它并非死于怀疑论证的攻击,而是死于其不再可信的意识,结果它一触即溃。但是,一种哲学信仰应当依赖于论证,并且只会受损于反论。怎么能奢望颠倒方法对于思辨哲学有效呢?[10]

对此,费尔巴哈的回答非常简短:思辨哲学的信念在本质上是与人的感受和感知相冲突的。宗教信仰代表了对人的感受和感知的一种扭曲。在费尔巴哈看来,思辨哲学更像是对感受和感知的一种压制。《原理》一书所试图揭示的,不是我们的感受和感知所隐匿的内容(如同对宗教的批判),而是我们拥有感受和感知——我们拥有它们是异常重要的,对于我们的本质性属性关系重大。费尔巴哈指出,人的感受"有本体论的,**形而上学的**意义。在感受里面——尤其是在日常的感受里面,隐藏了最高深的真理"(G §34, 318/53;《原理》,第 58 页)。这是我们在内心深处都知道的,但是这一点尚需要我们的承认。促成这种承认正是新哲学的任务所在。费尔巴哈指出,这种承认"无非是把**感受的本质提升至意识**"(G §35, 319/53;《原理》,第 59 页)。

但是除了用一种枯燥的断言反对另一种枯燥的断言,有什么方法可以促成这种承认?虽然转变的目标能够照亮宗教信仰,但作为对哲学申言的回应,它难道不是问题多多?面对哲学申言,仅仅转变主体的信仰,抑或转变他们相对于世界的立场,显然是不够充分的。面对哲学申言,我们需要理由去相信这样的转变是进步,新信仰或新立场较之旧信仰或旧立场更为合理、更为可信。新哲学能否基于某种独立的标准,做出比旧哲学更为合理优越的推进?其方法是什么?

至少可以说,它是一种令人困惑的方法。请看以下陈述:

(1)"**无可争辩的直接的确定性**只能是**感觉、直观**[Anschauung]**和感受的对象**。"(G §38, 320/55;《原理》,第 60—61 页)

(2)"只有通过**感觉**,而非通过**自为**的思维,**对象**才能**在真正的意义**上被给予。"(G §33,316/51;《原理》,第56页)

(3)"只有**感性直观**[*sinnliche Anschauung*]所**规定认可**的思维,才是**真正客观**的思维——**客观真理**的思维。"(G §49,330/64;《原理》,第71页)

(4)"我一个人所感知到的东西,我是怀疑的,别人也感知到的东西,才是确实的。"(G §42,324/59;《原理》,第65页)

这些陈述以及《原理》中其他许多类似的陈述,并没有附以论证,只是一些断言。我们应当在什么语境中考虑这些断言呢?费尔巴哈是哪种形式的唯物主义者或经验主义者?抑或只是天真的实在论者?这些陈述**看上去**确实有些天真。我们怎么可能无忧无虑地信赖感觉呢?我们难道不需要对一般的怀疑论担忧做出回应?难道费尔巴哈没有读过笛卡儿?

他当然读过。他曾经写过有关现代哲学史的专著。[11]如果这里存在天真,那也是故意为之。这一点应当受到关注。评论家们老是尝试将费尔巴哈从其"显著的天真"中拯救出来,以求尽力赋予他非天真经验主义的某种变体形式。我的方案是将他的天真视为有意为之,并探寻他这么做的策略。

请看另一条陈述:

(5)"痛苦是对主客同一的大声抗辩。爱的痛苦是这样一种痛苦:如果其存在于想象中,其就**不**存在于现实中"(G §34,318/53;《原理》,第58页)。

费尔巴哈的要点难道在于:如果没有诸如爱这样的感情,抗议"主客同一"的证据就会因此少了一条?假如当我意识到我的爱人爱我只是出于我的想象,我会为此感到痛苦,**这**不也应当表现了什么吗?我的爱人确实独立于我的想象而存在?这是一种怎样的论证?

在《原理》之后的作品中,费尔巴哈经常提及日常生活的特征,尤其是人的感觉和心理特征在形而上学层面的重要性。其中最著名的当属1850年对摩莱肖特(Jacob Moleschott)的《食物学》(*Lehre der Nahrungsmittel*)的评论,费尔巴哈用其惯用的嘲讽口吻指出,食物(*die Nahrung*)是对身心关系的解决:"如今我们在科学的基础上获知

第 2 章　费尔巴哈对哲学的批判

普通人早已从经验获得的知识：食物和饮料维持了灵与肉的统一，所寻求的链接在于食物……食物是斯宾诺莎的'一和多'，无所不包……食物是精神与自然的同一。"（NR 357-358）评论家们经常通过将这条评论视为一种例外，抑或视为对学院哲学所做的不严肃的、**"草率的"**调侃，来加以消解。[12] 毫无疑问，在某种程度上费尔巴哈是在自娱自乐——"你们这些傻瓜，面对哲学开端之谜，在嘈杂的惊讶中张大了嘴，但不明白张开的嘴就是通往自然核心的入口，你们今天想破脑袋也是徒劳的难题，牙齿在很早以前就已经攻克了！"（NR 359）——但是对摩莱肖特的评论只是早先趋势的一种极端化形式。《宗教本质讲演录》（*Lectures on the Essence of Religion*）认为"性冲动"侵蚀了"普遍概念的实在性"（VWR 401/355）。费尔巴哈在《原理》中同样做过类似的论证。他指出，如果我们以黑格尔《精神现象学》第一部分的"逻辑上无差别和同一的'这一个'"为起点，并在法律意义上将其应用于"这一个房子"和"这一个妻子……我们将直接进入'共产共妻'的共同体，其中不存在这一个和那一个的差别"（G §28，307/43；《原理》，第 47 页）。

黑格尔所从事的是一项特殊的理论事业，其并未涉及"这一个"在每一种实际运用中的所指，这一点费尔巴哈是很清楚的。但他试图回击这一点："如果有人反驳说，黑格尔所处理的是存在［*Sein*］，他是从理论立场而非从此处的实践立场加以处理的，对此的回应是，实践立场在这里是完全适用的。存在问题实际上是一个涉及我们的存在［*Sein*］的实践问题，它是关于生死的问题。"（G §28，308/43；《原理》，第 47 页）这是什么意思？"存在问题"怎么会是生死问题？"存在问题"是否真的是关乎我的现实物质存在的问题，关乎我需要些什么来维系身体的问题？费尔巴哈所谓存在问题应当由之加以考察的"实践立场"是什么？费尔巴哈指出，"《现象学》运用了实践立场本身——吃喝的立场——来反驳感性的，特殊存在的真理。但这里也是一样，我自身的存在绝不是基于语言学的面包和逻辑学的面包……而始终只是基于这一个面包，基于'不可言说'（unutterable）之物"（G §28，308/43-44；《原理》，第 47-48 页）。所以实践的立场是吃喝的立场，**现实的**吃喝的立场。依据实践立场，我会明白我从不吃"面包"这一概念，而总是吃"现实的面包"。

作为对黑格尔的反驳，这看上去近乎荒谬，就好比说费尔巴哈在意的是黑格尔会忘记去面包店，试图以吃面包的概念为生一样。[13]谢林（Schelling）曾评论说，"自古以来，凡夫俗子便用妇孺皆知的事物来反驳最伟大的哲学家。人能听会读，并为这样伟大的哲学家居然不知道这么普通的事物感到吃惊不已"[14]。费尔巴哈的举动属于这种类型吗？

在某种意义上确实如此。但是费尔巴哈自知他所指的是普通事物，他反对说这样的普通事物是微不足道的。费尔巴哈希望我们记住这一点，普通事物并非是微不足道的。我认为这是他下列说法的一层意思，"新哲学按照**存在**对我们所是的样子，即**不仅作为思维**，而且作为**真正实存的存在**，来看待并考量存在"（G §34，317/52；《原理》，第57页）。他指出饥饿有其本体论意义，它告知我们，从本质上讲我们是有形的存在。

当然，我们也可以更为狭义地解读费尔巴哈的某些评论，认为其仅是主张现实的对象拥有任何一种概念 X 描述都不能把握的特殊性。我认为费尔巴哈肯定了这层意思。不过，这种主张本身不应当仅仅是学术论断。费尔巴哈并不只是用一种哲学论点（"存在唯一的特殊性"）反对另一种哲学论点（"不存在唯一的特殊性"）。他的关注点在于改变我们相对于世界之特殊性的生活方式。这并不是说黑格尔没有注意到特殊性。但是费尔巴哈指出，对于黑格尔而言，特殊性是无关痛痒的，实际上是"非理性的"（G §28，308/44；《原理》，第48页）。但对于费尔巴哈而言，特殊性恰恰是"本身拥有意义和合理性"的存在（G §28，308/44；《原理》，第28页）。实践立场的优先性，核心并不在于应当做出某种行动，而在于面对世界的方式将被改变。

我并没有说这是对上述日常生活引证的唯一解读。实际上，在我看来，应当还有另一种解读。这些引证同样应当被解读为彻底抛弃形而上学问题的一种手段，解读为变哲学问题为非哲学问题——变存在问题为怎样保持身心同一的具体问题——的一种方法。对于**身心同一**问题，食物（如吃"这一个面包"）是一种极好的回答。我们还应当看到，费尔巴哈这里同样是在证明——如同他在《本质》中讨论创世的进路一样——哲学问题必须转变为自然科学问题：它们必须被重塑，以便用世俗的因果关系做出解答，在世俗的因果关系中，我们将自身的生命理解为"真正实存的存在"。

虽然没有做明确区分，但是费尔巴哈实际上采取了几种不同类型的非哲学举措，或者可称之为反哲学的举措。这里我们需要做一些区分。我将简要地概括一下处理哲学问题的四种方式。这同时代表了面对这样一个问题我们所可能持有的四种态度（当然没有涵盖所有的态度）。

（1）"**严肃型进路**"（serious approach）认为哲学问题是重要且有趣的。自然科学的许多问题，探究诸如宇宙的物理结构之类的问题，显然是重要且有趣的。理论哲学中的问题被认为亦是如此，比如有关知识或实在的本性问题。此外，实践哲学的问题通常被认为是重要且有趣的，因为其关注具有实践意义的问题，比如我们相互之间的义务——在探询这样一些问题时，我们可以寻找行动指南，抑或评价彼此，评价社会制度的标准。这里的基本观念应当是相当清晰的，有一些哲学问题富有吸引力，需要做出回答。

（2）"**轻蔑型进路**"（dismissive approach）认为处理哲学问题易如反掌。这种进路并非话语中断器，"我不考虑这样的事情"。但是其的确不认为哲学问题是困难的，需要认真的思考。通常来讲，轻蔑型进路不过是健康而天真的常识之声，其在进行判定时所带有的自信，堪比以巨大谷仓为目标的射击手。约翰逊博士用脚踢石以驳斥怀疑主义便属于这种类型。

（3）"**消解型进路**"（deflationary approach）是反向炼金术。它试图表明，一个看似深刻且重要的问题，只有当其被理解为较为普通的问题，并且能够以一种普通的方式而非宏大抽象的考量加以回答时，才有意义可言。奥斯汀（John Austin）是消解型哲学家的一个典范。他在《他心》（Other Minds）一文中指出，任何一个关于某一事物的实在问题，都必须用具体词语加以描述："'但它是否是真的'这一怀疑或问题，始终（必须）有一个具体的基础，即必须有'理由表明'它不是真的，以某种具体的方式，抑或数量有限的具体方式，表明此一经验或对象可能是假的。"[15]一旦可以用具体词语加以描述，那么即便不求助于形而上学，这个问题想必也是能够回答的。[16]

19世纪的许多作家，似乎认为自然科学将会解决哲学问题，但是这种策略并不总是消解性的。一些作家仍然赋予问题很重大的意义。他们认为自己正在解答困扰了哲学家数个世纪的那些问题，但是他们表明，这些问题可以用一种哲学家所忽视的，抑或未曾理解的方式加以解答。与之相比，真正的消解型策略将重大的哲学问题变成了较为限定性的问题。因而其解答问题的可能性提高了，但同时其成就减弱了。[17]

（4）"**诊断型进路**"（diagnostic approach）试图表明，哲学问题源于社会生活、心理生活和智识生活的一些偶然特征。如果消除这些特征，哲学问题将不复存在。这里的观念在于，虽然特定的问题似乎是重要的，好像是由人的境况促发的，但事实上它却是社会生活、心理生活和智识生活的某个可变特征的产物。一旦改变了这个特征，此问题的显著重要性便会烟消云散。

以下是两个粗线条的子范畴：

（i）诊断将哲学问题置于这样一种根源中，对这种根源的认识，与继续认真看待哲学问题，要么在逻辑上不相容，要么在心理上不相容。认识到问题的根源，不是揭示出问题的自相矛盾，便是使人丧失对问题的兴趣。

（ii）诊断将哲学问题置于这样一种根源中，不论是主体自身生活的变化，还是社会状况的变化，都将消除这种根源，并因而消解主体对问题的兴趣。问题因而不再被认真看待。[18]

如果比较第（ii）种诊断的两个主张，我们会发现第（ii）种诊断型进路将引发一个证成难题。第一个主张认为，人发现哲学问题 Q 有趣且重要，仅是因为我们的身体包含一种少量的食物添加剂，这种添加剂在 17 世纪被引入法国和英格兰，并被广泛沿用至今。这种添加剂可以被轻而易举地从人们的食物中移除掉，没有人会认为 Q 有趣或重要。第二个主张认为，人们发现哲学问题 Q 有趣且重要，仅是因为工厂从 17 世纪起开始往空气中排放少量的碳，碳与人脑发生化学反应，结果导致一种对问题 Q 的广泛热衷。如果完全地净化空气，那么没有人会认为 Q 有趣或重要。

上述第二个诊断引出了一个难题。哲学诊断理应与哲学治愈密切相关。对于诊断类型（i），认识到诊断的正确性，这同时意味着被治愈。这种治愈又在事实上证实了诊断的正确性。对于已经被治愈的主体，哲学问题将不再起作用。即便是对于诊断类型（ii）中的诸如上述第一个例证，治愈在实践上也是对诊断的证实。如果从所有人的食物中去除这种添加剂，Q 便似乎不成为问题。

但是上述第二个例证与此不同，因为如果缺少这样一个几乎不可能存在的国际性机构，去致力于完成空气的净化，那么第二个例证将表

第2章 费尔巴哈对哲学的批判

明，我们大部分人会继续认真对待 Q。在这种情况下，为什么要相信对 Q 的诊断？为什么不再尝试回答 Q？

对于类型（ii）的两个例证而言，诊断和治愈是独立的步骤。所以对于每一位率先提出诊断的人，在被治愈之前，都必须事先已经拥有相信诊断的一些理由。这些理由很有可能做到适用于每一个人。不过，假定第二个例证附加上一个额外的从句，规定只要空气尚未被净化，一种将对 Q 的关切归结为可消除的化学反应的理论，在人们看来将会是极其不可信的。如果对于治愈来讲，一种诊断既需要短期内不可预见的相当程度的改变，又需要承认在缺少上述改变时自身显著的不合理性，那么这种诊断就可称为"自我挫败型诊断"（self-undermining diagnosis）。因而，如果一种自我挫败型诊断是真的，那么其似乎会是不可信的。不过，我们仍然可以有理由相信自我挫败型诊断的真实性——科学和哲学经常尝试证实不可信的事物，只是这些理由需要经历一段艰难的历程。

现在回到费尔巴哈。在考察《原理》中不同类型的哲学进路之前，需要事先指出下述两点。首先，我们应当记住，接受一种哲学观点，可以被经验为个人生活的一种根本性改变。我在"导言"中曾提到老年黑格尔派和青年黑格尔派，他们时常感到自身的生活由于皈依黑格尔主义而发生了改变。在第 1 章中我曾简要讨论过路德对费尔巴哈的影响，以及他对这种转变的强调。费尔巴哈在《原理》中所追求的转变（**反对黑格尔的转变**），需要主体认识到自身在本质上是一种自然感性存在，而非一种禁锢在身体中的理智实体。这种认识不仅仅是去接受一种理论的立场。主体将会认识到，接纳并肯定物质世界的日常生活是主体本质性的生活，是主体真真正正存在的领域（这与《本质》的世俗化关注之间存在直接的对应），这种观念并不是肯定身体以反对精神，而是说即便从事理智活动，主体亦总是在某种意义上作为诸多形体化存在的一员而与自身相关联（参见 G §52, 334/67 和 §63, 339/72；《原理》，第 74-75，79 页）。主体将以不同的方式栖居于世界。

此外，我们应当稍稍回顾一下《本质》，并将哲学进路的范畴做一应用。在《本质》中，费尔巴哈针对创世问题采取的是消解型的做法。他指出创造世界问题只有被重新表述为创造特殊事物的问题时，才能加以回答。他认为对于每一种特殊事物的创造问题，都可以提供一种自然主义的解释（WC 336-339/218-219；《本质》，第 286-288 页）。但是关于宗教信仰，《本质》的解释是诊断性的［根据前述范畴，此处属于诊断类型（i）］。费尔巴哈认为一旦主体认识到自身的宗教信仰是自身愿望和感受的结果，主体将不再信仰外在的神圣存在（更确切地说，主体将认识到自身被压抑的怀疑）。这便是费尔巴哈反对基督教的全部证明。当然，一如我已详细指出的那样，《本质》的解释应当是转变性的。[19]

现在来看《原理》。哲学进路的范畴如何嵌入费尔巴哈的哲学批判？简单来讲，我认为费尔巴哈试图既是消解型的，亦是轻蔑型的，同还是转变型的。首先是对消解的尝试："人与人的共同体，乃是真理性和普遍性最基本的原则和标准。我所以确知有在我以外的其他事物的存在，乃是由于我确知有在我以外的另一个人的存在。我一个人所感知到的东西，我是怀疑的，别人也感知到的东西，才是确实的。"（G§42，324/59；《原理》，第65页）

对感知者共同体的诉诸，可以解读为防范主观感知错误的一种方法。毕竟大部分错误的感知都是主观的。如果对于"你也看到了那条道路吗？"的回答为"是的"，那么通常我的怀疑是可以消除的。通过坚持用别人的感知来证实我的感知，关于感知之可靠性的担心**一般来讲**是被驳回了：我不怀疑自身对于某种存在于"我之外"的事物的感知，即对于另一个人的感知的可靠性。普遍的认识论问题，被消解为我认定某种特殊感知是可靠的基础。我的感知对象的实在性问题，变成了我的感知对象的特性问题。

以下是费尔巴哈对康德著名例证的讨论：

> 有关概念中的一百美元和现实中的一百美元之不同的例证——在批判本体论证明时康德选用这个例证来指称思维和存在之间的不同，黑格尔后来大加嘲讽了这个例证——这种嘲讽就其本质来讲是相当正确的。因为一方面是我仅在**理智**中持有一百美元，另一方面是我在**手中**持有一百美元。前者仅仅**对我**存在［sind nur für mich da］；后者却同时也**对他人**存在——它们可以被感觉到，可以被看到。但是只有对我和他人同时存在［existiert］，我和他人形成共识——既是我的亦是**一般的**——的一百美元才是存在的。[20]（G§25，303–304/39；《原理》，第43页）

需要留意此处的共识，以及"对我和他人同时"所发挥的作用。这被视为一物存在的决定性要素。作为关于实在之终极构成的主张，这样的断言总是有问题的。当所讨论的共识借由能够感受到，看到一百美元，并且同意其是一百美元而具体化时，其显然是荒谬的。这种共识决定不了宇宙的本性，但或许有助于确定对象的特性。比如，它们可以帮助确定我是否产生了错觉，抑或我手中的东西是真钞还是假钞。将思维和现实之关系问题，消解成了我对某一对象的属性之信念与对象实际具有的属性之关系问题，只有这样来理解，这一段落才能讲得通。"我和他人形成共识"无助于前一个问题，因为他人的存在与一百美元的存在同样可疑。但这种共识有助于后一个问题。他人同样可以看到并感受到对象，并且我们最终可以对我所持有的是否真是一百美元达成共识。（稍带一提，费尔巴哈似乎未曾意识到这个例证的特殊性，亦即这个例证对于强调共识在决定对象属性中的作用：除非他人普遍地承认此一对象是钱——真钞，否则它便不能成为钱。）

如果从思想和现实之间的一般关系问题，转向决定特殊对象的属性问题，那么，费尔巴哈对感知者共同体的诉诸就可以讲得通。事实上，只要将感知者的共同体拓展得足够大，那么普遍持有的感知错误问题同样可以得到解决。对于我们所有人来讲，太阳似乎是在移动。但是如果充当我认识的"中介"——他者之中包含了发展理论和进行实验的自然科学家，那么即便是对于普遍持有的感知错误，"他者同样感知到"也可以成为一种矫正。

实际上，费尔巴哈非常清楚我们最初的感知通常需要加以矫正，并且知道这是自然科学的工作。在《讲演录》（*Lectures*）中他批评原始宗教与感觉之间的非反思性关系："自然宗教除了感觉印象，准确地说，除了感觉赋予人的理智和想象的印象，再没有别的基础。因而古代人相信他们的国家便是世界，或者说世界的中心，相信太阳绕着不动的地球移动，相信地球像盘子一样平，被海洋包围着"（VWR 102/88）。第二版《本质》的附录，着重强调了直觉（immediate perception）的不可靠性：

> 理性帮助事物摆脱其在外在世界的暴力和搅动之中所经历的扭曲与变形，并将其化约至真正的本质。大部分晶体，实际上几乎所有晶体——举一明显的例证——在自然中呈现出与其基本形式完全不同的形式；实际上许多晶体从未呈现出其基本的形式。尽管如此，矿物学［科学］的理性，业已探明了其基本形式。（WC-1 383/286）

在《原理》至关重要的第 44 节[21]中,费尔巴哈指出他所使用的"感性",并不是指思辨哲学所谓的"**直接的……世俗的,一目了然的** [auf platter Hand Liegende]**,无思想的,自明的东西**",他所指的是因"新哲学"和"普遍科学"而为我们"可见"的感性(G§44,325-326/59-60;《原理》,第 66 页)。

在其未刊的一则短论《关于原理的批判性评论》(Critical Remarks on the *Principles of the Philosopny of the Future*,1848—1849)中,费尔巴哈对这个部分做了注解。[22]他对比了关于雨的原始解释和科学解释。他说原始人将雨解释为天湖的泛滥。科学将雨解释为水的蒸发和凝结(KB 323)。原始的感性感知——他称之为"无思想的感性"[gendankenlose Sinnlichkeit]——仅看到孤立的表象,并对其加以"无思想、无批判、无探究、无与其他现象对比,直接基于自身"的解释,而科学将一系列表面上不相干的现象整合为"一个整体"(KB 323-324)。科学提供了一种解释,即其既能用一个单一的网络统摄繁杂的现象,同时又将之置于理性的审视之下。费尔巴哈这里没有提及实验,但是他曾指出,在构建"根据和推论,原因和结果"的科学解释时,"基于对感觉所给予的标记进行区分和关联的理解,我们对事物做出了区分和统一"(KB 322-323)。他坚持认为"所有概念性活动的根据大体都包含了感知活动"(KB 324)。这个观念似乎是说理性通过科学理论引导感觉,但感觉——作为对实验的表达?根据新的理论表达自然的新方面?——依旧是认识论诉诸的终极法庭。

虽然这种解释并不是特别清晰,但足以表明费尔巴哈在部分程度上关注作为科学认识之工具的感觉,这并不是说不假思索地接受感觉所告诉我们的一切。不过,质疑并修剪感觉证词是具体科学研究的任务,而非朝向形而上学抽象的跳板。

根据这种消解型解读,费尔巴哈的新哲学是实践的,因为它把我们推向对于具体事物的认识,而非传统的哲学抽象。它将我们推向自然科学,以及自然科学对于有用的经验知识的生产。这是费尔巴哈在摩莱肖特评论中的要点所在:"抽象的真理是多么无力?对比自然科学,它是多么地不同。"(NR 352)

消解型解读抓住了费尔巴哈下述说法的部分意思:"**新哲学**是思考**具体事物**的哲学,其在思考时**所用的不是抽象的方法,而是具体的方**

法"（G§31，314/49；《原理》，第54页）。但这并非问题的全部，因为新哲学同样"是以**适合现实本质**的方式，承认现实是**真实的**"（G§31，314/49；《原理》，第54页）。这并没有消解问题的意味。费尔巴哈当然认为他能够回答现代哲学的那些基本问题，比如我们知识的客观性问题。

> 只有那种**不需要任何证明**的东西，只有那种**直接通过自身而确证的，直接为自己作辩护的，直接根据自身而肯定自己，绝对无可怀疑，绝对明确**的东西，才是真实的和神圣的。但是只有感性的事物［das Sinnliche］才是绝对明确的；只有在**感性**［die Sinnlichkeit］**开始**的地方，**一切怀疑和争论才停止**。**直接**认识的秘密就是**感性**。（G§39，321/55；《原理》，第61页）

费尔巴哈这里似乎在支持笛卡儿式的论点，清楚明白的感知是真理的终极标准，并且断言只有生理的，而非理智的感知才能够满足这一要求。[23]

这是荒谬的。生理感知的不可靠性是笛卡儿的出发点。这样的感知虽然能够以前文所述的方式——适当的感知者共同体对证据的观察，证明了一种主张的真假——支持特定的认识主张，但是要求"无需证明的……真实和神圣"，是在要求更多的东西。费尔巴哈指出，"**在其现实性和总体性中的现实……是新哲学的对象**"（G§51，333/66；《原理》，第73页）。这是形而上学的经典对象，这里并没有消解问题。

不过，在费尔巴哈看来——并且这是其核心主张——现实仅是"**一个现实的、完全的存在对象**。因而新哲学的认识原则［Erkenntnisprinzip］……**不在于绝对的、抽象的精神**……而**在于人的现实的全部本性**"（G§51，333/66；《原理》，第73页）。费尔巴哈的出发点是人本学的，是对人的描述（G§37，319-320/54；《原理》，第60页）。

所以费尔巴哈没有以认识论为出发点。只有当我们变成现实的自我后，认识论才会被提及，"**只有一个现实的存在才能认识现实的对象**"（G§52，333-334/67；《原理》，第74页）。显然，解决认识问题的方法不在于获取更好的论证，而在于转变我们的"是其所是"。

费尔巴哈曾多次谈及其新哲学的目标在于转变。在《原理》中他宣称，"新哲学不仅像旧哲学那样将神学溶化于理性之中，而且将它溶化于**心灵**之中，简言之：溶化于**完整的，现实的，人的本质之中**"

(G §53, 335/68；《原理》，第 75 页)。他在《论我的哲学发展的特性片断》(*Fragments Concerning the Characteristics of My Philosophical Development*) 中指出，"真正的哲学不在于创造著作，而在于创造人"(Fr 180/295)。同样是在《原理》中，他宣称新哲学包含"下述绝对命令：不去渴望成为**与人不同的哲学家**；没有什么比成为一个**思想的人**更重要……像一个**生活着的现实存在**那样去思想，像一个面对世界海洋之生动鲜活浪潮的人一样去思想"(G §52, 334/67。一并参见 UWC 441；《原理》，第 74 页)。即便是《原理》第 44 节 (之前作为消解论讨论过) 亦在推进转变 (如同费尔巴哈在《批判性评论》中所承认的那样)[24]："因而，哲学和一般科学的任务不在于**离开感性，现实的**对象，而**在于走向它们；不在于将对象转变为观念和概念，而在于让之可见，即在于使肉眼不可见的对象客观化**"(G §44 325-326/60；《原理》，第 66 页)。

科学理论是使不可见变为可见的一种方法。肉眼看不到某些晶体。只有当理性发现了晶体的真实结构，才能使其变得可见。但在第 44 节的结尾，费尔巴哈同样区分了日常的感知与"对于感性事物，即现实事物的永不出错的客观感知"。后一种模式处于"东方梦幻世界终结之后的希腊"。这是指黑格尔的历史哲学，其将印度教定性为一种梦幻世界的讲法。黑格尔指出，在梦幻中，我们不再意识到自我和外在世界的区别。他认为印度式"直观 [Anschauung] 模式"未曾做出这样的区分，因而在实际上是一种泛神论。但黑格尔认为这并非是一种哲学形式的泛神论，而只是一种想象的泛神论。[25]黑格尔指出，这种想象的泛神论未曾做丝毫的努力去理解自然世界。相反，每一种自然对象都被看作神，看作想象世界中某一事物的体现，而自然，外在世界本身，却从未被触及或考察："有限丧失了其稳定性和实在性，对于有限的所有理解都消失不见了。"[26]黑格尔认为这种事物观念，是与一种僵死低劣的道德和哲学生活紧密相连的，在这种生活之中，个体自由是不可能的。唯一可行的补偿，黑格尔指出，是遁入印度教"无边无际的想象"，黑格尔将之比作吸食鸦片后的"梦幻世界和错乱幸福"[27]。

与之相对，"希腊精神乐于对自然中的自然感到惊讶……希腊精神起初将之视为陌生物，但是其中有对自信的预感，并且包含某种对人的精神友好亲近之物，其获准与之保持一种积极的关系"[28]。在黑格尔看来,这样一种希腊态度与个体性和政治自由是携手同行的。

费尔巴哈将类比设定在印度教与思辨泛神论之间,以及看待事物的现代方式与希腊方式之间。黑格尔强调希腊人对自然的惊讶和探究[29],并且普遍地尽其所能为自然现象找出解释,但是黑格尔所对比的不仅是自然理论。他所对比的是人的两种不同生活,对精神的不同体现。费尔巴哈所坚持的恰恰是这一点:"一个仅献身于想象的实体或抽象的思维实体的人,其自身仅是抽象的幻想的人,而非真正现实的人。"(G §44,326/60;《原理》,第66页)第44节有其消解环节,但这里的指令不是指变成一名科学家,而是指不要将自身奉献给抽象(其中最典型的是黑格尔式抽象),从而变成一名现实的人。

费尔巴哈式"真正现实的人"会怎样处理认识论的基本问题呢?他将遣散这些问题,因为他认为答案是异常清楚的。更确切地讲,他永不会真正怀疑他的感知。他或许会怀疑特定的感知,但他会通过其他的感知(他自己的或他人的感知[参见 KB 324])克服这样的怀疑。永远不会出现对感知的一般性怀疑。费尔巴哈认为,一个"真正现实的人"会预先阻止这样的步骤,以防止笛卡儿式流程的运转(参见 G §10,275/13 and §13,281/19;《原理》,第12-13,19页)。

之前我曾引证过《原理》中的断言,一些在哲学上貌似天真的断言。如今这些断言可以被视为对我们有关外部世界认识问题的轻蔑。但是除了表示轻蔑外,它们同时试图转变——这两种进路是齐头并进的。如果我们是活生生的现实存在,如果我们将自己从本质上(思维和感受上)理解为物质世界中的物质存在,那么关于世界存在的问题便会消失不见,并不存在需要被克服的怀疑,"那些没有被天上的主和地上的主所分裂的人——那些用未分裂的灵魂拥抱现实的人——与那些生活在分裂之中的人完全不同。在哲学中作为思想中介过程的结果,对我们来讲却是直接的确定性"(NRP 219/149)。

让我们回顾一下费尔巴哈在《本质》中对奇迹的处理。费尔巴哈的目标不是要反驳奇迹,而是要阻止这个问题的产生。并且他同样没有尝试反驳基督教上帝的存在。同样地,费尔巴哈在《原理》中的目标也不是要证明我们感知的可靠性,抑或证明外部世界的存在,而是要阻止这样一些问题的产生。同样地,他认为这是可能的,因为我们关于这些事物的真正信念,是由我们的日常生活所揭示的,在日常生活中我们关注

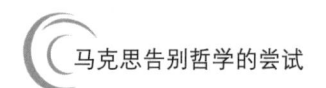

现实的物质对象（参见 G §§15-16；《原理》，第 23-27 页）。这是一些对我们而言现实的事物。对吃喝的强调，以及所有日常生活要素的强调，是要我们认识到我们是怎样一种存在："但是吃喝是一种观念的行为？抑或抽象的行为吗？"（UWC 430）如果我们承认自身是在本质上是（思维着和感受着的）物质存在，我们也将会"承认……**看也是思维，感觉**［Sinneswerkzeuge］也是**哲学的器官**"（AP 145/137）。但是如果感觉是哲学工具，那么对于外部世界存在的怀疑就不会起作用。这个问题**可以被**提出倒是真的，但是这样做在概念上是前后不一贯的。不过，正如真正的信仰者不会为自己无能力证明上帝的存在而感到有压力一样——因为他对于上帝的存在有其直接的确定性——所以费尔巴哈主义者也不会为其无能力证明外部世界的存在而感到苦恼，因为他对于外在世界的存在同样有着直接的确定性。哲学问题将不会再被认真看待。

费尔巴哈经常会把我所称的消解步骤和转变步骤合二为一。他经常会强调哲学和科学的不同，但是他也经常会忘记这一点。他确曾指出过这样的事实，与培根（Bacon）、笛卡儿、莱布尼茨（Leibniz）和拜尔（Bayle）不同，他不是宗教信仰者，不"同时既是唯物论者，亦是唯灵论者"，而是"从感性的自然科学现实，走向其绝对的现实"（V 188）——进而做出我所主张的区分。不过，在大多数时候，他把依赖感觉去发现特定真理，与转向我们人的本质的感觉这两个方面合二为一。事实上，他把科学发现关于面包新真理的实践活动，与现实的面包——当被恰当看待时（从吃喝的立场出发）——提供了"反驳"观念论的方法合二为一。

此处的费尔巴哈，在一定程度上是其时代的产物。19 世纪的许多唯物主义者将自然科学的认识论优点与唯物主义所宣称的本体论优先性合二为一。[30] 费尔巴哈的不同之处在于，他的唯物主义更多的不是对一种本体论的鼓吹，而是对一种生活形式的鼓吹。与其说它是一种智识信念，倒不如说它是一种对他所希望促成的物质生活的感受。

3. 哲学批判的目标

评论家们倾向于认为，费尔巴哈并不反对一般意义上的哲学，而仅仅反对同时代德国哲学所造成的理性主义歪曲。他们因此想找一个多少

第2章　费尔巴哈对哲学的批判

正常合理的哲学空位来安置费尔巴哈。[31]费尔巴哈对哲学的抨击被评论家们做了淡化处理，他们认为其所抨击的只是特定的哲学立场。非经院风格的策略被法家们视为多此一举（虽然费尔巴哈称这种策略是主题性的［参见 Fr 172-173/287］）。费尔巴哈因而被塑造成了某种形式的唯物论者、经验论者，抑或实在论者——虽在理智层面较弱，但仍然遵守着通常的哲学规则。不过，这种进路忽视了费尔巴哈对于一般哲学话语风格的反复嘲讽，以及其对尝试做出论证的竭力回避；这种进路将诸如"**不要宗教！**——这便是我的宗教；**不要哲学！**——这就是我的哲学"（Fr 180/296）这样的一般抨击，仅仅视为对特定批判的夸张性表达。它忽视了费尔巴哈所谓的他是在为一种"本质上完全不同于旧哲学"的哲学提供"原则"的说法（G §67，341/73；《原理》，第80页）。

瓦托夫斯基大体意识到了费尔巴哈的反哲学维度。他将《临时纲要》和《原理》视为对"**直接**实在论"的证明。[32]他指出，对于费尔巴哈而言，"这样一种哲学观从**实践**上提醒我们注意的事物"是非常重要的。[33]在讨论《原理》第44节时，他指出费尔巴哈希望我们学会从不同的视角观察日常事务。[34]可惜到最后，瓦托夫斯基却总结说："费尔巴哈［在《临时纲要》和《原理》中］以一种不太体系化的方式，的确完成了对经典经验论的某种改造。由于极端的模糊性，由于论证在关键之处消溶于其中的诗意修辞，我们很难从中抓住理论的内核。"[35]在瓦托夫斯基看来，费尔巴哈的主张是"不应当用经验主义认识论的'观察者'、'感知主体'或'旁观者'模式来理解感性，而应当根据其本性业已介入世界之中的存在模式来理解感性。感觉的语境因而就是这种原初介入，这种此在（Dasein）"[36]。

瓦托夫斯基正确地指出，对于费尔巴哈来讲，人"业已介入世界之中"[37]。但是将其称为"模式"，抑或将其用作推导哲学结论的原则，在此意义上来构想这种介入的重要性，恰好是在用费尔巴哈反对的方式将这一论点抽象化，同时亦是对这种介入的消解。

瓦托夫斯基曾一度抱怨，费尔巴哈强调"感性对存在模式和活动模式，抑或此一存在之实践的介入……与费尔巴哈赋予感觉的被动性难以相容"[38]。实际上，这种不相容源于读者对一种潜在哲学原则的追求。瓦托夫斯基明知费尔巴哈试图抛开诸如主动和被动、思维和感觉这样的二分，但是又担心统合这种二分的"基础"不够清晰。[39]事实上，费尔巴哈并不是要寻找哲学的基础。比如他坚持人的被动性的陈述，与人的生命要素（比如受苦）相关，在理解人存在于世的含义时，我们不能忘了这一点。相比之下，瓦托夫斯基却认为：

> 费尔巴哈指出，一种缺乏**被动原则**的哲学，必然会将经验作为对立面，其将存在设定为纯粹的活动是片面的。因为这忽略了**生命**原则，亦即感受、受苦存在原则。"一种不受苦的存在，是一种无存在的存在。而一种不受苦的存在不过是一种缺乏感性和物质性的存在。"费尔巴哈在这里同样继承了旧的二元论，旧的二元论认为**物质**是被动的、接受性的原则。[40]

在我看来，此处对费尔巴哈举措类型所做的定性是错误的。瓦托夫斯基将"生命"视为费尔巴哈的哲学原则，并且将费尔巴哈关于受苦的说法视为"作为纯粹活动的存在"理论所无法解释的内容。但是，把生命视为一种新的哲学原则，"物质……被动的、接受性原则"的一种变体，将无法抓住费尔巴哈的要点。它所做的是将"生命"视为对特定一般理论的一种修正，而非视为对诉诸一般理论去理解作为人的含义的一种根本替换。我认为费尔巴哈提及受苦的意图，是想让我们意识到我们的存在类型，即我们是一种除了其他方面之外，会被世界中的他人影响并因而受苦的存在；询问我们必须体现什么元原则（metaprinciple），以便我们能够在被影响的同时充当世界的积极介入者，是朝向一种无根据的抽象水平面的上升。我们应该意识到，人的受苦能力，不过是一种本体论理论的组成部分（如果其是一条原则），抑或是对一种本体论理论的限制（如果其是原则必须处理的内容），我们就不会有"就其本质不同于旧哲学"的哲学。

此处的内容或许模糊得令人恼火，但是其关于我们将会被转变的观念，却必须被认真对待。当费尔巴哈指出"哲学思维的结果，对于我们却是直接的确定性"时（NRP 219/149），他是在描述"他们"和"我们"生活的区别。区别不在于认识的基础，而在于我们和他们的是其所是。费尔巴哈多次指出哲学并非一特殊的主题，而（终归）是日常生活的组成部分。

完全积极的新哲学是对**所有经院哲学**［*Schulphilosophie*］的**否定**，尽管其自身中包含了后者中为真的内容。积极的哲学是对**作**

为抽象性、特殊性，亦即经院性哲学的否定。它没有特殊的抽象原则……没有**特殊**的语言，没有**特殊的**名称……新哲学不再是一种**抽象性**和**特殊性**的能力。它是**思维人**本身，这样的人不仅**是**自然的自我意识本质［Wesen］，历史的本质，国家的本质，以及宗教的本质，而且**知道自身**会成为这样的本质。这样的人不仅是所有对立和矛盾，所有主动和被动，所有精神和感性，以及所有政治性和社会性的**现实的**（而非想象的）**绝对同一**，而且知道自身会成为这样的同一。(VT 259-260/168；一并参见 ZB 241)

这里并未拒斥形而上学的目标，但是这些目标没有一个可以通过哲学研究达至"**在存在中**思维，作为世界的一员**在世界中**思维，而不是作为孤立单子、绝对君主和世外的冷漠上帝，在抽象的真空中思维"（G §52，334/67；《原理》，第 74 页）。新哲学应当是对新人之所是的表述。

新人当然同样知道诸如外在世界或其他心智存在这样的事实。但是他并非是借助理论反思这种孤立的行为知道它们的（参见 G §60；《原理》，第 79 页）。在《原理》中费尔巴哈指出，"爱是对外在于我们心智的存在对象的真正的**本体论**证明；除了一般的爱和感受之外，不存在对于存在的证明。只有其**存在**带给你**快乐**，其**不存在**带给你**痛苦**的对象——才是**存在的**"（G §34，318-319/53；《原理》，第 58-59 页）。不是爱过之后，通过对爱的体验进行反思，人才总结得出，必定存在人曾经爱过的某物。费尔巴哈试图描述人的生活。他的要点不在于爱某人需要有一些概念性的前提（比如，"除非人相信 X 存在，否则人无法爱 X"），而是在于在实践中知道某人存在，是指这种存在对人很重要，能够使人快乐和痛苦。那才是本体论问题的终结。那才是"人类情感……有本体论和**形而上学的**意义"（G §34，318/53；《原理》，第 58-59 页。一并参见 KP 183）。

我们关于他人存在的认识，是对于我们现实所过生活的意识，而非由思考好像可以不存在的生活衍生而来的认识，"人的哲学家……指出：**即便当思考时，当作为一名哲学家时，我亦是人类中的一员**［auch als Philosoph Mensch mit Menschen］"（G §63，339/72；《原理》，第 79 页）。

所以，虽然费尔巴哈把论战的具体矛头仅仅指向理性主义传统中的一些人，但我认为这里的指向可以做进一步的拓展。如我在"导论"中

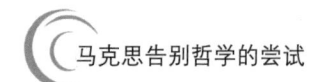

所指出的那样，洛克在《人类理解论》和休谟在《人性论》（*Treatise*）中的讨论，很难说就更接地气、更为明确。就其性质而言，它们与笛卡儿在《第一哲学沉思录》中的讨论一样抽象。不论是成为印象的接受者，成为思维者，还是成为与他人同处于世界中的人，均是风马牛不相及。

费尔巴哈有时确实会用经验论对抗唯心论。比如在1839年的一封书信中，他写道，"我在思辨哲学中想念经验论的因素，在经验论中想念思辨的因素"（CR 12）。这似乎是在诱使我们将费尔巴哈看成是在追求第三条道路，以求将唯物论和唯心论的有效因素统一起来。在某种意义上，这是他的目标。但是，以第三种道路的方式为传统形而上学问题提供一组最终正确的经院式答案，这又不是他的目标。即便是在1839年的书信中，在表明他的方法统一了经验和思辨之后，费尔巴哈又附加了这样的澄清，他所统一的是经验的和思辨的"活动"，并且，将这些对立面统一在一起的黏合剂，是对于"单纯"思辨或经验的"怀疑和批判"（CR 12）。这里所渴求的似乎是性质上截然不同的某种活动——作为活动，其多少既是经验的，亦是思辨的——而非某种新的理论原则。在这封书信中，费尔巴哈同时还强调了幽默在其方法中的作用（CR 11-12），并且当宣称其对思辨和经验的统一表达了其著作的"实践趋向"时，他进一步列出了其方法应当统一的一些其他二分概念，"崇高和普通……抽象和具体……哲学和生活……普遍和**特殊**"（CR 9-10）。这样一种方案很难对应哲学理论所涉内容的描述。总的来说，这些有关方法的论述是很不清晰的，但在我看来，最好的做法是将类似这样的一些论述，重构为费尔巴哈对于怎样避免传统哲学全部问题的探索，而非重构为其对怎样表述一种新的哲学立场的探索。[41]

再来考察一下稍后的论述，感觉是哲学的器官（AP 145/137）。这可能是劝告我们要相信感觉所告知的信息，抑或是劝告我们放弃形而上学，去从事由数据积累所主导的研究——自然科学。不论是上述哪一种，唯心论都被抛弃了。不过，唯心论并未被"驳倒"，人的感觉亦不能告知人唯物论抑或其他与之争胜的形而上学论点是真的。即便感觉是哲学的器官，其所服务的亦不是传统哲学的目标。[42]

在1845年的一则自我描述中，费尔巴哈将其哲学与所有同时代哲学之间的不同表述如下："对于费尔巴哈而言，上帝、精神、灵魂和自我,都只是抽象物,身体和物质亦是一样。真理、存在和实在对他来讲只是感性。"他进而指出他"既非唯物论者,亦非观念论者,也非同一哲学家"。那么他是什么?他的明确回答为他是"一个人"(UWC 441)。[43]

所以,不存在独立的形而上学反思领域。人不是通过对所遭遇的"**感性、个体**事物和存在"进行抽象(UWC 441),而是通过这种遭遇,认识了"真理、存在和实在"(Fr 180/295)。这确实好像是一种与之前所有哲学存在本质不同的哲学。"对于将哲学**本质**置于哲学**表象**[*Schein*]之中的迂腐心智来说,[我的哲学]似乎完全不是哲学。"(WC 17/xxxv;《本质》,第 15 页)

4. 问题

费尔巴哈的新哲学未曾告知我们任何新东西。我们不过是承认我们业已知道的内容:我们是人,人类(human species)的成员,生活于类的其他成员之中,并且与类的其他成员发生关联,思考并感受作为自然之组成部分的物质存在。这些似乎全都是微不足道的。

费尔巴哈意识到了这个问题。在《临时纲要》中他指出,"哲学是对于**所是**的认识。事物和本质将被**如其所是**地思考和认知[*so zu erkennen wie sie sind*]——这是哲学最高的法则、最高的任务"(VT 251/162)。他认为他业已完成了这个任务,但他承认这种完成似乎很肤浅:"**如其所是**地[*so, wie es ist*]表述**其所是**,换句话说,如实地表述其如实所是,**看上去很肤浅**。**如其所不是**地表述其所是,换句话说,**错误地歪曲地**表述其如实所是,**看上去很深刻**。……**如实性**、**简单性**和**确定性**是真正哲学的形式标记"(VT 251/162。一并参见 KH 61/127,WC 17/xxxv;《本质》第 14–15 页;G 264/3,《原理》第 1–2 页)。

这样的评论照应了黑格尔声明的前半句,"理解**所是**,是哲学的任务",同时否定了后半句"**所是**是理性"[44]。这样的评论同样照应了常见的浪漫主义。我们必须学会认识简单但深刻的真理,认识简单真理的深刻性。在《临时纲要》中费尔巴哈(援引歌德语)宣称,

> 无论是谁,只要按照某种**特殊**而真实的哲学原则进行思辨
> 如同所谓积极哲学家的所作所为

> 就会好比**休耕牧场**上的**动物**
> 被**邪恶**精神领着在转圈
> 然而其周围全都是**绿意如织的草地**
> 这片绿意如织的草地就是自然和人，因为两者是一体的。观看自然，就是观看人！
> 哲学的奥秘就在你的眼前（VT 259/167-168）。[45]

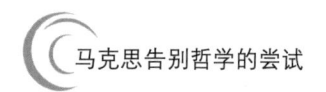

在《片断》中费尔巴哈写道，"我在德国一所大学中学会了逻辑；但是我最初却是从德国一所村庄中学会了光学——**看**的艺术"（Fr 170/284）。在《对于批判》（Towards a Critique）中，（所谓单纯）向自然的回归（"在最简单的自然事物中将发现最深奥的秘密"）被描述为"唯一的救赎之道"（KH 61/127；一并参见 VT 254/163-164）。

这是相当令人倒胃口的，但并不代表有什么内在的问题。如果我们理应承认简单真理的深刻性，如果我们害怕这样做，如果我们发现所有这样的真理都太过苍白，那大约是我们的问题——受了旧哲学的败坏。

不过，**有一种**方式可能会使得费尔巴哈的做法呈现出内在不连贯性。伽达默尔（Hans-Georg Gadamer）指出，"诉诸直接性……始终是'自相矛盾'的（self-refuting），因为其本身并非一种直接的态度，而是一种反思的活动"[46]。这种反驳是说，人可以将一种认识主张建立在心理经验之上，但是作为一种认识主张，经验必须接受反思的挑战；又或者人可以将自身浸入经验之中，以期回避反思的挑战，但如此一来人所持的就不是一种认识主张。不论是上述哪种情形，都会面临这种反驳，费尔巴哈不合逻辑地希望做出一种认识主张，同时又浸入直接的经验之中以期回避挑战。

所以，如果除非我以某种相对有意识的方式肯定命题"另一个人存在"为真，并且我以某种方式，即便仅仅通过诉诸对其真理性的一种直觉，证成上述肯定，否则直接的认识——比如另一个人存在——就**不**是认识，那么费尔巴哈确实会有麻烦。作为恋爱中的人，我并没有肯定命题"X 存在"（当然也没有肯定三段论："X 存在，X 是另一个人，因而另一个人存在。"）；作为恋爱中的人，我亦没有直觉到那个命题的真理性。相反，当我通过诉诸恋爱中的情形来批评笛卡儿，我已不再**扮演**恋爱中的人，其所诉诸的经验——直接的感情经验——已不再发生，因

第 2 章　费尔巴哈对哲学的批判

而可以被审视和挑战，并且必须从认识论上证明其可靠性。此处的主张在于一个关于"所是"的命题既可以被证实（和证明），亦可以被激活，但不能同时是两者。不过，同时成为两者，似乎是潜藏在"即便作为哲学家，我亦是众人中的一员"这一说法背后的观念。

对此，费尔巴哈可以给出两种回应。第一种回应将会宣称，我们其实无需担心特定命题——比如外部世界或其他心智存在——的认定问题。费尔巴哈可以宣称，关于这些事物，我们不需要哲学的证成认识。康德有句名言：未能提供对"我们以外的事物存在"的"满意证明"，是"哲学的丑闻"[47]。费尔巴哈可以说，对于这样的哲学来讲，如果提供了这样的证明，将会是更大的丑闻。

这可能是费尔巴哈的《改造哲学的必要性》（The Necessity of a Reform of Philosophy）一文的要点所在，他指出"这是因为哲学需要而存在的哲学……和对应于人的需要而存在的哲学的根本区别所在"（NR 215/145）。前者是内在概念发展的问题，"比如费希特哲学与康德哲学的关系"；后者是"时代需要"的问题（NR 215/145，216/146）。关于时代需要的具体内容费尔巴哈说得很少，不过《原理》的结尾曾指出，"一种真正的新哲学，亦即一种适合于人的需要和未来需要的独立哲学，其不可或缺的条件，在于其能够从**本质**上将自身与旧哲学区别开来"（G § 67 340/73；《原理》，第 80 页）。鉴于康德所说的丑闻对于费尔巴哈考量旧哲学的重要性，我们可以合理地推断，这种丑闻与其新哲学概念毫不相干，而且费尔巴哈的新人会明确地认为自身生活在世界中。他不需要哲学梯子以返回世界。传统的认识论问题可以被摒弃不顾。

这种回应的难点在于，其未曾解释为什么理智的人，包括那些不太信教的人，同样苦恼于认识论的怀疑主义。我之前曾提到过这个问题。费尔巴哈将宗教信仰的根源定位在人的感受和愿望中。他尝试解释为什么人会有这样的信仰，为什么这些信仰与现代人的生存相冲突，以及我们为什么不再需要这些信仰，或者确切说为什么不再真正地信仰它们。但是对于人为什么会关注思辨哲学（抑或其他的哲学），费尔巴哈未曾给出类似的诊断。他仅仅认为思辨哲学是神学的逻辑产物，是神学的理性化形式。[48]

这是不充分的，理由有下述两点。

首先，思辨哲学据称是理性化的神学——据称是宗教欺骗的理性化

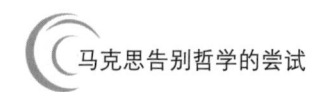

形式,是对消逝的信仰的替代——但是现代哲学,思辨的或是其他类型的现代哲学,从来没有堪比神学的制度性功能。现代哲学与现行权力的关系,以及与大众信仰的关系,始终是模糊且矛盾的。与其说它是智识和政治现状的挑战者,不如说它是其不太显著的维护者。就制度层面而言,哲学与神学截然不同,对于后者的起源学解释,忽略了前者的许多历史作用。

其次,即便哲学的答案确实是对神学答案的理性化,这也绝没有解释哲学所关注的问题。数个世纪以来,人类一直被思维和存在的关系问题所困扰。康德指出,"人的理性被理性自身本性所规定的一些问题[怀疑主义是其中的经典问题]所困扰,这是不能忽视的"[49]。费尔巴哈认为只有当人将理性与感觉分开,只有当人用错误的方法面对世界,理性才会感受到困扰(G§33;《原理》,第56—57页)。这是其哲学诊断的限度。我们且假定他是对的。我们仍需要知道,为什么这么多智慧的人会以这样一种——貌似自然的——方式犯下这么过分的错误。借用近来的心理学术语,我们需要知道通过这种方式犯错,人可以获得何种继发性收益。

为了保持与宗教的类比,费尔巴哈需要揭示人类感受的这样一个层面,此层面表现为抑制感受,并且欲求被费尔巴哈视为思辨哲学之特征的抽象。也许感受中当真存在这样一个有待揭示的层面,但费尔巴哈并没有去揭示这个层面。

关于费尔巴哈与浪漫主义之间的关系,这里有必要稍加论述。不论浪漫主义的主题如何千变万化,其强调的中心均在于自然的神性和对日常微不足道事物的鲜活感知。我仅举出其中三个例证。柯勒律治(Coleridge)指出,《抒情歌谣集》(*Lyrical Ballads*)的目标是"唤醒我们的心智,使其不再关注死气沉沉的习俗,转而关注我们眼前世界的可爱和奇妙,从而赋予日常事务以新奇的魄力,并激活一种堪比超自然的感受"[50]。卡莱尔(Carlyle)的教授托尔夫斯德吕克先生意图展现"日常生活和寻常事物的新奇之处"[51]。诺瓦利斯(Novalis)认为"浪漫化"是指赋予"寻常事物以崇高意义,日常事务以神秘面向,熟知事物以非熟知的尊严,有限事物以无限的光彩"[52]。转变同样是浪漫主义的主题,卡维尔(Stanley Cavell)甚至认为一种非哲学(非经院)进路的认识论怀疑主义,同样是浪漫主义的关注点。[53]

第 2 章 费尔巴哈对哲学的批判

主题的关联并非问题所在，特性才是问题所在。相比柯勒律治、华兹华斯和诺瓦利斯，甚至相比于卡莱尔，费尔巴哈看上去无疑要更为温婉柔弱。费尔巴哈似乎是第二流的，但这是就感性而言，而非就逻辑敏锐性而言。洛维特曾经评论说，"如果以黑格尔的'精神'历史标准为量度，那么对比黑格尔概念的有机观念，费尔巴哈浓厚的感觉论必定像是一种倒退，一种用高调和情绪取代内容的思想之野蛮化"[54]。而将费尔巴哈与浪漫主义者对比，却会引发下述担忧：费尔巴哈展现了浪漫主义者最糟糕的特性，他是一名无神论的狂信者（Schwärmer）。

青年黑格尔派中无疑亦存在相当数量的狂信者。其中就有对费尔巴哈的狂信者。恩格斯后来说，《本质》一书拥有直接的"解放作用……大家都很兴奋：我们一时都成为费尔巴哈派了"（LudF 272/18；《终结》，第 275 页）。马克思在 1842 年指出："你们只有**通过火流**①［即费尔巴哈］才能走向**真理**和**自由**，其他的路是没有的。费尔巴哈，这才是我们时代的**涤罪所**。"（LSSF 208/95；《仲裁人》，第 33-34 页）不过，没有人像卢格称呼鲍威尔那样称呼费尔巴哈："无神论的弥赛亚"和"神学的罗伯斯庇尔"[55]。费尔巴哈著作真正令人不安之处，不在于他的高调，而在于他假定他所带来的启示是简易的。肤浅之处不在于他所告知我们的内容，而在于他假定长久以来困扰哲学家的问题，不过是一些可以轻易消解的符咒。他假定概念上一个特别简单的步骤——主客颠倒——将带来一种同样简单的心灵转变，即看到——真正地看到，并将持续地看到——我们是**真正的**感性存在物。艾略特写道，"人类不能忍受太多的现实"[56]。这种可能性似乎并没有发生在费尔巴哈身上。

再来看伽达默尔的抱怨。费尔巴哈也可以为伽达默尔提供一种完全不同的回应。他可以否定伽达默尔的前提：认识需要一种反思性的行为。费尔巴哈可以说这个前提亦是所要批判对象的一部分。如前所述，在《论〈哲学的开端〉》（On The Beginning of Philosophy）一文中，费尔巴哈确实要求承认"**经验活动**同样也是一种哲学活动，**观看**同时也**是思想**"（AP 145/137）。

这一句以及《论〈哲学的开端〉》整篇，均带有费尔巴哈一贯的暧昧：既引导我们追求经验研究的具体形式，又改变我们关于自身是何种

---

① 引文有改动。中文版中"火流"是黑体。——编辑注

存在的观念。费尔巴哈反对从"永恒的我＝我的陈词滥调"所理解的"自我［Ich］"（AP 152/144）中获取内容的哲学——此处主要指费希特式哲学——尝试。相反，他认为人必须考虑特殊个体及其特殊活动。他把"音符由以产生"的自我和产生"逻辑范畴、道德法则，抑或法律法则"的自我对立起来。他建议心理学，即"先于所有其他科学的科学……第一科学和科学概论……通过自我的所有变体来研究自我，以便从自我所涉及的不同关系中推导出本质上不同的原则"（AP 152/144）。实际上，他还建议心理学考察不同类型的人及其特性。费尔巴哈指出，"具体化就是存在于世；这意味着拥有许多种感觉，亦即许多毛孔和许多裸露的表面"（AP 151/143）。心理学的事业在于考察人的不同感觉，人在世的不同方式所体现出的人的不同形式的个性。

这项事业（似乎是关乎诸如个性轮廓之类的发展）是相当模糊的。核心之处在于这样的事业是消解性的：普遍的、先天的问题被特定的，至少部分是经验的问题所取代。

不过，费尔巴哈亦承认这样的事业无法触及他所谓的"最高的形而上学原理"。他指出，"肉体，如果你喜欢，也可以叫身体，不仅拥有自然历史和经验心理的意义，而且在本质上拥有思辨的和形而上学的意义"（AP 152-153/144）。为了追求这种形而上学的意义，他反对下述哲学，这种哲学"从本质上热心回答这样的问题：自我［Ich］如何能够假定世界或对象的存在？与这种哲学相反，另有一种客观地创造其自身的哲学；后一种哲学从前一种哲学的对立面出发，其向自身所问的是**与之相反的，但更为有趣、更有成效的问题：我们如何能够假定有存在这样一种自我，其这样探询且能够这样探询**"（AP 147-148/140）？这里的问题不是关于我们关联世界之不同形式的细节（对应于不同类型的自我），而是关于我们询问这种关联的能力。我们能够这样探询的理由，似乎是由于我们**在**世界**之中**——在拥有感觉的身体之中和对象发生关联。我们能够探询这种关联，是因为我们有这样一种关联。感觉是"哲学的器官"，在这里意味着它们提供了"如其所是之所是"的认识（VT 251/162），这其中包括我们是何种存在的认识——对此的回答在于，我们是在世界之中的存在，通过我们的感觉与对象发生种种特殊的关联（AP 150-151/142-143）。

此处引出了一个将主导青年马克思的主题：在恰当的条件下，借由

第 2 章 费尔巴哈对哲学的批判

日常活动，人可以认识关于现实的最高真理。仅对世界进行反思而非在世界内进行活动的认识概念被拒斥了。

这一观念的具体含义并不是完全清楚的。对于费尔巴哈，这一观念并不是指感觉肯定或反驳了关于认识的主张；亦不是指我们的活动或感觉是认识的最初来源和直觉源泉，洞见可以由之衍生，继而提炼为纯粹概念，最后证实为知识。知识在这里被认为**存在于**感觉或活动**之中**。这样的知识不单单是类似无意识的安全驾驶那样的技能，而似乎是指日常生活对于那些恰当理解它的主体来讲，包含有"意义和合理性"（G §28，308/44；《原理》，第 48 页）。所谓恰当的理解似乎只能是这样的认识——并非只是对命题的肯定，而是对将人包裹于其中的某物的肯定——人是与其他同样的存在以及自然世界相关联的感性存在。

这一点看起来**似乎**是微不足道的，但费尔巴哈认为这在事实上并非微不足道，而是关乎我们的一个本质性事实。如果人认识到这个事实是本质性的，如果费尔巴哈唯一的"努力"——让我们"更正确地去**观看**"（WC 18/xxxvi；《本质》，第 15 页）——得以成功，人将会成为这样的人，他认为那样的存在确实对其自身具有意义。

我已指出，费尔巴哈避开了严肃的（在本章前文所述的意义上）认识论争论，不过仍有一个严肃的认识论主张是费尔巴哈经常提到的，虽然他没有给出证明（抑或明确的阐述），并且显然没有意识到其所产生的问题。这个主张认为，在一个给定的时期，主体所感知的内容是受到限定的。费尔巴哈指出，奇迹发生在具备能够看到它们的"感觉和器官"的时代（G §15，286/23；《原理》，第 24 页。一并参见 BWC 193-194 和 UW 301-302）。有这样的器官，信仰便是永恒的；没有这样的器官，信仰便是不可能的。

此外，费尔巴哈还指出，"每一个向其时代……表达了一种需要的观念……对于心智都是不可逾越的限制"（WC 319/205；《本质》，第 212 页。一并参见 BWC 184-185，UW 309）。在这样说时，他或许支持（1）强势主张：特定时间和地点的特定概念，是完全不可理解的，其对主体毫无意义。或者他仅仅支持（2）弱势主张：特定时间和地点的特定命题，对于主体是无效的。它们——事实上——根本不可能产生信念。

第 1 章在讨论费尔巴哈对于生成我所谓的"彻底怀疑"（exhaustive

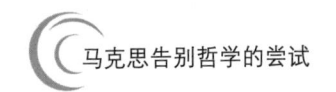

disbelief)的关注时，我把（2）而非（1）归给了费尔巴哈。此处我还将这么做。费尔巴哈的所有例证都是有关普通人在特定时期所感知的事件——奇迹、神的现身。这些人无疑本可以**理解**下述说法，他们所知道的事物并不存在，这些事物只是自然现象，或者是光学幻觉，又或者以某种并非人们所看到的那样的其他方式。费尔巴哈所谈论的是这样的历史时期——古典时代，早期基督教时代——彼时存在怀疑论者，彼时人们当然对没有神祇和奇迹的世界具有概念。我认为费尔巴哈想说的是，对于这一时期的普通人来讲，说不存在神祇似乎完全是错的——虽可以理解，但显然是错的。[57]

说一个古希腊人以一种完全不同于现代人解释世界的特定方式解释世界（比如将小溪解释为神），对于发展费尔巴哈关于世界在不同的时代显得各不相同的一般说法，或许可以是一种有用的方法。但是我们必须记住，在日常生活中，世界恰恰**呈现为**一种特定的方式，而不是**被解释为**特定的方式（当希腊人将小溪看成神时，他认为他看到了什么；他并不认为他将小溪**看成了**神），并且我们应当清楚这样的观念，即除了其是否呈现——可感知——为真外，还存在关于世界解释是否为真的某种标准。对于费尔巴哈来讲，不存在这样更进一步的标准。他把感知的优先性看得非常重。

关于感知变化和概念变化之间关联的一般问题，会让我们离题太远。并且对于为了使异教的神和基督教的奇迹无法可见，必须先有"概念变化是怎样的"这一问题，我看不出什么答案。概念和感知之间存在关联，费尔巴哈对此是肯定的（参见 UW 309）。无疑他应当细究这一问题。不管怎样，在我们所考察的文本中，他所强调的是感知在认识论上的优先性**及**易变性。对他来讲，真理是与感知相关联的。

这带来了两个问题。首先是前后一贯的问题，因为费尔巴哈同样认为自然科学告知了我们关于世界的永恒真理，而他告知了我们关于宗教和哲学，以及作为人的永恒真理。他指出，在从思辨哲学向新哲学的转变中，我们获得了"对于感性事物即实际事物的未被歪曲的，客观的看法"（G §44，326/60；《原理》，第 66 页。一并参见 BWC 224）。他当然认为其原则满足了未来而非过去的需要，但是他从未表明它们只有在关乎现在和未来时才是真的。

此处费尔巴哈不能证明以往社会的感知和需要是错误的或扭曲的，

第 2 章 费尔巴哈对哲学的批判

而当前的感知和需要是正确的或非扭曲的,并且揭示了永恒的真理。这将需要一个判定这种真理的标准,而他唯一认可的认识论标准只有感知。但感知无法区别假感知和真感知。费尔巴哈将感知用作标准的用意在于避免**上述**问题。不过,在为永恒的真理诉诸标准时,人必须证成其标准分辨出了什么是真的(而非仅仅什么被感知为真的);这样一种标准必须接受并通过认识论的挑战,而这恰是费尔巴哈援引感知所试图避免的。

或许我们可以说,对于费尔巴哈,前后一贯只是理论问题,而非实践问题。只要其原则与时代的需要和感知相一致,只要他所表述的是实践生活中存在的信仰,只要他的敌人仅是头脑中即将消逝的幽灵(*Gespenst im Kopfe*),那么主体应当能够看出他所说的(至少在目前)是真理。只有理论家才需要担心这种真理的终极状态。(如果理论家未曾加以关注,还会有这种担心吗?)

在《原理》的序言中,关于其原理是否与不同于未来的当前相一致,费尔巴哈确实一度曾表现出某种不确定性:

> 我所以称这些原理为"**未来**哲学原理",是因为一般地说来,现在这种……时代,对于从那些简单真理中抽象出来的这些原理,是不能——正因为其简单而不能——理解的,更谈不到重视了。
>
> 未来哲学应有的任务,就是将哲学从"僵死的精神"境界重新引导到**有血有肉的**、**活生生的**精神境界,使它从美满的神圣的虚幻的精神乐园下降到**多灾多难的现实人间**。为了达到这个目的,哲学不需要别的东西,只需要一种**人的**理智和**人的**语言。但是用一种纯粹而真实的人的态度去思想,去说话,去行动,则是下一代的人才能做到的事。(G 264/3;《原理》,第 1 页)

但我们可能会问,费尔巴哈的时代怎么能够认识到其关于人和人的理智所讲的一切实际上是真的?与前述一样,这样的悲观主义在费尔巴哈的著作中极其罕见,并且亦未曾反映《原理》的真实内容。因而其认识论相对主义对其自身的实践目的并未造成什么问题。

如果——如费尔巴哈在上述引文中所担心的那样——他的主张对于与未来世代不同的当前**并非显而易见**,这就会带来一大难题。因为如此一来,费尔巴哈就是在断言:(1) 方法 M 是通达真理的唯一可行之路,(2) X 是真理,但是 (3) 当前方法 M 揭示出 Y 是真理,而 Y 近乎等

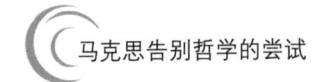

同于非 X。这些断言中至少有一项必须被放弃。如我所说，一般来讲，费尔巴哈对于当前的认识可能性持乐观态度，所以总体上我认为他那里不会出现这样的问题。不过，如我们在第 6 章将会看到的那样，在 1844 年的马克思那里确实出现了与之非常类似的问题。

5. 前身

我对费尔巴哈所做的反哲学演绎，似乎是将 20 世纪的牛津和剑桥植入了 19 世纪 40 年代的德国。虽然费尔巴哈的文本是任何解读的终极试金石，但是，这些文本一般被置于"从黑格尔到马克思"的短时段，如果将之置于更为宽广的语境中，将有助于增强我的解读方案的合理性。下述（极为简短的）评论旨在表明，费尔巴哈对思辨哲学的批判有其前身，他并非无中生有的反哲学家。

关于宗教批判的前身可以从哈曼和雅可比的著作中找到。相比他们的宗教观，更为有趣的是他们的信念：信会是对外部世界和其他心智存在的问题的回答。当康德坚称，对于"我们以外事物的存在……只能基于信仰加以接受"，这是"哲学的一大丑闻"时[58]，他心中想到的可能是哈曼和雅可比（当然还有休谟）。[59]哈曼指出："必须信仰我们自身的存在 [Dasein]，以及我们以外的所有事物的存在 [Existenz]，而不能诉诸其他规定的方式。"[60]雅可比指出："通过信仰我们知道自身有一个身体，知道其他身体和思维存在于我们之外。"[61]此外：

> 对于我们之外的这样一种事物的存在本身，除了该事物存在本身，我们没有其他的证据……但是我们却有十足的信念断言……该事物确实存在于我们之外：我们的表象和概念是依据我们眼前的事物而形成的，而非反过来，我们以为在我们眼前的事物是依据我们的表象和概念而形成的。——我想问的是：这样一种信念的基础是什么？事实上几乎只能是启示，并且对此我们只能称其为**真正的奇迹**。[62]

哈曼和雅可比怀着同样直接且确定的信念肯定感觉的证词，就如同他们肯定上帝的存在一般。雅可比指出，这是对我们"事先"知晓其确定性的事物的确证："如果我们事先并不知道确定性，我们怎么可能为确定性而努力奋斗；除非我们通过某种我们已经确切知道的事物，不然我们怎么可能知道确定性？这引出了直接确定性的概念：直接确定性不仅不需要证明，而且从根本上排斥所有证明，其仅仅是对所表象事物如其所是的表象本身（并且以自身为基础）"[63]。因而根本不存在康德所说的丑闻。哈曼指出，"老实说，对于那些要我为其拥有身体，以及存在物质世界提供证明的哲学家，我深表同情。将一个人的时间和才智浪费在这种真理和证明上，是可悲又可笑的"[64]。哈曼用费尔巴哈定会赞同的语气写信给雅可比，"不是我思故我在（cogito，ergo sum），而是恰好相反，抑或更希伯来化，我在故我思（est，ergo cogito），由于这样一种简单原则的颠倒，整个体系或许由此获得了一种截然不同的语言和方向"[65]。

对于所有这一切，休谟的影响虽然隐晦，却是可以体察到的。休谟曾指出，"人被自然本能或者先入为主的观念带入对感觉的信仰之乡"，这是对隐含在我们日常实践中的适度肯定的承认，而哈曼和雅可比将之发挥拓展为与感觉一致（coextensive）的确定性。[66] 休谟的克制性信仰（且容易被挑战）[67]变成了不受怀疑影响的根本性信念："直接的确定性不仅无需证明，而且完全地排斥所有证明。"根据对休谟的这样一种解读，我们关于桌子的认识和我们关于上帝的认识在结构上就是一样的。没有信仰，生命便不可能存在。哈曼指出："当吃鸡蛋，喝水时，明智的哲学家休谟需要信仰。"[68]雅可比亦指出："[对于休谟而言，]信仰[Glaube]是所有知识和力量的要素……绝对的信仰一词反复出现[在休谟的文本中]，你会发现没有信仰[ohne Glauben]，我们既不能走到门口，亦不能走到桌前，也不能上床睡觉。"[69]（为了忠实于哈曼和雅可比而非休谟，我把此处的 Glaube 译作"信仰"，而非较少宗教意味的"信念"。)[70]

对于雅可比所用"信仰"一词的具体含义，研究者们争论不休。[71]这并不是我们的关注点。此外，有必要再次指出，没有证据显示哈曼对费尔巴哈曾经有过直接的影响，并且雅可比的影响也是模糊且不确定的。费尔巴哈在不同时期对雅可比的评价不尽相同。在19世纪30年代的两个片断中，他反对雅可比关于直接认识的要求。不过，首先，费尔巴哈所嘲讽的只是雅可比对于上帝，对于"**超感性**"事物加以直接认识的主张（JacP 16）。其次，费尔巴哈并没有反对直接认识本身。事实上他赞同直接认识。他所反对的只是他称之为"雅可比式主观意义上"的直接认识（KH 26/102）。困扰费尔巴哈的似乎是雅可比将真理变成私

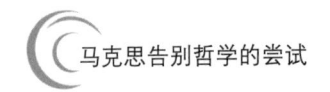

人事务的理智直观。人只能表明自己的感受，而无法表明世界的任何一种共同特征。作为共同信念的真理是不可能的。费尔巴哈指出，"证明不过是将另一个人……带进我自己的信念。真理仅存在于'我'和你的统一之中"（KH 41/113）。

及至《本质》，费尔巴哈对于雅可比的看法有了改观。如前所述，他明确援引雅可比的下述宣言："探寻者的最大美德在于去显露，揭示存在。"（WC 18/xxxvi；《本质》，第 15 页）黑格尔在《信仰和知识》（*Faith and Knowledge*）中对雅可比所做的长篇批判，同样明确嘲讽了这一宣言，轻蔑地否定了这种揭示提供"哲学认知"的可能性。[72]没有证据显示，在援引雅可比时，费尔巴哈所想到的是黑格尔的这一说法，但是他应当想到。因为费尔巴哈所反对的，恰恰是黑格尔意义上的适用于哲学认知的揭示。类似地，在费尔巴哈自己的评论和黑格尔责骂雅可比的另一段话之间，亦存在显著的类似。在《大卫·休谟》（*David Hume*）中，雅可比漫不经心地谈及"只存意识到自身，且相互处于共同体之中的存在"[73]。这让黑格尔大为光火，"发现人的意识，能感觉的事物，被感觉的事物，以及其共同体的绝对性，都直接以最为粗俗的经验论为前提……这无疑会让所有思辨感到畏缩……所有哲学均已被关于能感觉的事物和被感觉的事物之非分析的、绝对的假定驱逐出了领地"[74]。但是当费尔巴哈指出，"**无可争议的直接的确定性**只能**是感觉、直观和感受的对象**"（G§38, 320/55；《原理》，第 60-61 页），并且坚持"人与人的共同体是真理和普遍性的第一原理和标准"时（G§41, 324/59；《原理》，第 65 页），他似乎同样且有意提出了"所有思辨都会畏缩"的主张。[75]

我并不想夸大这一点。哈曼和雅可比可能会认为，费尔巴哈的大部分观念是令人厌恶的。并且我所引证的部分，没有一条能证明其实际的影响。我的目标在于消除我对费尔巴哈解读的不合时宜性，以表明在嘲讽思辨哲学及其对于认识论问题的进路方面，费尔巴哈并不是在一种智识真空中进行写作的。

6. 结语

那么最终，我们应当怎样评价费尔巴哈呢？苛责他没有为其新哲学

第 2 章 费尔巴哈对哲学的批判

提供精细严谨的证明,显然是未得要领。但是简单说如果他转变了你,如果你明白他所说的,他的文本就会起作用,如果没有,它们就不会起作用,这又未免过于轻率。

费尔巴哈的缺点,比如其主张一贯所带有的模糊性,仅是一些小缺点,可以在不损及其总体目标的前提下加以修正。更为重要的是,即便有人对转变型论述无动于衷,他仍然可以对其处理目标问题的方式以及(或者)其对于读者将会采取的抵制所做的诊断(如果有)表示尊重。我们很难以这样的方式对费尔巴哈表示尊重。他似乎未能探知哲学的深度和宗教沉迷的深度,因而他的分析似乎不太切合他所要处理的现象。1835 年,当时仍是黑格尔拥护者的费尔巴哈认为,"真正的批判"试图表达哲学的"内核",表达"被批判的哲学家临到嘴边又忘了的内容"(KAH 65-66)。他将这种批判与误解了哲学体系,仅从外部考察哲学体系的批判对立起来。指责费尔巴哈未能充分深入其对手的观点,其所认为的信仰者或哲学家临到嘴边又忘了的内容完全是他的灵魂和心灵的表达,这未尝不可。

这是否意味着,除了充当通往马克思的中转站以外,费尔巴哈的文本完全不值得一读?

实际上,尽管有其缺点,我认为费尔巴哈的文本本身自有相当的价值,当然这里的相当是用来修饰我在导论中所说的美学价值。马克思·韦伯在其《宗教拒世》(Religious Rejetions of the World)一文中写道,"无论在哪里,只要理性的、经验的知识业已一贯地完成了对世界的祛魅,并且业已将世界转化为一种因果机制,那么其与伦理要求的下述主张——世界是上帝所规定的,因而总归有其**意义**导向和伦理导向的一种秩序——之间的紧张就必定会涌现出来"[76]。而费尔巴哈希望世界同时是上述两者。他将宗教的世界观与从因果机制看待世界的科学世界观对立起来,并且他认为其自身的工作是科学进程的组成部分,这个科学进程不断将我们的世界观转变为更为科学的世界观。不过,费尔巴哈同样希望我们认识到世界是有意义的。当然,成为科学家并不构成持有形而上学观念或伦理观念的障碍。但是对于费尔巴哈而言,同一步骤——他将宗教和哲学消解为人类学——应当既为世界祛魅又为世界保持意义。对这一做法加以嘲笑是很容易的。但是,与抽象化彻底断绝关系的冲动,是许多著作家业已感受到的冲动。与宗教断绝关系的冲动亦是一样。并且在我看来，保持世界之意义的冲动也是如此。尽管有其缺点，但赋予费尔巴哈价值的，是其将上述三个方面悉数融为一体的堂吉诃德式努力。

注　释

[1] 参见 Thomas E. Wartenberg ed., Ludwig Feuerbach, *Principles of the Philosophy of the Future* (Indianapolis: Hackett Publishing, 1986), xvii.

[2] 我应当重复"导论"脚注[26]中的警示。在呈现费尔巴哈对黑格尔和其他一些哲学家的批判时，我并没有认可其准确性。《原理》是一篇论战檄文，其对对象的论述不太可能经得起详细审视。

[3] 费尔巴哈在《本质》中做了相同的抱怨。（参见 WC 312/200；《本质》，第 265-266 页）

[4] "人们应当给旧的信仰穿上新衣服吗？这就好比人们希望借由给老男人穿上年轻人的衣服，令其重获青春一样荒谬。"（ZB 236）

[5] 在回应一名牧师对第一版《本质》的评论中，费尔巴哈试图回答这一问题。评论者抱怨说，"导论"中的下述说法，"在对感性对象的关系中，对象之意识可以跟自我意识区分开来；可是，在对宗教对象的关系中，意识却直接跟自我意识重合在一起"（BWC 179；引文相对于 WC 50/12；《本质》，第 42 页的段落稍有改进），实际上被当成了一条"公理"，或者说"未经证明的前提"（BWC 179），因而等同于一种丐题论证。这里的语境在于，评论者认为，费尔巴哈不承认对象在心智之外的存在，因为费尔巴哈宣称只有当对象反映人的本性时（参见 BWC 178-179），对象才能被认识。费尔巴哈所尝试的解决方法在于区分两种对象，一种是确实存在于我们以外的对象，我们对于这种对象的意识与对于我们自身的意识（亦即对于我们"内部"对象的意识，也就是对于作为表象的对象的意识[参见 WC 50/12；《本质》，第 42 页]）是分离的（参见 BWC 179）；另一种是无法实现这种分离的对象。评论者的要点在于费尔巴哈将宗教对象归入后一种分类的做法，仅仅是独断性的，而非证明性的。费尔巴哈对此回应称，"导论"是在全书完成之后写就的部分，因而其主张应当被看作全书的结论，而非前提。但是，如果评论者无法从所要求的视角看待文本对于宗教现象的各种分析，这便无法成为针对评论者的回答。费尔巴哈最终似乎认为评论者的出发点本身是有问题的（BWC 195），因为假如作为一名牧师，他无法放弃其宗教立场，他也就无法仿效费尔巴哈的做法，将宗教对象归入后一种类型。不过下述说法仍然有效，费尔巴哈只能将"我的整部著作"而非某一独立的明确的论证，引证为争议性论断的"证明"（BWC 195）。

[6]《泛神论之争》的文本收录在 Heinrich Scholz, *Die Hauptschriften zum Pantheismusstreit zwischen Jacobi und Mendelssohn* (Berlin: Verlag von Reuther &

Reichard, 1916)。对于这场论战更为精致明快的论述,可参见 Beiser, *The Fate of Reason*, chap. 2。

[7] 费尔巴哈似乎是利用了"上帝概念"(*Begriffe Gottes*)这一术语的暧昧性。他使用这一术语,一方面指称"上帝"概念,另一方面指称上帝所拥有的概念,即神圣心智中的概念。不过即便我们接受实在性与第一个概念相关,亦并不意味着其必定与第二个概念相关。

[8] 为了能让论证的最后一个部分有效,费尔巴哈声称(4)意指"除了存在于上帝心智之中的事物以外,我们再无其他事物"。实际上,(4)所说的只是"概念中的事物与概念外的事物的区分……[不能]发生在上帝那里"。不过这种区分不能发生在上帝之外吗?费尔巴哈没有探讨这一问题,而莱辛在其《论事物在上帝之外的实在性》(On the Reality of Things Outside God)一文中,探讨了这一问题。他视为前提的是,"如果关于[某事物]的[概念,*Begriff*]存在于[上帝]那里,那么此事物本身亦存在于上帝那里:在上帝之中的所有事物都是现实的[*wirklich*]"。而这在实际上就等于(4)。莱辛进而指出:

> 但是,有人可能会说,上帝所拥有的关于某物的实在性概念,并不能消除存在于上帝之外的此一事物的实在性。是这样吗?那么存在于上帝之外的这种实在性,必定会拥有某种东西,以将其区别于存在于上帝概念之中的实在性。这就是:在存在于上帝之外的实在性之中,必定存在某种上帝对之不具有概念的东西。这是荒谬的!但是如果不存在这种东西;如果在上帝关于某物之实在性的概念之中,存在于上帝之外的现实性中的一切都得到了呈现,那么两种实在性就是同一的,而所有据说存在于上帝之外的东西,都存在于上帝之中。(Gotthold Lessing, *Werke* [München: Winkler Verlag, 1972], 3: 76; Lessing, Lessing's *Theological Writings*, 102)

关于概念和事物的区分不可以发生在上帝之外,因为如果是这样,事物的属性与上帝关于事物概念的属性之间就会存在不同[另外,依据(4),事物的实在性不是在上帝之外,而是在上帝之中]。但如果上帝关于事物的概念有所遗漏,那么上帝就不是全知的。但上帝是全知的。

[9] 有人可能希望将从对象到思维主体这一哲学的转向,解读为费尔巴哈版康德的哥白尼革命。鉴于下述说法,人没有器官加以把握的认识对象,或许也就是不存在的。人们可能会认为费尔巴哈使这一革命走向激进化。

不管这一说法与文本是否相符(我认为其缺乏文本依据),这样一种推进在哲学上是误导性的。的确,人们可以宣称:(1)**原则上**对于我们晦涩难解的对象(物自体),我们甚至于无法**构想**关联模式(mode of access)的对象,或许也就被排除在我们关于事物的论述之外。但是费尔巴哈的主张与此不同。他所做的要么是我在正文中讨论的同义反复——可称为(2)——要么是非常强势的主张(3),亦即对于人们**确实**提出了关联模式的对象，其存在所**依赖**的正是那种关联模式。（3）和（1）是完全不同的。说我们不应当将物自体视为存在的事物，因为其永远**不能**在我们的思想和生活中发挥作用（因为我们永远**无法**与之发生关联），这一点与下述说法完全不同，即我们不应当将视觉对象视为我们之外的存在物，因为我们对其的关联有赖于我们的视觉，或者我们不应当将上帝视为我们之外的存在物，因为我们对上帝的关联有赖于我们的理性。后一种说法假定，我们与这样一些对象之间是否存在关联，恰恰显示了它们是否存在。（1）的核心在于，对于物自体**不可能存在**关联模式。而对象的存在问题，并非有关我们关联模式的准确性问题，而是有关我们与视觉对象和上帝的连接问题（只要我们与上帝的关联是基于某种器官或能力，而此处是基于理性）。

[10] 人们当然可以根据理性论证，对宗教信念进行持续的挑战。不过，对于费尔巴哈来说，颠倒方法所关乎的目标是产生彻底的（无神论）确信。然而，对于宗教（也许包括非宗教）而言，人们把彻底的确信状态而非（单纯的）理性信念状态设为恰当的目标，至少是有争议的。而哲学确信理应建立在理性信念的基础之上。这些确信应当始终对新的怀疑保持敞开状态：彻底的确信是哲学之罪。费尔巴哈此处的方法和目标似乎是不恰当的。

[11] 参见费尔巴哈，*Geschichte der neuern Philosophie von Bacon von Verulam bis Benedikt Spinoza*, *Gesammelte Werke*, vol. 2。

[12] 参见 Rawidowicz, *Ludwig Feuerbachs Philosophie*, 204。

[13] 费尔巴哈特别提到《精神现象学》的下述部分，其中黑格尔指出感性确定性所把握的事实仅仅是特殊事物，因而是暂时的，易消逝的——比如，它们可以被吃掉。黑格尔实际上否定了"感性对象之实在性的真理和确定性"。参见 Hegel, *Werke*, 3：91；*Phenomenology of Spirit*, trans. A. V. Miller（Oxford：Oxford University Press, 1977），65。费尔巴哈的关注点在于，对象可以被吃掉这一事实，不应当被视为对其实在性的一种否定，而应当被视为对其实在性的一种肯定；抑或套用黑格尔的说法，这一点不应当被视为（如黑格尔所认为的那样）对其"无"的一种肯定，而应视为对其"固有存在"的肯定。我们正是生活在这样一些稍纵即逝的特殊事物之中。不过，黑格尔绝非不知道这一点，他并没有否定过特殊事物在这一方面的重要性。

[14] F. W. J. Schelling, *Sämmtliche Werke*（Stuttgart and Augsburg：J. G. Cotta'scher Verlag），2：19；*Ideas for a Philosophy of Nature*, trans. Errol E. Harris and Peter Heath（Cambridge：Cambridge University Press, 1988），14-15。

[15] John Austin, "Other Minds" in Austin, *Philosophical Papers*（Oxford：Oxford University Press, 1976），87。对于奥斯汀策略的讨论，可参见 Cavell, *The Claim of Reason*, 49-64。

[16] 通过引入一种区分，将一个困难问题拆分为两个简单问题，从而"解决"

第 2 章 费尔巴哈对哲学的批判

这一异常困难的问题,对此,威廉·詹姆斯在《实用主义》中提供了另一种很好的示范。参见 William James, *Pragmatism* (New York: New American Library, 1974), 41-42。

[17] 19 世纪德国著作家曾以多种方式诉诸科学,试图以之为解决哲学难题的方法,对于这一点的论述,可参见 Herbert Schnädelbach, *Philosophy in Germany, 1831—1933* (Cambridge: Cambridge University Press, 1984), 95-100。施内德尔巴赫(Schnädelbach)所列举的分类的大部分方法,并非消解式的,因为只有当人的做法旨在指出人类感知的某些具体特征,而没有宣称其业已解决了所涉及的认识难题,"用感知生理学来重释认识论问题"(97)才是消解式的。但依据施内德尔巴赫的论述,后一种做法更为典型。

[18] 有时很难区分消解式方法和诊断式方法。卡尔纳普(Carnap)所用以批判形而上学的是哪一种方法?其将深刻的断言视为废话,这当然是消解式的方法,但其是通过将基础问题解释为未能以卡尔纳普所谓的"逻辑上正确的语言"进行陈述而做到这一点的。(Rudolph Carnap, "The Elimination of Metaphysics through Logical Analysis of Language," in *Logical Positivism*, ed. A. J. Ayer [New York: The Free Press, 1959], 70) 而这听上去却像是诊断。由于消解式论述是通过改变问题的结构而加以推进的,所以其经常也会是[类型(i)意义上的]诊断性的论述,因为其往往认为问题迄今之所以显得重要,只是由于其不恰当的表述方式——也就是说,消解式论述将为对问题(虚幻)的关切提供一种诊断(赖尔[Ryle]的范畴错误例证即属此类)。但是,消解式做法并**不必然**依赖于诊断。

[19] 同样值得指出的是,费尔巴哈在《原理》中重复了其早先的指摘(WC 29-30/xliv 以及 CA 115;《本质》,第 26 页),其同代人对于基督教的信仰并非真正的信仰。当他指出"真正的科学"是对神学的"实践否定"(G§15, 285-286/22-23;《原理》,第 23 页)时,他部分程度上意在表明,标准的神学信仰包含了主体不愿做出的行动:当人们生病时,人们求助的是医生而非神父。更为一般来讲,不论主体会说些什么,基督教已不再影响他们的生活。人们"并不否认上帝的那种僵死的,漠然的存在,但是[人们]否认上帝那种证明自己**存在**的存在——否认上帝的积极的,可以感觉的[*fühlbare*],干涉生活的存在。[人们]肯定上帝,但是**否定一切**与这个肯定有**必然联系**的**结论**"(G§16, 288/25;《原理》,第 26 页)。

[20] 有关康德的讨论,可参见 *Gesammelte Schriften*, 3: 401; *Critique of Pure Reason*, trans. Norman Kemp Smith (New York: St. Martin's Press, 1965), 505; A 599/B627。

[21] 曼弗雷德·沃格尔(Manfred Vogel)英译本第 43 节。

[22] 在《批判性评论》(Gitical Remarks)中,费尔巴哈提到了第 43 节。这是因为他所提到的是 1846 年《全集》的文本。舒芬豪威尔的文本,出自《文集》,所使用的是第一版《原理》,其中这一部分的编号为第 44 节。虽然现行的英译本将这

一部分标为第 43 节,但我认为最好遵循第一版的编号。

[23] 关于这一点,可参见 Wartofsky, *Feuerbach*, 372. 不过瓦托夫斯基所得出的结论与我完全不同。参见本章第 3 节。

[24] "我首先声明——与哲学将自身和感官相分离的做法不同——感性是直接的确定性。尚没有采取抽象立场的人都将会接受这一说法"(KB 321)。如果人们尚未采取错误的立场,那么人们将会接受费尔巴哈的说法。费尔巴哈在下一段中,讨论了使用感官的原始方法和科学方法的区别。

[25] Hegel, *Werke*, 12:176; Hegel, *The Philosophy of History*, trans. J. Sibree (New York: Dover, 1956), 141.

[26] Hegel, *Werke*, 12:177; *Philosophy of History*, 141.

[27] Hegel, *Werke*, 12:208; *Philosophy of History*, 167.

[28] Hegel, *Werke*, 12:288; *Philosophy of History*, 234.

[29] 参见 Hegel, *Werke*, 12:289-290; *Philosophy of History*, 235-236。

[30] 参见弗雷德里克·格雷戈里(Frederick Gregory)对于卡尔·沃格特(Karl Vogt),雅可比·摩莱肖特和路德维希·毕希纳(Ludwig Büchner)的讨论,Frederick Gregory, *Scientific Materialism in Nineteenth-Century Germany* (Dordrecht: D. Reidel Publishing, 1977), 51-121。

[31] 隐约觉察到费尔巴哈哲学批判中含有不同要素的评论家是克劳迪奥·切萨(Claudio Cesa),参见 Claudio Cesa "Feuerbach's Kritik des Idealismus und seine Versuche zu einer neuen Erkenntnistheorie," in *Atheismus in der Diskussion*, ed. Lübbe and Saβ, esp. 226-227. 还可参见 Nüdling, *Ludwig Feuerbachs Religionsphilosophie*, 77。

[32] Wartofsky, *Feuerbach*, 372;强调为原文所有。

[33] 同上书,369;强调为原文所有。

[34] 同上书,374。

[35] Wartofsky, *Feuerbach*, 376. 卡缅卡或许靠得更近,不过他同样回避了费尔巴哈反哲学的立场。虽然在许多地方,卡缅卡看到了费尔巴哈的做法多么不同寻常(参见 Kamenka, *The Philosophy of Ludwig Feuerbach*, 85, 90, 92, 尤其是 95 页,其中他指出,"费尔巴哈只是回避了一些主要的哲学问题"),但最终卡缅卡却将"许多不同的观念——或许可以分别界定为实在论,唯名论以及不可知论的许多观念——归给了费尔巴哈"(102);将费尔巴哈概述为"与其说某一阶段上是非还原的唯物主义者,另一个阶段上是还原的唯物主义者,倒不如说一直是困惑的互动主义者,在不同时期过度强调了不同的方面"(112);并且认为费尔巴哈的"认识论"较弱,因为他未曾直面基本的问题——"由于他非体系性与非专业化的写作方式,他可以回避"这些问题(110)。或许费尔巴哈应当少一些消解式成分,少一些轻视与不屑;或许他应当更直接地更专业地面对哲学问题;但是在我看来,

认为费尔巴哈想这样做,却因为自身造成的文体混乱而未能成功,似乎是对费尔巴哈方案的一种误解。在我看来,另一位评论家至少在部分程度上与我所强调的解释路线相合拍,可参见 Alfred Schmidt, *Emanzipatorische Sinnlichkeit*(Munchen: Carl Hanser Verlag, 1973)。

[36] Wartofsky, *Feuerbach*, 377.

[37] 瓦托夫斯基指出,费尔巴哈是海德格尔的先声,参见 Wartofsky, *Feuerbach*, 377。

[38] 同上书,377。

[39] 同上书,371。

[40] Wartofsky, *Feuerbach*, 371. 瓦托夫斯基所引证的段落,出自费尔巴哈的《临时纲要》(参见 VT 253/163)。瓦托夫斯基这里所记录的是费尔巴哈尚在发展中的观念,所以引证的段落不应当看作瓦氏论述费尔巴哈观点的定论。公平而言,瓦托夫斯基的确近乎做出了与我近似的主张。"'此在[*Dasein*]是首要的存在',是说首要的存在业已存在于世界之中,业已为其与他者的关系所规定,而不是孤立的,如同后来被抛入与对象之关系中的'主体'那样的抽象物"(377),但是瓦托夫斯基马上又将这一说法视为费尔巴哈的早期认识论。

[41] 在1840年写给卡普的一封书信中,费尔巴哈指出,"我缺乏这样的天赋:形式哲学的、体系的、百科全书式方法论的天赋,或者说我至少从未培养过这样的天赋"(AB 2:50)。评论家们一方面倾向于将这句话视为精确的自我评价,另一方面试图替费尔巴哈生造出一种"形式哲学的"论述,就好像施以恰当的重构,将费尔巴哈的基本观念置于这种形式之中,可以使其获益良多。可参见 Kamenka, *The Philosophy of Ludwig Feuerbach*, 95:费尔巴哈在部分程度上是对的,不过他"喜欢夸大[其方法的结果],将之视为对问题的取消,而非视为有助于我们以恰当的方式,在恰当的语境中攻克问题"。关于费尔巴哈未能"用清晰的哲学术语",尤其是在此一阶段,表述其主张的有趣的心理学解读和政治学解读,可参见 Wartofsky, *Feuerbach*, 201-204。还可参见 Rawidowicz, *Ludwig Feuerbachs Philosophie*, 116-117。后者指出,"在这两种形式中[批判和格言中],哲学的新精神理应宣告自身",接着评论说,"用格言所构建的思想,可以用鲜活生动的方式将诸多细节呈现在读者面前,但其到处都不够精练和精确……逻辑必然性只有借助体系性论证的有意识创造,才是可能的"。在我看来,只要将形式哲学的方法视为与费尔巴哈的做法之间存在实质性的内在冲突,费尔巴哈的文本就可以得到更为合理的解释。

[42] 费尔巴哈确实宣称,"如果我不能将之确立为自然科学的法则,则不存在对我有效的形而上学法则"。(参见《致克里斯蒂安·卡普书信》,转引自 Kamenka, *The Philosophy of Ludwig Feuerbach*, 94)但这并未表明费尔巴哈是要在唯心主义和唯物主义之外,探寻第三条道路。相反,这表明他尚未发现,其向感觉的转向

包含了对于任何一种形而上学的敌视。很显然，评论家们替他重构的哲学论点，无法确立为自然科学的法则。

[43] 费尔巴哈跟着补充说，他是"一名共产主义者"。

[44] Hegel, *Werke*, 7：26；*Philosophy of Right*, trans. H. B. Nisbet (Cambridge：Cambridge University Press, 1991), 21.

[45] 费尔巴哈所引证的这几行，是《浮士德》（*Faust*）第 1830～1832 行靡菲斯特（Mephistopheles）的台词。

[46] Hans-Georg Gadamer, *Truth and Method* (New York：Crossroad, 1975), 308. 我要感谢乌尔夫·尼尔森（Ulf Nilsson）使我留意到这条评论。

[47] Kant, *Gesammelte Schriften*, 3：23n；*Critique of Pure Reason*, 34n；B xl.

[48] 费尔巴哈意识到，似乎不大可能使古希腊哲学（零星地）符合这种说法。他明确地区分了古代哲学家和他批判的对象。"古代哲学家仍然是**明智之士**，是生理学家，政治家，动物学家；简言之，他们是**人类学家**，而非神学家，或者至少只是**部分**程度上的神学家。可以肯定，正是由于这种原因，他们起初也只是部分程度上的人类学家，因而是有限的、不完美的人类学家。"（G §29 309-310/45；《原理》, 第 49 页）

[49] Kant, *Gesammelte Schriften*, 4：7；*Critique of Pure Reason*, 7；A xii.

[50] Samuel Taylor Coleridge, *Biographia Literaria*, 转引自 M. H. Abrams, *Natural Supernaturalism* (New York：Norton, 1971), 378. 艾布拉姆斯（Abrams）未曾给出柯乐律治此一说法的出处。

[51] Thomas Carlyle, *Sartor Resartus*, 267, 转引自 Abrams, *Natural Supernaturalism*, 390. 另外一些例证可参见 Abrams, *Natural Supernaturalism*, chap. 7。有意思的是，艾布拉姆斯将哈曼与这些关注点联系了起来，参见 Abrams, *Natural Supernaturalism*, 399-408。

[52] Novalis, *Schriften* (Jena：Eugen Diederichs, 1907), 3：46.

[53] 参见 Stanley Cavell, *In Quest of the Ordinary* (Chicago：University of Chicago Press, 1988).

[54] Löwith, *From Hegel to Nietzsche*, 80. 洛维特在其他地方还曾评论过"费尔巴哈自然主义的老套粗俗的方面"，参见 Karl Löwith, "Mediation and Immediacy in Hegel, Marx and Feuerbach," in *New Studies in Hegel's Philosophy*, ed. W. E. Steinkraus (New York：Holt, Rinehart & Winston, 1971), 128。

[55] 阿尔诺德·卢格，转引自 McLellan, *The Young Hegelians and Karl Marx*, 70。

[56] T. S. Eliot, "Burnt Norton," in *Four Quartets* (New York：Harcourt, Brace & World, 1943), 14.

第 2 章 费尔巴哈对哲学的批判

[57] 在《本质》的相关部分,费尔巴哈坚称,将"表达其时代需要"这一"事实"以外的其他东西**接受为真**的,存在内外两个方面的障碍(WC 319/205;《本质》,第 212 页)。他没有沿着什么可以理解、什么不可以理解这一区分继续讨论下去。

[58] Kant, *Gesammelte Schriften*, 3∶23n; *Critique of Pure Reason*, 34n; B xl.

[59] 波普金(Popkin)认为哈曼影响了康德为信仰保留地盘的决心。不过这当然是对于上帝存在的信仰而言的(参见 Popkin, "Skepticism and Anti-Skepticism," in *The High Road to Pyrrhonism*, 74-75)。贝瑟尔(Beiser)认为是雅可比影响了康德。两位评论家似乎都未曾留意到,康德所谓的丑闻可能同样来自哈曼和雅可比。这与其同时来自休谟完全不矛盾。

[60] Hamann, *Sämtliche Werke*, 2∶73; O'Flaherty, *Socratic Memorabilia*, 167.

[61] Jacobi, *Werke*, vol. 4, pt. 1, 211; Vallée, *Spinoza Conversation*, 120-121.

[62] Jacobi, *David Hume*, 1 st ed., 52-53. 这一版出版于 1787 年春(序言日期标为 1787 年 3 月)。《纯粹理性批判》第二版同样出版于 1787 年春(序言日期标为 1787 年 4 月)。

[63] Jacobi, *Werke*, vol. 4, pt. 1, 210; Vallée, *Spinoza Conversations*, 120-121.

[64] 转引自 Berlin, "Hume and the Sources of German Anti-Rationalism," 177。伯林此处未曾引证哈曼的著作。

[65] Hamann, *Briefwechsel*, 5∶448; Smith, *Study*, 252.

[66] Hume, *An Enquiry Concerning Human Understanding*, sec. 12, 104;参见 Jacobi, *David Hume*, 33-53;第 33-34 页引证了休谟的段落。

[67] 参见 Hume, *An Enquiry Concerning Human Understanding*, sec. 12, 104。

[68] Hamann, *Briefwechsel*, 1∶379; Smith, *Study*, 241.

[69] Jacobi, *David Hume*, 49.

[70] 哈曼和雅可比并非不知道休谟习惯使用的英文词。在《大卫·休谟》中,雅可比以脚注的形式,从包含对多次使用"信念"(belief)一词的第一《研究》中,做了长篇大段的引证。问题在于,雅可比和哈曼将休谟对"信念"的诉诸,理解为(误解为)对上帝的信仰。休谟曾经指出信念在人类生活中发挥的作用,雅可比和哈曼歪曲了这一说法的威力。在翻译他们的文本时,我试图忠实于他们的歪曲,而非忠实于休谟。

[71] 参见 Gerrish, *Continuing the Reformation*, chap. 4。

[72] Hegel, *Werke*, 2∶358; *Faith and Knowledge*, trans. Walter Cerf and H. S. Harris (Albany: State University of New York Press, 1977), 119.

[73] Jacobi, *David Hume*, 118; see also *Werke*, vol. 4, pt. 2, 213.

[74] Hegel, *Werke*, 2∶338; *Faith and Knowledge*, 101.

[75] 针对雅可比对于信仰之直接性的坚持,黑格尔指出,"尚未将自身提升至抽象反思层面的人的信仰,是天真幼稚的,因为信仰与反思并不对立"(Hegel,

Werke,2：381；*Faith and Knowledge*，141）。虽然费尔巴哈的信仰与此不同，但费尔巴哈可能恰恰会赞美这种天真幼稚（naïveté）。

[76] Max Weber, *Gesammelte Aufsätze zur Religionssoziologie* (Tubingen: J. C. B. Mohr, 1920), 1: 564; Max Weber, "Religious Rejections of the World and Their Directions," in *From Max Weber*, trans. H. H. Gerth and C. Wright Mills (New York: Oxford University Press, 1946), 350-351.

第3章 布鲁诺·鲍威尔

1842年,奥古斯特·切兹科夫斯基曾这样说过:"如果有人想说布鲁诺·鲍威尔不是一个重要事件,那么这就等于是在说,宗教改革不是一个重要事件……布鲁诺·鲍威尔照亮了知识的地平线。"[1]只可惜他的光芒昙花一现。1844年就已经过季了,他的观点越来越保守,并且越来越不受重视。鲍威尔的晚期著作与19世纪的神学史多少有些关联,但是他与马克思理论发展的关联,仅限于19世纪40年代初期很短的一个时段,此时他观点激进,声名狼藉。

鲍威尔不好写。他的思想呈断裂性发展态势,从第一个立场(1840年之前)飞速地转向与之矛盾的第二个立场(1840—1843年),跟着又转向与第二个立场相矛盾的第三个立场(1843年后),但并没有返回第一个立场,不过,上述几种立场共同构成了概念连续性的重要组成部分。[2]笔者主要关注鲍威尔的第二个阶段,尽管稍后的文本对于澄清其观点的某些方面亦有帮助。

1840—1843年这个阶段没有核心文献。鲍威尔对福音书的详尽批判,集中体现在《约翰福音史批判》(*Kritik der evangelischen Geschichte des Johannes*)和《复类福音作者的福音史批判》这两部主要著作之中,但是他对宗教的一般批判以及他对"自我意识"政治作用的论述,却时断时续,零星分布在一系列的论战性和讽刺性著作之中。这些著作经常包含大量由嘲讽和毒舌组成的修辞技法,其目的在于戳穿流行的意识。比如说，《审判黑格尔、无神论者和反基督者的最后号角》（*The Trumpet of the Last Judgment over Hegel, the Atheist and Antichrist*，简称《号角》）虽然运用了大量的学术技法，去支撑一个十分明了的论证，但《号角》却是一部匿名发表的讽刺性文章，冒充一名遭到冒犯的保守主义者，其笔调是歇斯底里的："摘掉面具吧！没人应当自欺欺人！审判之日就要到了，届时一切被掩盖隐藏的都将被公之于众！"（Po 46/95）这几乎不是在尝试说服非信仰者。

在鲍威尔看来，需要多少的哲学论证，以及哪一种哲学论证，才能掌握他所宣扬的真理，这一点有时并不清楚，但是，不同于费尔巴哈，鲍威尔对于（黑格尔）哲学本身并无敌意。鲍威尔的研究价值在于，他主张自由主义和共同体主义这两种愿景之间的看似不可能的整合。自由主义坚持自我超越**任何**先在的自我描述（self-description）的能力，共同体主义式愿景则意指所有主体视其自身共同构成了一个紧密团结的共同体，从而将彼此的创造物视为自身的创造物（LF 173）。据说《黑暗的心》（*Heart of Darkness*）中的库兹（Kurtz）是一名"极端分子"[3]。这可能是鲍威尔的格言——因为他似乎会认同这一点。鲍威尔曾说"只有真理才是极端的"（Ein 155）。[4] 鲍威尔对于政治哲学史的兴趣在于，在19世纪40年代初期，他在某种程度上既是一名极端的自由主义者，同时亦是一名极端的共同体主义者。

鲍威尔对于我们的作用，在于他的观点曾经对马克思产生过重要影响。1844年的马克思既强调个体自我发展，亦强调人类整体的创造性，以及其不断构建自身的偏好。马克思的这一观点源自鲍威尔。此外，如果我们把《形态》中对青年黑格尔派的批判，视为对费尔巴哈和鲍威尔共同观点的批判——尽管两者在许多方面分歧甚大——那么这种批判的要点将会变得更为清晰。

1. 自我意识

鲍威尔所批判的对象是"假象 [*falsche Schein*]"（SF 198）。他的批判意在使假象"消失"（SF 198）；旨在"消解……幻觉"（Fä 184/142）。鲍威尔用"幻觉"（illusion）一词指称人类加诸己身的一种特殊的自我欺骗。这种幻觉的结构在于错误地相信，脱离贯穿人类历史的人类集体自我意识的历史发展，一种现象能够存在且有其意义，错误地相信其在实质上是一种自然或超自然的现象，而非一种社会的现象。消解这种幻觉的方法在于，一方面表明"自我意识"（鲍威尔对"类的集体自我意识"[the collective self-consciousness of the species] 的简称）在其自身发展过程中创造了这种现象，另一方面表明对现象自主性的信念并非是自我意识发展中的必要环节。如果自我意识能够认识到必须这样做只是一种自我欺骗，从而无需再这样做，那么其自我欺骗就将被克服，而现象的"虚幻客观性"（Ein 148）也将被清除。

这种自我欺骗既有其社会心理学的根源，亦有其形而上学的根源。一方面，由于现实生活环境的欠缺，主体会以各种方式进行自我欺骗——比如，因为来世救赎之慰藉性承诺而相信诸如基督教上帝之类的虚幻实体，抑或认为自身生活的意义、机会和义务源于一些诸如社会阶级或宗教派别之类小团体的成员资格，相信这类小团体的地位具有其自然的或者超自然的基础。另一方面，为了**成为**自我意识，自我意识亦有其必须经历的发展阶段。按照黑格尔的说法，自我意识只有经历一个其自身的创造物对其呈现出自主性（ECh 160–161；Po 137–163/177–202）的异化阶段，才能意识到自身的是其所是，是一个无物在实际上对其仅仅是给定之物或外在之物的实体。[5] 自我意识的逻辑规定只有在其发展的某一特定阶段，才能明白那些创造物其实是其自身的产物。

鲍威尔认为现在已经抵达了这个阶段。人类已经没有形而上学的必要去忽视自身的本性。此外，鲍威尔与费尔巴哈同样认为，那些导致虚幻实体信仰的社会心理环境，业已发生了决定性的变化。人类所关涉的需要，如今可以（至少在原则上）用其他方式加以满足。对于人类生活的许多现行限制，不再表现为真正的制约，这些限制之所以继续存在，只是因为主体未能认识到人类可能性的实际范围，未能进一步在实践中将之实现。

鲍威尔认为认识上的这种失败，主要是宗教和国家权威反复灌输错误信条的结果。它是主体未能将其人性视为重中之重的结果（J 19/22）。成为一名基督徒或犹太人，一名贵族或平民，仍是首要的考量（J 19/22）。对于自身本质属性的这种错误认同，从下述三个方面制约了主体的可能性。第一，如果个体根本性的自我身份认同是作为一名犹太人或基督徒,那么不论有多少好处,个体都不会打破"禁律"。第二,如果政治制度以宗教和社会出身的名义搞歧视对待,一些团体成员将会被合法地剥夺与其他人同样的机会。鲍威尔确实攻击过那些限制一些主体却有利于另一些主体的公民特权(J 72, 94-96/75, 100-102),但是其初衷却并非将 B 团体的 P 特权同样拓展至 A 团体。他认为这种做法治标不治本,并且自相矛盾,因为它会阻断更为激进的变革,亦即克服宗派意义上的自我身份认同(例如,作为犹太人或异教徒),正是这种自我认同才使得公民特权观念言之成理(J 61-62/64)。

鲍威尔同样想克服对于主体可能性的第三种限制。这种限制源于主体未能充分地认同作为"自我意识"之共同成员的其他主体,未能将他者的活动视为自身的活动。鲍威尔认为当下的自我认同的等级形式与分裂形式,削弱了所有主体的可能性,因为其削弱了每一个主体认同真正共同体的可能性。真正共同体的成员身份,有赖于个体将自身的根本性自我身份认同,视为自身对于在历史中发展着的人的自我意识的参与。我的意思是说,个体视为其所是的本质性属性、个体在世界中的位置以及表现个体最深层自我的目标,必须源自类整体的成员资格,而不能源于任何一种小于类整体的群体成员资格。

有两点需要说明。其一,鲍威尔从未认为把我们自身理解为特定家庭的成员有什么问题(作为黑格尔主义者,如果他这么认为反而是有问题的)。他所关注的是对于个体身份认同最为重要的非家庭团体成员资格。其二,鲍威尔经常像是在说,我们最为重要的群体身份认同,应当是理性国家的公民身份认同。他说理性国家将会体现自我意识(SZ 31),抑或建立于自我意识之上(Ein 150),但是他却没有讨论将自身认同为此一国家而非彼一国家之公民的不同个体之间,何者可以充当不会引起反感的差异(会不会仅是一个"自然"地理边界问题?)。[6] 与其他场合一样,鲍威尔在这里所做的辩论多过分析。在重构他的观点时,不论是要求过分的精确性,还是要求应对极为明显的挑战的资源,都是不明智的,亦是无益的。我们必须将其呈现为一位如其所是的紧张亢奋的先知(overwrought prophet *manqué*)。他的计划是让我们将自身(从根本上)视为自我意识的成员,而非将自身(从根本上)视为狭隘的自利者,社会宗派主义者或宗教宗派主义者。他的计划是让我们仅仅从"投身于人性普遍目标的生活"(ECh 136)中,而非从对利己目标或小团体目标的追逐中，认识我们的"真正生活"。

自我意识的终极目标是将世界从幻觉中解放出来（SF 201）。鲍威尔认为所有幻觉消解的结果，将是我们对"我们真正的、纯粹的本质"的认识（SF 209）。批判当下的用意是将"人类从阻碍人类成为完全的人的束缚中解放出来……批判是打破人性谵妄，让人类重新认识自身的关键"（SF 202-204）。人类所认识到的只能是他们的自由："人的本质［das Wesen des Menschen］……是自由将会得到普遍的承认。"（Fä 175/135）

在鲍威尔看来，一个主体要想自由，他必须不受任何不同于他自身的实体的限制。没有外在实体将会影响主体，致使主体拥有**任何**借由或者曾经借由外在实体影响而产生的属性。鲍威尔同意黑格尔在《历史哲学讲演录》的"导言"中对自由所下的定义："物质的实体在其自身之外，精神却在其自身之中（Bei-sich-selbst-sein）。这就是自由，因为当我有所依赖，我用自身指称我自己所不是的其他东西；我不能离开外物而独立存在；当我在自身之中时我是自由的。精神的这种在自身之中（Bei-sich-selbst-sein）是自我意识，对自我的意识。"[7] 很显然，依据这一定义，唯一可能自由的主体将会是这样一个主体：无物不是其自身的组成部分，并且其所有的属性都是其自我赋予的属性（因为拥有 X 赋予的属性，意味着依赖或受限于 X［Po 72/118］）。只有集体实体——实际上只有存在论上无所不包的可能性实体——才能满足这些条件。自我意识就是这种实体。自我意识因此是"宇宙之唯一创造力……宇宙本身"（ECh 156；一并参见 Po 70/115），它是"大全（All）……斯宾诺莎式实体之谜的解答……是真正的自因（causa sui）"（ECh 160），它是黑格尔精神（Geist）的鲍威尔版本："世界精神第一次在人类精神中得到了实现"（Po 69/115；关于自然之地位这一显著问题，我后面会论及）。

我要强调的是，除了包罗万象之外，自我意识还在不停发展，恒处于一种持续的进化进程之中。实际上，情况必须是这样，否则其在某些特定环节所具备的属性就会变成限制。这些属性将会变成自我意识此后必然**所是**的东西。任何恒定的属性都将成为自我意识的障碍，成为自我意识**无法**克服的限制。在鲍威尔看来，这样的属性将不是自我意识自身的创造物，并因此会与自我意识的自由相抵触。

这解释了鲍威尔对费尔巴哈的批评。鲍威尔认为费尔巴哈所开列的作为"人之为人的绝对本质"的一系列"完善"——比如"理性，意志，心（heart）"——清单，等于是对完全不受人控制的人的本性的规定（Gat 216/200）。事实上，费尔巴哈曾对人的能力做过限定[8]："[人]所没有创造的本质……不过是其弱点的表现。在他之内的真正的人性因此将变成他所无法企及的界限［Schranke］。他的完善［将］成为他所面对的固化观念和教条。"（Gat 216/200；一并参见 CLF 104-105）任何对人的本质属性的规定，不论如何高贵，都是对人的可能性的限制。鲍威尔想要与之战斗的，正是作为类的人总是受到限制的幻觉。自我意识因此是作为持续自我创造的类的自我意识。鲍威尔在 1845 年曾这样讲道，人是"一生成者［ein Werdender］，一自我发展者"（CLF 120）。人**总能超越自身**。所以除了持续创造自身的必然性，它没有什么本质可言。

2. 国家和市民社会

鲍威尔说，国家"只有当被把握为自由的自我意识之普遍性的客观存在时，方能被理解"（SZ 31）。但是体现自我意识的国家，将截然不同于普鲁士弗里德里希·威廉四世（Friedrich Wilhelm Ⅳ）的保守君主制。鲍威尔认为，当前的普鲁士国家根本不是"所有人之普遍事务"的国家（J 88/93）。

鲍威尔认为自身对国家的批判是激进的。在《号角》中，他宣称哲学家"是最为一贯且毫不妥协［rucksichtlos］的革命者"（Po 80/126），哲学把"推翻现行秩序视为自身的最高目标"（Po 83/128），并且哲学"一旦摧毁了宗教，对教会施以致命一击，［将］必然意图摧毁王冠"（Po 6/60）。

当然这些说法只具有纲领性质和论辩性质。我们很难赋予鲍威尔的政治观念精确内容。鲍威尔拒绝了赫斯、马克思和费尔巴哈的社会主义转向，并且在 1844 年将攻击矛头指向他们而非普鲁士国家这一事实，进一步加剧了此一问题的复杂性。即便只看 1840—1843 年，鲍威尔也并未触及作为自我意识体现的特殊制度形式。这个时段所有的都是对学术自由[9]的不断要求和对民主的一般偏好，但是笼统而言，这背后的基本态度实际上是对一种共同体生活的要求。在这种共同体生活中，（a）每一个主体自行关注共同善，这种关注并非仅仅出于个体善的考量，并且（b）每一个主体在决定共同善时都有其真实的作用。每一个主体因而会认为自身在共同体活动中是能动的，并且将会通过那些活动满足自身最重要的关切（共同善）。

普鲁士的绝对主义国家未能提供这样的共同身份认同。相反，它致力于"从国家观念的历史发展中孤立出来"（J 88/93）。它有两个缺点。其一，决策中缺少有效的公民参与，即便是特权阶层也没有机会（J 88/93）。其二，普鲁士国家未曾尝试去克服市民社会中的利己主义。鲍威尔认为市民社会中的利己主义使得个体完全不再关注共同善，完全放弃了对于参与共同体的意识。在鲍威尔看来，狭隘的工作和利己主义目标使"布尔乔亚式农奴"放弃了对其所从属的整体的关注，国家有责任将"布尔乔亚式农奴"从狭隘的工作和利己主义目标的"枷锁"中解放出来，但是鲍威尔认为普鲁士国家放弃了这一职责（SZ 33）。

鲍威尔对于市民社会，以及市民社会与国家之恰当关系的看法，与黑格尔形成了鲜明对照。对于黑格尔来讲，市民社会所起的作用是正面、积极的。首先，市民社会提供了一个有助于纯粹私人主动性的领域，在这个领域之中，主体可以运用其能力以获得自身欲望的满足，一般性地塑造外部世界以满足自身的目标，从而表现其个性；其次，在市民社会中个体从属于同业公会（*Korporationen*），同业公会能够为其组织成员发挥许多作用，比如自助和社会保险。[10] 在黑格尔看来，同业公会是对市民社会普遍利己主义的一种反向平衡。在市民社会内部，黑格尔运用同业公会来限制利己主义；而在市民社会外部，黑格尔运用国家来限制利己主义。不过，对于黑格尔来讲，个体成功变为带有各自特殊目的和特殊利益的主体，仍然是现代性值得称道的一大特征。[11]

鲍威尔当然强调主观性。事实上，对他来讲，我们成为自我意识成员所凭借的属性，正是自由地、独立地想象并追求我们特殊目标和特殊利益的能力。但是鲍威尔倾向于将市民社会中所追求的特殊利益视为纯然自私的利益，其本身既无法令人满意，亦与共同体生活的适当形式决然相冲突。[12] 他认为，在市民社会中，主体从国家中被异化出来，"石化"（petrify）在"狭隘的工作"中，从而丧失了其工作是"服务于一个更大整体"的意识（SF 214）。在市民社会中，"每个人都利用他人来

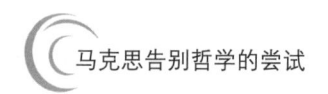

满足自身的需要，反过来自身同时也被他人利用以满足相同的目的"（J 8/JP 192）。

鲍威尔与黑格尔的不同在于，鲍威尔既不想扬弃——超越的同时保存——主体与国家的异化，亦不想扬弃主体彼此之间纯粹工具性的使用。与黑格尔相反，鲍威尔的目标不在于容忍这种现象存在于一个从属性的制度领域内，而是要完全消灭利己主义（顺便值得一提的是，鲍威尔此处虽与黑格尔步调不一致，却与"黑格尔主义"步调一致，即与罗森克兰茨［Rosenkranz］和米希勒［Michelet］等人步调一致）。[13] 即便是到了1844年，鲍威尔开始对共产主义展开攻势，他对市民社会的憎恨亦丝毫不减。他的目标仍然是消除"普遍竞争的精神奴役"，创造"一种能够满足所有利益，不再需要利己式孤立所造成的牺牲者的秩序"（Gat 214/198-199；一并参见 SZ 33）。

鲍威尔表现出某种与对于市场采取保守式批评态度的评论家之间的相似性。他近乎是在悲悼前市场的那些区分的消失，前市场的区分"虽然仍然分开了不同的个体，但是仍然联合了他们，并且将他们设定在多样化的关系之中"。他认为"类"现在分解"成了原子式个体的聚合体"（Gat 215/199-200）。此外，在对宗派式自我身份认同价值的让步中，鲍威尔评论指出，"犹太人作为犹太人，举例而言，有其从属于家庭、种族和民族的宗教义务；亦即为特定人群的利益而活的义务"（Fä 183/140-141）。但对于犹太人而言，其对于共同体的义务并没有完全被取消。这里重要的是鲍威尔对于不同公民需要相互关联（将"人与人相联合"［J 102/109］的需要）的强调。他反对市民社会，是因为市民社会将会破坏这种关联。市民社会助长了理解自我的下述方式，这种方式将会阻碍主体对自身与更大共同体之间的基本关联的认识。

鲍威尔从未提出过取代市场的制度构想。事实上，他从未表态说市场应当被取消。如我们将看到的那样，他的关注点在于将市民社会视为利己主义领域而非一种特殊的经济关系形式。他所要求的是国家能为主体提供身份认同的一个支点，以便主体的主导性目的能够服务于共同善。他试图改变主体的动机结构，以便消除市民和公民之间的冲突，使主体变为纯粹的公民。有了恰当的基础性自我身份认同，主体的主导性目的将不再是利己式的。

鲍威尔申言：普鲁士国家不能提供这样一种认同的支点，不能充当市民社会的恰当对手，因为它是一个建立在特权与宗派利益之上的国家。它不能提供认同共同体整体的支点，因为它事实上不是对共同体的表达。主体实际上别无其他选择，只能投身于利己性活动。普鲁士不存在对于共同善的制度性表达。

鲍威尔认为，我们相互联系的恰当形式，在于认识到我们在自我意识中的共同成员身份。鲍威尔说这将是对"利己主义的克服"（SF 199）。通过认同自我意识，我将能够把他人同时视为自我意识的组成部分，并且因此把他人认同为自身，亦即认定为自身，"我抛弃我的个体性以求知道自身是普遍的，但亦是以求知道即便天才与其作品也是我自身的规定，是我普遍自我意识的规定"（LF 173）。

我们不能过分强调这种集体认同对于鲍威尔的重要性。这种认同在1844年鲍威尔对于分工的批判中亦有所体现。鲍威尔没有关注劳动者个体能力的衰退，而是关注劳动者的狭隘生活使其无法认同他人的劳动、类的劳动，"但是业已被劳动者视为至高至美的固定职业是一种阻碍，其使得劳动者无法看到自身以外的类［Gattung］的集体劳动"（Gat 218/202）。

对于集体（自我意识）的认同并不意味着个体欲望将会受到压制。鲍威尔对共产主义的不满恰恰在于其认为后者压制了个体欲望。他抱怨说，在共产主义社会中，国家"将'决定包括饮食、着装、住宿、结婚、家庭和工作在内的所有问题的原则'——简言之，确立一种事无巨细，悉数取消自由的状态"（Gat 222/204）。

鲍威尔称这种状态为"被征服原子的专制状态"（Gat 222/205）。他并不反对不同个体之间的多样性。他并不要求不同主体仅仅作为自我意识的实例（instantiation）而机械地整齐划一。事实上，这样做是不一贯的。因为这需要为自我意识规定一系列作为实例的主体将会具有的属性。而这将错失自我意识的本质特征，即自我意识不能被任何给定的属性所规定。这也是鲍威尔为什么会认为共产主义社会中的公民"在'对人来讲，没有什么是先天的，观念、口味、偏好和技能都不是'这一主张中，将只能得到徒劳的幸福"（Gat 223/205）。他尊重这一主张，却认为其与共产主义不是一贯的。

因此，鲍威尔式主体是个体主义者，但绝不是利己主义者。鲍威尔没有处理这些要求之间的潜在张力。我认为他会论证说，一个真正自由的主体，会将其个体的成就视为其**作为**自我意识之成员，作为追求自我

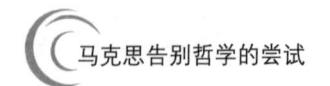

意识之目标的主体的成就。不过自我意识并非脱离其个体而存在（LF 156；Po 69/115）的，自我意识的特有目标在于自由地生成并追求常变常新的自我观念。如果单个主体自由地参与到这种新的自我观念的生产与追求之中，这一目标就能够实现。在这种意义上，自我意识要实现自身，主体必须追求他们个体自我观念的实现，同时理解到在这样做时，他们同时服务于自我意识的实现。

像优秀的黑格尔主义者一样，鲍威尔对于人类之兴旺繁荣做了自我实现式描述。[14]这种描述认为，人是一种特殊的生物，善好生活在于践行那些表现其作为人之本质属性的能力。鲍威尔认为人在本质上是自我创造性存在——其本性在于不断地重新创造自身，不断发展关于其将是何种存在的新观念。他们在自我转变过程中实现其本质，这种自我转变需要满足下述三个条件：（1）自我转变是自愿的；（2）主体是有自我意识的——意识到其在做什么，即意识到自身从事于表现其作为人之本性的活动（自我转变）；（3）主体意识到自身同时服务于自我意识的自我实现。与之相似，自我意识的本性亦在于不断地转变自身。当自我意识自愿地且有自我意识地转变自身时，它就实现了自身。

对于自我意识的基本目标而言，不存在实体性的内容，而只存在形式性的内容。在对于重新界定自身及其目标的持续性进程的个性（或者共同）参与中，这一目标将会得到实现。个体对自身目标的自由追求以及对参与自我意识这一事实的恰当理解，构成了自我意识实现其基本目标（实现自身）的途径。

需要指出的是，鲍威尔的目标不在于新的自我观念本身，而在于一种体现在不断从无中进行自我创造的自由观念。这其中可以包含稳固的个体生活（以及稳固的社会结构），但是稳固来源于主体的选择，而非来源于主体认为这样的生活（或者社会结构）是出于自然、神或其他事物的强制。

当然，哪种具体的制度最能够有利于个体和自我意识的实现，仍然是不确定的。鲍威尔此处可能会求助于密涅瓦的猫头鹰，而拒绝规定未来的细节，并且可能会满足于下述一般性的预言，"国家将会兴起——为时不远了，现行国家在其对黑暗不确定的未来的预感中确切地知道这一点——自信地奠基于自我意识自由之上的国家就要来了"（Ein 150）。

3. 宗教批判

鲍威尔认为：

(1) 宗教是人的投影（Pro 148/190；LF 156）。其本身是一种特别有害的幻觉。宗教申言存在某种不同于自我意识的事物。实际上，具体到犹太基督教传统，其核心申言在于人不是创造者而是受造者。对于自我意识的自由来讲，没有比这更大的挑战了。

(2) 基督教传统为得不到满足的需要提供了虚幻的满足。针对与国家之间的"断联"以及与"国家整体之间的异化"，个体"诉诸信仰彼岸的存在者和世界"（SF 214）。个体与此世的集体之间缺乏一种恰当的关联，对此，宗教信仰构成了一种慰藉。个体在对截然不同于当前的焕然一新的未来生活的想象之中寻得庇护。鲍威尔说，这就如同"鸦片谵妄"（SF 212-213；一并参见 SF 213-214）。[15]

(3) 基督教的基础取向是利己主义。其仅关心个体的灵魂，"[信仰者]被要求将自身、灵魂及得救放在首位，这种关注必须达到这种程度，如有需要，他有义务牺牲一切对人来讲拥有价值且最受敬重的事物"（J 48/51；一并参见 Po 119/163 和 ECh 112）。基督教所培植的这些欲望，与市民社会的利己主义一脉相承。

(4) 宗教虽然是某种形式的共同生活，但宗教的功用主要在于分裂而非联合。每一个宗派都宣称自身是真正的宗教，其他的都是虚假的宗教。真正的宗教组织——信仰虔诚的宗教组织——必须攻击并藐视所有其他的宗教组织，"每个宗派必须像憎恶撒旦一般憎恶其他宗派"（ECh 92）。对不同的教派施以武力，是其逻辑结果（J 21/24）。虽然作为宗派的成员，个体确实从属于共同体，但是这种从属形式只是进一步加剧了其与自我意识之间、与真正的集体之间的异化（J 19/22）。

(5) 个体与基督教神圣世界之间的关系，就其本质而言是不充分的，因为基督教的超越性存在及其彼岸世界，与个体实际生活的世界之间是"完全异己的""毫无关联的"（SF 214）。上帝是超个体主体，无限地超越于个体组成的集体之上。而彼岸的天国，不论如何理想，却不是人类主体有意识加以转变的世界。它仅仅是超越性力量给定的结果。

个体不能将这样一个世界视为自身的产物。个体成为创造自身生活于其中的共同体之力量一部分的需要，无法通过这样一种宗教得到满足（LF 156）。基督教在这里并没有弥合个体与国家之间（或者说个体与自我意识之间）扭曲的现行关系。它复制了这种关系，并因此成为"现行秩序之畸形与病态"的表现（SF 217）。

（6）由于个体与神圣世界的关系复制了现实生活的异化结构，因而其构成了对这一结构的辩护。个体与神圣世界的关系，被视为现世政治关系应当遵循的标准。国王对其臣民的统治，以及普鲁士社会的普遍等级结构，被认为可以比肩上帝对现世的等级式统治的方式。宗教因而同样圣化了"现行秩序之畸形与病态"（SF 217）。[16]

（7）通过圣化现行秩序，宗教不仅提供了对现行秩序的辩护，而且提供了主体不求变更现行秩序的充分理由（现行状态是神定的）。[17]

上述宗教批判有一些不太连贯之处。比如，关于基督教如何能够在对现行扭曲的个体与共同体关系提供慰藉的同时复制这种关系，这一点是不明确的。撇开这些问题不论，我们现在可以看出鲍威尔和费尔巴哈关于基督教异化论述的不同之处。费尔巴哈将人视为基督教的上帝观念。基督教信仰之所以是成问题的，是因为其未能理解个体当下的作为，未能理解个体所崇拜的是其自身的投影，而非一个超越性的存在者。但是对于费尔巴哈来讲，个体与上帝的关系结构是没有问题的。上帝作为概念性主体，不过是换了称呼的人，作为实践性主体，我们目前是相互依赖的，而非依赖于上帝的。成问题的不是神的观念，而仅仅是其标签。除了我们对于自身当前作为的认识之外，一切都是井然有序的。

在鲍威尔看来，基督教的上帝观念以及信仰者与上帝的关系本身就是有害的。鲍威尔认为信仰者仍然将上帝视为在质上优越于自身且远离自身的存在者，视为决定赏罚的超强存在者。费尔巴哈认为我们从根本上业已将自身视为人类的成员。我们只是用宗教的标签隐藏了这一自我观念。而鲍威尔宣称，我们从根本上**尚未**将自身视为自我意识的成员。目前我们的主导性自我概念不仅被贴错了标签，而且被扭曲了。我们从根本上将自身视为带有不同利益和欲望的个体，视为不同宗派社会组织和（或）宗教组织的成员（J 19/22）。即便是我们向往成为共同体成员之难以抑制的渴望，亦被扭曲成了完全利己式的渴望、个体永恒救赎的渴望。鲍威尔宣称，基督教与现行教会是我们目前扭曲的生活之表现，是现行国家之不完善的表现，"教会不过是……[国家]尚不是真正国家这一事实的必然表现，国家尚未使得人（people）成为人类（human beings）"（SF 39；一并参见 SF 40）。

此外，对于鲍威尔来讲，主体仅仅认识到基督教上帝乃是想象的投影，是不够的。个体尽可以认识到这一事实，但并不将自身的目标与国家或自我意识的目标同等看待（并不克服利己主义）。费尔巴哈认为，个体需要改变的仅是对于崇拜上帝这一行为的解释，而鲍威尔认为，个体还必须改变其动机。构成危险的不只是标签。

另一个与之相关的对照是，对于费尔巴哈来讲，宗教已不再是现实的力量。只需轻轻一推，宗教就会烟消云散。鲍威尔认为宗教已不合时宜但依旧充满活力："教会的教令从未像在今天这样得到如此的信从，虽然工业征服了自然，但人仍然不敢承认自己是地球的主人……此时如果我们谈论教会生活的衰落，就是大错特错。教会从未像今天这样强劲有力。"（SF 216）费尔巴哈的宗教论述没有直接指向政治改革，因为在他看来，基督教已不再是个体生活普遍状态的表现。他声称宗教与这些状态之间没有关联。与之相反，在鲍威尔看来，两者之间的关联异常紧密。他认为如果不进行政治变革，基督教就不会退出舞台。但是，除非我们认识到人不是基督教向我们所宣称的那种存在，即不是无力的、受造的、根据超越性命令而服从权威的存在，否则，政治变革就是不可能的。首先必须打破的是教会强加给我们所有人，"甚至包括那些基于坚信（confirmation）而并未涉足教会的那些人"某种自我观念的权力（SF 216；一并参见 GLJ 166-167）。这才是鲍威尔批判的核心所在。也正是因为如此，诗人赫尔维格（Georg Herwegh）才会评论说，"神学通过鲍威尔变成了政治"[18]。

因此，我们便可以理解为什么鲍威尔反对犹太人的解放，在《犹太人问题》（Die Judenfrage）一文中，鲍威尔写道：

> 区分不同种姓，划分特权阶段和非特权阶段的时代已经过去了……所以犹太人所受到的压迫，可以在纯粹宗教的基础上加以解释，或者完全在宗教基础上加以解释的时代已经过去了。即使在中世纪……当城市及其行会排斥或迫害犹太人时……他们这样做不光是出于宗教利益，同时也是出于其成员和行会的利益。宗教偏见同

时也是行会偏见，宗教特权不过是对市民特权的神圣认证，宗教排他性是市民排他性和政治排他性的前提、模板和理念。(J 94/99-100)

这一段的核心在于指出世俗利益而非宗教利益构成了压迫犹太人的原因。两页之后鲍威尔强调世俗利益在因果上的优先性。宗教的影响如同一种反馈效果，"宗教偏见是市民偏见和政治偏见的基础，但这是一种后者给予自身的基础，即便后者对此没有意识。市民偏见和政治偏见是宗教偏见所包裹并保护的内核"(J 96/101；一并参见 J 93/98)。[19]

这一观点我们是熟悉的。掌握权力的人倾向于提倡这样一些宗教信仰，这些宗教信仰在内容上能够使掌权者受益的社会划分和政治划分变得合法化。破坏这些宗教信仰将会破坏这些划分："针对市民压迫和政治压迫的斗争方法……包含在对于这种压迫的宗教前提进行攻击和侵蚀之中。"鲍威尔宣称，因为"世俗偏见"无法公开承认其本性——"它不过是为了争取私人利益"(J 96/101)。作为心理学问题，即便是那些从某种意识形态中获益的人，也经常需要相信这一意识形态，进而相信他们从中受益的划分有其更为一般的辩护。对于这种划分缺乏辩护的揭示，将会揭示出构成现行社会等级和政治等级之基础的是彻底的利己主义。此外，这恐怕不仅会削弱掌权者抵抗变革的决心，而且还会鼓动受害者奋起反抗 (J 106/113)。鲍威尔认为做出这种揭示的时候已经到了："面纱因为年深日久而破败不堪，偏见将丑陋的自身展现在光天化日之下。"(J 93/98)

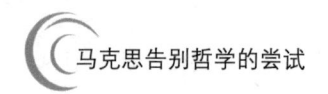

鲍威尔因此反对国家承认犹太主义，反对消除犹太人在公民层面的无权状态。作为向宗教的妥协，这将是一大退步。现行的普鲁士国家绝非自由的自我意识之普遍性的客观存在。普鲁士国家建立在那些从现行社会等级和政治等级结构中受益组织的利己主义之上（宗教被用来掩盖这一事实）。不仅如此，以宗教为支柱，普鲁士国家培育了以利己主义为基本取向的制度，因而与国家的本质属性相冲突。普鲁士国家极度不正常，它不能给予任何人真实的公民权利 (J 88/93)。这样一个国家所能给予的只是特权 (J 106/113)。由国家给予犹太人作为犹太人的承认，将不过使国家更加注重特殊利益而非普遍利益，将使国家更加远离变为"所有人的普遍事务"这一目标 (J 88/93)。

在鲍威尔看来，犹太人问题构成了宗教和理性国家普遍对立的一个实例 (J 3/JP 188)。为了解决这一问题，与基督徒一样，犹太人必须放弃其宗教身份，不再寻求国家认可。为了真正得到解放，犹太人不能仅仅作为犹太人，不能仅仅作为必须永远与基督徒相异己的存在得到解放，而是必须将自身变为人。届时将不会再有任何障碍，包括他们现在"错认为本质的东西"（J 60/62），将他们从人类同胞中分离开来。

最需要做的是将教会与国家严格分离。任何其他的做法都无法将这"邪恶连根拔除"（J 3/JP 189）。在理性国家中，宗教将是"个体的纯粹私人事务并取决于个体的私人判断"（J 72/75；SF 203）。如此一来，鲍威尔认为宗教将很快不复存在（J 67/69）。

必须记住的是，对于鲍威尔而言，宗教服务于纯粹的利己主义目的。宗教的目的与市民社会的目的实际上是一样的：私人获益（虽然宗教获益来世才能兑现）。事实上，鲍威尔将宗教视为市民社会的一部分。

这表现了鲍威尔与黑格尔之间的不同。在黑格尔那里，宗教与国家之间的关系是暧昧不清的。宗教与国家存在许多重要的不同，但两者之间亦有其基本的关联。黑格尔写道，宗教"承认并支持［国家］……宗教是在［公民］意向（disposition）这一最深层面整合国家的环节……宗教构成了体现一般伦理领域，更确切地说，体现作为神圣意志的国家本性的**基础**"[20]。黑格尔认为，宗教和国家的内容实际上是一样的，不同仅在于形式。[21]不过，他在一处脚注中又认为，宗教代表了一个独立的目的，对于国家的"全面详尽"论述应当另行单独考察宗教。[22]因此黑格尔并没有将宗教等同于国家，但他同时也**没有**将宗教遣返市民社会。事实上，由于宗教与国家通常在内容上是一致的，黑格尔明确将那些认为自身不属于国家，且对国家没有义务的宗教派别（他举出贵格会和再洗礼派）视为异端。这些宗派成员认为他们的宗教身份与公民身份相冲突，并且这种身份高于公民身份。他们实际上**并非公民**。[23]他们的宗教身份代表了某种形式的私人利益。因而当黑格尔建议国家将**这些**共同体的成员"交托""给市民社会及其法律"时，黑格尔是一贯的。[24]

这样的宗教，对于黑格尔而言是例外，但在鲍威尔那里却是通则。鲍威尔认为所有宗教都是某种形式的私人利益，所有宗教都认为自身宗教的目的高于国家的目的。对鲍威尔而言，这里不存在宗教与国家在内容上的同一。在鲍威尔看来，弗里德里希·威廉四世统治下的普鲁士国家的最大罪状，在于其事实上从属于教会，在于其力图变为基督教国家的目标致使国家本身从属于宗教。[25]正因为如此，在鲍威尔眼中，普鲁

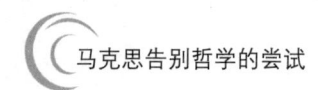

士国家已远偏了"国家理念的历史发展进程"（J 88/93）。

黑格尔与鲍威尔的另一点不同，在于他们对于市民社会所强调的侧重点不同。黑格尔基本上是以形式术语来展开其关于市民社会的论述的。他写道，"特殊性在其与一般的普遍意志相对立的首要规定中，是**主观需要**……主观需要的目的在于主观**特殊性**的满足"[26]。在市民社会中，"支配这个或那个目的的原则，仍然是特殊意志"[27]。在市民社会中，人是追求自身个体欲望满足的利己式主体，个体欲望与人作为自然团体（家庭）成员或者政治团体（国家）成员所拥有的欲望之间，形成了鲜明的对照。

这样一种措辞没有明确规定利己式活动的具体内容。不过对于黑格尔来讲，市民社会的主要活动无疑是为满足人的需要而工作，其是政治经济学所考察的活动体系。与之相对，鲍威尔感兴趣的则是推进纯粹个体目标的一般原则，而非这一原则的具体体现。如果将市民社会一般地理解为利己主义的领域，并且如果将所有宗教理解为某种形式的利己主义，那么就有理由将宗教视为市民社会的一部分。[28]

在这种语境下，鲍威尔将犹太教视为一个诱人的靶子。因为他认为犹太人将自身视为选民，拥有区别于（并且遇有冲突优先于）社会中其他人的法律和风俗。鲍威尔认为这种排他主义与真正的政治解放是截然对立的，因为其坚持作为犹太人而非作为自由人的优先性。这是对市民社会之特殊性的明确肯定。鲍威尔指出，犹太人作为犹太人无法将其自身视为自由的自我意识的一部分，而自由的自我意识是历史的创造者："似乎他们能够在一个非由他们创造，非由他们帮助创造，且与他们的不变本性相对立的世界之中产生家园之感！"（J 2/JP 188）[29]

在对当时法国一系列法律的讨论中，比如宣称所有公民法律面前一律平等，将星期天定为法定休息日，鲍威尔强烈主张，如果法律通过实际上强制犹太人一周休息两天来惩罚作为犹太人的犹太人，那么法律的平等就是一种耻辱（J 67/69；对于这一法律的进一步批判，可参见 J68-69/70-72）。鲍威尔指出，但是犹太人作为犹太人不应当要求废止这一法律，"如果法律针对的是［少数］，并且如果［少数］在教育方面已经进步到即便是为自身也不要求特权，那么它应当要求废止这一法律，并且应当与特权多数进行战斗"（J 70/72）。然而，鲍威尔认为，犹太人**作为**犹太人**确实**为他们自身要求特权。他认为犹太人与基督徒罹患的是同一种疾病（J 70/73）。犹太人**作为**犹太人并不是所有特权的反对者，而仅仅是那些对他们不利的特权的反对者。作为犹太人，他们的问题——基督徒也一样——在于将优先性赋予了其宗派身份，而非其人的身份。

为了获得自由，犹太人必须将优先性赋予人，必须"打破其宗教的藩篱，进而承认世界和人的社会"（J 95/101），但是那将使真正的宗教成为不可能，因为鲍威尔认为，对于宗教，尤其是对于犹太教，至关重要的是其对个体优先性的申言。调和人和宗教义务的尝试将会失败。将优先性赋予犹太教，个体将无法"将人的事业作为其自身的事业；将其自身的事业作为人的事业"（J 92/97）。相反，如果将优先性赋予人，个体的信仰就不复存在了，个体将变成纯粹"虚幻的犹太人"（J 109）。个体无法同时既是一个犹太人又是一个自由人。[30]

当然，在鲍威尔看来，基督教而非犹太教才是问题的真正所在。并且基督徒也必须抛弃其宗教。不过，鲍威尔亦重复了当时的标准看法，认为相比犹太人，基督徒距离政治自由要更近一些，因为基督徒包含了人是普遍造物这一观念（Fä 179/138）。但是，鲍威尔认为，与普遍人性之间的更大关联，同时也使得基督徒到了"自我扼杀式不自由"（Fä 182/140）的顶点。

> 相比其他任何一种宗教，基督教把非人性推得更高，事实上，非人性被推到了极致。这一幕之所以会发生，之所以成为可能，全是因为基督教抓住了最为无限的人性观念，并且将之转变为宗教的形式，从而加以破坏，最终将人性变成了非人性。在犹太教中非人性尚未被推到如此高度。举例而言，犹太人作为犹太人有其从属于家庭、种族和国家的宗教义务；也就是说，有其为特定的人类利益而活的义务。但是这种优越性仅仅是表面现象，仅仅建立在下述缺点之上，即犹太教尚不知道在其普遍本性中的人，即人不仅仅是家庭、种族和国家的成员。（Fä 183/140-141）

所谓犹太人的特殊性是一把双刃剑。其允许犹太人关注此世而非来世，但并非为了普遍的人，而仅仅是为了犹太人。与之相对，基督教并不局限于特定的选民，而是关注单纯作为人的人，关注其"普遍本性"，但也正因如此基督教成为更为非人的宗教，因为它将这种本性投映到了彼岸世界。从根本上说，两种宗教都应遭到谴责；从根本上说，如果想

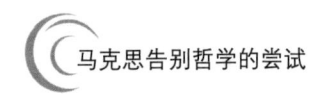

"[将自身]提升至自由"（Fä 195/149），不论是基督徒还是犹太教徒，都必须与其宗教决裂。

4. 采取批判家立场

鲍威尔指出，批判的目标在于克服所有的限制与幻觉，而非仅仅克服这个或那个限制和幻觉（SF 201）。鲍威尔认为批判家立场实现了这一目标，因为根据这一立场，所有人的创造物都被视为人的创造物："哲学理性主义者摆脱了对象……因为其在对象中不再看到一个异己实体的荒谬性[Unding]，而是看到自我意识的规定"（Ein 154；一并参见 Ein 159）。但是人要怎样才能知道其已经克服了所有幻觉呢？

鲍威尔文本中的一个观点是，要想达到自我意识的立场，主体必须掌握自我意识的历史发展和逻辑发展。主体必须理解，为了将自身从对其能力的诸多限制中解放出来，自我意识必须经历一段具体而漫长的历史异化过程。如果不知道自我意识艰辛劳作的历史，主体就无法理解自我意识的本质。理解这种发展的结构和必然性，等于理解批判家的立场实际上是实现了的自我意识的立场，并且这种立场实际上摆脱了所有幻觉，主体对于摆脱幻觉立场之标准的把握，是在其对于批判家立场满足这些标准的认识中同步发展起来的。

这是我们熟知的黑格尔模式。不过鲍威尔的自我意识与黑格尔的精神[Geist]存在重大不同，因为在其历史发展中，自我意识是否在保存自身之前阶段的同时实现了超越，还是仅仅取消了之前的阶段，这一点通常是不清楚的。鲍威尔指出，批判是"冷酷无情的"（Po 80/126）。曾有评论者认为，自我意识的结构不是"辩证的，而是对立的"，是一种颠覆[Umsturz]和革命的过程。[31]

为确定鲍威尔的讨论在多大程度上是辩证式的，多大程度上是对立式的，去详述鲍威尔在不同文本之间的范畴转变，未免有些离题太远。在 19 世纪 40 年代以降的著作中，比如在鲍威尔将市民社会视为绝对错误的批判中，颠覆模式无疑占据主导地位。诚然，鲍威尔对基督教的攻击有时似乎偏爱扬弃模式（自我意识"欲求并促成基督教所同样欲求但错误地加以实现的目标，因为基督教想要**以宗教的形式**将之实现"[Fä

190/146］）。此外，鲍威尔确实承认基督教的历史价值（基督教带来了普遍性原则）。不过，鲍威尔对基督教的憎恨是如此之深，他发现基督教罪孽深重，因而将扬弃基督教的观念加在鲍威尔身上，是错误的。如此一来，即便是在这里，颠覆模式亦是主导性的。鲍威尔承认基督教或许有其历史必然性，但是并未在未来社会中为之留出任何位置。他指出，未来的"历史"将不再是宗教的历史（ECh 164）。

我此处所关注的，不是在鲍威尔经常不一贯的文本的不同模式之间保持精确的平衡。正是颠覆模式提出了下述问题：为什么理解自我意识的过去对于当前获得自我意识的立场是必需的？如果自我意识的过去被保存在自身之中，那么自我意识经历了特定的历史过程才成其所是就不单单是一生物学事实。过去将继续构成自我意识的一部分。对自我意识的正确描述将不仅是指其自由地构建自身的能力，而且同时是指其相对于反论的胜利史。基于这种论述，如果一个人不知道自我意识的过去，就无法真正地认同自我意识，这就好比一个人即便知道其对继承家族的财富有其生物学权利和法律权利，但如果完全不了解这个家族及其历史，他就无法真正认同这一特定家族一样。与之相对，借助颠覆模式，自我意识的立场将仅仅被定义为这样一种立场，人知道自身是自我创造式的，没有任何给定或必然的特性。如果其由之获得这种理解的历史，是一种其可以与之完全决裂的历史，那么这种历史便只是偶然地关联于自我意识的当下，只是一个其必须攀爬的梯子，却并非其有机组成部分。那么，为什么我们**现在**不能直接抵达自我意识的立场？为什么仍需走历史理解的弯路？

130

当鲍威尔在 19 世纪 40 年代早期变得更富新闻记者特质，更喜欢与人争辩，掌握自我意识之历史的重要性对其而言似乎减弱了。有时他似乎认为，人可以直接采取批判家的立场，并且借助某种类似于费尔巴哈的自我证明体验，人可以确证自身洞见的真理性。鲍威尔在 1843 年的一篇评论中写道，在"更高的立场"看来，所有"［教条意识利益的］限制都烟消云散了，如同黎明的薄雾，在明晰清澄、绚丽夺目且光彩壮丽的白日面前烟消云散一样"（Ein 146）。

鲍威尔曾经一度长篇大论指出，即便是他本人的立场也非终极的立场，他也可能被证实为一直屈从于幻觉：

> 真理只是曾经为真……只是在其尚未被［历史精神］所完全吸

收,亦即尚未屈从于批判,并且尚未在其消亡中变成新的真理形式得以成长的沃土之前为真。

印度祆教徒对火的崇拜,也只是曾经的真理!耶和华的律法亦是如此。

但是,并不存在真理,真理并不是像石头、高山、行星和太阳系那样的存在……真理并不存在,它只生成……迄今为止,历史尚未产生出无需被抛入批判之火的真理,最高的真理如今——借由批判——即将产生,人、自由、自我意识,这是一个最不易僵化、最能经受批判和历史发展的真理,因为它不是别的,正是最终被解放了的发展。(J 81/85-86)

131 真理永远在"生成"(人性始终在努力摆脱幻觉)。不过,鲍威尔此处的比喻是辩证式发展还是对立式发展?天平似乎倾向于后者。真理"只存在于历史中,只经由历史才存在"(J 81/85),这似乎仅仅是指,无法宣称最终的真理,即曾经是且永远为真的真理。这并不是说印度祆教徒对火的崇拜在某种程度上仍然构成了我们真理的组成部分。总体而言,这一段似乎意在强调对立,没有东西可以抵抗"批判之火"。不过,似乎没有理由认为今天推进"批判之火"——挑战所有的预设——需要留意之前冲突的历史。

从"预设"(*Voraussetzungen*)的作用中,也可以看出这两种模式的不同。[32]对于青年黑格尔派来说,进行无预设的哲学探讨可以指称几种情况。首先,它可以指施特劳斯在《耶稣传》序言中的主张,即在研究福音书时他没有预设叙述的事件是超自然的还是历史的。[33]这里的无预设是一种科学上诚实的戒条,意指在开始研究时不能先有结论。

在《复类福音作者的福音史批判》中,鲍威尔承认从一些预设(比如,福音书的描述在自我意识的最终命运中有其必然作用)开始。[34]不过,他指出这些不是"'外在的'哲学预设"(Syn I, xvi),而是他所考察主题的内容。他的分析解放了内容,使得其最终能够自由地发展(Syn I, xvi)。待到解释进程结束,最初似乎外在于研究对象的随意规定,将会被证实一向是对象的内核。在前言的一个脚注中,鲍威尔要求他的读者在通读全书之后,即当此书的结论获得展开和证明之后,再来评判此书的结论(Syn I, xxii-xxiii *n*)。我认为这是向开明人士所做的一般呼吁(鲍威尔知道许多读者对其观点抱有敌意),提请读者稍加等待，留意那些显见有其问题的环节是怎样实现自身的（比如，读者被要求不要过快假定鲍威尔制造了一些相互矛盾的、无法获得令人满意解答的主张）。此外，我还将此视为鲍威尔对下述这一点的承认，即事先不存在接受其用作起点的核心主张——证明的辩证式发展是通达理性确信的道路——的充分理由。鲍威尔此处所谓的无预设，并非施特劳斯意义上的无预设，而是在其不依赖于任何本身无法被视为充分奠基于辩证式进程意义上的假定。对此，人们的确需要经历这一进程，以便发现主张所声称的真理性。

不过，"无预设"哲学还可以指称第三种观念，亦即一种力图避免预设**任何**主张之真理性的哲学方案。费尔巴哈认为此方案属于笛卡儿传统，并攻击其为伪装的神学。我们可以沿袭类似的路线，将鲍威尔的方案重构为更为纯粹、更为消极的批判。因为鲍威尔的批判挑战了人性的每一种推定特征。任何确定人性的企图，仅是表达了另一种将会被推翻的偏见，另一种关于人是什么的预设。在这里，批判立场的核心在于其没有任何这样的预设。

虽然这种方案似乎以零碎的形式暗含在 1844 年和 1845 年的著作中，比如在《类和大众》（*Die Gattung und die Masse*）和《评费尔巴哈》（*Charakteristik Ludwig Feuerbachs*）中，但是并没有得到明确的阐发。由此看来，到 19 世纪 40 年代中叶，鲍威尔认识论上的矛盾情绪仍在延续。[35]

我们可以通过下述方式来调和辩证式发展模式和对立式发展模式，即将前一种模式应用于受过时制度蒙骗的主体，后一种模式应用于业已摆脱了这种认识论腐蚀的主体。或许只有当主体从形而上学层面理解了基督教幻觉的历史必然性，主体才能摆脱基督教幻觉，去拥抱"如今……即将出现的最高真理，人，自由，自由意识"（J 81/85-86）。要想将受制于这种特殊幻觉束缚的人解放出来，在心理学上需要关于幻觉之起源的论述。人的早期教养是很难克服的。鲍威尔认为，即便有人相信自身早已摆脱了基督教，其仍然可能受制于一种"不确定的宗教笃诚"（GLJ 167）的影响，关于基督教起源的论述对于这些人可能会有帮助。另外，对于那些从未受此感染的人，对起源的论述将仅仅是古代史。如果人摆脱了特殊的幻觉，那么他可能完全不需要知道知觉过往历史的形而上学必然性。

鲍威尔确实认为当前历史到达了一个节点，自我意识终于可以理解自身（Syn Ⅰ, xxiv）。也许他认为将来的主体能够几乎不受幻觉的影响，因此几乎不需要通过了解幻觉的哲学史而获得解放。不过，在适用于过去和未来的两种认识论模式之间所做的清楚区分，使当前变得晦暗不明。

对于鲍威尔来讲，当前无疑是晦暗不明的。宗教制度在原则上早就过时了，我们应当能轻易看穿宗教的自负，但即便是对于那些自认为不再是基督徒的人，宗教仍有其强有力的影响（GLJ 166-167）。鲍威尔因此一方面谈论教会对人的持续控制（SF 216-217），另一方面宣称"最后的幻觉将从此烟消云散"（J 93/98）。

由于很难将鲍威尔这一时期的思想发展从其日趋显著的新闻记者式表达中切分出来，所以这里很难下判断。结果，除了将这一时期的论战视为对深思熟虑的信念的表达，我们几乎别无选择。对鲍威尔来讲，至少在1843年，主导性的观念在于，时代业已到达了这样一个节点——不再需要取道哲学科学的旅程，我们就可以看到真理。[36]

值得一提的是，问题并不在于理解这样的旅程超出了普通人的能力范围。鲍威尔明确地否认了这一点（MH 437）。[37]问题在于，迄至1843年，所需要的已不再是哲学而是行动。鲍威尔宣称，"科学［wissenschaftlicher］冲突已不再可能"，并且他进而认为，问题已不在于理论问题，而在于下述实践问题，过时的原则是否"支配着现世，其是否应当支配一个其在精神上不再统治、不能统治的世界，抑或新胜出的原则是否应当获得实践的承认"（GLJ 163-164）。鲍威尔反复坚称，一个全新的时代业已到来，旧的信念对此无能为力，即便其拥有"外部"力量。"如果人已经面向自我意识，并且认识到了自身的全能，［外部力量］对人又能怎样呢？人业已获得了一个全新的纪元"（Ein 156；一并参见 Syn Ⅰ, xviii）。鲍威尔似乎反复在说，如今只有软弱或怯懦，又或者维持其特权的愿望，才会使主体看不到历史业已做出了自身的判决（J 115/JP 197；Syn Ⅰ, xxiv）。

鲍威尔因而宣告了一种时代允许我们每个人采取的立场。教会和（普鲁士）国家阻碍了实践生活完全地表现了这种立场——其与费尔巴哈的不同在于其要求激进的制度变革——但在观念上并不存在阻碍采取自我意识立场的障碍。对于鲍威尔来讲，主体心理上的转变要难于费尔巴哈。但在认识论上，这种转变却与费尔巴哈一样容易；因为与费尔巴哈一样，这是一种时机最终成熟的转变。

自我意识的立场同样是批判当下的立场。如果现行制度无法与人的真正（和当前）存在的真理相容，抑制了（当前）人的可能性，现存制度就将受到批判。"哲学因此变成了对于现行秩序的批判……现行的秩序和应当的秩序如今被区分了开来"（Po 82/128），"哲学因此在政治中必定是能动的，只要现行秩序与哲学的自我意识相抵触，它就一定会遭到直接的攻击和撼动"（Po 83/128）。[38] 对于鲍威尔来讲，自我意识的立场，是把哲学视为将要付诸实践的立场（Po 82/128；一并参见 SF 203/209）。理论清理了地基并规定了方案，但最终仍然需要行动。[39]

应当强调的是，对于鲍威尔来说，关于自我意识申言的真理性，能够而且应当被视为优先于行动。正是通过认识到自我意识的真理性，人们才看到了行动的必要性。[40] 鲍威尔早期和晚期著作的核心在于，理论家能够认识到其时代业已到来的真理。这种认识将带来行动，但是行动的失败并不能说明理论家的主张是错的。其至多只能说明理论稍稍超前于时代。行动之所以重要，在于现实的变化才是目标，不过成功的行动并非真理的标准。

5. 评价

鲍威尔代表了一种趋向极端的哲学冲动（或者更确切地说，两种冲动）。这里我想通过表明其政治观点不过是一般立场的极端版本，将其置于政治哲学的地图之中。

鲍威尔持一种极端自由主义。鲍威尔认为对人而言不存在所谓自然给定的自我描述，将我们自身从本质上理解为犹太人还是非犹太人，理解为贵族还是平民，不过是文化灌输的幻觉。鲍威尔是时代的产儿，所以他没有将相同的分析应用于性别和种族，但是有鉴于他的自我意识观念，他没有理由不这样做。对鲍威尔来讲，将种族或性别视为比自我意识的成员资格更为根本的东西，应当是需要破除的另一个幻觉。

我们借之成为自我意识成员的能力，即我们超越特定身份认同——关于我们的短期目标或长期目标，何种活动或对象具有价值，何种特征最能表现我们之所是的信念的各种描述——的能力。

鲍威尔将会称赞这种实践增益，不过这并非他的关注点。他认为（个别地和共同地）运用这种能力不断地去创造我们自身，即我们实现自身本性的方式。人实现其自身的目的即运用其自由(Fä 175/135)，亦即运用其能力自由地创造自身。

实际上，在一个充满偏见的世界中，超越各种身份认同的能力具有实践价值。强调我们在伦理、宗教抑或文化方面的独特性，这固然是有益的，但由此衍生的暴行却一向异常可怕。作为宗派仇恨的解毒剂，下述普遍信念可能更为可取，即人就其本质而言，既非白人也非黑人，既非克罗地亚人也非塞尔维亚人。

这样的观点必然会面临一些批评。比如埃尔斯特（Jon Elster）认为，一般来讲，"自我实现"并非某种直接追求的目标，而是追求其他目标活动的一种副产品。作为目标，自我实现什么也没有告诉我们，并且其直接的追求将是"自我挫败"[41]。

这里有两点需要澄清。第一，申言致力于自我实现是自我挫败，应当区别于人无法意识到一种活动**是**自我实现的活动，却仍然将之**作为**自我实现的活动的申言。[42]鲍威尔将会希望主体多少经常性地意识到其本性，意识到其活动的意义——意识到当从事特定的活动时，他们实际上是在实现其本性。当然，对于某些活动而言，对自身行为的意识之于行为是一种损害。一个篮球运动员可以投得很准，只要其不去注意自己投得很准（据说一名选手在其"无意识"时才处于最佳状态），自我实现是这样吗？

我认为不是。意识到孩子会为自身的行为感到自豪——比如完成五千米慢跑——不会损害这一行为。类似地，意识到自身处在实现自身本性（不论我们如何理解本性）的过程中，亦不会损害对于自身更为具体目标的追求。自我意识不会损害自我实现。[43]

第二，鲍威尔既容易又不容易受到自我意识的目标是空洞的这一批评的指摘。鲍威尔所运用的是一种客观的自我实现概念，这种概念往往提供关于主体恰当目标的说明。对于大部分客观概念，这种说明规定了相当明确的目标，因而实现自身本质的目标——根据每种概念的理解——往往具有丰富的内容。不过，鲍威尔的客观概念有所不同，他所赋予人的基本目标，仅仅为规定更为特殊具体的目标提供了最低限度的

第 3 章 布鲁诺·鲍威尔

大纲。鲍威尔的全部说法仅在于人自由地创造自身。因而关于空洞性的担忧又回来了。尽管鲍威尔所持的是一种客观自我实现的观念，但是其给予主体的具体引导却微乎其微。

这并不是什么大问题，因为鲍威尔**想**将关于更为具体目标的选择留给个体。由于没有限制是自我意识的重中之重，所以除了选择必须是主体自身做出，而非主体对于自然或习俗或其他东西有权规定其应当做什么这一信念的结果以外，鲍威尔不能为选择制定任何规则。鲍威尔对于更为具体目标的沉默是本质性的。不过这并不意味着鲍威尔式主体不会对目标进行反思。实际上，就实践而言，要想人的选择不是对于文化指令或制度命令的无意识的应用，一定程度的反思可能就是必需的。不过，反思中的绝大部分留给了个体进行判断。个体必须形成其自身关于好的自我创造的标准。鲍威尔的观点事实上并未回答主体应当怎样具体地安排其生活的问题。但是没有疑问的是，这一点恰好将鲍威尔置于自由主义传统之中。

鲍威尔同样还必须处理另一个问题。金里卡（Will Kymlicka）认为，对自由的运用，只有当其被运用于追求善的事物时，才是善的，亦即自由只有当其作为手段而非目的时，才是有价值的。[44]

金里卡实际上提出了三个主张。第一，他指出自由是选择和追求其本身是善的事物的条件，但是只有当我们拥有另外评价善和不善的标准时，自由才能发挥这种作用。[45]这一点是无懈可击的。第二，他认为即便对于自由的运用本身就是有价值的，但对自由的运用并非是唯一的价值。"选择越多越好"是错误的。[46]这一点似乎也是对的。第三，金里卡认为，对自由的运用并非我们"最高的关切"[47]。鲍威尔能够接受第一个主张。事实上，他必须接受它，因为他希望主体选择其特殊的目标。一个主体必须为其自由地选择这个目标而非那个目标提供**某种**理由。我猜想鲍威尔甚至能够接受第二个主张。但是第三个主张是对鲍威尔的直接批判。第三个主张也同样**明确**无误吗？

金里卡论证的问题在于，他从未单独区分并直接证明第三个主张。针对"准存在主义者的观点，我们每天早上起来都应当重新决定我们应当成为何种人"[48]，金里卡做了很好的证明。但是针对准存在主义者的证明所处理的是第二个主张，而非第三个主张。金里卡合并了后两个主张，因为他似乎认为，称某物为"最高的关切"意指某物应当不受限制地加以追求，并且始终凌驾于其他目标之上。这一观点太过强势了。为什么下述条件尚不足以使某物成为最高的关切，或者为了避免关于标签的争论，成为"基本关切"？总体而言在相当程度上满足这一关切的任何生活（抑或如果存在不止一种关切，满足其总体），要好过无法满足这一关切的生活。这一点与其他或更加重要的目标并不冲突。

既然对人的诸多能力的运用本身就是有价值的，那么为什么运用人的能力自由地去选择和追求其目的本身没有价值？金里卡不同意这一说法。他认为"说选择自由有其内在价值表明我们在活动中试图实现的价值是自由，而非内在于活动本身中的价值"[49]。这是针对第一个主张的证明。运用自由意指选择一个我们认为有价值的目标。我们因此必须拥有某种关于何为有价值的独立标准。不过我没有看出，为什么这会表明运用自由不能**同样**有其价值。难道我不能在追求一个目标本身的同时，发现自由选择和追求这一目标的过程**也**是有价值的吗？据说恺撒（Caesar）途经野蛮人的一处贫困村落时，曾这样说道，"对我来讲，我宁愿做这些人的领袖，而非罗马的副手"。这表明对于某些人而言，权力和地位是更有价值之物，比起作为追求其他善的手段，对其本身的运用更有价值。[50]我看不出有什么理由可以断言，选择的自由不能像因其作为善的手段一样，因其本身而具有价值。

真正的问题不在于对自由的运用本身是否有价值，而在于是否应当将对自由的运用置诸我们价值等级的上位。也许这样做是错误的。但是相信下述说法丝毫没有荒谬之处，即一种经常出错的自由选择的生活，要好过一种包含非选择的，但却真正有价值的活动、关系和对象的生活。

鲍威尔没有探讨这些主题，再做更进一步的讨论有脱离文本之虞。金里卡将会批判鲍威尔，因为鲍威尔代表了自由主义的一支。共同体主义将会批判鲍威尔，因为鲍威尔认为自我不受**任何**先在自我描述的限制。他们在这样做时可能是对的：因为乍看之下，鲍威尔的主张在心理学上是不可信的。不过，此处鲍威尔仍然身处自由主义的传统之内，即便是身处这一传统的最外围。有趣的是，最近有人支持鲍威尔的立场。在描述其"极端自由主义"（superliberalism）时，昂格尔（Roberto Unger）指出其政治目标在于"对人格之无限性的意识……对自我不断超越其所建构的有限想象世界和社会世界之力量的意识"[51]。

简言之，鲍威尔的自由主义虽然极端，却是可以识别的。其基本的主张——对自由的运用（被定义为持续自我创造）是最有价值的——无疑需要许多（未曾给出）的维护，但这种主张既非荒诞不经，亦未将鲍威尔推出智识的边界。

除了是一名极端自由主义者之外，鲍威尔同时还是一名极端共同体主义者。他申言主体对于人类的认同，可以到达将其他所有人的创造物视为自身创造物的地步：凭借我们共同的自我意识成员身份，我能够将吉尔或杰克的成就视为我自身的成就。为了理解鲍威尔所做的这一申言，我们可以拓展富特（Philippa Foot）的下述论点：一个主体只有相信其与某物之间存在某种特定的联系时，才能够对之引以为傲。富特写道：

> 比方说，设想这样一个提议，某人可能会对天空和海洋引以为傲：他看着它们，感到**自豪**，抑或他得意扬扬，**自豪**地指着它们。只有当对其信念做一种特殊的假定，比如他处于某种疯狂的错觉之下，相信他曾使天空免于堕落，海洋免于干涸，这一点才能讲得通。自豪的典型对象是（1）以某种方式被视为人自身的对象，并且这种（2）对象被视为某种成就或利好；缺少这种对象自豪是无法被描述的。[52]

因而，主体确实能够对单纯由其所属团体全员做出的"他们自己的"成就感到自豪。设想一名棒球投手，其球队在本垒打联盟中名列前茅，他本人未得一分，但是他仍能为球队的成就感到自豪，并将之看作他自己的成就。他可以很自然地谈论"我们有力的一击"，或者在季后庆功宴上自豪地宣称，"我们打破了季赛本垒打的纪录"。如果他讲"我的队友打破了纪录"倒是显得很奇怪，因为这表明他没有将自己视为球队的一员。球队全员（team membership）这一说法往往含有将球队人格化为一个存在者的潜在意涵，所有人仅作为球队成员（team members）对其成就做出贡献。

当然，球队的成就可以被分解为个体的成就。也许只有十二人击出本垒打。我们可以说这十二人打破了纪录。问题在于，团队成员确实经常且相当合理地将团队的成就视为自身的成就。

鲍威尔所诉诸的是一种常见的心理认同。毫无疑问，认同作为整体的类，要比认同所属的球队，认同所支持的球队，认同所属的国家难得多，但是这种类型的人道主义在鲍威尔时代，却是稀松平常的事情。此

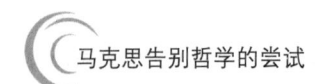

外，与费尔巴哈一样，鲍威尔清楚地意识到认同类在实践上的困难。这是他批判宗教和市民社会的关节所在：他认为在日常生活中，主体的行为是基于将自身与其他主体相分离而非相联合的信念和动机，基于掩盖了他们在自我意识中的共同成员身份的信念和动机。对于主体为什么很难与类相认同到鲍威尔所希望的程度，我认为这是一个缺乏说服力的解释。不过，即便承认鲍威尔对于我们与团体相认同的能力范围采取了极端乐观的立场，这也并不是最为糟糕的哲学过失（少数并不那么极端的思想家，比如穆勒[J. S. Mill]也有相同的过失；参见第 1 章第 3 节）。

我试图以两种方式将鲍威尔通俗化，并且我在本章陈述总体上侧重于重构其政治主张而非其形而上学主张，但鲍威尔并不是那么容易驯化的，其极端政治主张的背后存有一种极端的形而上学主张，自我意识被说成了"所有"（Po 63/111）。不过，除了自我意识，自然难道就毫无实在性可言？人是否同样屈从于自然限制？

对于黑格尔体系来讲，自然世界的地位问题是一个传统的难点，并且对于任何一个将自由定义为主体摆脱所有外部限制，力图实现自由的方案来讲，也将是一个难点。在这一方案面前，鲍威尔并未退缩。（当然，如果要说有什么区别的话，鲍威尔的自我意识事实上要比黑格尔的精神[Geist]更少受限制。）[53]独立于自我意识，同时限制自我意识的物质世界的必然性存在被否定了。鲍威尔似乎认为自我意识真的是，或至少将会是完全自由和自我创造的。

这里为了帮助鲍威尔，我们可以尝试解除其形而上学的武装。诸多论述自我意识之威力的段落，可以被理解为修辞学上的夸张，用来使我们认识到人们实际上能够（共同）改变的世界范围有多大。比如，紧接在这样一个形而上学段落之后的说法是："因此，哲学变成了对于现存秩序的批判。"（Po 82/128）[54]这一说法的首要目的在于争取下述承认，现存秩序能够被改变，并且其需要改变的部分应当被批判。此外，比如接在"人作为人（Der Mensch ... als Mensch）并非是自然的产物，而是其自身自由的作品"（ECh 138）这一断言后面的，是不太浮夸的陈述：人不是自然天生的，而是教育陶冶而成的。一般来讲，鲍威尔关于克服限制的说法，可以被解读为只有当人挑战并克服自然所施加的限制——只有当其发展自身时，人才真正成为人，真正成为自由人。此处人作为整体在下述意义上将是不受限制的，类能否共同地在时间进程中克服诸多所谓的对人的限制,尚是一个悬而未决的问题。最后,以鲍威尔关于**哲学**错误的断言为例,哲学将人视为"仅仅在人类学上被自然决定的主体,而……忽视了其本于民族精神的更高使命,以及其在历史、艺术和科学中的自由的自我决定"(ECh 162)。这一说法可以被解读为只是一种矫枉过正(correcting one overemphasis by another)。鲍威尔对**哲学**错误的强调,不必意指人没有作为自然造物的低位身份。

动员主体进行有意识的变革行动,这一关注点对于1844年之前的鲍威尔当然也极为重要。不过鲍威尔终归是一名形而上学家。他确实相信,在作为自我意识之体现的人类历史进程之外,无物存在(J 83-84/88; Syn Ⅱ, 160)。可以确定的是,鲍威尔认为自我意识的立场不是个体作为个体的立场。当采取自我意识立场时,批判家超越了其经验性处境(ECh 94)。处于批判家立场,他放弃了任何与将自身视为自我意识之体现相抵触的自我描述。批判性自我与深陷于特殊性之中的经验性自我是截然不同的。鲍威尔始终深信他只是自我意识的代言人,他从未认为作为布鲁诺·鲍威尔的自己不只是代言人。

然而,形而上学的论点仍然被保留了下来。鲍威尔指出,"科学将自我意识提升到了如下立场,在其中自我意识既是世界的自我意识,同时亦将自身理解为万物的本质"(ECh 129)。此外,鲍威尔还强调"自我意识与自然的统一"(ECh 161;一并参见 Syn Ⅱ, 160-161,鲍威尔在此处指出,自我意识同时是"自然的死亡"与"复活")。[55]

鲍威尔几乎从未尝试将这些主张具体化与明晰化——更别说合理化。他宣称这些主张要么对于批判性心灵是自明的,要么是哲学上有教养的人应当已经消化的结论。这些主张源自黑格尔,虽然其与黑格尔并不完全相同。公允的评价应当首先从黑格尔开始,然后再转到鲍威尔的主张和证明,以及其与老师之间的区别。鲍威尔只能被置于这样的背景之中。[56]鲍威尔是这样一种唯心主义,其允许个体现实地将自身视为无所不在,只要个体采取马克思和恩格斯所戏称的"批判的批判者"立场(DI 33/47;《形态》节选本,第29页)。

注 释

[1] August Cieszkowski, *Gott und Palingenesie* (Berlin, 1842), 93;转引自 McLellan, *The Young Hegelians and Karl Marx*, 70。

[2] 关于鲍威尔的观点在19世纪40年代中期是否发生过根本性的转变,学界

对此存有争议。重点可参考 McLellan, *The Young Hegelians and Karl Marx*, 48-82; Hans-Martin Sass, "Nachwort," in Hans-Martin Sass, *Feldzüge der Reinen Kritik* (Frankfurt: Suhrkamp Verlag, 1968); Horst Stuke, *Philosophie der Tat* (Stuttgart: Ernst Klett Verlag, 1963), chap. 1。关于这场争论的概观,可参见 Zvi Rosen, *Bruno Bauer and Karl Marx* (The Hague: Martinus Nijhoff, 1977), chap. 2。鲍威尔的政治立场无疑是变了,没有变的是他对于**所有**幻觉的持续洞察,而这正是我所强调的特征。

[3] Joseph Conrad, *Heart of Darkness* (New York: New American Library, 1978), 151. 事实上,如果鲍威尔有一个文学上的第二自我,将会是丁尼生(Tennyson)笔下的尤利西斯(Ulysses),丁尼生在1842年写道,"我不能停止跋涉,我将饮尽生命之杯",好像两者没有区别一样。鲍威尔永不停歇的"自我意识"堪称哲学版的尤利西斯。

[4] 鲍威尔并非是青年黑格尔派中将真理和极端相连的唯一成员。费尔巴哈在1844年曾指出,"只有最终最大的限度,只有**极端**,才始终是真理"(WGL 356/36)。

[5] 参见 Rosen, *Bruno Bauer and Karl Marx*, 105-106。一并参见 Stuke, *Philosophie der Tat*, 138, 140。

[6] 在《莱茵报》的一篇文章《德意志民族》(Die deutschen "Nationalen")中,鲍威尔明确反对民族沙文主义。

[7] Hegel, *Werke*, 12: 30; *Reason in History*, 23.

[8] 鲍威尔引证了费尔巴哈《本质》中的说法(参见 WC 37/3;《本质》,第31页)。

[9] 由于普鲁士不承认其对福音书的解读是学术性的(认为其是政治性的、神学性的),鲍威尔自身的大学执教生涯因而被腰斩。鲍威尔的文本总是透露出这样一种深层信念,他鲍威尔处于理性尚未企及的最前沿。因而在失去了任教于普鲁士大学的资格之后,正是为了保持这一点,鲍威尔写作了《自由的正义事业和我自己的事业》(*The Good Cause of Freedom and My Own Affair*)一书,对他而言,自身的遭遇代表了理性和自由发展的下一步。一点也不奇怪的是,左右两边的反对者都将鲍威尔嘲笑为显见的自大狂。比如,可参见马克思在《神圣家族》中对于"世界的批判救世主"所做的讨伐(DhF 113/107)。

[10] 参见 Hegel, *Werke*, 7: 394-395; *Philosophy of Right*, 270-271, §252。关于这一论题,可参见 Hardimon, *Hegel's Social Philosophy* (Cambridge: Cambridge University Press, 1994), 197-204, 以及 Wood, *Hegel's Ethical Thought*, 239-241。

[11] 参见 Hegel, *Werke*, 7: 341-342; *Philosophy of Right*, 222-223, §185, Remark。一并参见 Wood, *Hegel's Ethical Thought*, 240。

第 3 章 布鲁诺·鲍威尔

[12] 鉴于鲍威尔同样认为"同业公会"在市民社会中可以发挥现实作用,他对市民社会的敌意并没有走向极端(J 9/JP 193)。

[13] 参见 Toews, *Hegelianism*, 89-94。

[14] 对于鲍威尔所谓"自我实现"型伦理学说的优秀论述,可参见 Wood, *Hegel's Ethical Thought*, chap. 1, §8。

[15] 转引自 Rosen, *Bruno Bauer and Karl Marx*, 91。鲍威尔在 SZ 9 中同样使用了宗教是鸦片的比喻。关于他和马克思对这一比喻的使用,可参见 Rosen, *Bruno Bauer and Karl Marx*, 91, 140-141。

[16] 宗教代表了"人的所有关系和所有努力的普遍本质",但是其所呈现的、所圣化的却是这些关系和努力的"颠倒了的""丑化了的"本质,而非其真正的本质(SF 217)。宗教世界并不单纯是现实的人的世界的遮蔽,而是对人的世界的遮蔽和歪曲。正如麦克莱伦所指出的那样,对于鲍威尔,"上帝或许是人的造物,但这是一种次人(subhuman)的上帝"(*The Young Hegelians and Karl Marx*, 65)。

[17] 关于证成某种规范的意识形态,以及给出不反抗这种规范之理由的意识形态之间的区别,可参见 Geuss, *The Idea of a Critical Theory*, 15。

[18] 转引自 Stuke, *Philosophie der Tat*, 160。

[19] 鲍威尔认为,关于个体的褊狭判定,仅仅基于个体是某一团体(比如某一宗教派别,生物学血统)的成员身份,亦即未曾证明具有某种特性与作为此一团体成员之间的关系,便赋予个体这种特性。鲍威尔对于特权的批判,就是对于个体基于其团体成员身份所享有的,未经理性证明的优势的批判。这种特权是偏见的产物,因为关于特权是合法的这一判定,假定了未经证明的前提——团体成员身份与赋予这种优势合理权利的某种特性之间的关联。

[20] Hegel, *Werke*, 7: 420, 417; *Philosophy of Right*, 294-295, 292, §270, Remark.

[21] Hegel, *Werke*, 7: 425; *Philosophy of Right*, 299, §270, Remark.

[22] Hegel, *Werke*, 7: 417n; *Philosophy of Right*, 292n; §270, Remark.

[23] Hegel, *Werke*, 7: 421n; *Philosophy of Right*, 295-296n; §270, Remark.

[24] Hegel, *Werke*, 7: 420-421; *Philosophy of Right*, 295, §270, Remark. 对于这样的宗派,黑格尔建议予以宽容,这其中包括"依据信仰甚至于不承认对国家负有直接义务"的宗派。*Werke*, 7: 420-421, 421n; *Philosophy of Right*, 295, 295n, §270, Remark.

[25] 参见 Toews, *Hegelianism*, 253。

[26] Hegel, *Werke*, 7: 346; *Philosophy of Right*, 227, §189.

[27] Hegel, Werke, 7: 382; *Philosophy of Right*, 260, §231.

[28] 鲍威尔在《号角》(*The Trumpet*)中讨论了黑格尔在《法哲学原理》

(*Philosophy of Right*) 第 270 节中关于政教关系的 10 页附释。鲍威尔完全歪曲了黑格尔的说法,将黑格尔所谓的宗教和国家的形式区分,转变为内容上的根本对立:宗教是特殊性,国家是普遍性(参见 Po 123-125/167-168)。

[29] 鲍威尔甚至认为,犹太人作为高利贷者在道德方面所扮演的不良角色,至少在部分程度上是犹太排他主义的结果。鲍威尔承认,法律壁垒无疑将犹太人隔绝在其他贸易之外,但是他认为犹太教的内在分离性使得犹太人仅适合从事诸如高利贷之类与社会整体需要完全无关的活动(J 9/JP 193)。市民社会的那些等级和同业公会之所以将犹太人排除在外,是因为其成员不仅关心自身,而且关心"社会一般的需要"(J 8/JP 192)。这些组织可以超越利己主义和分离性。鲍威尔想问的是,一个肯定其利益与更大的社会不同的民族,能否"在这些组织中采取一种真实的、诚挚的姿态"(J 9/JP 193)。鲍威尔从不认为,他关注犹太教而非贵格会或再洗礼派的重宗教法而轻国家法立场,仅仅是一种偏见的反映和表现。

[30] 关于这一点,可参见对于法国安息日辩论的进一步讨论,J 70-72/73-74。

[31] Sass, "Nachwort," in *Feldzüge der Reinen Kritik*,257. 麦克莱伦的看法与此相同(参见 *The Young Hegelians and Karl Marx*,52)。一并参见 Stuke,*Philosophie der Tat*,134ff。

[32] 本段和下一段,曾受到罗森(Rosen)的极大启发,参见 Rosen,*Bruno Bauer and Karl Marx*,46-48。

[33] David Friedrich Strauss,*Das Leben Jesu*(Tübingen:Verlag von C. F. Osiander,1835),iv- vii;*The Life of Jesus*,trans. George Eliot(London:Chapman, Brothers,1846),ix- x。

[34] 参见 Rosen,*Bruno Bauer and Karl Marx*,47。

[35] 从这方面切入讨论鲍威尔的著作,可参见 Stuke,*Philosophie der Tat*,186。

[36] 鲍威尔 1844 年的文章《什么是当前批判的对象?》(Was ist jetzt der Gegenstand der Kritik?)中的一些评述,表明了确认鲍威尔立场的困难。鲍威尔在文章中宣告了其与政治的决裂。他批评了早先的批判阶段(似乎是指 1841 至 1843 年这段时间),因为那时强调重心在于实践,但他现在认为这等于是回避了"科学冲突"(GK 202)。这说明我的解读是正确的:1843 年的鲍威尔并不看重这样的冲突。但是,《什么是当前批判的对象?》中并没有比早先论战更为"科学"的因素。

[37] 鲍威尔作为一名青年黑格尔主义者,这样评价黑格尔的著作:"不论是黑格尔的讲演录……还是他的其他著作,都并非不可理解,这些著作并没有将智识之士拒之门外,考虑到黑格尔与学术教育和世俗教育并不隔膜,则更是如此。理解黑格尔,与理解任何一门严谨的科学几近相同,所需要的只是勤勉和坚持,消化吸收一些并不完全陌生的新术语"(MH 437)。

[38] 关于谁将实施"此一行动"的问题,可参见 Stuke,*Philosophie der Tat*,

173; Rosen, *Bruno Bauer and Karl Marx*, 119。

[39] 这一点，鲍威尔的弟弟埃德加（Edgar）阐发得最为清晰不过：批判"不再以观念对抗观念，而是让人进入这样的领域，以人对抗人"。其如今不再在理论"驳斥"中寻找其力量的证明，而是在"其所施行的实践力量"中寻找证明。参见 Edgar Bauer, "*Geschichte Europas seit der ersten französischen Revolution* von Archibald Alison, deutsch von Dr. Ludwig Meyer," in *Die Hegelsche Linke：Dokumente zu Philosophie und Politik，im deutschen Vormärz*, ed. Heinz Pepperle and Ingrid Pepperle, (Frankfurt am Main：Röderberg-Verlag G. m. b. H. , 1986)，526-527。转引自 Stuke, *Philosophie der Tat*, 172。斯图克（Stuke）认为布鲁诺·鲍威尔处理理论向实践转变的方法中，存在着"寂静主义"（quietism）和"唯意志论"（voluntarism）的张力（参见159-178页）。鲍威尔一方面以他似乎是历史的仆人的姿态进行写作，这种历史的必然洪流，势将冲毁一切与自我意识不相匹配的制度（SF 225）。另外，（即便是在同一文本中）又有对于理论力量的高度评估。理论必须"无情地"扯碎"加诸我们心灵之上的偏见、束缚和镣铐"（SF 209）。我认为斯图克所谓上述张力并不存在。人们可以相信历史有其必然的目的，同时将理论的运用视为达到此一目的之进程的组成部分。事实上，由于这里的目的在于自我意识的自由，而自我意识必须解放自身，并且只有通过现实的人的努力才能做到这一点，所以理论的活动是获得这种自由的必要条件。

[40] 参见 Rosen, *Bruno Bauer and Karl Marx*, 123。

[41] 参见 Jon Elster, *Sour Grapes* (Cambridge：Cambridge University Press, 1987)，100; *Making Sense of Marx* (Cambridge：Cambridge University Press, 1985)，523。

[42] 我并未将后一种说法归给埃尔斯特。

[43] 从事一些活动，当然要求一段时间内的专心致志。在这样的情境中，人们对于活动之自我实现价值的意识，有可能是间歇性的，抑或只是一种背景性的意识。所以可能会有这样的冲突，但只限于专心致志与意识到别的东西相冲突这一点。自我实现并未导致任何特殊的困境。

[44] 参见 Will Kymlicka, *Liberalism, Community, and Culture* (Oxford：Oxford University Press, 1989)，47-50。

[45] 同上书，13。

[46] 同上书，49。

[47] 同上书，12。

[48] 同上书，49。

[49] 同上。

[50] 恺撒的评论转引自 Plutarch, in *The Lives of the Noble Grecians and Romans* (New York：The Modern Library)，861。

[51] Roberto Unger, *The Critical Legal Studies Movement* (Cambridge：Harvard University Press，1983)，26. 鲍威尔同样也会同意昂格尔另一条纲领性的论断："为了构想并建立一个真正不再受制于派系倾轧绑架的国家，一个真正克服了拙劣脆弱的层级和等级之背景体制的社会，我们也许需要改造现存制度秩序的每一个方面"（30）。

[52] Philippa Foot，"Moral Beliefs," in *Virtues and Vices*（Berkeley and Los Angeles：University of California Press，1978），113-114.

[53] 在写给卢格的一封书信中，鲍威尔宣称，"必须完全克服实体"（《鲍威尔致卢格》[Letter to Arnold Ruge]，转引自 Rosen，*Bruno Bauer and Karl Marx*，50）。不同于黑格尔在其《精神现象学》（*Phenomenology*）序言中的名言，"在我看来……不仅把真实的东西或真理理解和表述为**实体**，而且同样理解和表述为**主体**"（*Werke*，3：22-23；*Phenomenology*，9-10）。在鲍威尔那里，"同样"一词似乎消失不见了。总之，与黑格尔不同，鲍威尔几乎毫无与现实和解，承认现实合理性的冲动。相比于黑格尔，鲍威尔的观念要主观得多。

[54] 接下来是："实体，自我肯定，曾经是现实的基础，直接统治现实，并将自身表现在外在的法律之中。精神[*der Geist*]因而并不是完全自由的。但是如今知识获得了解放，精神和其相应的规定业已采取了新的形式——自由的形式和自我意识的形式"（Po 82/127-128）。

[55] 我这里的引用曾受到加斯科因（Gascoigne）的启发，参见 Gascoigne，*Religion，Rationality，and Community*，94。

[56] 关于鲍威尔与黑格尔关系的精要讨论，可参见 McLellan，*The Young Hegelians and Karl Marx*，51-55。

第4章　1844年的马克思（上）：自我实现

自本章起，我将考察马克思1844年至1846年的主要著作。我的核心关注点在于马克思对资本主义所做规范性批判的性质。其中我将仔细考察马克思对于这样一种批判的证成过程。这意味着我将考察他的哲学观念。我认为马克思对特定哲学问题和哲学方法的敌意，给其规范性批判的证成带来了一个难题。在考察此一时期文本的过程中，我将着重关注那些或许可以被视为马克思解决此一难题之前后相续的，但（在我看来）从未取得成功的方法。应当指出的是，这里并没有说马克思曾经有意识地试图解决这一难题，而是说就能否提供解决这一难题的方法而论，考察马克思的这些文本将是有益的。

在本章和后续两章中，我将讨论1844年的马克思，亦即《穆勒评注》和《手稿》中的马克思。本章我将首先讨论1844年马克思的共产主义概念。我将考察他的下述观念：在共产主义社会中，一般而言，人将怎样与其劳动产品相关联，怎样与彼此的满足和彼此的成就相关联，以及怎样与物理对象相关联。在相当大的程度上，这些部分将处理马克思所描述的作为"强势共同性存在"（strongly communal beings）之共产主义者的诸多方面。随后我将考察1844年马克思对于我所谓的"人的自我实现活动"（human self-realization activity）（在后续的章节中我有时也称之为"人的本质性活动"[the essential human activity]）的论述，1844年的马克思将这种活动视为人的特有活动，更为重要的是，他认为对于这种活动的恰当践行，构成了主体实现其（人的）本性的关键。

我在第 3 章强调了鲍威尔的极端个体主义与极端共同体主义观念。鲍威尔认为同时关注个体主义与共同体主义并不矛盾。在这一点上，许多著作家与鲍威尔看法相同。但是，几乎所有其他著作家都是借助对个体关注的范围进行限制或对共同体关注的范围加以限制，才得以实现两者之间的相容的。鲍威尔的极端性体现在其拒绝采取任何一种诸如此类的限制。在某种程度上，1844 年的马克思也是这样的极端。不过，马克思却对个体选择实现其（人的）本性的自由做过某种限制。对于能够实现人的本性的活动的类型，马克思持有相当特别的看法。通过考察不同主体在恰当条件下践行此类活动时彼此之间的互动，我们可以挖掘出 1844 年马克思独有的共同体结构观念。这是第 5 章的主题。

我业已证明，费尔巴哈希望主体放弃宗教和哲学，"皈依"（convert）一般的物质生活。第 6 章我会再次探讨这一主题。马克思所抱持的相似的愿景，有助于生成我所谓的证成难题的第一个版本。它关乎马克思能否在保持观念一贯性的同时，证成人的自我实现活动概念。由于马克思认为资本主义阻碍了这种活动的恰当践行，所以证成难题就等于马克思能否在保持观念一贯性的同时，证成对于资本主义的一种特殊的规范性批判，亦即资本主义阻碍了主体对其本性的实现。

1. 类存在：产品

1843 年，马克思在《德法年鉴》（*Deutsch-Französische Jahrbücher*）上发表了三篇文章。[1] 在这些文章中，马克思明确表达了其对于资本主义作为一种社会组织形式的敌视，不够明确的是构成这种敌视之基础的规范性信念。在《德法年鉴》的文章中，马克思对资本主义做了两种不同的批判：一种批判针对的是资本主义运转所带来的一般后果，另一种批判指向资本主义所导致的活动类别和生活类型。第一种批判表现在类似下述的说法中：资本主义造就了一个制度性贫困的阶级，其命运在资本主义之下无望获得改善（KHE 390-391/186-187；《导言》，第 213-214

第 4 章　1844 年的马克思（上）：自我实现

页）。第二种批判体现在诸如下述主张中：为获利而进行的买卖是"人的自我异化［*Selbstentfremdung*］的最高实践表现"①（ZJ 372/170；《论犹太人问题》，第 192 页）。

第一种批判认为资本主义直接导致了坏的社会状况。无望改善的贫困对人而言显然是坏的。如果资本主义使得大多数人陷于这样的命运，这显然是资本主义的一大问题。

第二种批判与此不同，因为为获利而进行的买卖行为并非显然是坏的。"在**市民社会**中"，马克思声称，人"作为**私人**（*private individual*）而活跃着，将他人视为手段，同时将自己贬低为手段，最终变成异化力量的玩物"②（ZJ 355/154；《论犹太人问题》，第 173 页）。不过，对市民社会的状况另作描述亦是可能的——比如肯定个体相对于所有人为障碍和自然障碍的胜利，抑或肯定其通过自身的努力，对于自身目标的实现。为什么马克思的贬损性描述应当具有优先性，这一点尚不清楚。

类似的问题，同样出现在马克思《德法年鉴》的文章《论犹太人问题》针对鲍威尔所做的论争中。马克思申言，鲍威尔所欲求的现代国家把个体分成了两个部分：市民社会中的利己性存在和仅限于政治社会中的共同性存在（ZJ 355/154；《论犹太人问题》，第 173 页）。此外，与鲍威尔的信念不同，马克思认为在现实的现代国家中，政治社会被构建用以促进市民社会的运转。鲍威尔希望政治社会控制市民社会。他希望主体的共同性本性控制其利己性本性。马克思指出，实际情形恰好相反：在现实的现代国家中，主体的共同性本性从属于其利己性本性。马克思此处关于现实国家的说法有其问题，不过对于我们的目的来讲，这些问题暂且可置诸不论。[2] 对于我们而言，此处的问题同样在于，马克思对这一现象的描述是贬损性的。不过，此处同样有可能做出与之不同的描述。许多著作家会把国家从属于市民社会这一现象，描述为个体的解放，个体终于获得不受阻碍地发展自身的机会。并非所有人都认为市民社会所培育的生活类型是

---

① 引文有改动。中文版是"人的自我异化［*Selbstentfremdung*］的**最高实际**表现"。——编辑注

② 引文有改动。中文版是"作为**私人**进行活动，把他人看作工具，把自己也降为工具，并成为异化力量的玩物"。——编辑注

坏的。

马克思认为主体共同体性本性的萎缩**是**坏事，主体交换各自所生产的产品以求获利也是坏事。他认为，即便撇开资本主义所带来的有害经济状况不论，在某种深层意义上，资本主义亦与人的本性相冲突。与人的真正生活（proper life）相冲突。问题在于，对于某些人的本性概念来讲，马克思所举证的资本主义生活现象，至少一部分事实上不会被视为是坏的。马克思需要一种关于人的本性的概念，以及与这种本性相匹配的生活概念，以便证明资本主义是坏的。

某种"善好生活"（good life）概念——具体而言，与人的本性相一致的生活概念——可由马克思1844年的著作析出，即可由《穆勒评注》和《手稿》中析出。这一概念有其内在张力，且有时模糊得令人沮丧，但是其内容足以支撑其所激起的大量讨论。如果能被接受，这一概念确实能够证明资本主义与人的本性是相冲突的，能够为一种规范性批判提供基础。

大多数评论家认为——我认为他们是对的——马克思（与鲍威尔一样）在这些文本中给出了关于人之善好（human good）的自我实现式论述。[3]对于1844年的马克思来讲，主体与其他主体之间，与世界之间拥有特定的关系，并且最为重要的是，在适当的条件之下，主体从事一种可以实现其（人的）本性的特殊类型的活动——在适当的条件下运用人的特殊（马克思所认为的本质性的）能力——这样的生活将是人的善好生活。在本章和下一章中，我将对这些关系和活动加以具体说明，以呈现1844年马克思的人本性观念。[4]

在阐发马克思关于自我实现的论述时，评论家们倾向于关注全面发展的共产主义个体对其多种能力的运用："**人**需要有总体的生命表现"①（ÖpM 544/304；《手稿》，第90页）。这是对的，因为马克思认为，借助于从事特定种类的活动，主体将不仅实现（在共产主义下）其自身作为人的本性，而且同时实现其作为个体的本性。某种特殊类型的活动适合于实现其类本性（species nature），而通过从事其自认为最为适合的那些活动，主体将实现其作为个体的本性。

因而，强调共产主义个体多种多样的活动并没有错。不过，这种强

---

① 引文有改动。中文版是"**需要有总体的人的生命表现的人**"。——编辑注

第 4 章 1844 年的马克思（上）：自我实现

调却忽视了重要的东西，忽视了不同共产主义个体之间关联的强度。评论家们业已认识到，对于马克思而言，主体要想实现其作为个体的本性，需要实现其作为人类成员的本性。这通常被解读为：不同的主体之间或许共享了一些个体目标，或许拥有一些互补性（complementary）的乃至和谐性的个体目标（这似乎是说，除了能够带来物质互利以外，互补性本身就是一种善），抑或主体之间拥有构成其个体善之组成部分的相互关爱（mutual affection）。[5]

在我看来，这些申言与马克思的说法并不矛盾。但是，如果不直接搞清楚我们的共同性身份认同（communal identity）对于马克思的作用，那么这些申言就无法得到充分发展，就会原地打转。评论家们倾向于将我们作为共同性存在之本性的实现，仅仅视为我们单纯作为个体目标之实现的追加成分，即我们不仅拥有许多与他人不相关的目标，除此之外，我们还拥有一些与他人共享的目标、互补的目标，抑或相互的关爱。不过，这种说法忽视了 1844 年马克思的下述思路：在一个共产主义共同体中，如果个体不能承认和肯定自身是共同体的一员，那么任何个体目标都将无法得到实现。

在阐发马克思 1844 年的共同体论述时（本章和下一章），我将较少提及人的能力的多样化运用构成了人的善好生活的组成部分这一观点。虽然这一观点需要做一些限定，才能符合 1844 年的马克思的说法，但是总体而言，这一观点已经得到了充分的讨论。[6]与之相比，对于 1844 年共同体观念的讨论，则显得不够。

马克思指出，人是一种"类存在"（ÖpM 515/275；《手稿》，第 56 页）。他认为人因此将人类"当作"自己的"对象"，人"把自身当作现有的、有生命的类来对待"（ÖpM 515/275；《手稿》，第 56 页），并且人"把类看作自身的本性［Wesen］"①（ÖpM 517/276；《手稿》，第 57 页）。评论家们对于这些说法和其他一些说法曾做过许多解读，具体如下：

（1）作为个体的人知道存在自然物种意义上的人类，如同其知道存在自然物种意义上的马类一样。

（2）作为个体的人意识到自身是人类的一员，意识到自身是过

---

① 引文有改动。中文版是"把类看作自己的本质"。——编辑注

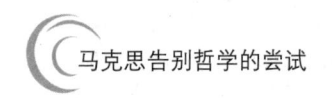

去、现在和未来人类的一员。

（3）作为个体的人意识到其所过的生活在下述意义上是一种人的生活，即不论这种生活在内容方面与其他人所过的生活有怎样的不同，这是一种只有人才能过的生活。[7]

（4）人共同生活在群体之中。

（5）人倾向于借助互相依赖的活动而生存。

（6）通过共同行动以满足生理需要，人发展了与其他动物不同类型的能力和需要。[8]

当把人视为类存在时，马克思心中所想到的可能是上述某些说法，也可能是上述所有说法。不过，上述清单遗漏了非常重要的一点，因为马克思曾经指出，资本主义社会中的劳动异化使得个体与其类存在相异化（ÖpM 517/277；《手稿》，第58页）。这至少可能是说，人作为类存在的某种属性或某些属性，并未被理解为人的属性，抑或这些属性在某种程度上是资本主义社会中的劳动者无法获得的。然而，（1）至（6）所表现的显然是资本主义社会的情况。并且（1）至（5）所关注的说法，即便处境贫困、地位低下的劳动者也熟知无疑，因为劳动者将会乐于承认其所说的是真理。虽然（6）较为晦涩难解，但是在资本主义社会中忽视这一条不仅并非绝对不可能，而且这对于在资本主义社会中做一名劳动者也并没有什么显著的影响。如果成为类存在仅仅包含（1）至（6），那么我们就很难看出资本主义怎样使得我们与类存在发生异化。

（1）至（6）未曾表明，个体怎样从根本上与人类相认同（identify）（如同在鲍威尔那里，我们将与自我意识相认同），抑或在共产主义社会中个体将怎样与人类相认同。上述6条都可以是正确的，主体可以理解其真理性，但是主体仍然可以不以所需的方式与类相认同。（1）至（6）对于主体的生活来讲，可以只是不具有重要意义的纯粹事实。但是很显然，对于1844年的马克思而言，人类的成员身份（membership）却具有这样的重要意义。

一些评论家发现，对于马克思来讲，主体一向意识到自身是类的组成部分。伍德指出，"我认为这是马克思的观点，一定程度的类意识构成了每个人与世界进行实践性互动的要素，即便这种意识的内容尚未在理论层面得到澄清"[9]。不过，这既没有解释清楚这种意识在共产主义

第 4 章 1844 年的马克思（上）：自我实现

社会日常生活中所发挥的作用，亦没有明确资本主义社会的具体不足之处。在本章的后续部分以及下一章中，我将勾勒马克思所谓的个体从根本上与类相认同（identification）观念的基本要素和推论。

作为类存在，人的能力以及运用这些能力所生产的产品，并不限于人作为个体所拥有的能力和产品，而是指作为整体的类所拥有的能力和产品。

马克思的这一信念，体现在其对异化劳动第一方面的描述中。他指出劳动者"对**劳动产品**这个异己的、统治着他的对象的关系。这种关系同时也是劳动者对感性的［*sinnlichen*］外部世界、对自然对象——异己的与他敌对的世界——的关系"①（ÖpM 515/275；《手稿》，第 55 页）。在资本主义条件下，劳动者和感性外部世界的关系，与劳动者和其所生产的产品之间的关系是一样（异化）的。

对此可以有两种可能的解读。第一种解读认为，人与感性外部世界之间的关系，可以解释为人与"异己"物、"敌对和对立"物之间的内在固有——即便在共产主义下亦是如此——关系。资本主义将我们与自身产品之间的关系——共产主义下将会与之不同——转化为一种相应的异化关系。依据第二种解读，我们与感性外部世界之间的关系，不是与"异己"物和"敌对"物之间的内在固有关系。资本主义不仅败坏了我们与自身产品之间的关系，而且败坏了我们与感性外部世界之间的关系。

在我看来，第二种解读似乎更为准确。马克思明确指出，劳动者与其产品之间的关系不仅是坏的，而且是不必要的。因而其与感性外部世界之间的关系同样是坏的且不必要的。如果这种关系是不必要的，那么第一种解读就不可能是对的。如果这种关系是坏的，那么第一种解读将迫使马克思把人与外部世界的内在固有关系，尤其是人与自然世界的内在固有关系视为坏的——这种看法毫无文本支撑。[10]

马克思认为，劳动者与感性外部世界之间的关系，与其所生产的对象之间的关系是一样的。作为同一种活动的结果，两者均变成了异己性的和敌对性的。这种活动即资本主义下生产对象的活动。因而人与感性外部世界之间的异化，就其方式而言，与人同其劳动产品之间的异化——实际上是人与作为其劳动产品的感性外部世界之间的异化——是

---

① 引文有改动。中文版是"工人"，而不是"劳动者"。——编辑注

一样的。

评论家们对下述申言抱持怀疑是合理的，即作为整体的自然业已被人的活动所改造（人"在他所创造的世界中直观自身"[ÖpM 517/277；《手稿》，第58页]），自然因而是人的劳动的产物。[11] 此处通过让步，我们可以得到两条较为持平的申言：（1）对于居住在城市区域的人来讲，他们所面对的绝大部分物理世界，都已经过人的活动的改造。（2）即便对于那些居住在非城市区域的人而言，其所面对的原始自然（还剩多少处女林和原始草原？）之所以是原始的，并非因为人们没有能力去改变它，而是因为尚未有人想要去改变它：其原始状态本身是人（受普遍市场导向）决定的结果。[12] 但是未经改造的海洋（至少部分如此）、星辰和地核等却并非人的劳动的产物。如此一来，这一申言的适用范围被大大缩减了，虽然它仍然把握住了大多数人日常经验中的重要内容。但是，即便我们对申言的适用范围进行这样一种限定，如果个体仅仅与其自身的个别产品，哪怕与其曾经生产的所有产品相异化，那么也没有哪一个个体能够与"感性外部世界"的人化部分（humanized part）相异化。因为没有哪一个个体能够生产出足够多的对象，从而影响其与外部世界的实体性部分之间的关系。

与费尔巴哈一样，对于马克思来讲，个体的局限并非类的局限。假定个体同时亦与其他人所生产的**全部**产品相异化，那么个体就将与物理世界的相当部分相异化。马克思确曾认为："凡是适用于人对自己的劳动、对自己的劳动产品和对自身的关系的东西，也都适用于人对他人、对他人的劳动和劳动对象的关系。"（ÖpM 518/277；《手稿》，第59页）不过，除非在某种实质意义上，个体同样将他人的产品视为自身的产品，否则个体就无法采取与自身产品相异化的同一种方式，与他人的产品相异化。为了解释劳动者与感性外部世界（之相当部分）相异化这一申言，在某种实质意义上，人必须有能力将他人的产品视为自身的产品。

这并不是说存在作为集体性实体（collective entity）的人类，其可以不依赖个体的活动而改造自然。马克思在几个地方明确否认了这一点（参见 AM 451/217；《穆勒评注》，第170-171页。ÖpM 539/299；《手稿》，第84页）。这种申言所关注的是一种心理能力。当所涉及的团体规模比较小时，我们很容易理解这个申言。假定六名劳动者共同建造了

第 4 章 1844 年的马克思（上）：自我实现

一所住宅。他们中的一名成员或许会对朋友说，"这是我建的房子"。这并非是在说，"存在这样一所住宅，其餐厅和次卧是我设计的，西北面的墙板是我贴的，浴室的瓷砖是我铺的"。这名劳动者会认为，其参与了住宅整体的建造，会把住宅整体视为他的产品。很显然，离开具体成员，工作团队将不复存在。

在主体强烈地认同一个团体的情况下，即便团体很大，个体贡献的份额很小，他们也能够将团体的产品视为他们自身的产品。新移民的孩子——事实上包括移民自身，对于华盛顿军队在福吉谷（Valley Forge）的坚忍表现，能够引以为豪。马克思拓展了这种心理能力。因而马克思申言与鲍威尔的主张是一样的，即作为自我意识的一员，我"知道就连天才及其创造物亦是我自身的规定"（LF 173）。团体成员作为团体成员"具有"团体整体的能力，并且将团体所创造的产品视为"他们自己的产品"，但是这并没有赋予团体本体论上的独立性。

与之前讨论鲍威尔时一样，这里我运用心理学术语而非形而上学术语处理这一问题。鲍威尔当然认为形而上学是心理学的基础：如果人认识到自身（在形而上学上）其实是自我意识的一部分，人将（在心理学上）认同自我意识；人将会把他人的产品视为自身的产品，因为人将认识到这些产品（在形而上学上）是其作为自我意识之成员的自身的产品。鲍威尔认为，坚持心理学而非形而上学，是尝试从全然不合理的基础上解救出一种至少潜在合理的观念的途径。马克思的情况又将怎样呢？

这一问题必须留待第 6 章再行探讨。第 6 章将会证明，1844 年的马克思以类似费尔巴哈的方式拒斥了哲学。共产主义心理学的形而上学支撑问题，由此将会变为马克思为什么认为共产主义的个体能够不需要这样一种支撑的问题。不过，许多相关的问题，我们必须先行加以探讨。

2. 类存在：享受

马克思指出，在共产主义社会中，"他人的感觉［Sinne］和享受［Genuß］变成了我自己的感觉和享受"①（ÖpM 540/300；《手稿》，第

---

① 引文有改动。中文版是"别人的感觉和精神也成为我自己的占有"。——编辑注

86页);并且"只要人是**人的**,因而他的感觉等等也是**人的**,那么对象为别人所肯定[*Bejahung*],这同样是他自己的享受"(ÖpM 563/322;《手稿》,第140页);此外,在共产主义下,"需要和享受失去了自己的**利己主义**性质"(ÖpM 540/300;《手稿》,第86页。一并参见 AM 459/225,462-463/227-228,《穆勒评注》,第181,183-184页)。

马克思的这样一些说法,可能包括四个方面的意思。

(1) 共产主义的不同主体之间高度同情共感,对彼此的苦乐有着强烈的交感共鸣。

(2) 在共产主义社会中,我愿意通过我的劳动,生产出满足你需要的产品,在这种意义上,需要和享受将不再是利己主义的(AM 462-463/227-228;《穆勒评注》,第183-184页)。我所关心的不在于用我的产品换取你的什么,而在于为你做些什么。因而你对我的产品的消费将给我带来满足。从我的立场来讲,你的需要将不再仅仅是满足我自身目的的手段。我将乐于促成你的享受,并且实际上我将从你的享受中获得满足。

(3) 进一步假设,你在消费时同样实现了我的活动的目的,你知道且看重这一点。那么从你的立场来讲,你的享受将不再是纯粹利己主义的,因为你知道且看重另一个人由此获得了满足(AM 462-463/227-228;《穆勒评注》,第183-184页)。

这样一来,马克思关于市民社会的利己主义抑制了人的同情的看法,就可以讲得通了。在共产主义下,同情共感将有可能极为普遍而广泛。不过,对于此处的用法来讲,同情这个观念仍然太过宽泛。其与作为具体生产者和消费者的人之间毫无关联,但是在1844年的著作中,马克思所强调的正是这些能力。马克思确曾明确地认为(2)和(3)在共产主义条件下可以得到实现,并且在《穆勒评注》中他花费了相当的篇幅阐明这一点(参见第5章)。但是,除此之外,还有一种更为字面意义上的对于他人享受的占有。

(4) 再来看一下第3章关于棒球队的例子。设想一名队友"投出一场无安打比赛"。其他队友可能会为他高兴,可能会对他的高兴产生共鸣。不过,其他队友也可能不喜欢他或嫉妒他,因而既不会为他感到高兴,也不会对他的高兴产生共鸣。但是,即便其他队友不喜欢他、嫉妒他,鉴于投出这场无安打比赛的是他们中的一员,其他队友仍然可以直接从这一成就中获得满足——而如果他不是本队队友,就不会有这种满

第 4 章 1844 年的马克思（上）：自我实现

足。在这里，人作为队友的反应和人作为个体的反应将是相互冲突的。作为一个个体，人的感觉将出自人的纯粹个体认同和纯粹个体欲求（比如欲求自身成为最佳投手，或者欲求自己不喜欢的人失利），在这层意义上，人的反应将具有"利己主义性质"；而作为一名队友，人的反应将不是利己主义的，因为人将会把无安打视为整支球队的成就，这不仅是由于其他队友对此也有贡献（比如守球员），而且更是由于这是由球队的一名成员完成的。

此处，共同的身份认同带来了对于享受的共享。这种身份认同的马克思式形式是类成员身份（species membership）。我可以共享他人的成就，正如我可以共享队友的成就一样。

关于共有享受的最后一种形式，我想指出以下几点。

（i）存在对所讨论的高兴的直接共享。这并不是指我**为**投手感到高兴。我可以有这种感受，不过**那时**这种感受与投手的感受在类型上不一样。与之相对，作为队友，我们从无安打比赛中获得的满足则是同一种类型的感受。

（ii）对于马克思，将人性作为人的根本身份认同的能力（或者至少对此足够重视，使享受可以以此方式分享），不是某种可有可无的能力，而是人的基准状态。马克思意识到这种状态并没有一直被获得（参见 ÖpM 583/342；《手稿》，第 113 页）——事实上，其至今从未被获得——并且，马克思还对资本主义下为什么不能获得这种状态提供了解释，但是对他来讲，这种心理能力是根本性的。

（iii）十分强势的团体身份认同容易引起下述担忧：个体难道不会为了某种一般的目标（祖国、党或神的荣耀）而情愿牺牲自身的享受吗？这种团体身份认同对于个体的成就和满足来讲，似乎构成了一种潜在的威胁。如果我能占有他人的享受，为什么我还需要自己的享受？

显然，马克思并不想把对类的认同导向这样一种牺牲。我们不应该仅仅为类而活。马克思认为，在共产主义社会中，个体将发展其特殊的天赋和能力（ÖpM 541/301，544/304；《手稿》，第 87，90 页）。他对"粗陋的共产主义"的主要不满在于，后者未曾为个体留出任何地盘（ÖpM 534/295；《手稿》，第 79 页）。马克思使用与鲍威尔类似的说法，攻击这种共产主义因整齐划一而扼杀了个体的多样性，并指责其对个体发展所施加的国家管控：其"到处否定人的**个性**"（ÖpM 534/295；《手

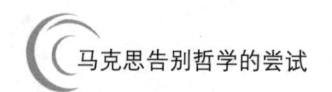

稿》，第 79 页）。个体的发展对于 1844 年的马克思而言非常重要。

不过，是否有理由认为，占有彼此的享受，将会与为了社会而抑制个体的做法**相互冲突**？团体身份认同难道不容易被滥用？

此处的问题与解答，与前述的鲍威尔如出一辙。个体对类的认同（如同鲍威尔那里对自我意识的认同一样）并非是认同某一团体而反对另一团体。它与作为某个宗派成员或某个政党成员不同，这里不存在与其他团体之间的，可能需要个体为实现团体目标而牺牲的或现实（科幻小说除外）或潜在的冲突。

此外，马克思不认为除了个体的发展之外，人类还另有其团体目标。虽然马克思认为，随着历史不断进步，人类的力量会不断增强，这是人的特性，但是他并未申言力量的增强就是或者应当是类刻意追求的目标。如果马克思认为类力量的发展自身就是目标，那么其对分工的激烈批判就是难以理解的，因为分工显然增强了这种力量。与鲍威尔一样，马克思的目标在于个体的自我发展——并且在共产主义条件下，这本身就构成了类的自我发展，并且可以被理解为类的自我发展。[13] 在共产主义社会中，将不存在个体需要为之牺牲的类目标（关于这一点，参见第 5 章第 3 节）。

（iv）认同类很可能会抑制人胜过他人的欲望。对于荣誉的冲动，在霍布斯（Hobbes）那里构成了自然状态中冲突的根源，国家状态中对和平的威胁。这种冲动在共产主义社会中将会受到严格的抑制。如果我们从根本上将自身描述为类成员，并因此将我们自身与他人的关系，从根本上不是描述为财货和荣誉的竞争者，而是描述为同一团体的成员，那么超过他人的热情将几乎不可能成为内乱的根源。如果他人的感受和享受业已成为我自身的占有物（不论进行怎样的解读），那么他们的成就将不会对我造成贬低，同时我的成就亦不会是对他人的胜出。我们相对的排序将不再那么重要。

诚然，投出无安打比赛的投手既作为一个个体，亦作为一名队员做出了这一成就。不过，仅当这名投手视自身（从根本上）与其队友之间处于竞争关系，将自身的成就视为其相对于其他队友的胜出，这名投手作为个体的成就和作为队员的成就之间才会发生冲突。或许，人的这层心理学维度无法被完全消除，而且可能也不应当被完全消除。问题在于，根据马克思对共产主义的论述，只有当追逐荣誉对于个体主义不可或缺时，个体主义和类之间才是相互冲突的。

第4章 1844年的马克思（上）：自我实现

（v）我所举的这些例子是有关重要成就的例子，其在思路上与鲍威尔所谓认识到"天才"的创造物是其自身的创造物一脉相承（LF 173）。关于共有享受的这种解读，似乎带有一种完善主义倾向。当然，在最低限度上，必须有这样一种倾向：人必须首先意识到一项成就，然后才能共享其带来的享受。但是：

（a）我看不出有什么理由需要将共享限定在成就上。队员们同时共享了打破无安打赛局第九局打的痛苦。

（b）马克思从未认为这样的成就是类的目标，个体为了类的目标可以合法地被牺牲。马克思绝不是**这种**意义上的完善主义者。

（c）完善主义倾向并不意味着所有共产主义个体都应当做出大的成就。为了能够共享人的成就，他们恰恰并**不**需要所有人这样做。

3. 人与对象的关系

在恰当的条件下（共产主义社会），我们与自身所生产、所消费的产品之间的关系将会有所变化。我们将有意识地为他人进行生产，并且知道他们亦为我们进行生产。

马克思写道，在资本主义社会中：

> 我是为自己而不是为你生产，就像你是为你自己而不是为我生产一样。我的生产的结果本身同你没有什么关系，就像你的生产的结果同我没有直接的关系一样。换句话说，我们的生产并不是人为了作为人的人而从事的生产，即不是**社会的**[*gesellschaftliche*]生产。也就是说，我们中间没有一个人作为人同另一个人的产品有享受关系。①（AM 459/225；《穆勒评注》，第180页）

马克思试图把为市场所进行的生产和为满足他人的需要所进行的生产做一对照。这一对照的细节部分尚需要填充。因为正如马克思所承认的那样，即便是在为市场所进行的生产中，我同样是怀着满足某个人需

---

① 引文有改动。中文版是"消费关系"，而不是"享受关系"。——编辑注

要的意图进行生产的。但是：

（1）在为市场进行生产时，他人需要的满足**仅仅**是获利的手段，而非我生产的目的。

（2）在为市场进行生产时，我只关心你是否使用产品，而不关心你怎样使用产品。我对产品的生产着眼于满足某种需要，任何需要，并且仅在市场所需的限度之内予以满足。一方面，我力图发展"腐化的幻想"① 和"病态的欲望"，以求创造出一个非自然存在的市场（ÖpM 547/307；《手稿》，第 120－121 页）；另一方面，在为市场提供动物式需要，甚至低于动物式需要所需的产品时，我从没想过对产品加以改进，以便改进需要。"爱尔兰人只知道有**吃**的需要，确切地说，只知道**吃马铃薯**，而且只是**感染上斑点病的马铃薯**，最次的一种马铃薯。"（ÖpM 548/308；《手稿》，第 122 页）作为资本主义的马铃薯生产者，我只关心我的马铃薯的销量，而不关心马铃薯的质量能否提升爱尔兰人需要的水准。一般来讲，我只为获利而生产，而非着眼于在恰当的程度上满足真正的人的需要（AM 459－460/225；《穆勒评注》，第 181 页）。

马克思指出，在共产主义下：对于产品的生产，将只涉及真正的人的能力的对象化；对于产品的消费，也将是如此（参见 ÖpM 541/301；《手稿》，第 86－87 页）。对于马克思，**对象化**包含客观和主观两个方面。当生产产品时，主体对象化了人自身的能力。在共产主义社会中，主体将以一种有意识的、自愿的方式进行生产，使用表现人的能力的标准来加以区分和判定（他们将主动地生产好的而非感染上斑点病的马铃薯）。这是其客观方面。

不过，当主体以一种有意识的、自愿的方式消费对象，使用表现人的能力的标准来加以区分和判定时（他们知道并且看重好的马铃薯和感染上斑点病的马铃薯的不同），主体同样客观化了其特有的人的能力。"一个对象对我的意义［Sinn］（它只是对那个与它相适应的感觉［Sinn］来说才有意义［Sinn］）恰好都以**我的**感觉［Sinn］所及的程度为限……对于没有音乐感的耳朵来说，最美的音乐**毫无意义**"（ÖpM 541/301；《手稿》，第 87 页）。这是其主观方面（同时也是对费尔巴哈下述申言的呼应，对于那些，仅仅对于那些装备了恰当器官的人来说，诸神才作为可由感

---

① 引文有改动。英文版是"depraved fancies"。在中文版中对应的翻译可能为"幻想"（"depraved"为英文作者所加）。——编辑注

第 4 章 1844 年的马克思（上）：自我实现

官感知的对象而存在［参见第 2 章 G§1，G§15 286/23］）。

马克思本人区分了对象化的客观方面和主观方面。虽然将主观方面称为"对象化"未免有些牵强（其并未使某物成为世界中的存在；其更多是对于能力的运用），但其基本观念是相当明确的：我们既作为生产者亦作为消费者与对象相关联，并且这种关联将随着我们各种能力的发展而变化。[14]

比较叫人困惑的是，马克思将主体作为个体的（主观的或客观的）对象化与其作为人类成员的（客观的）对象化等量齐观。比如他指出，伴随私有财产的扬弃，一切对象都将"成为确证和实现［我的］个性的对象，成为［我的］对象"①（ÖpM 541/301；《手稿》，第 86 页）。但是，他人所生产的对象无法成为我的个体的、客观的对象化。这些对象无法对象化丹尼尔·布鲁德尼的生产能力。它们可以是我的个体的、主观的对象化，或者更确切地讲，它们可以为我的个体的、主观的对象化提供机会。它们可以为丹尼尔·布鲁德尼提供机会，以便运用其欣赏音乐的能力，品尝好的马铃薯的能力。这是他人的产品可以"确证和实现［我的］个体性"的一种方式（如果它们有助于我的个体生活计划的实现，它们也可以做到这一点）。此外，他人产品也可以是我作为人类成员的客观的对象化。它们可以对象化我所认同的类的生产能力。不论我自己是否生产轿车、桌子或冷饮出售机，我都可以将它们作为人的产品与之相关联。我们从自身的能力出发，将类的产品视为我们自身的产品。这无疑像是"一切**对象**对他来说也就成为他自身的**对象化**"（ÖpM 541/301；《手稿》，第 86 页）这一申言的意义所在。这必定是说：对象成为他自身作为人的对象化。

因而在共产主义社会中，真正的人的生产和真正的人的消费之间将会有一种关联，因为对象中所包括的恰当属性，将是有意识的人类主体努力种植好的马铃薯，而非感染上斑点病的马铃薯的结果。（市场偶尔可以做到这一点。假如存在奢侈马铃薯市场，农民将会加倍努力以求种出好的马铃薯。但是，如果市场在好的马铃薯和感染上斑点病的马铃薯之间不做区分，农民并不会这样去做。）此外，作为共产主义社会中的一名消费者，我会知道我所吃的好的马铃薯，应当归功于另一个人想要

---

① 引文有改动。中文版是"他的个性的对象，成为他的对象"。——编辑注

生产出适合人消费的好的马铃薯的意愿。(这是一条市场无法满足的条件,因为即使市场提供了好的马铃薯,但是生产者的终极意愿在于赚钱,而非满足真正的人的需要。)

总之,在共产主义中,我们与对象之间的关系将会经历四重转变:

(1) 我们的感觉将"为了**物**而同**物**[*Sache*]发生关联"① (ÖpM 540/300;《手稿》,第 86 页)。被关联的物既不是作为未实现的交换价值,亦不是作为为了生存而消费的无差别对象("对于一个挨饿的人来说并不存在人的食物形式,而只有作为食物的抽象存在"[ÖpM 542/302;《手稿》,第 87 页]),而是作为拥有具体属性的具体对象。

(2) "**眼睛**[将]成为**人的眼睛**"(ÖpM 540/300;《手稿》,第 86 页)。当我开始欣赏具体对象的具体属性时,我们的能力将会得到发展。我们将会拥有"能成为人的享受的**感觉**,即确证自己是**人**的本质力量[*menschliche Wesenskräfte*]的**感觉**"② (ÖpM 541/301;《手稿》,第 87 页)。

这两个方面理应同时适用于自然对象和人生产的对象(ÖpM 542/302;《手稿》,第 88 页)。它们解释了"自然界失去了自己的纯粹的**有用性**,因为效用成了**人**的效用"这句话的意思(ÖpM 540/300;《手稿》,第 86 页)。不论这样的申言作为共产主义的描述有多合理,但是其作为资本主义的对立面来讲,未免有些言过其实。贫穷倾向于阻碍感知能力的发展,关于这一点马克思无疑是对的;追逐利润倾向于阻碍感知能力的发展,关于这一点马克思也是对的。作为对资本主义社会趋势(甚至非常强的趋势)的判断,这些申言是合理的。不过,马克思有时似乎认为,这些不仅是趋势,而且是资本主义难以逃脱的命运。但是实际情况并非如此。劳动者和资本家仍然能够欣赏自然对象和人为对象的属性。马克思写作的时代,透纳(Turner)正在描绘他的落日,这表明自然实际上得到了欣赏,而不只是生存所需的感染上斑点病的马铃薯的聚合物,亦不只是利润的来源。

再来看马克思所举的另一个例子:"经营矿物的商人只看到矿物的商业价值,而看不到矿物的美和独特性;他没有矿物学的感觉。"(ÖpM 542/302;《手稿》,第 87 页)这是否意指商人全然未曾欣赏矿物的美和独特性,抑或仅仅意指他为了赚钱(他愿意卖出他的商品),

---

① 引文有改动。中文版是"为了物而同**物**发生关系"。——编辑注
② 引文有改动。中文版第一个"感觉"未用黑体。——编辑注

第 4 章　1844 年的马克思（上）：自我实现

宁愿放弃更进一步的欣赏？显然，第二种申言自有历史以来便是交易的真理，并非资本主义所独有的。所以我认为马克思所做的是第一种申言。那么他是否认为，商人**无法**欣赏矿物的美和独特性？或许当在办公室时，商人所关注的是对象的商业价值而非美学价值。但这是否真的意味着——或者极有可能意味着——商人**没有能力**欣赏对象的美学价值？[15]

关于人的生产对象，马克思还进一步强调了另外两个特征：

（3）对象将"成为社会的、**人的**、由人并为了人创造出来的对象"（ÖpM 540/300；《手稿》，第 86 页）。我们将认识到对象如其所是地存在——作为好的而非感染上斑点病的马铃薯——因为它是由人的劳动创造的。

（4）为了避免"由人并为了人生产"成为利己主义的——单纯为了出售而生产——生产者的目的必须是生产某种能够满足真正的人的需要的产品。并且在消费时，主体将会意识到这一点。我认为这至少是马克思的部分想法，他写道，"当物按人的方式同人发生关系时，我才能在实践上按人的方式同物发生关系"（ÖpM 540/300n；《手稿》，第 86 页）。

在这个部分，我讨论了马克思对于在共产主义中，个体将会怎样与自身和他人所生产的对象相关联的看法。人们从这里可以看出费尔巴哈的影响，即主体相对于世界之立场这一关注点的影响。马克思的看法不仅在于，在共产主义中人对于对象将会拥有特定的信念（虽然人将会拥有）；而且在于人将以不同的方式与对象相关联。人对于对象将拥有一种目前尚付之阙如的关联意识。费尔巴哈在《本质》中曾谈及，单单作为面包和水，面包和水将如何被意味深长地关联起来。[16]对于马克思而言，我们可以说，在共产主义中，单单作为人的产品，面包和水（以及其他对象）将被意味深长地关联起来。

4. 类存在：不朽

马克思写道："**死**似乎是类对**特定的**个体的冷酷的胜利，并且似乎是同它们的统一相矛盾的；但是，特定的个体不过是一个**特定的类存在物**，而作为这样的存在物是迟早要死的。"（ÖpM 539/299；《手稿》，第

84 页）"似乎［scheint］"一词表明死亡并非真的是对个体的胜利，除非个体仅是一个个体（"一个特定的类存在"），而非类的一员。这一段非常难解，但是鉴于 1844 年马克思的费尔巴哈主义倾向，我认为他是在响应费尔巴哈的申言：认同类可以提供某种类似不朽的意识。

这对马克思来讲并不是大问题，他没有再探讨这个主题。马克思远不像费尔巴哈那样关注宗教，因而他很少关注宗教承诺的世俗解读。此处之所以要指出马克思对于费尔巴哈立场的显著服膺，只是想表明他在 1844 年同样多么乐于依赖我们对于自身的类成员资格的认识。

5. 人的自我实现活动

与许多哲学家一样，至少在 1844 年，马克思将人与其他存在相区别的能力，视同为用以实现人作为人的本性的能力。经常有评论家做这样的解读，所以这里没有必要再次重复。[17] 我在这一部分主要关注马克思对于人借以实现其（人的）本性活动的论述。至于这种活动在分类学上是否亦是人的独特性所在，以及由此可以得出哪些推论，则不在关注范围之内。[18]

马克思指出，"一个类的全部特性，其作为类特性，包含在其生命活动的方式之中"①（ÖpM 516/276；《手稿》，第 57 页）。他认为一个人的生命活动，在于其对世界的改造（ÖpM 517/277；《手稿》，第 58 页），在于"通过实践活动创造**对象世界，改造无机界**"（ÖpM 516/276；《手稿》，第 57 页）。这样一种生产活动，马克思指出，是人的"能动的类生活"（ÖpM 517/277；《手稿》，第 58 页）。

在《手稿》的不同地方，马克思给出了关于何种生产活动是人的能动的类生活，何种活动实现了其（人的）本性的不同论述。在一个地方他宣称"**工业的历史和工业的已经生成的对象性的存在**，是一本**打开了的关于人的本质力量的书**"（ÖpM 542/302；《手稿》，第 88 页）。他将这称为"人的劳动的这一巨大部分"和"人的活动的如此广泛的丰富性"，并且他批评前人从中仅仅看到**需要、一般需要**的做法（ÖpM 543/

---

① 引文有改动。中文版是"一个种的整体特性、种的类特性就在于生命活动的性质"。——编辑注

第 4 章　1844 年的马克思（上）：自我实现

303；《手稿》，第 89 页）。但是在其他地方，马克思又说了这样的名言：动物"只是在直接的肉体需要的支配下生产，而人甚至不受肉体需要的影响也进行生产，并且只有不受这种需要的影响才进行真正的生产"（ÖpM 517/276；《手稿》，第 58 页）。这些段落呈现了个体可以借之实现其（人的）本性的不同劳动概念。

问题在于，我所称的"人的自我实现活动"，是否是指那种克服自然必然性，迫使自然世界屈从于人的意志，使类的生存维持在一种体面的物质水准之上的劳动？千百年来，这种劳动业已帮助我们逐步控制了环境。借助这种劳动，人类业已将其自身的印记深深地烙在了外部世界上。水坝、工厂和运河等等，构成了人的对象化的最为显著、最具规模的形式（"打开的书"）。如果有火星人被问及人的力量之最主要的对象化，他会毫不犹豫地指向轧钢厂，而非博物馆或图书馆。

在某种重要的意义上，处于自然必然性压力之下的劳动是不自由的，因为必须**有人**从事这样的劳动。如果类想要生存下去，农作物就必须有人种植收割，住宅就必须有人建造，衣服就必须有人缝制。如果一个人实现其本质的活动，必须是类整体可以选择做或不做的活动——如果人的自我活动包含**这种**意义上的自由——那么它就只能出现在与自然世界的斗争结束之后。因而，"真正的"生产应当是超越了必然性王国的劳动。

所有的劳动无疑都必须克服障碍。雕塑家的大理石与农民的结冰地、半挂车的坏死引擎一样顽固。但是在必要劳动那里，对于要去克服的障碍几乎不存在选择。或许存在关于谁去克服障碍的选择，但不存在关于障碍是否要被克服的选择：如果人们要吃饭，土地就必须被翻耕。与之不同，艺术、哲学等提供了可选择的障碍。（这种不同不在于精神劳动和体力劳动：园艺和种地一样都不是精神劳动，但是园艺却超越了必然王国；设计水坝却依旧处于必然王国之中。）

这种冲突是无法解决的。对食物、住所和衣服的需要随历史演进而不断变化，并且在原则上人类可以集体决定对其怎样予以满足，越过最低限度的多少予以满足。这些需要可以在较少压迫的社会条件下，通过较之目前更为内在充实的活动予以满足。但是，作为人类生活的主导框架，它们是永恒的。不存在必要劳动可以被取消的后革命状态。

即便只有如爱好种地、打鱼和制造工具等活动的个体从事必要劳动，有关人的自我实现活动的不同概念之间的冲突也无法得到解决。只要个体在对这些工作的爱好中，包含想要对抗自然必然性的欲望，亦即想要从事**必要的**工作的欲望这一基础要素，那么冲突就无法得到解决。自给自足的农民的劳动在某种程度上经常被认为是令人满足的，而其他劳动（比如办公室工作）则不是这样。除了其他因素以外，身处户外，从事多种工作，以及无需听命于任何人，都可能是使农民的劳动令人满足的原因。不过我认为满足的核心要素源于工作目标的明确：人显然是在满足自身的基本需要，满足必须被满足的需要。征服自然的必然性能够提供一种具体的满足。这种满足甚至可以为那些为市场而耕种的人，那些为他人消费而生产的人所获得。无疑种植商业性小麦的农民的规划是利润导向的，但是他很可能知道，甚至于可能也在乎他所生产的产品将会满足许多人的基本需要。共产主义条件下种植小麦的农民当然也会在乎这一点。艺术劳动和竞技劳动是令人愉悦的，但是它们缺乏这种因素。

所以，人的传统的二元特性——处于自然之内且超越于自然之外——再次重申了自身。即便自我实现的领域在于非必要劳动领域，变更必要劳动的结构（取消私有财产）也仍将是重要的，只不过最终的目标将是降低必要劳动的总量，削减个体必须工作的总时间。[19]如果自我实现的领域在于必要劳动，在于保存类所需的劳动，那么重心将在于变更这种劳动的结构。前者可能是马克思在《资本论》中所倾向的方式[20]，后者则是《穆勒评注》和《手稿》所强调的主导观念。

此一论断的证据在于：

（1）马克思在《手稿》中所描述的"异化"劳动是必要劳动。劳动者并没有运用其艺术能力、竞技能力，以及其他诸如此类的能力。在资本主义条件下，这些能力或许会发育不良或无法得到发展，受到压制或萎缩衰退，但是它们并未被异化。

（2）除非必要劳动在恰当的条件下将会具备重要价值，否则必要劳动被异化这一事实无法揭示出社会的根本缺陷。1844年的马克思对资本主义条件下必要劳动被异化的激烈批判，表明他认为在恰当的条件下，必要劳动真的能够具备这样的价值。1844年的马克思强调的重心在于改变主体与必要劳动的活动和产品之间的关系，而非削减主体所必须从事的必要劳动量。

第4章 1844年的马克思（上）：自我实现

（3）1844年的马克思明确指出，在共产主义社会中，个体将会怀着使产品对他人有用这一意图进行生产。非必要劳动是否具有这一结构，至少是可以争辩的。艺术家在进行创作时也许并不关心其作品是否能够满足他人的需要。艺术也许只是人为自己所从事的事情。1844年的马克思没有讨论这个问题，不过后期马克思确实是这样认为的。在《剩余价值理论》（Theories of Surplus Value）中，马克思写道："密尔顿出于同春蚕吐丝一样的必要而创作《失乐园》。那是**他的天性的能动表现**。"① （TM I，377/401；《剩余价值理论》，第1册，第432页）

（4）哲学家们一直坚称，人的最好生活状态在于从必要劳动中解放出来。如果马克思将自我实现活动置于非必要劳动中，那么他与哲学传统（以及鲍威尔）[21]的不同，将在于他所鼓吹的是多种活动而非单个"最好"的活动。不过在《手稿》中，马克思对传统描述的拒斥似乎要更为彻底："对［工业］人们至今还没有从它同人的**本质**的联系，而总是仅仅从外在的有用性这种关系来理解，因为在异化范围内活动的人们仅仅把人的普遍存在，宗教，或者具有抽象本质的历史，如政治、艺术和文学等等，理解为人的本质力量的现实性和**人的类活动**。"② （ÖpM 542/302；《手稿》，第88页） 马克思指出，实际上："在**通常的、物质的工业中**……人的**对象化的本质力量**以**感性的**、**异己的**、**有用的对象**的形式［……］呈现在我们面前。"（ÖpM 543/302；《手稿》，第88-89页） 他接着立刻说道，目前这些对象"以异化的形式"（ÖpM 543/302；《手稿》，第89页）呈现在我们面前。我们的异化状态，部分是由于我们未能将通常的物质的工业视**为**人的本质力量的领域；部分是由于我们尚未能克服"感性的、异己的、有用的对象"的异化。马克思在这里并未主张主体应当从事多样化的非必要劳动，而是主张主体应当将必要劳动视为"人的**对象化了的本质力量**"的领域。我将这一点解读为，马克思认为主体应当将必要劳动视为人（合乎理想地）实现其（人的）本性的领域。

这是否等于说，必要劳动越多越好？我们是否总是需要建造更多的水坝和工厂？[22]

我认为1844年的马克思确实相信，人依据其自身关于如何更好地

---

① 现多用"弥尔顿"。——编辑注
② 引文有改动。中文版开头是"对这种心理学"。——编辑注

维持并改善物质福利的信念，借助不断增长的效率和力量共同改造自然是有益的。并且马克思确实相信，在恰当的条件下，必要劳动对于力量的运用本身就是一种善。不过，这并不意味着应当存在更多的必要劳动。必要劳动有价值的地方在于：(1) 在必要劳动中，人发展了特定的个体力量和类力量（比如木工的技艺和防范洪灾的能力）；(2) 这些力量的运用是通过有意识地——且如有可能，由集体——决定追求何种物质目标而实现的；(3) 人克服了自然的必然性。机械地要求增加劳动时间将会破坏 (2)，只有当人自由地决定去争取一定水平的物质福利，而且这种福利要求投入额外的必要劳动时间（共同体判定为满足其需要的必要劳动）时，额外的劳动才是好的。

由此似乎确实可以推论得出，马克思会认为，如果所有必要劳动都成为多余的，这会是一种损失。如果塔希提岛（Tahitian）的气候成为通则，届时生活中的乐事将会是采摘，1844 年的马克思可能不会认为这真的是件乐事。[23]

在傅立叶的《法伦斯泰尔》（*phalanstères*）中，有时似乎所有必要劳动都是由那些愿意从事这种劳动，且其动机几乎完全不涉及必要劳动的社会功能的人完成的——比如给土地施粪肥的工作被安排给了小男孩们，因为他们以污秽为乐：这一工作对他们来说，纯粹是游戏。[24] 马克思将会拒绝这种幻想。在《政治经济学批判大纲》中，他提供了另一种不同的观念：

> 诚然，劳动尺度本身在这里是由外面提供的，是由必须达到的目的和为达到这个目的而必须由劳动来克服的那些障碍所提供的。但是克服这种障碍本身，就是自由的实现，而且进一步说，外在目的失掉了单纯外在自然必然性的外观，被看作个人自己提出的目的，因而被看作自我实现 [*Selbstverwirklichung*]，主体的对象化，也就是实在的自由，而这种自由见之于活动恰恰就是劳动。[Gr 505/611；《大纲》（上），第 615 页]

这里的关键在于接受一种"单纯外在自然必然性"，并将其变成自身目标的转变。如果个体从事必要劳动的理由与共同体生产食物、衣物和住所的**需要**毫无关联，那么这种转变将无从发生。

因而，马克思不会完全满意我对人的自我实现活动概念所做的区分。他曾指出，在共产主义条件下："**社会**［将是］人同自然的完成了

第 4 章 1844 年的马克思（上）：自我实现

的本质的统一，是自然界的真正复活，是人的实现了的自然主义与自然界的实现了的人道主义。"（ÖpM 538/298；《手稿》，第 83 页）这句话出自讨论人与对象之间恰当关系的语境，所以马克思部分程度上可能是想强调，在共产主义条件下，自然对象的特殊特征将会被恰当地欣赏，既不被利用来加以营利，亦不被以贬低的方式加以消费。这一点可能和人与自然的持续斗争需要相一贯，这种需要将规定这样做的恰当方式。不过，马克思这里的说法亦可以被解释为，在共产主义条件下，人的二元本性将会消失，似乎自然将不再是某种需要克服的东西。所以也许马克思认为必要劳动和非必要劳动之间的区分也将会被克服。[25]艺术和工业将只是不同的爱好，而非存在深层区别的不同种类的活动。

1844 年的文本确实有些模棱两可，虽然我认为天平的一端明显倒向承认人的不同自我实现概念之间的区分。不管怎样，需要做出这样的区分。只有当必然王国被完全消灭，当共产主义下的农业、工业等由能够自我调节和自我维护的机器来运营时，这样的区分才会消失。届时将不再会有要求人从事必要劳动的自然命令（正如在理想化的塔希提岛愿景中不再有这样的命令一样）。共产主义下的农民，如果还有，将是绅士农民。如果他们的确从事耕种，将不再是为了满足人的基本需要，而**仅仅**是因为耕种恰好是他们想做的事情，也许因为它是很好的锻炼，或者旨在晒出一身棕褐色的皮肤。且不论这是否有可能，我自己很难相信这是 1844 年的马克思所构筑的理想。

这里我所关注的是进行注解，所以我不会去证明有关必要劳动和非必要劳动在善好生活中应有地位的具体观点。（如有可能，某种中间立场可能会是最佳的，亦即马克思关于"**需要有总体的人的生命表现的人**"[ÖpM 544/304；《手稿》，第 90 页]说法的某种限定版。不过，(1) 这对于处于大部分经济制度下的大多数人来讲，大概是不可能的；(2) 在任何一种制度下，这对于许多人来说，大概不会是最优的；(3) 为了维持恰当的平衡，进而制定粗陋的经验规则，会让人望而生畏。）但是，仍需另行指出下述两点：

第一，在前述《政治经济学批判大纲》的引文中，马克思将自我实现与自由等同为一，但是唯有当自我实现主要包含超越必然王国之外的活动时，这种等同才是合理的。根据鲍威尔的说法，我们将投身对于自我的自由建构。就马克思曾强调人即使摆脱了生理需要，仍然有从事生

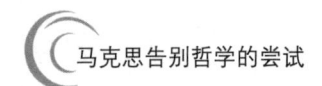

产的冲动这一点来讲，他同样是从这样一种状态起步的：对象的生产乃至自我的生产不再屈从于任何自然紧迫性。这里确实有理由将自我实现与某种自由活动等同为一。

另外，如果我们只有在从事自我实现活动时才是最自由的，但这些活动却根植于必要劳动之中，那么征服自然紧迫性将变为自由的核心要素，"实在的自由……恰恰就是劳动"［Gr 505/611；《大纲》（上），第615页］。如同《政治经济学批判大纲》所指出的那样，剥去"单纯外在自然必然性的外观"，将外在目标设定为自身的目标，将会是自由的"活动"。不过根据这一观点，由于非必要劳动**业已**是主体自身的所有物，所以它缺乏自由的一个要素，即将自然必然性**变为**自身所有物的要素。因而吊诡的是，相比自由王国本身，必然王国将会提供比之更优的自由运用。似乎汤姆·索亚（Tom Sawyer）失去了运用某种自由的机会，这种自由要优于那些自由地选择在波莉阿姨家栅栏上涂鸦的男孩的自由。因为原本只有汤姆一个人拥有将杂务变为"个体自身所设定"的目标的机会。汤姆拒绝了这一机会，这理应让我们反思，这种解释是否是在将不同的东西混为一谈。

被混为一谈的是对自由的获得与对自由的运用。也许可以证明克服障碍并将外在给定任务变为人自身的目标对于人的自我实现来讲异常重要。也许这样做发展了人的力量。也许甚至可以证明克服障碍带来了心理学的自由意识：人更为直观地知道人有力量克服障碍。不过，自由并不在于将外在任务变为自身的任务，亦不在于克服障碍；自由在于只拥有属于自身的任务，在于没有障碍需要克服。[26]马克思本应将自我实现与自由分开，至少应将《手稿》中占主导地位的自我实现概念与自由分开。[27]

第二，在共产主义下，不同的个体无疑会发现能够带来不同程度满足的不同种类的劳动。假如个体自由选择所要从事的劳动种类，这将会给如何实现人的本质的两种概念均带来难题。马克思明确认为，有一些活动运用并发展了真正的人的力量，并且满足了真正的人的需要，而另外一些活动——比如迎合"病态的欲望"——则未能做到这一点。但是怎样对这些活动加以区分呢？有个人觐见亚历山大大帝，展示了他所训练的一匹会吃扁豆的马。这项成就是对人的（乃至马的）力量的运用和发展吗？亚历山大的评价似乎是对的：他赏给了马主人一桶扁豆。不过

第 4 章　1844 年的马克思（上）：自我实现

为了能够真正品尝稀世美酒而发展人的味觉，抑或费时费力将鲍威尔的诸多论战文章装订成册，又应当如何评价呢？对此，马克思并未提供任何区分的标准。

我认为除了共产主义下的个体可以选择任何活动外，不存在需要建构的，所谓马克思式真正的标准。在《形态》中，对于真正的欲望的标准，马克思曾做过这样的长篇大论（事实上被划掉了）：

> 这些愿望的一部分，即那些在一切关系中都存在，只是因各种不同的社会关系而在形式和方向上有所改变的愿望，在这种社会形式下［即共产主义］也会改变，只要供给它们正常发展的资料；另一部分，即那些只产生在一定的社会形式、一定的生产和交往的条件下的愿望，却完全丧失它们存在的必要条件。肯定哪些［欲望］在共产主义［社会］中只发生变化，［哪些要消灭］，——［只能根据实践的］道路、通过［改变现实的］、实践的［"欲望"来决定，而不是依据与以往历史关系的比较来决定］。① （DI 238-239n/256n；《形态》，第 287 页脚注①）[28]

类似这样的说法，大概同样也是 1844 年马克思的观点。对我而言，这样的标准是不充分的。凭什么认为所有的扭曲和失真都来自经济关系？人的本性毫无疑问有其丰富的病理学储备，即便在共产主义条件下，何者是真正的欲望和活动，何者不是真正的欲望和活动，仍然会是一个问题。

虽然 1844 年的马克思不能形成真正的标准，但是他至少可以声称，在共产主义条件下找到这样一个标准的可能性要比在资本主义条件下大。因为在资本主义条件下，生产对象是为了出售。生产者只关心市场出清，消费者为广告所操纵，并且大部分人选择工作只是为了谋生。规定何种欲望和活动是真正的人的欲望和活动，并非是主要的问题。不论"真正"的标准是什么，马克思都会认为，在共产主义下找到它的可能性要更大。

注　释

[1]《〈德法年鉴〉书信选》，《〈黑格尔法哲学批判〉导言》以及《论犹太人问题》。

---

① 引文有改动。中文版是"根据真实欲望的改变"，非"通过［改变现实的］、实践的［'欲望'来决定……］"。——编辑注

马克思告别哲学的尝试

〔2〕这里存在两个大的问题。首先,马克思从概念上加以论述的,有时似乎是多少可视为纯粹化身的现代国家的本性,但是,如果其批判所针对的是鲍威尔,那么马克思心里所想的必定(且似乎经常)是黑格尔的国家模式,或者是鲍威尔的变体模式,而在这些模式中,市民社会绝**没有**控制国家。其次,更多的时候,马克思所宣称的似乎是现代国家当下如何在现实中运转的社会学主张,但如此一来,他就需要解释为什么抑制市民社会,强化主体共同性本性之作用的改革方案在实践中行不通。

〔3〕这样解读马克思的评论家,包括 Allen W. Wood, *Karl Marx* (London: Routledge & Kegan Paul, 1981); R. G. Peffer, *Marxism, Morality, and Social Justice* (Princeton, N. J.: Princeton University Press, 1990); 以及 Elster, *Making Sense of Marx*。

〔4〕实际上,我认为1844年的马克思所给出的,是我在"导论"中所谓的关于人的本性的"规范性"论述。不过,需要指出的是,我并没有说1844年的马克思认为他关于人的本性的说法,仅仅适用于特定时间、特定地点,他认为他的说法是普遍适用的。另外,变化被深深地嵌入了他的论述之中。与鲍威尔一样,对于1844年的马克思而言,在相对具体的意义上,人的本性始终处于变化之中。他的论述因而不会受制于下述指摘,其将一些相对具体和确定的属性,具现为人的本性之永恒的特征。至于《提纲》对这一点的论述,可参见第6章第6节。

〔5〕关于个体自我实现与促进他人实现目标之间的关联,可参见 Wood, *Karl Marx*, 22; 关于和谐的目标,可参见 George C. Brenkert, *Marx's Ethics of Freedom* (London: Routledge & Kegan Paul, 1983), 127。

〔6〕对于全面发展个人观念的批判,可参见 Elster, *Making Sense of Marx*, 88—90。

〔7〕关于类存在的前三个方面(包括其他一些方面),可参见 Wood, *Karl Marx*, 16—21。

〔8〕参见 Plamenatz, *Karl Marx's Philosophy of Man* (Oxford: Oxford University Press, 1975), 50。

〔9〕Wood, *Karl Marx*, 20。

〔10〕这里我们同样可以从语言学加以论证。在黑格尔传统中,"异己的"(alien, *fremd*)、"异化"(alienation, *Entfremdung*),抑或"异化了的"(alienated, *entfremdet*),含有背离了逻辑上的某种先在状态,即在某种更为重要的意义上,目前的异己之物原本是主体自身的所有物。英文词"异己"或"异化了的"并不总是能传达出这一点。我很容易发现另一种异己的、难懂的传统,但这丝毫不带有这传统背离了正常事态的意思。但是,与某物"相异化"的确含有这种意味。人们可能会发现火星、火星人以及火星上的事物是难懂的、异己的,但是除非人原本,抑或应当与它们具有一种非难懂、非异化的关系,否则将自身描述为**与之相异**

第 4 章　1844 年的马克思（上）：自我实现

化就会显得很奇怪。说与某物相异化，表明脱离了某种基准状态。

这似乎至少在大体上沿袭了马克思的下述论断，主体在资本主义下不仅发现外部感性世界是异己的，而且发现自身与外部感性世界相异化。

［11］比如，可参见 Elster, *Making Sense of Marx*, 57。

［12］关于这一点，可参见 Steven Vogel, "Marx and Alienation from Nature," *Social Theory and Practice* 14, no. 3 (Fall 1988): esp. 377。

［13］关于这一点，可参见 Wood, *Karl Marx*, 20。

［14］虽然马克思的确做了这样的区分，但他的用法并不严格。他的一些说法，有时似乎同时指称客观方面和主观方面：

> 因此，一方面，随着对象性的现实在社会中对人来说到处成为人的本质力量的现实，成为人的现实，因而成为人自己的本质力量的现实，一切**对象**对他来说也就成为他自身的**对象化**，成为确证和实现**他的**个性的对象，成为**他的对象**，这就是说，对象成为**他自身**。对象**如何**对他来说成为**他的**对象，这取决于**对象的性质**以及与之相适应的**本质力量**的性质；因为正是这种关系的**规定性**形成一种特殊的、**现实的**肯定方式。①（ÖpM 541/301;《手稿》，第 86—87 页）

这一段所讨论的应当是客观的对象化，因为"一方面"是为了烘托下一段"另一方面"，以导入对于主观方面的讨论。实际上，在这一段中，所谓对象变成人的对象化，是否是在生产对象和消费对象的过程中完成的，这一点并不清楚。**这一段**中的下一句指出，"**眼睛**对对象的感觉不同于**耳朵**"（ÖpM 541/301;《手稿》，第 87 页），这显然是关于对象的使用，而非生产。

［15］这个例证让人有些困惑，因为当马克思谈到"矿物商人"时，我们并不完全清楚他所谈的是哪个层面的交易。如果他所谈的不是零售商，而是虽经营矿物但从不观察矿物的批发商，他的说法便是正确的，但这并非是马克思想要的那种正确。批发商对于矿物之美学价值的忽视，是其在大规模交易结构中的位置决定的，而非逐利冲动的不良影响所导致的结果。

［16］费尔巴哈指出，它们将会被作为"神圣"之物而关联起来，这里的神圣一词全然没有来世的意味。

［17］比如，可参见 Kai Nielsen, "Alienation and Self-realization" *Philosophy* 48 (1973)。

［18］马克思所指出的那些特性，实际上并未能把人和其他动物区分开来，参见 Elster, *Making Sense of Marx*, 62—68。

［19］此处的"必须"与"要么工作，要么饿死"这一命令相关，但其并不完

---

① 引文有改动。中文版第三行、第四行"他的""他的对象"未用黑体，第二行"自己的"为黑体。——编辑注

全等同于这一命令。**这**可能是马克思在使用"直接的肉体需要的支配"这一说法时直接所想到的（ÖpM 517/276；《手稿》，第 58 页）。很有可能正如马克思所构想的那样，在共产主义下这一命令将不再以强迫的形式针对个体。另外一些工作动机最终将被激活。而且很有可能必要劳动的分配将比目前更为公平。不过，"要么工作，要么饿死"这一命令对于类仍**将**适用，并且在衍生的意义上，其亦适用于个体。问题在于，对于马克思而言，专为满足这一命令而工作，在恰当的条件下是否可以视为对人的本性的实现。

［20］马克思的观点似乎有很大波动，他在《资本论》中指出："自由王国只是在必要性和外在目的规定要做的劳动终止的地方才开始；因而按照事物的本性来说，它存在于真正物质生产领域的彼岸。"（Kap Ⅲ，828/820；《资本论》第 3 卷，第 928 页）不过，即便是到了 1857 至 1858 年，马克思仍认为必要劳动是："（1）劳动具有社会性；（2）这种劳动具有科学性，同时又是一般的劳动，这种劳动不是作为用一定方式刻板训练出来的自然力的人的紧张活动，而是作为一个主体的人的紧张活动，这个主体不是以单纯自然的，自然形成的形式出现在生产过程中，而是作为支配一切自然力的活动出现在生产过程中。"［Gr 505/612，507/614；《大纲》（上），第 616 页］此处针对斯密，劳动被说成是"积极的、创造性的活动"。马克思在《资本论》中确实提到共产主义的生产将与资本主义的生产不同。在资本主义下，"劳动者与其劳动的社会性，与为了共同目标而与他者的劳动相结合之间的关系，就好像是与一种异己的力量的关系……而在劳动者自身是所有者的工厂中，情形与此完全不同"（Kap Ⅲ，95-96/85）。不过，马克思显然认为，不论必要劳动变得多么不同，其都不会是自由王国，而且想必也不是自我实现的首要王国（参见本章注释［25］）。但是，在《哥达纲领批判》中，马克思又指出：在共产主义下，劳动将是"生活的第一需要"（KPG 21/32；《哥达纲领批判》，第 12 页）。

［21］鲍威尔认为诸如艺术、科学，以及政治之类，是人类活动的重要领域。(ECh 112)

［22］这种观念，在 19 世纪 40 年代并非闻所未闻。这里有必要重提丁尼生的《尤利西斯》（1842）："停顿，休止，任之蒙尘生锈，而不在使用中熠熠生辉，是多么令人乏味！"

［23］康德在其《道德形而上学奠基》（*Groundwork of the Metaphysics of Morals*）一书中，谴责了这种塔希提式情境（参见 *Gesammelte Schriften*，4：423；*Groundwork of the Metaphysics of Morals*，trans. H. J. Paton [New York: Harper & Row, 1964], 90）。马克思在《资本论》中亦做过同样的谴责。他以赞赏的口吻说道，资本主义"以人对自然的支配为前提"，其是在具备了下述条件时产生的，即具备了人发展自身的"自然必然性"，将人推向"［其］需要、［其］能力、［其］劳动资料和劳动方式趋于多样化"的必然性（Kap Ⅰ，536-537/649；《资本论》第 1 卷，第 587 页）。不过，不论是康德还是马克思，此处似乎都仅仅关注人的能力的

第4章 1844年的马克思（上）：自我实现

发展，而非克服自然本身的进程。有关晚期马克思对于后一点的强调，可参见正文中对于《政治经济学批判大纲》的引证。

[24] 参见 Frank Manuel and Fritzie Manuel, *Utopian Thought in the Western World* (Cambridge, Mass.：Harvard University Press, 1979), 662。傅立叶有时强调额外动机对于从事脏活苦活的重要性。他指出，"清理下水道，护理粪堆，从事屠宰等工作"的儿童所从属的是"具有强烈爱国精神的社团"，"作为［这种］整齐划一，乐善好施的兄弟会的成员，他们的工作是由对于共同体的奉献精神，而非获得报偿的希望激发的"。因而并不单单关乎个体偏好的动机，据说有时也会混杂其中。参见 Charles Fourier, *The Utopian Vision of Charles Fourier*, trans. and ed. Jonathan Beecher and Richard Bienvenu (Boston：Beacon Press, 1971), 317-318。

[25] 马克思在《资本论》中似乎明确表示这一问题是不可改变的：

> 像野蛮人为了满足自己的需要，为了维持和再生产自己的生命，必须与自然搏斗一样，文明人也必须这样做……这个领域内的自由只能是：社会化的人，联合起来的生产者，将合理地调节他们和自然之间的物质变换，把它置于他们的共同控制之下，而不让它作为一种盲目的力量来统治自己……但是，这个领域始终是一个必然王国。在这个必然王国的彼岸，作为目的本身的人类能力的发挥，真正的自由王国，就开始了。（Kap Ⅲ, 828/820；《资本论》第3卷，第928-929页）

[26] 对于这些问题的不同看法，可参见 Brenkert, *Marx's Ethics of Freedom*, 94-105。

[27] 《政治经济学批判大纲》的主导性观念是不明确的，除了强调克服外在必然性的段落外，马克思还指出，共产主义将使"个性得到自由发展，因此，并不是为了获得剩余劳动而缩减必要劳动时间，而是直接把社会必要劳动时间缩减到最低限度，那时，与此相适应，由于给所有的人腾出了时间和创造了手段，个人会在艺术、科学等等方面得到发展。"［Gr 593/706；《大纲》（下），第101页］

[28] 引文中的括号是由 *Marx-Engels Werke* 编者所加。

第 5 章　1844 年的马克思（中）：共同体的结构

前一章考察了马克思关于人的自我实现活动的观念。本章将考察马克思所认为的从事这种活动的恰当方式，怎样产生了一种特殊形式的共同体。

1. 相互成全

在任何一个社会，哪怕是最简单的社会中，人作为个体都不能自给自足。每个人都需要他人生产的物品。在一个技术发达的社会中，几乎每一件物品都体现了数以千计的劳动。洛克对此曾有名言："**每一块面包**在供我们食用之前需要**工业提供并使用**的东西，假如我们能够追根求源的话，将是一张奇怪的**物品清单**——铁、树木、皮革、树皮、木材、石头、砖头、煤、石灰、布、染料、沥青、焦油、桅杆、绳索以及一切在船上应用的材料（船只运来了任何劳动者在工作的任何部分应用的任何物品），凡此种种，几乎不胜枚举，至少是过于冗长。"[1] 我们因而是相互依赖的。不过马克思指出，在资本主义条件下，这种相互依赖是通过我们在市场中的相互工具性利用而达成的。我们每个人都试图以最小的付出获取最大的收益（AM 459-462/224-227；《穆勒评注》，第 180-183 页）。与之相对，马克思设想了这样一种状态：个体不仅与类相认同，而且知道何种活动能够实现其作为人的本性。如此一来，马克思认为个体不再有理由——至少对于对象的生产与消费——相互之间做纯粹工具性的对待，且有其不再这样做的合理理由。

这一点需要详细阐述。而《穆勒评注》中的下述内容，正是展开这种阐述的不二之选。

> 假定我们作为人进行生产。在这种情况下，我们每个人在自己的生产过程中就**双重地肯定了**自己和另一个人：(1) 我在我的**生产**中使我的**个性**和我的个性的**特点**对象化，因此我既在活动时享受了个人的**生命表现**，又在对产品的直观中由于认识到我的个性是**对象性的、可以感性地直观的** [sinnlich anschaubare] 因而是**毫无疑问**的权力而感受到个人的乐趣。(2) 在你享受或使用我的产品时，我**直接** [unmittelbar] 享受到的是：既意识到我的劳动满足了**人的**需要，从而使**人的本质** [Wesen] 对象化，又创造了与另一个**人的本质**的需要相符合的物品。(3) 对你来说，我是你与类的**中介** [der Mittler]，你自己认识到和感觉到我是你自己本质的成全 [Ergänzung]，是你自己不可分割的一部分，从而我认识到我自己被你的思想和你的爱所证实。(4) 在我个人的生命表现中，我直接创造了你的生命表现，因而在我个人的活动中，我直接**证实**和**实现**了我的真正的本性 [wahres Wesen]，即我的**人的**本性，即我的**共同的**本性。
>
> 我们的产品都是反映我们本质的镜子。
>
> 此外，这种关系将是相互的 [wechselseitig]：我这一方所发生的事情亦将发生在你那一方。① (AM 462-463/227-228；《穆勒评注》，第 183-184 页)

马克思的编号令人费解，因为他宣称存在两种肯定自我和他人的方式，但是随后他却列出了四个小项。或许可以认为马克思是从自我和他人两个视角分别列出了两种方式，但是文本不支持这样的解读。全部四项的出发点都是第一人称视角。他人视角系由"我这一方所发生的事情亦将

---

① 引文有改动。中文版第二行"肯定了"未用黑体；第十行"成全"对应的是"补充"；第一段末尾原文是"我的真正的本质，即我的**人的本质**，我的**社会的本质**"。最后一段对应的是"情况就是这样：你那方面所发生的事情同样也是我这方面所发生的事情"。——编辑注

第 5 章 1844 年的马克思（中）：共同体的结构

发生在你那一方"这一说法进行说明的。或许其中两个因素更多是对应于个体对自身的所作所为，另外两个因素更多是对应于个体对他人（对"另一个人"）的所作所为，不过这种解读似乎同样缺少文本支撑，姑且置之不论。总之，我认为将马克思的想法如下做解读最为合理，首先，(1) 所处理的是个体作为个体的自我肯定。马克思此处的想法是异常清楚的：在共产主义社会中，主体将会在生产过程获得个体满足，这种满足既来自活动本身，亦来自活动的结果是某种个体可以从中看到其个性之具体表现的外在物。

这一段的后续部分聚焦于个体与其他个体的关系问题。存在两个相互关联的关注点：其一是对个体彼此之间一对一关系的关注，另一是对个体相互之间作为团体成员即类成员关系的关注。这一部分讨论第一个关注，下一部分将讨论第二个关注。

在 (2)(3)(4) 中，马克思所强调的是人的相互依赖。他指出，在共产主义社会中，主体之间将相互"成全"（"complete" one another）。[2]这个观念似乎是指主体将以多种方式帮助彼此实现各自目的。从生产产品和服务的角度来讲，这一点是异常显著的。合作对所有人都有利：主体可以使用更多的产品和服务以追求自身的特殊目的。

不论是共产主义，还是资本主义，都存在这种互利关系。但是，马克思指出，在市场关系中，人们试图相互支配：

> 我同你的社会关系，我为你的需要所进行的劳动只不过是假象，我们的相互成全 [*wechselseitige Ergänzung*]，也只是一种以相互掠夺为基础的假象。在这里，掠夺和欺骗的企图必然是秘而不宣的……如果身强力壮，我就直接掠夺你。如果用不上体力了，我们就相互讹诈，比较狡猾的人就欺骗不太狡猾的人。就整个关系来说，谁欺骗谁，这是偶然的事情。双方都进行观念上和企图上的欺骗，也就是说，每一方都已在自己的判断中欺骗了对方。①（AM 460-461/226；《穆勒评注》，第 181-182 页）

市场中主体的核心关注点并非为他人提供可使用的物品。他们只想以最 *172*

---

① 引文有改动。第二行的"相互成全"在中文版中是"相互补充"，第六行"企图上"对应的是"思想上"。另外，中文版中"社会""假象""整个关系""偶然""观念上""思想上"（对应"企图上"）是黑体。——编辑注

小的付出换取最大的收益，为此在条件允许时他们不惮进行欺骗和强迫。这种欺骗和强迫不必直接是出于挫败其他主体的目的，但实际的效果却很可能正是如此。如果我在一项交易中受到了欺骗或强迫，我很可能会达成一项如果没有欺骗和强迫，我原本不会达成的交易。这是我们的相互"**成全**"（*Ergänzung*）为什么只是一种假象的原因。一方当事人最终以低于互利式交易所需的筹码达成了目的。

所以，马克思不仅反对，或者说主要不是反对基于欺骗或强迫的市场交易，而是反对构成主体目标的内容。可惜，由于他强调主体进行欺骗或强迫的意图（"掠夺和欺骗的企图必然是秘而不宣的"），这导致他的观点模糊不清，因为这种强调暗示他可能并不反对非强迫的、非欺骗的资本主义交易。实际上，马克思所主要反对的是除了自我导向为主的目标，主体未能拥有为他人提供有用之物，协助他人达成**他们**目标的目标。

举例而言，假设亚当需要一些小机械，而弥尔顿需要一些小配件。亚当刚好有一些小配件，而弥尔顿刚好有一些小机械。假设双方达成了一桩真正互利的交易。马克思似乎支持这种可能性，因为他认为就整个关系来讲，谁欺骗谁是一个概率问题。所以有可能双方没有欺骗对方，在每一方都可得到共产主义分配机制将会给予的物品这层意义上，他们的交易是互利性的。从物质角度来讲，这种相互成全将**不是**纯粹的假象。

无疑，马克思认为，欺骗的意图将会继续存在，"双方都进行观念上和意图上的欺骗"。不过，过于将这一点强调为问题的关键，会压缩马克思批判的范围，因为许多市场活动——在商品交易所买卖猪胸肉——既不包含欺骗亦不包含强迫。[3]并且很显然，马克思不会认为一种严格管控价格且拥有过硬警力的资本主义经济会对人的关系有改善作用。[4]

再举一个例子。假设理查德想为一部音乐剧作曲，而奥斯卡想为之作词。他们商定相互合作。这其中既没有欺骗也没有强迫。此外，每一方都知道自身正在提供另一方所需要的东西。不过，他们仍然可能只是把彼此用作手段。这就好比他们都想打开一间需要两把钥匙的地下室。马克思认为，与亚当和弥尔顿交易一样，这里的主要问题不在于意图欺骗或强迫，而在于没能把为他人提供有用之物当作主体所试图完成的根本目标。

第 5 章　1844 年的马克思（中）：共同体的结构

所以，主体目标中的重要部分应当是为他人提供实现**他们**目标的所需之物。在共产主义社会中，我不仅将为你的靓汤提供花椰菜；而且我种植花椰菜的目标就是为你提供（或是为某个人提供）所要使用的花椰菜。因而，你对花椰菜的使用，既是我的目标的完成，亦是你自身目标的完成。我们的目标非但不冲突，而且是互补的。并且因为从你的方面来讲，你也会为我（或是为其他某个人）生产所要使用的东西，所以这种互补将会是相互的（至少在作为整体的共同体中是这样）。

这一论述是对三十一年后马克思的《哥达纲领批判》中下述名言的预演："各尽所能，按需分配！"（KGP 21/325；《哥达纲领批判》，第 13 页）对于 1844 年的马克思而言，我的生产活动对我来讲是件好事，它构成了我自我实现的一部分（其将表现我的个性，并且根据马克思关于人的自我活动的观念，其亦将帮助我实现"我的真正的本性，我的**人的**本性"）。这里"各尽所能"的观念并不是指我有义务运用我的能力服务公众，亦不是说我必须对所获得的财货有所回馈。它只是对共产主义生产状态的一种描述。我的能力的运用不过是我自身善的组成部分。[5]

在《穆勒评注》中，马克思继续指出，在他人对我的产品的使用中，由于"创造了与另一个**人的**需要相符合的物品"①（AM 462/228；《穆勒评注》，第 184 页），我会从中获得满足。假设我可以从公共账户中支取我之所需，而没有个人财务之忧，我靠雕刻椅子消磨时间，这是我的自我实现方式。不过我也希望椅子能够被使用。如果我的椅子烂在阁楼里，那么我的自我实现将发生"短路"。与种植花椰菜一样，我同样希望有人使用我所制造的椅子。只有那样我才能有助于满足人的需要，并且只有那样我才能被"你自己认识到和感觉到我是你自己本质的成全"②（AM 462/228；《穆勒评注》，第 184 页）。

在共产主义社会中，我根据我的能力所进行的生产和你根据你的需要所进行的消费之间，将会有一种关联。我的生产将会是**为了**你的需要，而你的需要的满足将会是我的生产的完成。帮助满足你（或者是某个人）的需要将是我的目标中的应有之义，现实地满足你（或者某个人）的需要亦将是我的善的组成部分。

---

① 引文有改动。中文版是"创造了与另一个**人的**本质的需要相符合的物品"。——编辑注
② 引文有改动。中文版是"你自己认识到和感觉到我是你自己本质的补充"。——编辑注

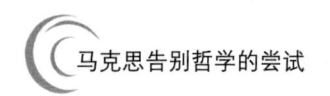

马克思虽然赞美这种关系，不过这里有三个难题：

第一个明显的协调难题是，怎样保证每个人一方面可以随意生产，另一方面又能生产出社会所必需的物品。1844年的马克思未曾分有傅立叶的下述观念：1 700~1 800人的随机样本将会拥有充分的互补性欲望，所以每个人尽可以随意生产，同时社会所需工作也可以完成。不过，傅立叶显然过于乐观。[6]

第二个协调难题颇具讽刺意味。共产主义共同体中的互补性必须——在观念上——是绝对完美的。不要生产得**太多**是非常重要的。否则某些个体将会生产无人使用的物品。相对于他们所生产的这部分物品，这些个体将无法获得满足他人需要的享受，不会知道自身将在某个人的"思想和……爱"中得到"证实"（AM 462/228；《穆勒评注》，第184页）。在为了彼此而放弃消费的意义上，马克思并不要求个体表现出利他主义，但这里额外的利他主义或许是必要的，此处的无私不是由放弃消费表现的，而是由增加自身的消费，以便确证他人的生产表现的。这就好比学龄前儿童父母所面临的问题——他们必须得提供足够的墙面空间，以展示其孩子才思泉涌的画作。

最后一个更为深层的问题。我们协助彼此实现目标的需要，并不需要形成积极的关系。在康奈尔（Richard Connell）的小说《最危险的游戏》（The Most Dangerous Game）中，一个小岛的统治者蓄意破坏过往船只，照料幸存者使其恢复健康，继而放他们自由，给他们武器，最后猎杀他们，以求自娱自乐。[7]假定对于这个统治者来讲，其猎物是人而非具备一定力量和狡诈的机器，这一点是至关重要的，并且进一步假定他将人从本质上视为他人的猎杀者。现在设想一下，有一天某个对人的本性抱有同样看法的人搁浅到了岛上。他们相互交换了意见，并且很高兴彼此能有深度的共识。在互诉仰慕之情，装备了相同的武器之后，他们开始心情愉悦地相互猎杀，直至死亡。

每个猎杀者都决心要赢，不过每个猎杀者都因知道下述事实而感到满足，即如果他输了，他将使他人的胜利成为真正的胜利（the right sort of triumph）。每一方不仅试图达成自身的目标，而且试图帮助他人达成目标。且这两种目标之间并非互不相容。只有当他真的试图去赢，每一方才能成为有价值的对手，一方的失败才能成就另一方真正的成功。通过坚决地试图杀死对方，每一方都在全力以赴帮助对方实现**其**目

第 5 章　1844 年的马克思（中）：共同体的结构

标。因而这是理想的目标互补类型。

如果马克思要反对这种关系，其原因并非是说这种关系的结构是错误的，而只能是说这些主体所持有的人本性观念是错误的。一般来讲，一种关系是否可以被接受的，既与其内容有关，亦与其形式有关。这些主体事实上未能将彼此当作人看待。1844 年的马克思认为，人不是以猎杀他人或者被他人猎杀的方式来实现自身的，而是通过改造（自由地、有意识地且与他人合作）自然世界，获得自身和他人追求个体目标所需手段的方式来实现自身的。在马克思看来，持有恰当的人本性观念，在于将人理解为通过这种活动实现自身的存在，而恰当地对待他人，在于帮助他人实现这样一种本质。如果共产主义者对于人的本性持有正确的理解，那么他们就不会愿意参与人的猎杀。[8]

马克思认为共产主义者会有这种正确的理解吗？在我从《穆勒评注》中所引证的那一长段的结尾，马克思指出共产主义下的劳动者将"证实 [bestätigt]"其"真正的本性，[其] **人的**本性，[其] **共同的本性**"①（AM 462/228；《穆勒评注》，第 184 页）。这种确证中是否可能有认识论的要素？其是否可能为马克思关于人本性观念的信念提供一种理性的基础？

也许这个观念是这样的。共产主义下的劳动者**持有**马克思的人本性观念，然后通过作为人进行生产，确证了这一观念的**正确性**。问题在于，这个观念是从哪里来的？这是一种怎样的"确证"？

在《穆勒评注》所引段落的开头，马克思写道，"假定我们作为人进行生产"。劳动者因而必然会持有相应的人本性概念吗？如果社会结构的安排使得人可以作为人进行，人**必定**会持有这个观念吗？这是马克思在《形态》中所持的观点，1844 年的马克思大约也会持这种观点。

如此一来，确证将是经验性的：人确证人的"真我"（who one is）意识，人认识到**这**确实是人的本性。需要指出的是，根据这样的解释，劳动者的活动除自身之外，不能为任何人提供确证。劳动者的活动使其从内部发现，他所从事的活动的确实现了他的本性。不过，这种活动中没有什么因素能够使之成为自身以外的人的证明。

---

① 引文有改动。中文版是"**社会的本质**"。——编辑注

因而，这似乎是在兜圈子。通过自身的活动，共产主义者实现并确证了某种人本性观念，但是他们的活动并未给旁观者提供相信这是正确的人本性观念的依据。听上去这像是认识论的评论，其仅仅描述了共产主义生产将会如何增强主体自身的信念。我们在第 6 章会再度探讨这个问题。

2. 充当类的中介

马克思认为，相互成全不仅指为了彼此的需要而生产，在共产主义条件社会中，我们还将同时充当彼此与类的**中介**。马克思明确地指出，生产者将充当消费者与类的中介。我认为马克思的意思是说，在共产主义条件下，当他人使用我的产品时，他将我视为普遍的类的代表。在他使用产品的过程中，他会认识到我所生产的特定使用价值，他同样会认识到一个人为了他能使用而生产了这个物品。看起来似乎是普遍的类为他生产了某个物品。同时，我也将这个思想解读为——虽然在这个文本中不明显——在发现类**为他**进行生产时，他认为自身作为类成员的身份得到了肯定，这就好比经历了某种人可以视同为肯定的仪式。

事实上，我看不出马克思有什么理由不去反转这种中介关系。只要我是共产主义条件下的一名生产者，消费者难道不是同样代表了类，充当了类和我的中介？消费者在进行消费的同时，认识到我生产了某物供人使用，可以被视为我为他人进行生产的确证，对 1844 年的马克思来讲，这一点构成了人的本质性活动的核心要素之一（作为个体自我表现形式的生产是另一个要素），并且，这一点同样大体可以视为我能从中看出我的类成员身份得到确证的一种方式。在我看来，当马克思说，"因而在我个人的活动中，我直接证实和实现了我的真正的本性，即我的**人的本性，我的共同的本性**"① （AM 462/228；《穆勒评注》，第 184 页）时，马克思所持的正是类似的想法。[9]

主体的类成员身份在这些生产和消费的互动中将得到肯定，因为这些互动包含了马克思所认为的人实现其作为人的本性的活动。在这样的

---

① 引文有改动。中文版是"……我直接**证实**和**实现**了我的真正的本质，即我的**人的本质，我的社会的本质**"。——编辑注

第 5 章 1844 年的马克思（中）：共同体的结构

互动中，主体将不仅作为**这个**或那个团体的成员相互肯定，还将作为人类的成员相互肯定，即作为生产和消费互动构成了实现其本性之方式的存在者而相互肯定。生产和消费之间将会有某种共振。在其日常活动中，个体将会看到其本质属性，看到其大写的团体（类）成员身份。

为了进一步明确马克思这里的观点，稍稍绕道费尔巴哈是有帮助的。费尔巴哈在《本质》中曾言，"我"和"你"的关系，是相互揭示彼此本性之存在的关系："他人是我的**你**——这种关系是交互的 [*wechselseitig*]——是我的**另一个自我** [*mein anderes Ich*]，是我的**对象化**的人……是观察自身的眼睛。"（WC 251/158；《本质》，第 214—215 页）与马克思一样，费尔巴哈认为，主体之间的恰当关系是交互式的，或者反映式的（"观察自身的眼睛"）。

依据费尔巴哈，这种交互关系向我揭示了我的身份，亦即我是一个人："在他人中我第一次有了人的意识；通过他人我第一次经验到、感觉到我是一个**人**；在我对他人的爱中我第一次明白他人属于我，我属于他人，我们不能没有彼此，唯有共同性 [*Gemeinsamkeit*] 构成了人性……[他人] 是人性的代表，他人以人性的名义向我说话，向一个孤立的个体说话。"（WC 251/158；《本质》，第 214—215 页）费尔巴哈在这里说的是什么？说的是要将自身理解为人，人必须认识到他人是人，并且在他人中看到自身？这将是一个糟糕的证明，因为这假定人能够辨认出自身与他人共有哪些属性，以便确定在同一个类中存在共同的成员身份，但是这些属性大概是人用以确定他人为人的同一些属性，所以人无需在他人中看到自身，即可确定自身是否是人。

这个论证亦可以反过来，可以从个体认识到他者与自身是同一种存在开始。这样一来，费尔巴哈就是在说：只有通过参照相同类型的存在，个体才能将自身确定为某种存在；为了将自身的身份表现为某种存在，个体需要在那种类型的其他一些成员身上看到自身。但这同样也是个糟糕的论证，因为：个体或者已经有了关于"人"（human being）的概念，从而不需要他人来确实他所是的存在类型；个体或者没有这个概念，或者即便知道尚有他人与自身类似，亦无助于知道自身的本性。

上述两种解释的共同假定在于，费尔巴哈所关注的是个体怎样学会将自身归类为人。但我认为费尔巴哈的关注点完全不在于此。在我看来，他的关注点在于，只有通过对他者有感觉，与他者有共同体验，对

178

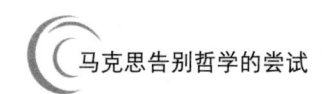

他者有体验，个体与其人性之间的关联才能**意义非凡、切实相关**。意识到个体的人性，不是指习得个体在分类学上的位置（除人之外，我还能将自身视为别的什么吗?），而是指关注并肯定个体是人这一事实。

前文我曾讲过"肯定"（affirming）个体的类成员身份（或资格）。费尔巴哈（WC 202/123）和马克思（ÖpM 563/322;《手稿》，第 140 页。AM 462/227;《穆勒评注》，第 184 页）都曾使用过这个词，或者这个词的变形，不过我在未曾得到这些文本明确支撑的情况下，对这个词进行了拓展。我的用意在于追寻这样一个观念，对于我们所做的某些分类学描述，似乎不仅在分类学上是精准的，而且更能够抓住真我（who we are）的核心部分。比如，可以用肚脐是向内的还是向外的来对人加以分类，但是个体在**这种**分类学上的位置对于个体的真我（who one is）意识来讲，不大可能是核心性的。但是个体的性别倒可能是核心性的，比如作为一名女性，个体可能会肯定其是一名女性。

这里尚且缺乏恰当的术语。从历史上讲，人的团体身份很难与人关于地位身份和道德价值的信念分开，尽管人们明知两者是不一样的，但仍然经常寻求各种规范性理由，以证成他们对其本性（what they are）的接受。不过这些理由并非关键所在。如果一个男人拒绝变性手术，他并不必然会说（根据某些坐标轴）他认为做男人更好。相反，他或许仅仅会说，做男人是他的真我（who he is）。如此一来，他所肯定的就不是人们所说的某一种男性特征的重要性，而仅仅是他的身份。他将会认可男性身份对其真我的重要性。

对费尔巴哈和马克思来讲，我们是人类的成员，这一点很重要。**这种**身份将被肯定为构成性的（constitutive）要素。当费尔巴哈强调个体对他人的需要时，我认为他所关注的正是这种肯定。说只有"通过［他人］……我才第一次感到我是一个人"，说的是只有通过他人，我是一个人这个事实对于真我而言，才是清晰且重要的。

当然，没人会否定作为人对于真我的重要性。不过，对于费尔巴哈和马克思而言，尤其重要的是个体对于自身作为"人类"**团体**之一员的意识，对于自身在一些重要方面与此团体相关联的意识。

因而，作为人与作为男性在结构上是类似的，二者的共同点在于，对于每一方来讲，分类是一回事，相对于个体自我概念之重要性却是另一回事。它们的不同在于，作为人没有标准的对立面（contrastive

第 5 章 1844 年的马克思（中）：共同体的结构

pole），而作为男性有其对立面，这种对立面是既与自身相同又不相同的存在。人则没有类似的对立。费尔巴哈和马克思所描绘的对立，发生在视自身与人类密切关联，与视自身与类相互脱节甚至相互冲突这两种状态之间。费尔巴哈指出，"唯有共同性构成了人性"。他认为对立于共同性的是"一个孤立的个体"（WC 251/158；《本质》，第 214-215 页）。他还指出，类使个体摆脱了"利己主义"[10]。当马克思在《穆勒评注》中提及"我的真正的本性，我的**人的本性**，我的**共同的本性**"① 时（AM 462/227；《穆勒评注》，第 184 页），他不仅是说这三种本性显著一致，而且是说其与他前文所批判的利己主义截然对立。对于费尔巴哈和马克思而言，肯定自身为类的一员，就是对类成员身份采取一种与利己主义者或孤立的个体截然不同的立场。

（实际上，肯定个体作为 X 的身份，并不需要将自身视为与其他 X 在共同体中密切关联。一个男人可以无需理解自身与其他男人之间的基本关联，而认识到作为男性对于其真我的重要性。原则上，作为人的表现会是类似的。为了作为人，并不必须有诸如爱国主义的表现。在个体将自身理解为拥有某种国籍的爱国主义中，包含着个体与其同胞之间的密切关联。不过，费尔巴哈和马克思显然认为，作为人正是以爱国主义的类似方式表现自身的，并且当然能够这样做。）[11]

费尔巴哈和 1844 年的马克思均认为，存在一种特殊的机制——一种"中介"机制，借助这种机制，主体与整体的类之间建立了密切的关联，从而肯定了其人性。费尔巴哈认为，一般来讲，我们与他人之间的互动可以发挥这种作用（参见 WC 251/158；《本质》，第 214-215 页），但费尔巴哈所强调的具体活动是情爱。在《本质》的一份未刊《导言》中，费尔巴哈指出，"在爱中我拥抱这个女人，对我而言，这个女人本身，她代表了类"（一并参见 WC 266-267/168-169；《本质》，第 226-227 页）。[12]她代表了更大的团体，并且使我意识到这个团体以及我的成员身份。（费尔巴哈这里太不浪漫了：我的挚爱难道不应当令我忘掉其他一切，包括——尤其是——类在内？）

乍看之下，马克思与费尔巴哈似乎没有区别。他指出，"人对人 [*des Menschen zum Menschen*] 的直接的、自然的、必然的关联是**男人**

---

① 引文有改动。中文版是"我的真正的本质，即我的**人的**本质。我的**社会的**本质"。——编辑注

对妇女［des Mannes zum Weibe］的关系"①（ÖpM 535/295；《手稿》，第 80 页）。并且与费尔巴哈一样，马克思认为个体通过与另一个个体的自然关联而拥抱了类（参见 ÖpM 535-536/295-296；《手稿》，第 80 页）。不过，马克思的重心有所不同。首先，费尔巴哈指出，我从爱中获知"唯有共同性构成了人性"。但是在《穆勒评注》中，马克思指出在资本主义下，人的共同本性"呈现为**异化**的形式"②（AM 451/217；《穆勒评注》，第 171 页）。马克思的对比是在我们真正的共同本性——人的"相互成全［wechselseitige Ergänzung］的结果是类生活，真正的人的生活"③（AM 451/217；《穆勒评注》，第 171 页）——和我们现有的共同本性之间展开的。即使共同性真的构成了人性，但对于马克思来讲，在资本主义下这种共同性是以"**异化**的形式"构成了人性，而爱无法改变这一事实。

此外，马克思在《手稿》中指出，目前的两性关系是人的一般关系的"无限的退化"的一种缩影（ÖpM 535/295；《手稿》，第 80 页）。他指出，从男女关系的特征中，我们可以看出社会关系距离正常化有多远。[13]这种关系表明"人具有的需要在何种程度上成为人的需要……他人作为人在何种程度上对他来说成为需要，他作为个人的存在在何种程度上又是共同性存在［Gemeinwesen］"④（ÖpM 535/296；《手稿》，第 80 页）。[14]在费尔巴哈所描绘的男女关系中，个体以肯定彼此人性的方式相互关联，而在马克思看来，目前的情况并非如此。与其他关系一样，两性关系目前只是纯粹的工具性利用关系（ÖpM 534/295；《手稿》，第 80 页明确指出了两性关系和劳动关系在结构上的同一），而在这种关系中，个体无法成为彼此与类的中介。或许男女关系在共产主义下可以发挥这一作用。不过在共产主义下，别的关系——经济关系最为显著——也能发挥这种作用。对于马克思来讲，男人与女人之间的关系只不过是人的一般关系的风向标。

---

① 引文有改动。中文版为："人对人的直接的、自然的、必然的关系是**男人**对**妇女的关系**"。——编辑注

② 引文有改动。中文版为："以**异化**的形式出现"。——编辑注

③ 引文有改动。中文版为："在类生活中、在真正的人的生活中的相互补充"。——编辑注

④ 引文有改动。中文版为："人具有的**需要**在何种程度上成为**人**的需要……别人作为人在何种程度上对他来说成为需要，他作为个人的存在在何种程度上同时又是社会存在物"。——编辑注

第 5 章　1844 年的马克思（中）：共同体的结构

马克思认为，个体与类的中介发生在生产物品和使用物品的活动中。马克思指出，我们的本性经由产品交互反映（mirroring）："我们的产品都是反映我们本性的镜子。"① （AM 463/228；《穆勒评注》，第 184 页）所以，假定人实现其本性的活动，正是致力于表现自身个性，并为他人提供实现其目标之手段的生产活动，假定共产主义者知道这一点，那么他们将按如此方式生产的产品视为他们本性的体现，就是合理的。并且作为这种体现，可以说产品"反映"了他们的本性。

费尔巴哈和马克思所共同使用的交互反映意象，是值得追求的：镜子 A 中的映像包含了镜子 B 中的映像，镜子 B 中的映像同样包含了镜子 A 中的映像，镜子 A 中的映像又同样包含了包含在镜子 A 中映像的镜子 B 的映像，以此类推。产品是马克思的镜子，但是只有以特定的方式加以解读，产品才能表现为镜子。为了反映人的本性，产品必须被解读为体现了这种本性。或许共产主义者将这样解读产品。所谓产品交互反映了我们的本质，不仅是指我会把自己的产品和你的产品都视为人的本质属性的体现，而且是指我还会知道你把我的产品和你的产品视为人的本质属性的体现，此外，我还会知道你知道我会把我的产品和你的产品视为人的本质属性的体现，以此类推。

所以一般来讲，共产主义者将会知道人的本性反映在其产品之中（并且意识到关乎彼此的这一事实，意识到彼此对这一事实的意识等），而且将会相信这种本性涉及为彼此进行生产。他们将会把经济贸易的对象视为其共同本质属性的表现（并且相信对于对象的这种看法）。反映将会表现共产主义者的下述信念：他们共享了一种共同的本性，他们目前的（本质性）关系是一种有意的相互成全关系。在这样的条件之下，牢固的共同性纽带大概是可以获得的。

我认为马克思是在声称，个体的产品将同时反映其个体本性和类本性。不过，他人多半只能注意到后者。马克思讲道："由于认识到我的**个性是对象性的、可以感性地直观的因而是毫无疑问的**力量而感受到个人的乐趣。"② （AM 462/227；《穆勒评注》，第 184 页）这里所暗含的原型，似乎是一位艺术家在诸如一部书或一幅画中的个性表现。因此，或许一位农民可以这样来看待他的花椰菜。花椰菜体现了他的辛劳、他

---

① 引文有改动。中文版是"我们的产品都是反映我们本质的镜子"。——编辑注
② 引文有改动。中文版是"……**毫无疑问的权力**……"。——编辑注

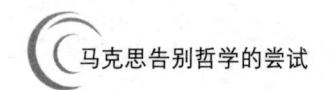

对灌溉的筹划和对虫害的防治以及他对天气的担忧等等。不过，一棵花椰菜仍然只不过是一棵花椰菜。不同农民生产的花椰菜很难加以区分。如果生产花椰菜构成了他独特且唯一生活计划的一部分，那么在这层意义上花椰菜可以表现一个人的个性，但是与艺术作品不同，花椰菜本身并非独特且唯一的。消费者无法将某一棵花椰菜视为某一特定个体的产品。大众消费物品无法反映独特且唯一的个体。

至于我们的产品能否真的反映我们共同的类本性，这取决于马克思所谓的与类牢固认同之心理的合理性。在欣赏一幅山水画时，我们发现，与山水本身不同，山水画是一种人的表现。当马克思声称，"**工业的历史和工业的已经生成的对象性的存在，是一本打开了的关于人的本质力量的书**"①（ÖpM 542/302；《手稿》，第 88 页）时，马克思认为，对工业产品和农业产品，我们可以采取某种与山水画相类似的态度。我的确会将邻居菜园馈赠的西红柿，与从超市购买的西红柿区别看待，这不仅仅是因为它们更好吃，我感激邻居的盛情，而且是因为它们是人的劳动更为直观的产物。马克思认为，如果我们牢固地与类相认同，持有关于人本性的正确观念，公共食堂的西红柿就会与人的本性发生共鸣。可惜，按照这里的前提进行设想是如此之难，所以同样很难去说——更确切地说，是很难去克服这样的疑虑——结果是否真的会像马克思所讲的那样？

当我们试图解释马克思在《穆勒评注》前述引文中对于爱的援用时，亦会产生同样的问题。在描述共产主义条件下的经济关系时，马克思写道："我认识到我自己被你的思想和你的爱所证实。"（AM 462/228；《穆勒评注》，第 184 页）这是否是在宣称，共产主义社会下的公民之间存在强烈的情感纽带（affective bonds）？

在我看来，马克思所说的并非个体的亲密关系，亦非伴随这种关系的深层情感，而是个体关系结构在更为一般层面上的再现。友谊的特征之一，在于朋友之间互相馈赠，而这是有益的。相比约定今年互相不送礼物——我买我的手套，你买你的围巾——我给你买条围巾，你给我买副手套，会是更好的选择。在礼物互赠中得到确证的是我们的关联性，或者借用更为讨喜的说法，是我们的团结性，是我们的确关心彼此这一

---

① 引文有改动。中文版"关于人的"为黑体。——编辑注

第5章 1844年的马克思（中）：共同体的结构

点。共产主义条件下的生产可能具有这种结构。个体**为了**彼此而进行生产。因而我们或许可以说这里存在普遍的"友谊"关系，不过这种关系将是结构性的，而非个人性的。[15] 在我看来，马克思确实相信这样一种保持距离的关系——（一般情况下，甚至于不会露面的）陌生人之间的生产消费关系——将会有一种情感成分。但我认为马克思会同意，与个体关系中的情感相比，这种关系中所包含的情感要微弱得多。

相比于将千千万万共产主义者的关系描述为亲密的朋友关系，我认为上述说法要更为合理。不过，不得不承认的是，即便是上述关系，也是难以想象的。同样难以想象的是，生产活动和消费活动，以及这些活动所涉及的产品之间，能够产生我归给马克思的那种意义（类似于费尔巴哈在要求面包和水应当是神圣之物时所追求的那种意义）。我们很难将自身想象为那样一种人类世界中的那样一种人（一如马克思实际所知的那样，参见第6章第5节）。

3. 共同体的题外话

我业已介绍了1844年的马克思关于共同体的描述。在这一部分，我将讲一点题外话，以说明这一描述的独特之处。

马克思所谓类的共同体，是对一系列关系的总括。在这些关系中，主体（1）从事至少在部分程度上旨在帮助他人达成他们的目标的活动；（2）认识到彼此活动的此一真相；（3）相互充当彼此与团体的中介；（4）认识到彼此活动的**此**一真相。

将这种关系视为单纯的利己主义，或者单纯的利他主义，是对问题的一种曲解。以我想雕刻他人将会使用的椅子为例。如果椅子从天上降下，致使没人需要我的椅子，那么我将无法实现我的目标。我所关心的不仅仅是他人的舒适，还是欲求满足一种需要，并且这种需要不能随随便便地便可得到满足。不过，这种显著的利己主义，如果缺乏对他人实际需要的关注，亦无法得到理解。为了将我的椅子做得耐用、舒适且好看，我格外地小心。我从他人对我的椅子的使用和欣赏中获得了满足。虽然我的目标不仅仅是服务他人，而是制作某种对他人有用的物品，但是我要想实现我的目标，他人必须真的认为我制作的物品是有用的。[16]

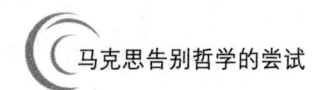

至于交互中介，根据马克思的论述，个体为了实现其作为共同性存在的本性，而欲求这样一种中介。不过，只有以正确的方式返还这种中介，个人才能够收获这种中介。如果我在实际上认为我们参与了一项中介性活动，那么我必须同时以特定的视角看待你和自身。我必须认为，你认识到我正在参与一项以满足你的（抑或某个人的）需要为重要旨归的活动。并且，由于我想要实现我的本性，我在生产中必须现实地拥有所需的目标（因为根据马克思的论述，那是出于我的本性的需要）。因而，为了实现我的本性，我必须生产对他人有用的物品，并且我必须将他人视为这样的存在，其能够以正确的方式欣赏我为了他们的使用而生产的物品。而且这还意味着，我将他们同时视作为了我进行生产的存在。这意味着以正确的方式欣赏他人的产品。实际上，如果你要充当我和类的中介，我必须满足自身充当你和类的中介的条件。[17]

在马克思所描述的关系中，用他的话说，个体相互成全（complete one another）。一方面，你对我的物品的使用（附带恰当的欣赏）成全了我生产特定物品以供使用的计划，并且更为一般地讲，在部分程度上成全了我的本质（人的）属性（主要涉及作为一名生产者，生产他人可以使用的物品）。另一方面，充当类的中介将我成全为类的成员，马克思指出，其实现了我作为共同性存在的本性。

相互成全的观念听起来可能会有些怪异。它带有柏拉图（Plato）的《会饮篇》（*Symposium*）中阿里斯托芬（Aristophane）关于分开的灵魂最终发现自身之另一半的意象。不过，阿里斯托芬所举的空间意象，容易造成这样一种印象，似乎我们从彼此所需要的只是某种**东西**，只是某种带有特定属性的物品。这样的理解无法抓住相互成全观念的核心。对于共产主义者来讲，两种形式的相互成全的核心在于，共产主义者将他们之间的互动**承认**（recognition）为彼此的相互成全。此处"承认"（recognition）并不是最为恰当的说法。共产主义者不仅仅注意到事情是这样的，即有人生产了我所使用的这个物品，确切来讲，这里的承认（recognition）将同时包含认识（acknowledge）和肯定（affirmation）两层意思。马克思认为，在资本主义条件下，个体承认其出于彼此使用的意图生产了物品，但是资本主义条件下的个体认为这一事实微不足道，不值一提。他们仅仅留意到了这一事实。马克思认为，在共产主义社会中，个体非但不会认为这一事实微不足道，反而会认为其意义

第5章 1844年的马克思（中）：共同体的结构

重大。只有认为这一事实意义重大，共产主义者才能将生产活动视为相互成全的一种方式。也就是说，我以为，只有认为一种活动揭示了对于真我意义重大的部分，否则个体不会将此种活动或事态视为自身的成全。最后，相互成全还指称这样一种观念，不同个体之间可以用下述方式相互关联，即他们不仅承认而且肯定他们相互依赖的特殊形式。这个观念所说的是，如果以正确的方式生活，那么这种相互依赖将成为个体善好的重要组成部分。[18]

如果将《穆勒评注》中的这些关系，与另外两种有关善好社会的描述相对比，那么马克思的观点可以得到进一步澄清。

首先考虑一下康德目的王国观念的一种变体。[19]设想这样一个王国，其中的主体并不相信其他主体会像康德主义者那样行动。每个人都认为，他人单纯为其特殊欲望所驱使。每个人都认为，没有人会出于对道德法则的关注而行动（尽管每个人实际上是这样做的），并且每个人都认为，他人亦会认为他也是单纯为他的特殊欲望所驱使的。

这些主体之间是相互依赖的。为了追求人类生活状态下的幸福，他们彼此需要。不过，与康德的要求相一贯，他们的互助关系在下述意义上可以是完全非个人的，即原则上这样的主体所需要于彼此的，可能仅限于满足其各种欲望所需的物品和服务。这样的主体并不必然需要帮助，即并不需要其他人有意为之的帮助。一个由于运气好而完全自足的主体——作为康德主义者——什么也不会失去。

除此之外，康德主义者并不需要彼此，以表现他们的本质属性，表现他们作为理性存在者的属性。对于这一点，康德主义者既不需要他人的帮助，亦不需要他人的承认。[20]单个的康德主义者可以独自实现其本性。就这些方面而言，康德式的描述是个体主义的。这里并不需要相互依赖。[21]

上述描述与1844年的马克思之间的对照，应该是很清楚了。马克思认为，只有通过一系列必须与他人相互依赖的互动，并且他人还必须理解互动的内容，主体才能实现其本性。单个的共产主义者不能是自足的。此外，如果他对于其他共产主义者以及他们在生产和消费中的目标和信念缺乏恰当的信念，或者，如果其他共产主义者对于他以及他在生产和消费中的目标和信念缺乏恰当的信念，那么他将无法实现其本性。单个共产主义者无法单独实现其本性。

我的第二个例子是科恩对于共产主义下的生活的勾勒。科恩写道：

> 描述马克思所构想的共产主义生活的方式之一,在于想象这样一个爵士乐队,其中每个演奏者都只追求其自身作为音乐家的满足。尽管其动机是要确保自身的满足,而非整个乐队的满足,抑或乐队其他成员的满足,但是当其他每个成员都这样做时,他最大限度地满足了自身,并且这对他们每个人都是适用的……我并没有说没人在意(care about)他人的音乐满足……但是不去关注(concern)他人却是必要的。[22]

科恩在这里集中探讨的是《共产党宣言》(The Communist Manifesto,简称《宣言》)中的说法。马克思在《宣言》中写道,共产主义"是这样一个联合体,在那里,每个人的自由发展是一切人的自由发展的条件"(MK 482/506;《宣言》,第 50 页)。问题并不在于科恩对于《宣言》的理解(我认为他的理解是精准的),而在于他的观点与《穆勒评注》的比较。在科恩的例子中,"每个演奏者都只追求其自身作为音乐家的满足"。每个人都依赖于他人以获得其自身的满足,因为他依赖他人的演奏为其自身的表演提供背景。但是科恩的描述中缺少要求演奏者的同伴是人而非机器的因素。如果可以制造出精通音乐的机器,那么科恩的乐师无需与人一起演奏,通过与机器一起演奏就可以获得满足。

1844 年的马克思指出,共产主义者将以彼此和类为中介。而这是只有人才能为彼此做到的事情。马克思控诉说,"你作为人 [als Mensch]","[在资本主义社会下] 同我的物品毫无关系"(AM 461/226;《穆勒评注》,第 182 页)。[23] 这一点同样适用于科恩的爵士乐队。

科恩的乐师当然知道,与他们一起演奏的是其他一些乐师,而非机器,不过根据他的描述,这一点对于乐师来讲并不重要。因为原则上,他们无需作为乐师相互承认(既承认又肯定的意义上),就可以实现各自的目标。

因而,科恩关于爵士乐队的描述在我看来太过单薄。格雷厄姆(Keith Graham)认为科恩错在没有看到乐队的成员们共享了一个终极目标——大概是完成一场好的表演,这就好比"在团体运动中获胜"[24]一样。但即便如此,这亦未能充分阐明个体在演奏中的相互关系(而且其所强调的共有目标类型也是错的,详见下文)。乐队中的乐师,尤其是爵士乐队中的乐师,可能多少有意识地不断在彼此的动态响应中进行演奏:他们用音乐进行交流。在这种交流中隐而不显的,可能是一种对

第5章 1844年的马克思（中）：共同体的结构

于彼此作为拥有共有目标的乐队成员的相互承认（既承认又肯定）。假如这些乐师作为乐师的共有目标，在部分程度上是指演奏可以与其他乐师进行交流的音乐，那么拥有这样一个共有目标的乐师们，将有助于彼此作为乐师的相互成全。[25]

阐明马克思关于共同体描述的独特之处的最后一种方法，是考察主体共有目标的两种不同方式。一种区分发生在"内在导向"式目标和"外在导向"式目标之间。共同体的共有目标可以是一种"内在导向"（internally directed）式目标。[26]他们的共有目标仅限于在特定结构的社会中进行生活。这里不存在更进一步的目标。马克思的共产主义者试图实现其作为下述存在者的本性，这种存在者将表现自身个性和把为他人进行生产的活动，视为类对于自身和外部世界的持续共同改造的一部分。他们的共有目标，在于创造一个个体可以在其中实现这种本性的社会。舍此之外，再无其他社会目标。[27]

与之相对，"外在导向"（externally directed）式共有目标涉及实现整个集体所设定的某种目标。其可以采取许多种形式：实现上帝在地上的人间天国，实现民族的昭昭天命，从团体运动中胜出，等等。其核心在于主体不满足于仅仅停留于某种形式的共同生活，而追求超越于此的目标。

第二种区分是在"**重叠**"（overlapping）式共有目标与"**交错**"（intertwined）式共有目标之间做出的。当主体抱持相同的目标时，目标就会有重叠，但是与他人一起，通过他人并非是实现这种目标的必要条件。设想一下那些向为消除某种疾病而筹集研究资金的基金会的捐款的人们共有一个目标，但是只是因为筹集资金需要共同的努力，他们才相互需要。如果有哪一位捐款人襄助所有研究的所有资金，或者自然环境侥幸消除了疾病，这对于他们的共有目标来讲，不会有任何损害。与之不同，主体**为**他人进行生产（并在消费时欣赏他人**为**他生产的物品），对于共产主义者之活动的描述来讲，却是题中应有之义。如果他的产品腐烂了，或是上帝普降甘露，主体就无法实现其目标。共有这样一些目标的人们之间——对于这些人，相互帮助以期满足彼此的目标异常重要——所拥有的是交错式目标。

我认为典型的共同体主义观念（communitarian）在于，共有终极外在目标是产生共同性关联（communal ties）的途径。一般来讲，这

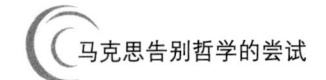

一观点或许是对的。但是恰当的对比并不在于外在重叠式共有目标和内在重叠式共有目标之间，**这样的**对比可以发生在一个由共有的宗教信念（外在目标）加以统一的共同体，和一个以在稳定的最小国家中生活为主体共有目标（内在目标）的自由主义社会之间。后者也会获得某种程度的共同性关联，但这种关联很可能是微弱的。当终极目标仅是重叠式目标时，可能会需要一个共有的外在目标以生成共同性关联。

然而，恰当的对比发生在外在重叠式共有终极目标和内在交错式共有终极目标之间。共产主义者之间所共有的终极目标是交错式的。他们彼此需要，每一个人都知道并且肯定这一点，这并不是偶然的事实。鉴于他们的本性，他们通过彼此的协作来实现各自的目标，是异常重要的。假定存在这样一种关系，那么我们有理由去设想，即便没有任何共有的外在式目标，牢固的共同性关联亦可以建立起来。[28]

借由重叠式外在共有目标而形成的共同体，在结构上不同于那些借由内在交错式共有目标而形成的共同体。在以外在重叠式目标为特征的共同体中，不同主体之间不是一对一（one-to-one）式的相互关联，而是借助他们共有的终极目标关联在一起。我们既没有必要认为自身是在为他人进行劳作，亦没有必要认为他人是在为我们进行劳作。毋宁说，我们认为自身和他人都在为我们共同的外在目标进行劳作。这样一来，我的行为有助于实现你的目标（上帝国度的降临），就只是我的目标（上帝国度的降临）本性的偶然结果，它并非我的目标内容的构成部分。哪怕你并不希望，我也仍然希望上帝国度的降临。如果你也希望，我或许会感到高兴（不过我也可能不高兴），你因之确实可以在我们之间建立一种重要的关联（不过也可能不是这样）。共同体在这里将会是那些就其本身并不致力于满足彼此需要的目标的结果。

将共同体与友谊做一类比，可能不无裨益。人们经常因为追求一种共同的爱好而成为朋友，并且追求一种共同的爱好经常会成为持久友谊的题中之义。不过设想一下两种不同的共同爱好。一种是朋友们可能对一个特定的政治流派有着共同的爱好：他们可能投身于同一种政治事业。另一种是他们可能对网球有着共同的爱好：他们或许喜欢把一个绒毛球在网上来回扣杀。

我认为大部分对政治有共同爱好的人，其核心的关注点在于将正确的候选人选出来，推上去，诸如此类。在这样做时，与朋友一起共事，

第5章 1844年的马克思（中）：共同体的结构

要好过与不喜欢的人一起共事，并且与你一起共事的人可能会成为你的朋友，不过你的关注点将在于你的特定的政治目标。网球可能不大一样。无疑有人可能会热情似火地投身于这种游戏，并且专注于赢取每一场比赛，不挑时间，不拘对手，而只是渴望胜出。但这不是朋友之间作为一项共同爱好的网球。作为共同爱好的网球，不仅是人所喜欢的一项活动，而且是朋友之间一起做点什么的机会。一个人喜欢与 X 打网球的关键，可能在于这个人恰好是在与 X 一起打网球，而恰好与 X 一起打网球的关键，可能在于保持自身与 X 之间的关系。

经常有人指出，许多有价值的事物，本质上只是追求其他目标活动的副产品。一个人不能通过直接追求这些事物来获得它们。[29] 不过，有些事情起初是副产品，后来却可以被追求，也许不是直接追求，但至少可以是半直接地追求。友谊可以被归为这一类事物。人一旦身处友谊关系之中，专门找些事情与朋友一起去做，就并不奇怪。

如果推求过甚，友谊与共同体之间的类似便会瓦解。我仅限于指出，就其结构而言，友谊可以成为旨在促成特定类型关系的恰当活动的特征之一。马克思所谓共产主义者的生产活动和消费活动，就结构而言，正是旨在促成特定共同体关联的那种恰当活动。[30]

共同体主义思想一向容易引发两种相关的担忧：其一，在现代条件下不可能出现紧密的共同体，其二，试图构建这样一种共同体，可能会对其他一些重要事物，尤其是个体权利和个体自由造成威胁（尽管内在导向式共同体可能会成为尊重个体权利的范例：约翰·罗尔斯 [John Rawls] 的良序社会符合这一模式）。[31] 一种恰当的共同体主义论述必须应对这样的担忧。不过我认为在处理这个问题之前，有必要先处理另一个更为重要的问题：一个共同体应当追求何种**类型**的关系？我在前文勾勒了两种类型的备选关系。除此之外，当然还有其他类型的关系。共同体主义的论述有必要进一步探察共同体可能涉及的所有可能的关系类型。

这个问题理应与当前对下述事实的反复强调区别开来，即我们每个人都是某一特定共同体的产物，这里共同体被理解为一种共同文化的存在，往往（至少）意指共同的历史和语言。这可以称为对于自身的**文化共同体**（cultural community）的关注，而我提出的问题则可称之为对于自身的**社会政治共同体**（sociopolitical community）的关注（同时强调社会和政治，以防暗示**市民**［bourgeois］和**公民**［citoyen］之间不可避免的分裂）。

我认为优先的规范性问题在于，在一个社会政治共同体中，何种类型的关系是最为可欲（most desirable）的。或许，不论这些关系是什么，要拥有他们，都会转而需要文化共同体的成员身份。又或许，对文化共同体成员身份所涉及的关系做更进一步的考察，会表明**这些**关系指向社会政治共同体的最佳形态。文化共同体一向是社会的和政治的，而社会政治共同体一向根植于（至少一种）文化之中。对于这些类型的共同体所做的区分往往是牵强的。不过，我们仍然可以将文化成员身份，同特定序列社会政治关系中的成员身份区分开来。从诸多的后一种关系之中，弄清楚哪一种关系才是最好的，是一个独立的，且远未得到探究的问题。

注　释

［1］John Locke，*Second Treatise of Government*（Indianapolis：Hackett Publishing，1980），§43，26-27. 中译文转引自：洛克. 政府论：下篇. 北京：商务印书馆，1964：28.

［2］我译作"成全"（completion）的德文是 *Ergänzung*。《穆勒评注》的英译者将我所引的三处 *Ergänzung*（AM 451，460，462），分别译作"成全"（completion），"补足"（complement），"补充"（supplement）和"重建"（redintegration）。（*Ergänzen* 和 *Ergänzung* 还分别出现在《穆勒评注》的另外两处——AM 446 和 455，但这两处的所指不同，即其所指的并非人类主体，并非为了彼此的作为。）我之所以倾向于"成全"这一译名，在于其传达出了主体相互为对方所提供的，是某种至关重要的、弥补了根本缺失的东西。"补充"所表示的是相对不太重要的东西。"补足"稍好一些，但仍有些差强人意，因为其所传达的是某种恰当的、但可能并非必要的东西，即便缺失了亦不是很糟的东西。"重建"（《牛津英语词典》定义为"恢复，复建，重构，更新"）固然要更好一些，不过有些尴尬的是，其传达的是马克思试图**复**建某种在资本主义以前存在过，后为资本主义所摧毁的东西，我认为这并非马克思的真正想法。我将"补全"视为最佳译名的做法，曾受到坎达丝・沃格勒（Candace Vogler）的启发。

［3］马克思本人在《大纲》中指出过这一点，参见 Gr 153/241；《大纲》（上），第 195 页。

［4］马克思无疑认为，资本主义会驱使主体从事欺骗和压迫，但是将 1844 年对资本主义的批判定格在资本主义所具有的这种趋势上，可能会得出这样的结论，

第5章 1844年的马克思（中）：共同体的结构

即随着资本主义规范化程度的不断提高，马克思会越来越认可资本主义。但这一结论是错误的。

应当指出的是，我忽略了马克思批判中的下述要素，即1844年的文本所针对的既是资本主义，**亦是**当时政治经济学家对于资本主义所做的描述。对于无处不在的欺骗和欺诈之可能性，当时的政治经济学家丝毫不感到震惊——他们认为他们所（精确）描绘的动机绝无问题，这是使得马克思大为愤怒的原因之一。不过我的关注点在于，通过考察马克思对于资本主义日常经济活动问题的诊断，来探究其所认为的恰当的日常经济活动形式。因而我忽略了下述事实，马克思不仅批判资本主义，而且批判当时的政治经济学对于资本主义所做的理论表述。我要感谢哈佛大学出版社的审读人，使我注意到马克思批判中的后一个方面。

[5] 科恩指出了这一点。参见 Gerald Cohen, "Marxism and Contemporary Political Philosophy," 或者 "Why Nozick Exercises Some Marxists More than He Does Any Egalitarian Liberals," *Canadian Journal of Philosophy* 16, suppl. (1990): 381–382。一并参见 Gerald Cohen and Keith Graham, "Self-Ownership, Communism, and Equality," *Proceedings of the Aristotelian Society* 64, suppl. (1990): 31–32。还可参见 Allen Buchanan, *Marx and Justice*, 24。

几位圣西门主义者在1831年至1832年的宣言，以下述方式对马克思做了预演："每个人根据其才能进行劳动，根据其劳动成果获取报酬"；"根据个人自然才能施行教育，安排职能，根据劳动成果予以报酬"；"根据人的天赋自然才能履行职能"。马克思的共产主义拒绝了分配原则，不过值得指出的是，分担原则（contributory principle）所强调的是（与我对马克思的解读一样）个体所感受到的自然感召，而非社会性的义务。引文转引自 Manuel and Manuel, *Utopian Thought in the Western World*, 707。

[6] 参见 Manuel and Manuel, *Utopian Thought in the Western World*, 659。

[7] 参见 Richard Connell, "The Most Dangerous Game," in *O. Henry Prize Stories*, 1924 (New York: Doubleday, Page & Co., 1925), 71–92。

[8] 事实上，对于1844年的马克思来讲，人类猎杀者还另有一个问题，因为共产主义者很可能会从事不与自然斗争的活动。如果这种猎杀是猎杀者们的闲暇活动，如果事先缺乏区分真正活动和欲望的公认标准，那么马克思就无法事先将这种活动排除在外——其是否至少可以将最后的击杀排除在外？这就好比他无法事先将训练马吃扁豆活动排除在外一样。

此外，马克思的描述还有另一个问题。你**怎样**使用我的产品，对我来说重要吗？假定我雕刻了一把椅子，你将之用在概念艺术中，抑或用在下述舞台剧中，(1) 你不得不将其漆成洋红色；(2) **永远**不会有人去坐这把椅子。这样使用椅子对于实现你的目标是至关重要的，但其有助于我实现我的目标吗？

[9] 关于同样重视我在本节和前一节中所强调的那些论题的解读，可参见 David

Archard, "The Marxist Ethic of Self-realization: Individuality and Community," in *Moral Philosophy and Contemporary Problems*, ed. J. D. G. Evans (Cambridge: Cambridge University Press, 1987), esp. 32–33.

[10] 转引自 Ascheri, *Feuerbach's Bruch mit der Spekulation*, 20。

[11] 参见 Cora Diamond, "The Importance of Being Human," in *Human Being*, ed. David Cockburn (Cambridge: Cambridge University Press, 1991), 35–62。

[12] 转引自 Ascheri, *Feuerbach's Bruch mit der Spekulation*, 20。费尔巴哈将朝向类的这样一种简单飞跃，视为对一夫一妻制的证明和解释："在爱中我拥抱这个女人，对我而言，这个女人本身，她代表了类；因而，一个女人便已足够。"

[13] 马克思同时还将真正的共产主义与纯粹的自然关系相对照，"男人对妇女的关系是人对人**最自然**的关系。因此，这种关系表明人的**自然**的行为在何种程度上成为人的行为"（ÖpM 535/296；《手稿》，第 80 页）。这里存有潜在和现实的区分。人的本性需要被发展。我们的"自然"关系——抽离于类的历史发展的关系（实际上，在马克思看来，这是一种矛盾的观念）——无法实现我们作为人的本质属性。马克思无意返回前社会状态。在使得我们本性的"自然"发展臻于极致的意义上，真正的共产主义将实现人的**本性**。所以马克思既指出自然的行为变为人的行为，又指出人的本性变成自然的本性（ÖpM 535/296；《手稿》，第 80 页）。

[14] 此处的语境是马克思用"人的需要"对比"粗陋的共产主义"，后者仅仅把工具性关系的普遍化当作目标（把**妇女**当作共同淫欲的**掳获物**和婢女……变为公有的和共有的财产①［ÖpM 534–535/294–295；《手稿》，第 79–80 页］）。这种粗陋的共产主义观念，只是对资本主义现存关系的一种极端表现。

[15] 理查德·沙赫特（Richard Schacht）在《异化》（*Alienation*）一书中指出，"马克思式社会性……是直接性的、个人性的"（*Alienation* [Garden City, N. Y.: Doubleday, 1970], 90）。沙赫特的意思是说，与黑格尔不同，马克思拒绝将制度的作用——比如公民身份——视为个体团结的基础。马克思的确拒绝了这样的作用，所以沙赫特是对的，马克思式社会性是直接性的，而非中介性的。但是，马克思式社会性并不必须是个人性的，起码它不是涉及普遍亲密性这种不合理意义上的个人性。

[16] 这个例子在结构上与克里斯蒂娜·科尔斯加德（Christine Korsgaard）所用的例子是一样的，参见 Christine Korsgaard. The Reasons We Can Share: An Attack on the Distinction between Agent-Relative and Agent-Neutral Values. *Social*

---

① 引文有改动。中文版"公有的""共有的"是黑体。——编辑注

第 5 章 1844 年的马克思（中）：共同体的结构

Philosophy and Policy，1993（10）：37-38。

[17] 就论题而言，这与黑格尔的主奴关系存在显著的类似，所以值得以尾注的形式探究一下两者的不同。黑格尔的主体试图用下述三种方式来否定外部世界：（1）拿生命去冒险以确证他们不仅仅是物质对象；（2）通过劳动来改造世界；（3）消耗世界。马克思所描述的情境显然满足了（2）和（3）。不过，蜜蜂、海狸和其他一些在自然中从事劳动并且相互依赖的生物，同样满足了（2）和（3）。在黑格尔看来，（1）的核心在于主人希望从奴隶那里获得的承认要素。但这理应是这样一种承认：主人在本质上**不是**物质的存在，而是意识的存在。对于 1844 年的马克思来讲，这不仅是一种错误的二元论，而且是对于我们所是的存在类型的误解。其所犯的是资本主义异化思维的典型错误。在马克思看来，主体所欲求的承认，是指对作为物质世界之有意识的改造者和消耗者这样一种物质存在者的承认。黑格尔在主奴关系这一节中指出："所谓把自我意识作为一个纯粹的抽象表述呈现出来，就在于指出自我意识完全否定了它的客观形态，换言之，指出自我意识没有与任何一个特定的此在，没有与这样的此在所共有的个体性，也就是说，没有与生命联系在一起。"（*Werke*，3：148；*Phenomenology*，113；黑格尔. 精神现象学. 北京：人民出版社，2014：120.）对于黑格尔而言，相对于具体此在的这种独立性是关键。与之相对，对于马克思来说，主体事实上与具体的此在，抑或至少与具体**类型**的此在相关联。也就是说：他们是物质世界有意识的改造者和消耗者，并且他们相互承认的正是这样的主体。对于马克思来说，并不需要对与生命不相关的存在者和作为单纯意识的存在者做出单独承认，因而不需要拿生命去冒险。

除此之外，还有另一层不同。对于黑格尔而言，争取承认的战争表现为战斗至死的极端形式，只有在前政治状态中，"其时人仅作为单独的分离的个体而存在，而不会出现在市民社会和国家里，因为构成战斗的结局，即得到承认在那里已经存在了……在国家中占支配地位的是民族精神、风俗和法律"（*Werke*，10：221；*Philosophy of Mind*，trans. A. V. Miller [Oxford：Oxford University Press，1990] 172，§432，Addition；黑格尔. 精神哲学. 北京：人民出版社，2006：229.）。对于马克思来说，人们所争取的承认可以从其直接的经济互动中获得。其最初的产生无需借助风俗和法律之类事物。

[18] 按照我归给马克思的那种用法，在假定了人拥有需要加以成全的独特本性的意义上，成全观念是"本质主义的"。不过，根据其所要成全的内容，形而上学介入的程度会有所不同。比如，作为公民成全自身，是以某种相对确定的观念，即何谓实现人作为公民的本性为前提的，不过这可以用粗略的方式讲清楚——比如，公民参与公共事务，并且将对国家的关注置于对其自身的关注之上。这里无需涉及人在本质上是公民这样的观念，而只需要涉及依据"公民"描述，何谓成全自身这样的观念。成全自身始终是依据特定的描述而进行的。至于描述中所内嵌的形

而上学介入程度，是另外一个问题。

[19] 参见 Kant, *Gesammelte Schriften*, 4：433-439；*Groundwork*, 51-54。

[20] 我之所以说是"原则上"，是因为在实践中良好的外在环境或许能够让人更容易表现其作为理性存在者的本性。康德指出恶劣的环境或许会诱使人"违背其义务"（参见 *Gesammelte Schriften*, 6：388；*The Metaphysics of Morals*, trans. Mary Gregor [Cambridge：Cambridge University Press, 1991], 192-193）。但是，良好的环境并非表现人作为理性存在者之本性的必要条件。

[21] 罗伯特·皮平（Robert Pippin）提出了关于康德的这一问题，参见 Robert Pippin. Hegel on the Rationality and Priority of Ethical Life. *Neue Hefte für Philosophie* 35（1995）：109n33。有关康德的目的王国包含相互承认的论证，可参见 Andrews Reath, "Legislating for a Realm of Ends：The Social Dimension of Autonomy," in *Reclaiming the History of Ethics：Essays for John Rawls*, ed. Andrews Reath, Barbara Herman, and Christine Korsgaard, (Cambridge：Cambridge University Press, 1997)。

[22] Cohen. Marxism and Contemporary Political Philosophy：381。一并参见 Cohen and Graham. Self-Ownership, Communism, and Equality：32。埃尔斯特使用过一个相似的类比；参见 Elster. Self-Realization in Work and Politics：The Marxist Conception of the Good Life. *Marxism and Liberalism*, 121。

[23] 马克思在《大纲》中坚称，原则上人类满足彼此需要的方法，涉及对于其类存在的意识：

> 一个人的需要可以用另一个人的产品来满足，反过来也一样：一个人能生产出另一个所需要的对象，每一个人在另一个人面前作为这另一个人所需要的客体的所有者而出现，这一切表明：每一个人作为**人**超出了他自己的特殊需要等等，他们是作为人 [als Mensch] 彼此发生关系的；他们都意识到他们共同的类的本质。[Gr 154/243；《大纲》（上），第 197 页]

[24] Keith Graham in G. A. Cohen and Keith Graham, "Self-Ownership, Communism, and Equality," 53.

[25] 泰勒（Charles Taylor）在《交叉目的：自由主义和共同体主义之争》（Cross-Purposes：The Liberal-Communitarian Debate）一文中，似乎看到了这一点，他在文中同样使用了乐团的意象，不过他用的是交响乐团，他强调了管弦乐队和观众之间的对话。泰勒将之视为所谓"'直接性'共同善"的例证。参见 Taylor, "Cross-Purposes：The Liberal-Communitarian Debate," in *Liberalism and the Moral Life*, ed. Nancy Rosenblum（Cambridge, Mass.：Harvard University Press, 1989), 169。

[26] 我在《共同体和成全》（Community and Completion）一文中所使用的术语

第5章 1844年的马克思（中）：共同体的结构

是"内在（或外在）取向"[internally (or externally) oriented]。参见 *Reclaiming the History of Ethics*, ed. Reath, Herman, and Korsgaard, 397-399。我喜欢这个术语。不过，这里我使用"内在（或外在）导向"，以免与我在其他场合对"取向"（orientation）一词的使用相混淆（尤其是在第7章中）。

[27] 举例而言，另一个拥有内在导向式共享目标的社会，是《正义论》(*A Theory of Justice*) (Cambridge, Mass.：Harvard University Press，1971) 所勾勒的良序社会。虽然罗尔斯无疑并没有使用这一术语，但是他在第528页似乎做了内在和外在的区分："可以这么说，每个人的较为私人的生活是计划之中的计划，其中上位计划是在公共机构中得以实现的。不过这种较大的计划并没有确立支配性的目标，确立诸如宗教统一，文化至优，乃至国家权力和国家声望，这样一些所有个体和团体目标都从属于它的目标"。我猜想 T. H. 格林（T. H. Green）对于恰当社会的描述，同样属于这一类型。参见 T. H. Green, *Principles of Political Obligation* (Cambridge：Cambridge University Press，1986) 第24节和25节，尤其是第62节。

[28] 原则上，外在导向式目标同样可以细分为重叠式目标和交错式目标。但是这里可能会存在冲突，因为保证交错式目标的条件，可能会抑制集体目标的达成。内在导向式共同目标不会发生这样的问题，因为其中不存在所谓集体目标。

[29] 参见 Jon Elster, *Sour Grapes* (Cambridge：Cambridge University Press，1983)，100。

[30] 再来看一下黑格尔。他[在《法哲学原理》和《精神哲学》中]所描绘的国家，从根本上说是一种外在导向式共同体。主体的关注点优先朝向国家，而非彼此之间。不过，主体的关注点有时也会转向彼此之间。黑格尔的国家是复杂的。主体在不同的时间扮演不同的社会角色，并且根据角色不同，发生不同的相互关联。在某些方面他们的关系确实是直接的，一对一的（比如，在他们对于各自所从事职业之"荣誉"的相互承认中，他们的关系便是如此，参见 *Philosophy of Mind*，§432, Addition, and *Philosophy of Right*，§207）。不过，我认为黑格尔式共同体的整体导向是外在式的。

[31] 参见 Brudney. Community and Completion. *Reclaiming the History of Ethics*, ed. Reath, Herman, and Korsgaard, 399-408。

第 6 章　1844 年的马克思（下）：证成难题

我在第 4 章曾指出，马克思所谓人的自我实现活动，是指从事必要劳动的活动。我在第 5 章讨论了（马克思所认为的）恰当践行这种活动所带来的共同性关系（communal relationships）。我们因而可以认为，对于马克思而言，关于人的自我实现活动的恰当描述之中，含有一种重要的社会成分。这种活动不仅仅涉及犁地、砍树等体力活动，并且主体在从事这些活动时，还必须秉持特定的目标和信念。当这种活动真正充当人的自我实现活动时，它是在这样一种社会环境中完成的，恰当地从事这种活动的主体，相信其产品会被那些对其（生产者）从事这项活动的目标秉持特定信念的主体所消费。[1]

认为某种特定的活动是人的自我实现活动，这是一个很强的规范性主张。如果它是真的，那么那些希望按照其作为人的本性过活的主体——那些希望实现其作为人所特有的本性（人的善好生活）的主体——就应当从事这种活动。任何从制度上阻碍恰当地实践这种活动的社会，都将是坏的社会。

1844 年的马克思显然认为资本主义是一个坏的社会，并且他认为资本主义坏就坏在它阻碍了人的自我实现活动的恰当实践。不过本章的关注点并不在于马克思对资本主义的批判，而在于他能否证成其关于普遍的人的本性的概念，尤其是他关于人的自我实现活动的概念。我认为，考虑到马克思自身的前提，在资本主义条件下，这样的证成是有问

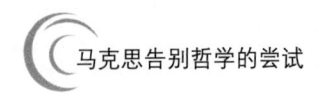

题的。

1. 劳动者对其真正本性的无知

193　　研究马克思的评论家们经常区分两种异化：一种是作为感受的心理状态的异化；另一种是作为事态的异化，主体在其中无法实践其能力，抑或无法抓住机会，又或者无法获得其理应从技术发展中获得的好处。第一种形式的异化通常被称为"主观的"异化，而第二种则被称为"客观的"异化。我所讨论的认知扭曲，显然与马克思对劳动的客观异化的诸多论述相关。不过，我并不打算为马克思的异化理论提供一般性的解读。虽然我所关注的问题确实来源于马克思异化观念的框架，但是我的关注点仅限于这些问题本身，因而我对异化的讨论，也仅限于这些问题的范围所及。

伍德曾指出，对于马克思而言，异化涉及"意义意识和自我价值意识的缺乏"，他说"马克思在资本主义社会中所发现的异化……是一种无法实现自身的状态……相比异化意识（意义意识和自我价值意识的缺乏），更为根本的是现实的异化：无法（或无力）实现个体的人的本质性力量"[2]。伍德认为第二个要素更为根本，因为他相信（我认为他是对的），当判定一个主体是否实现了他的（人的）本性时，马克思会排除主体的心理状态。对于马克思而言，主体是否实现了其本性，这不是一个关于主体怎样感觉的问题，而是一个关乎主体行动、信念和目标以及主体所生活的社会环境的问题。[3]虽然马克思相信资本主义会导致主观异化，但是对他来讲，客观异化要更为根本。

客观异化一方面涉及主体无力"实现［其］人的本质力量"，另一方面亦涉及特定（马克思所谓真正）信念的缺乏。客观异化不是由认知缺陷引起的，并且它也无法仅仅用认知手段加以补救。不过，这并不意味着客观异化中没有认知成分。

1844年的马克思认为，有些事情是资本主义条件下的劳动者所不知道的。他们既不知道他们是前述两章中所描述的那种类存在，亦不知道前文所描述的人的自我实现活动（对自然的改造是对"人的**本质力量**"［ÖpM 543/303;《手稿》，第89页］的运用）。简言之，他们不知

第6章 1844年的马克思（下）：证成难题

道他们自身的本性。马克思认为共产主义条件下的劳动者将会有关于人的本性的正确观念，并且这种认识将会在其劳动过程中发挥作用。这种认识将成为下述因素——将使劳动成为自我实现之关键形式——的组成部分。

在劳动者的无知（在资本主义条件下）和缺乏对其生活的意义意识之间，并不存在必然的联系。不过，如果假定一个合理的经验性前提，两者之间就可以产生联系。假定的前提是这样的：(1) 劳动者不知道其真正的本性以及实现这种本性的途径；(2) 劳动者几乎毫无机会去追求并实现其关于本性的错误观念，那么劳动者将会缺乏对其生活的意义意识。虽然基于何者赋予生活意义的错误信念，人可能获得对其生活的意义**意识**，但是，哪怕是发展形成关于此类事物的信念，追求与之相关的活动，亦需要时间和资源，而这是资本主义的劳动者所没有的，而在他们有时间的地方，在他们实际上应当实现他们自身的地方——必要劳动领域——他们却并不知道他们的真正本性。

仅仅认识到自身真正的本性，无法自行使劳动者实现其本性。他们必须首先推翻资本主义。不过，这种认识或许有助于减轻他们的**混乱**（anomie）。假定劳动者知道其真正的（人的）本性是什么，并且知道他们无法实现这种本性，此外还知道这种无法实现是非必要的，其不过是可变的社会环境的一种结果。我认为他们会为此感到挫败和愤怒，而不是感到意义意识的缺乏。我认为意义意识缺乏所涉及的（诸多因素之一）是缺乏关于何者将赋予人的生活意义的明确信念。拥有这样的信念却几乎没有机会或完全没有机会将它们付诸实践，也许会使人愤怒、痛苦且有挫败感，但我认为它不可能产生伍德所描述的那种意识的缺乏。[4]柯勒律治（Samuel Taylor Coleridge）所谓"一种无痛苦的忧伤、空虚、黯淡且忧郁"，表现的是目标的缺乏，而非目标的挫败。[5]如果这是由资本主义导致的，那么它一定是因为资本主义剥夺了劳动者生成并追求哪怕是错误的目标的机会，同时从制度上破坏了劳动者对其真正本性的认识。[6]这里我想考察的问题在于：后一种情况是怎样发生的？

首先，让我们考察一下异化劳动的下述两个要素——其一是劳动者与劳动活动之间的异化，其二是劳动者与劳动产品以及感性外部世界（参见 ÖpM 516-517/276-277；《手稿》，第 57-59 页）之间的异化——它们并不直接涉及不同劳动者之间的关系。[7]马克思认为，劳动通过维持人的生存，促成更大的物质进步而改造自然，劳动是人实现其作为人的本性的方式，但是在资本主义条件下，这种劳动变成了单纯维持肉体生存的手段。资本主义条件下的劳动者并未将他们的劳动视为自我实现的形式，视为他们"**内在的必然的**"需要（AM 463/228；《穆勒评注》，第 184 页）。相反，这不是"自愿的劳动，而是被迫的**强制劳动**"（ÖpM 514/274；《手稿》，第 54-55 页）。人只因为需要钱才工作，否则他"会像逃避瘟疫那样逃避劳动"。"这种劳动不是满足一种需要，而只是满足劳动以外的那些需要的一种**手段**。"（ÖpM 514/274；《手稿》，第 55 页）结果，劳动者"只有在运用自己的动物机能——吃、喝、生殖，至多还有居住、修饰等等——的时候，才觉得自己在自由活动，而在运用人的机能时，觉得自己只不过是动物"（ÖpM 514-515/274-275；《手稿》，第 55 页）。

马克思指出，在共产主义社会中，劳动者将自身（以及他人的）劳动的产品视为他的创造物，并为此感到满足（AM 462-63/227-228；《穆勒评注》，第 183-184 页），他"在他所创造的世界中直观自身"（ÖpM 517/277；《手稿》，第 58 页）。对象世界变成了他与类共同创造的产物："自然界才表现为**他的**作品和他的现实"（ÖpM 517/277；《手稿》，第 58 页）。

但是在资本主义条件下，此一劳动者并不拥有他劳动的产品，其他劳动者亦不拥有他们劳动的产品。产品属于资本家。与劳动者对立的似乎是这些资本家，而非其产品。资本家没有被视为反映劳动者的人的本性的镜子："劳动者把自己的生命投入对象；但现在这个生命已不再属于他而属于对象了。……他给予对象的生命是作为敌对的和相异的东西同他相对立"①（ÖpM 512/272；《手稿》，第 52-53 页）。在资本主义条件下每个劳动者都与其产品相异化（ÖpM 515/275；《手稿》，第 55 页），并且劳动者彼此之间相互异化（ÖpM 517/277；《手稿》，第 59 页）。结果"感性外部世界"变成了"异己的与他敌对的世界"（ÖpM 515/275；《手稿》，第 55 页）。

上述这些异化观念均既有其实践的维度，又有其现象学的维度（phenomenological dimension）。实践维度关乎这样的事物：诸如劳动

---

① 引文有改动。中文版并无"劳动者"一词，而是"工人"。——编辑注

第6章 1844年的马克思（下）：证成难题

者对其活动或所生产的产品缺乏有效的控制之类。他必须出卖他的劳动以求生存。基于对劳动的需要，对劳动的类型和条件他可能会有一些选择，但是他的选择范围一般不会太大，有时甚至会相当狭窄（ÖpM 481-482/244-245；《手稿》，第18页）。对个体劳动者自身所生产的产品，资本家拥有合法的所有权，而完成了的人的产品的世界则被划分为无数的私人领地。个体的劳动者，即使是与他人相认同的劳动者，亦几乎没有什么机会在世界中贯彻他的意志。

异化的这些方面已经很清楚了。但是，劳动者与劳动活动和感性外部世界之间的异化，就怎样与事物相关联，即怎样与他自身的劳动活动以及与外部世界**相关联**而言，同样有其问题。每种情况所涉及的都不是应然的关系，都缺少了一些东西。

问题并不在于劳动者不同意这样的说法（虽然事实上他没有同意）：对自然的有意识改造是人的自我实现活动，而在于他并未将其劳动视为人的自我实现活动，视为实现其本性的方式。除了工具意义上的关系以外，劳动者认为其与自身劳动之间的关系是无关紧要的。

如果论及对（一大部分）自然的改造，问题会更为清楚。自然（一大部分）是人的劳动的产物，这一点劳动者大概确实**会**承认。汉堡、电脑芯片和多轴纺织机显然不是自然生成的结果，但是劳动者并不看重这一点。如果有人问起，他会认可这一事实，但这不会影响他与其日常环境的关系。这个世界（的大部分）是人的产物，是如此显而易见，因此始终只是无关紧要的真相。对于资本主义的劳动者来讲，由于无足轻重，这一点也同样只是无关紧要的真相。

这里可以区分出四个主张：

（1）人在自然世界中劳动，并因之而改造自然。

（2）这种劳动是人的自我实现活动，是人借以实现其本性的活动；它是对"人的**本质力量**"（ÖpM 542/303；《手稿》，第89页）的运用。

（3）自然（至少很大一部分）业已被人所改造，我们身边的（许多）物品是人的产物。

（4）自然（至少很大一部分）是人的自我实现活动的结果，我们身边的（许多）物品是人的自我实现活动的结果，我们身边的（许多）物品是"人的**本质力量**"之运用的结果。

（1）和（3）无疑是对的。（2）和（4）的核心在于指出：（1）和

（3）并不是无关紧要的。这两条描述了人最重要的活动，以及人与世界之间最根本的关系。

但是在资本主义条件下，（1）和（3）被认为是无关紧要的。劳动没有被视为人的自我实现活动，我们的物质环境在很大程度上是人塑造的结果，没有被视为对我们这种存在物的本性的揭示，"历史的这个恰恰最容易感知的、最容易理解的部分"，是一本合上了的书（ÖpM 543/303；《手稿》，第89页）。

马克思有时似乎在说——评论家们经常认为这是他的观点——自然的一部分是由人的劳动塑造的，却没有"呈现"为这个样子。它们似乎是自主的，具备鲍威尔所批判的"空想的客观性"（Ein 148）。这种看法大错特错。人类劳动的大部分结果，**显然**是人的劳动的结果。马克思所考察的问题，不在于它们真的呈现为它们所不是的样子，而在于使劳动者——一般人——认为，日常生活中有如此多的物品是人的劳动的结果，这一点几乎不值得一提。

2. 证成难题

我将尝试表明，1844年的马克思面临一个证成难题。为了考察这个难题，我们仍需要在主观和客观之间进行区分，所不同的是这里区分的对象不是异化，而是幻觉的形式。客观幻觉涉及无人可以逃脱的客观环境和客观事物。表象（appearance）总归是虚假的，虽然主体也许能够知道这一点，但是他却没有办法凭借自身的力量（甚至与他人组成小团体也不能）改变这一表象。这里试以 G. A. 科恩所化用的马克思的说法为例，即空气呈现为同质性的例子：我们不认为空气是氮气和氧气的混合体。如果我们被设计成一个鼻孔吸入氮气，另一个鼻孔吸入氧气，那么我们就可以感受到两种气体的不同，空气的异质性将会是显然的。但是现实并非如此，所以尽管我们有关于空气成分的正确理论，我们却无法改变关于空气的表象。有关空气同质性的幻觉是客观的。[8]

与客观幻觉相对，主观幻觉所涉及的是个体至少在原则上可以克服的扭曲。主观幻觉可能包括宗教信仰、心理问题、概念混淆、虚荣，以及贪婪等。仅认识到某事物是一种主观幻觉，并不能必然消除这种幻觉

第6章 1844年的马克思（下）：证成难题

（你也许仍然能意识到这种幻觉）。不过，(1) 幻觉本身可能会自行消除（也许它们会自行消失），(2) 非认知能力（好好睡上一觉或冲个凉水澡）也可能会消除幻觉。原则上我们可脱离主观幻觉，使之丧失作用。个体可以摆脱主观幻觉，而对于客观幻觉，个体却仅限于认识到自身正在遭受其折磨。

客观幻觉与主观幻觉之间的区别，并非生理性或社会性的幻觉与心理性的幻觉之间的区别。不仅因为一些生理性幻觉（比如近视所造成的幻觉）是可以被克服的，而且因为即便是对那些所谓的经典心理幻觉，要想解释其现实起因，都非常困难。举例来说，宗教信仰经常被视为产生于某种心理需要，但是当论及社会因素和心理因素在这种需要产生过程中的作用时，著作家们却意见不一。另外，要想恰当地解释宗教信仰，不可能只涉及某一种因素（并且事实上，不同因素的比重也可能因个体而异）。相比依据产生宗教信仰的主导因素是社会因素还是心理因素对宗教信仰进行分类，对我而言，根据原则上宗教信仰是个体可以克服的这一点，认定其为主观幻觉，似乎更为合理。

这种做法的好处在于，它使得主观与客观的区分，在许多方面可以对应于这样一种区分，这种区分可以证成某一事物是幻觉的说法。主观幻觉存在于时间 t 这一说法，可由主体在时间 $t+1$ 时同意下述说法加以证明（至少是**初步证明**），即从一个新的立场来看，旧有的表象发生了变化，并且有理由认为，新立场中变化了的表象相比老立场中的旧有表象，可能更接近于现实（比如当一个人处于清醒状态而非醉酒状态）。客观幻觉存在于时间 t 的说法，需要某种其他形式的证明，比如自然科学给出的那种理由。

根据这种区分划出的界限是可变的。目前任何一个个体都尚不具备改变其生理机能以便探察空气之异质性的能力，并且任何一个个体（或者任何一个小的团体）都尚不具备变革社会条件的能力。不过，个体最终能在何种程度上从下述事物——如特定族群的刻板观念、幻觉、生理性精神病、过分嫉妒导致的对他人整体的错误评价，甚至于单纯的坏思想——中解放出来，尚不清楚。如果可以取得这样的进步（进而主体可以从恰当的立场出发，证明幻觉**是**幻觉），那么幻觉便是主观的。

通过强调实践方面，我在主观幻觉和客观幻觉之间勉强做出了初步的区分。试以一个积习已深、不受任何论证和经验影响的宗教信仰者为例，如果他的信仰是一种幻觉，那么这真的是一种客观幻觉吗？事实上，如果我们有充分的理由认为，他**不能**放弃其信仰，那么他的幻觉（如果是一种幻觉）就是客观的。将这里的区分理解为实践区分，是为了关注下述两种状态：一种是使尝试为某人消除想象的幻觉的做法有意义的状态——比如改变他对费尔巴哈的草率看法；另一种状态是指人们需要给出这样的理由，不论当事人看待事物的方式是否改变，他都能够理性地加以接受。宗教信仰者也许无法放弃其信仰，但如果有人认为其信仰是一种错觉，那么这种看法（如果有人认为这工作值得做）将至少有助于信仰者认识到，其信仰不是建立在理性的基础之上。

显然，在 $t+1$ 时认为人在 t 时确实受制于幻觉，而现在已不再受制幻觉的想法，可能是错误的。显然一切都有赖于这样认为的理由，即相比在 t 时的立场，人在 $t+1$ 时的立场使得现在的判断更有可能接近于事实。不过，目前我仅能指出两种幻觉的不同，一种是人至少在原则上可以从（据称的）"被幻觉"立场转到（所谓的）"不再被幻觉"立场（暂不考虑为什么后一种立场在认识论上应当高于前一种立场）的（所谓）幻觉，另一种是人无法实现这种转向的（所谓）幻觉。

马克思指出，真正的共产主义社会将是对"所有异化的积极扬弃"[①]（ÖpM 537/297；《手稿》，第 81 页），是对"人的本性的真正占有"[②]（ÖpM 536/296；《手稿》，第 81 页）。从这个立场出发，人将把改造自然的（自由的、集体的）劳动视为人的自我实现活动。由于扬弃了所有异化，真正的共产主义社会的立场将为评价当前社会提供标准。当条件允许人的自我实现活动如其所是地表现自身本性，那么那些阻碍主体从事人的自我实现活动的制度将被视为——被谴责为——与我们的本性互不相容。

不过，正如经常指出的那样，眼下还无法持有真正的共产主义社会的立场。彻底搞清眼下为什么无法持有这一立场是重要的，因为只有这样人才能明白，对于 1844 年的马克思而言，为什么资本主义劳动过程所导致的主要幻觉是客观的。

根据《穆勒评注》和《手稿》的论述，前述四个主张中的（2）和（4），在资本主义社会中，似乎是虚假的。这是因为如上所述，在资本

[①] 引文有改动。中文版是"**人的自我异化的积极的扬弃**"。——编辑注
[②] 引文有改动。中文版是"**人的本质的真正占有**"。——编辑注

第 6 章　1844 年的马克思（下）：证成难题

主义社会中，它们确实**是**虚假的。在资本主义社会中，人改造自然这一事实**是**微不足道的。劳动**并非**自由的、集体的活动。人们从事劳动仅仅是迫于物质需要的压力。在资本主义社会中，我们与劳动产品的日常关系，并未将这种产品肯定为人的产品，就这一点而言，这些产品是异己的。作为劳动者，其关注点在于其工资，而非其产品。作为消费者，其关注点在于产品的功用，而非其生产过程。只有当要么拥有对产品的合法所有权，要么使用产品，人才会将产品视为其"自己的"（ÖpM 540/300；《手稿》，第 86 页。一并参见 AM 459/224；《穆勒评注》，第 180 页），而在这种所有和使用中，物品是人的产品还是自然生成的事物，是无关紧要的。

所以在资本主义条件下，怎样才能证明这样的主张，劳动是人的自我实现活动，而自然（的大部分）是这种活动的结果？为什么要相信（1）和（3）所表明的并非是微不足道的事实？尤其是，为什么要相信（1）——"人在自然世界中劳动，并因而改造自然"——不仅是我们被判罚的一种宿命，还是一种如果可能，我们应当逃避的宿命？

针对人的自我实现活动问题，我们将使用"表象"（Appearance）、"本质"（Essential Reality）和"现实"（Existing Reality）这几个范畴以及"上帝存在"，"空气是同质性的"，"劳动是人的自我实现活动"这几个命题进行阐述，我们由此得到表 6-1。

表 6-1　　　　　　　对表象、本质、现实的分析

命题	表象	本质	现实
上帝存在	真（对于信仰者）	假	假
空气是同质性的	真（对于每个人）	假	假
劳动是人的自我实现活动	假（对于劳动者）	真	假

马克思会认为，这些表象全部都是幻觉。它们与"本质性的"世界并不一致。劳动是人的自我实现活动这一说法的特殊之处在于，此处的表象——劳动不是自我实现活动——虽然未能与"本质性的"世界相一致，却与**当下**的现实世界相一致。

鲍威尔和费尔巴哈认为，他们是在与主观幻觉做斗争。他们都认为，他们所给出的预言，当下就可以掌握，并且主体的宗教幻觉可以被克服。马克思认为，他是在与客观幻觉做斗争。他一方面指出，人

的"真正的共同本性"之"存在与否",并不依赖于人自身。但是另一方面他又指出,只要人还没有恰当地将自身承认为人,"因而不按人的方式来组织世界,这种**共同本性**就以**异化**的形式出现"① (AM 451/217;《穆勒评注》,第171页)。马克思认为,人的本性在目前通常表现为"异化的形式",因为世界尚未以"人的方式"得到组织。

没有哪一个个体,抑或哪一个小团体,能够径直改变人的本性在目前的表象(比如对人而言,劳动只是保存生命之手段这一表象)。只有对世界加以根本性的变革,才能做到这一点。因而就有一个问题:在资本主义条件下,要怎样才能证成劳动是人的自我实现活动?[9]

3. 共产主义者的目标和信念难题

现实以这样的方式确证表象,是难题的核心所在,而共产主义者目标之间的特殊交织方式,为此另行增加了一层疑难。

马克思宣称,造成劳动仅仅是手段这种幻觉的根本原因,是现存社会中的现实事物:资本主义生产关系。青年黑格尔派同样宣称,产生宗教信仰的根本原因是现存社会中的现实事物:贫穷和无力。不过,贫穷和无力的人最终能够认识到,上帝信仰是一种虚假的信仰。他可以获得类的立场,抑或获得自我意识的立场,从而消除他的幻觉。资本主义所导致的幻觉,为什么不能同样被消除?虽然从心理学上讲,表象与现实的一致,可能会加大主体从资本主义生产关系的影响下解放出来的难度,不过这只是一种倾向,正如贫穷和无力倾向于(只是倾向于)使人转而信仰上帝一样。那些多少处于资本关系网络之外的个体,比如自给自足的农民、自我雇佣的木匠以及那些多少能够从工作中获得自豪感和满足感、身处特殊工厂中的劳动者,难道不能将其劳动视为其个体的自我实现活动吗?

实际上,劳动者可以将其劳动视为**个体**自我实现活动。劳动者可以认为劳动使其实现了自身的**个体**本性。但是,劳动者无法将其视为实现了马克思所理解的——他作为人类成员的本性。

---

① 引文有改动。中文版是"因而不按人的方式来组织世界,这种**社会联系**就以**异化**的形式出现"。——编辑注

第 6 章　1844 年的马克思（下）：证成难题

马克思指出，在资本主义条件下，"我是为自己而不是为你生产，就像你是为自己而不是为我生产一样。我的生产的结果本身同你没有什么关系，就像你的生产的结果同我没有直接的关系一样"（AM 459/225；《穆勒评注》，第 180 页）。其背后的意思是：我生产的目标是积累财富，他人需要的满足与否，是无关紧要的。马克思认为，在"国民经济学"（古典政治经济学）家看来，人的共同本性，不过是作为买卖双方的竞争性互动（AM 451/217；《穆勒评注》，第 171 页）。马克思承认，对于资本主义来讲，"国民经济学"的这种描述是准确的。[10]

假定我们同意马克思的说法，即互不关心和（或）相互竞争确实是资本主义的一般倾向。即使如此，通过生产他人将会使用的物品，难道我不能陶冶培养，将我的劳动**既**视为我的个体本性的实现，同时**也**视为类本性的实现吗？我为什么不能将我本着这种精神的所作所为，视为我的类本性的实现呢？马克思对此的回答是，以这样的方式来看待劳动，是一种错误的看法，因为劳动成为我的类本性的实现，不仅有赖于我自身的看法，而且还有赖于**他人**的看法。

根据马克思的论述，共产主义条件下的个体，会把他的劳动视为实现他的本性的活动。同时他也会把我的劳动视为我实现我的本性的活动。这里的"劳动"涉及**为**他人进行生产：在共产主义条件下，我进行生产的目标之一，在于生产他人将会使用的物品，而他人在使用我所生产的物品时，会将其视为我为了他而生产的物品。

因而，假定我为了他人生产物品（假定我在生产中的目标满足马克思的要求），但是你误认为我是纯粹为了赚钱而生产物品，那么你将不会承认并感受到我"是你自身本性的完成"①（AM 462/228；《穆勒评注》，第 184 页），而仅仅将我视为经济收益的追逐者。从而我在我的生产活动中无法实现我的人的本性，因为这恰恰需要**你**对**我**生产的目标加以确证（AM 462/228；《穆勒评注》，第 184 页）。所以我的劳动**不**是我实现我的本性的活动。这其中的关键在于：根据马克思的论述，只有彼此相互依赖，劳动才能够现实地充当我们的自我实现活动。这一点带来了异常棘手的难题。

---

① 引文有改动。中文版是"我是你自己本质的补充"。——编辑注

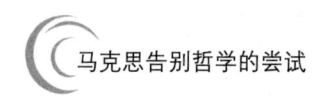

在共产主义条件下，我们需要满足下述六项条件：

（1）我把我的劳动视为我实现我的本性的活动，这其中既包括我的个体本性，亦包括我的人的本性，马克思所谓人的本性，主要指为他人生产物品。

（2）我把你的劳动视为你实现你的本性的活动，这其中既包括你的个体本性，亦包括你的人的本性（马克思所谓的人的本性）。

（3）你把你的劳动视为你实现你的本性的活动，这其中既包括你的个体本性，亦包括你的人的本性（马克思所谓的人的本性）。

（4）你把我的劳动视为我实现我的本性的活动，这其中既包括我的个体本性，亦包括我的人的本性（马克思所谓的人的本性）。

（5）我知道你知道（1）—（4）。

（6）你知道我知道（1）—（4）。

依靠一己之力，我或许多少可以满足（1）和（2），但是依靠一己之力，我却无法满足（3）和（4）。这意味着依靠一己之力，我无法满足（5），而（5）对我的自我实现至关重要。如果我想通过我的劳动实现自身，我需要使类的其他成员持有下述看法：他们把我的劳动视作为了他们而生产物品的劳动——更为一般地，视作我"成全"他们的努力（诸多努力之一）。不过，不论在原则上还是实践上，我都无法控制类的其他成员对我的劳动的看法。依据马克思的论述，资本主义制度将倾向于使他们对此抱错误的看法。他们将倾向于把我的劳动视为单纯为了赚钱的活动。他们将倾向于把我的产品单纯视为消费品，而不是视为我意图协助他们实现*其*目标的体现。

（反过来也是一样。我无法知道他人进行生产的目标，而且我有理由认为他们的目标是不恰当的。所以我无法理性地将他们的产品视为我自身本性的完成。）

这些也许只是趋势而已，也许并不适用于具体的情况。不过，我无法确知其在哪些情况下不适用；并且如果资本主义确实像马克思所描述的那样，那么我就有理由相信，相对于一般的趋势不会有太多的例外。所以，如果我将自身在资本主义条件下的活动，视为我的人的本性的实现活动，就可能是在自欺欺人。这个问题仅在部分程度上是因为我很难逃脱资本主义制度对我的影响，其更深层的原因在于我无法控制资本主义制度对他人的影响。

第 6 章　1844 年的马克思（下）：证成难题

前述的范畴现可拓展为如表 6-2 所示的情况。

表 6-2　　　　　对表象、本质、现实的分析的拓展

命题	表象	本质	现实	欺骗性表象的成因	现象类型
上帝存在	真（对信仰者）	假	假	社会制度	个体
空气是同质性的	真（对每个人）	假	假	人的生理机能	个体
劳动是人的自我实现活动	假（对劳动者）	真	假	社会制度	交互

社会制度是上帝存在、劳动不是人的自我实现活动这两种虚幻表象产生的原因，不过上帝存在这一虚幻表象，在其不涉及主体与他人相互关系的意义上，是一种**个体**现象。劳动不是人的自我实现活动这一虚幻表象，却涉及与他人的相互关系。一方面是社会制度的结果，另一方面亦是相互关系的结果，这两方面因素的结合，导致这种幻象异常复杂。

主体的目标以及他们对于彼此目标的信念，对于区分资本主义条件下的相互依赖和共产主义条件下的相互依赖是至关重要的。不过，共产主义者并不会变得彼此透明。正如在资本主义社会中一样，没有哪个共产主义生产者或消费者，可以明确知道其他主体在生产过程中的目标，既然如此，为什么上述问题仅仅存在于资本主义社会？

我认为答案在于，在共产主义条件下，主体将会有充分的理由相信彼此的目标和信念是正确的目标和信念。没有制度性的压力去催生利己主义和竞争。如同 1844 年的马克思所构想的那样，人的本性将获得真实的表现机会。这将使人有理由相信，人们实际上是在普遍地为彼此进行生产。

这里所讲的，并不是有关认识他人心灵的哲学问题，而是关乎从特定视角看待劳动者之间关系基础的具体问题。在资本主义条件下，目标很有可能是利己式的，关于人的自我实现活动的信念很可能是虚假的。因而一般来讲，在资本主义条件下，劳动者把彼此之间的关系视为相互成全的关系，将是非理性的行为。与之相对，那些"作为人"进行生产的人——在共产主义条件下——将倾向于持有正确的目标和信念。因而一般来讲，在共产主义条件下，劳动者认为彼此之间的关系包含这些目标和信念，并将之视为相互成全的关系，是理性的行为。在个别情况下他可能是错的，但这并不会有损其对一般情况所持观念的正当性。

上述问题，能否超出对劳动是人的自我实现活动这一说法的证成，而进一步加以拓展呢？这取决于劳动者的目标和信念的重要性，在 1844 年的马克思那里的辐射范围有多大。我将指出，这种考虑可能会给马克思带来四个方面的问题。在我看来，即便是对 1844 年马克思的文本进行最好的重构，亦会引发难题。不过，由于篇幅所限，这里我无法提供必要的文本证明，所以仅限于提出论断。

（1）对于马克思而言，成为类存在涉及许多东西，而且没有理由认为，所有东西都得与主体的劳动目标和信念相关。不过，成为类存在确实涉及对类的强烈认同。问题在于，这种认同是否仅仅包含主体对其自身作为某一较大整体之一部分的意识，抑或它同时还应当涉及下述信念——主体以非常特殊的方式与他人本质性地相关联，亦即主体相互之间为了彼此进行生产。

（2）主体当然一般性地承认自身和他人为人。问题在于，如果认为他们自身没有马克思所强调的特定关联，亦即认为他们的本质性关系不是一种主体为了彼此进行生产的关系，马克思是否认为他们还能够恰当地肯定这种身份？

如果对类的认同以及对自身人性（正确）的肯定确实需要主体认为自身与他人之间以特定的方式相关联，那么在资本主义条件下，这样的认同与肯定就是有问题的。在资本主义条件下，由于人无从知晓别人的目标和信念，即使能知道，对这些目标和信念的认识也很可能是不对的，所以人没有理由认为自身与他人以这种方式相关联。

（3）假定对于马克思而言，劳动者之间的恰当关系，涉及（除了其他方面）对劳动者在本质上是合作者而非竞争者这一信念的相互承认。同时假定马克思还认为，在资本主义条件下，1）劳动者实际上是争取稀缺工作机会的竞争者（ÖpM 481-482/244-245；《手稿》，第 18 页），2）劳动者倾向于相信他们彼此在本质上是竞争者，那么资本主义条件下的劳动者就会将彼此视为竞争者，并且可能会认为，彼此都会认为对方**是**竞争者。转变劳动者之间的关系，不仅需要改变外部条件（消除竞争），还需要改变劳动者的信念，包括他们对他人信念的信念。在资本主义条件下，或许单个劳动者可以改变其关于自身与其他劳动者之间本质性关系的信念，但是他无法改变外部条件，并且他也无法改变其他劳动者的信念。因而对他来讲，改变自身对于他人信念的信念，是非理性的行为,而且对他来讲,将目前劳动者之间的关系视为合作式的而非竞争式的关系,也是非理性的行为。

(4)在与感性的外部世界的异化中,劳动者1)未能将人的劳动产品一般性地视为人的自我实现活动的结果,视为"人的**本质力量**"运用的结果(并视为人的本性的镜子);2)未能将其他劳动者的劳动产品视为自身的劳动产品。这是由于1)未能一般性地将劳动视为人的自我实现活动;2)劳动者相互之间,以及与彼此产品之间的异化。如果目的和信念问题使未能以恰当的方式看待人的劳动和其他劳动者的问题更为棘手,那么它同样使得劳动者与感性的外部世界之间的异化问题更为棘手。

鉴于上述因素,只要个体仍然处于资本主义社会中,他就不能够以马克思所希望的方式,即劳动者在共产主义中将会采取的方式,与世界(或者与他人、与其自身的人性)相关联。

马克思所面临的难题,似乎仍然不够明确。我已指出劳动者的目标和信念问题,给资本主义生活的表象与 1844 年马克思对人的本性的判定相冲突这个问题,额外增加了一层疑难。不过,有人可能会辩称:马克思对此可以反驳说,这并不会引发什么证成难题,即并不会为其证成关于人的本性的主张(这里尤其是指劳动是人的自我实现活动这一主张)带来特殊的难题,对此,可以有以下两点回应。

其一,马克思可能会说,在资本主义社会或共产主义社会中,事物怎样向劳动者加以呈现,与证成所讨论的信念无关。针对人的自我实现活动这一问题,他可能会说,事物怎样向劳动者呈现,与某种活动是人的自我实现活动这一论点无关。他可能会说,**那**是一个哲学家才需要处理的问题。但是,即便劳动者**秉持**所需的目标和信念,并且即便他们彼此知道这一点,要想意识到他们自身正在实现他们的本性,他们也必须将他们的生产活动解释为人的自我实现活动。难道他们不需要证成这种解释?(在共产主义条件下)生产活动**呈现**为自我实现活动这一事实,很难构成充分的证成过程。这样一种解释所需的,似乎是一种哲学辩护。既然哲学迟早要加入这场争论,那为什么还要为表象担忧呢?

其二,马克思可能会指出,虽然资本主义生活的虚幻表象可能与空气的虚幻表象一样是客观的,但是政治经济学的经验科学将会洞察前

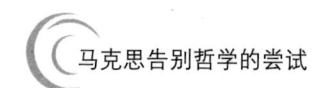

者,就像化学的经验科学可以洞察后者一样。

这里我仅讨论第二个回应,1844年的马克思对哲学的看法,将在后续进行讨论。

在《手稿》的"序言"中,马克思写道:"我用不着向熟悉国民经济学的读者保证,我的结论是通过完全经验的、以对国民经济学进行认真的批判研究为基础的分析得出的。"(ÖpM 467/232;《手稿》,第3页)随后是对多位国民经济学家著作的摘录和评论。讨论的主题是工资(ÖpM 471—483/235—246;《手稿》,第7—20页)、资本的利润(ÖpM 483—497/246—258;《手稿》,第21—34页)和地租(ÖpM 497—510/259—270;《手稿》,第35—49页)等。随后,马克思这样开始了对"异化劳动"的论述,"我们是从国民经济学的各个前提出发的"(ÖpM 510/270;《手稿》,第50页),虽然这里没有什么明确的说法可资引证,不过看起来马克思似乎相信,如果政治经济学的前提是正确的,那么异化劳动将是这个社会不可避免的伴生品。

我们姑且假设,在政治经济学的前提存在的社会中,我们的确可以发现某些特定的现象,比如劳动者仅仅将其劳动视为谋生的手段,而非生活的首要需要。不过,只有对这些现象加以特殊的解释,它们才能被视为异化劳动的例证(而非所谓的对人类状况的特有限制的回应)。只有当这些现象涉及我们劳动过程中本然状态的扭曲,它们才能成为异化的例证。异化是一规范性范畴——要能够将一个现象划归为异化的例证,单纯"对政治经济学进行认真的批判研究",是远远不够的。

马克思指出,在资本主义社会中,对劳动者来说,维持劳动者的个人生存表现为他的活动的**目的**,而他的现实的行动只具有手段的意义;他活着只是为了谋取**生活资料**①(AM 454/220;《手稿》,第175页)。在《国富论》中,亚当·斯密评论说:"等量劳动,在任何时候和任何地方,对于完成这一劳动的工人必定具有相同的价值。在通常的健康、体力和精神状况下,在工人能够掌握通常的技能和技巧的条件下,他总要牺牲同样多的休息、自由和幸福。"[11]对于斯密而言,劳动和幸福是一对矛盾体。斯密不会从资本主义中发现**异化**现象,因为他不认为劳动

---

① 引文有改动。中文版并无"劳动者"一词,而是"工人","资料"一词非黑体。——编辑注

第6章 1844年的马克思（下）：证成难题

是——马克思所称的——人的"生命活动"（ÖpM 516/276；《手稿》，第59页）。在《政治经济学批判大纲》中，马克思引证了斯密的说法——"一个人'在通常的健康、体力、精神、技能、技巧的状况下'，也有从事一份正常的劳动和停止安逸的需要，这在斯密看来是完全不能理解的。"[Gr 504-505/611；《大纲》（上），第615页][12]——并在这样的基础上批评斯密，对于斯密而言，劳动是一种诅咒：如果斯密是说美好生活是一种完全被动的消费、懒虫式的生活，大多数人将会同意马克思的批判。但是，斯密仅仅声称，谋生**劳动**（而非劳动本身）是一种牺牲，他认为劳动者会更喜欢以其他的方式进行活动。只有相信某种特定的活动——（必要）劳动过程中的活动是人的"生命活动"（自我实现活动），马克思才能驳斥这一点。我暂不讨论马克思在《政治经济学批判大纲》中的观点。在1844年，这就是马克思的信念。不过 a. 按照马克思自己的说法，这种信念在当前并不是主流信念，b. 这种信念既不能通过经验性的分析加以证实，亦不能通过演绎政治经济学的前提加以证实。因而不论是经验性的分析还是政治经济学前提的演绎，都不能表明资本主义条件下的劳动者确实受困于马克思所描述的那种异化。

马克思可能看到了这一点。在一处地方他要求我们以"超出国民经济学的水平"来尝试回答两个问题。第一个问题是"把人类的最大部分归结为抽象劳动，这在人类发展中具有什么意义？"第二个问题是"主张改良的人希望**提高**工资并以此来改善劳动者的状态，或者将工资的**平等**……看作社会革命的目标，其错误在哪儿？"① 马克思接着写道："**劳动**在国民经济学中仅仅以**谋生活动**的形式出现。"（ÖpM 477/241；《手稿》，第14页）手稿此处出现一段空白，讨论没有继续。文本没有给予我们明确的线索。不过，马克思或许认为，要想回答某些问题——比如某些事件在人类发展中的意义，抑或工资平等为什么是错误的目标——我们必须超出政治经济学范畴。或许他同样认为，为了解释政治经济学将劳动视为谋生的手段何以是错误的，我们也必须这样做。

---

① 引文有改动。中文版是"主张细小改革的人不是希望**提高**工资并以此来改善工人阶级的状况，就是（像蒲鲁东那样）把工资的**平等**看作社会革命的目标，他们究竟犯了什么错误？"——编辑注

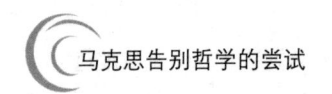

4. 1844年的马克思对哲学的批判

在资本主义条件下,马克思的主张既不能得到表象的确证,亦不能得到经验科学的确证。不过,表象和经验科学都不能确证的主张,不正是哲学家的用武之地?为什么不从哲学上确证它们?为了搞清楚马克思为什么不愿选择这个对策,我们需要概述一下他所谓的"哲学观"。

在《穆勒评注》和《手稿》中,马克思自称是一名费尔巴哈主义者(ÖpM 468/232;《手稿》,第4页。ÖpM 570/328;《手稿》,第96页),而且他与费尔巴哈之间确实存在相似性,不过当然也有不同的地方。以下是两者在方法论上的相似性:

● 费尔巴哈坚持认为"自我证明式直观"(self-certifying perception)是根本的认识论标准。马克思明确地支持这样的标准,赞同费尔巴哈的信条是"基于自身并且积极地以自身为根据的肯定的东西"(ÖpM 570/328;《手稿》,第96页)。

● 马克思同样赞同费尔巴哈所主张的通过"使'人与人之间的'社会关系成了理论的基本原则",确立"**真正的唯物主义**"和"**实在的科学**"(ÖpM 570/328;《手稿》,第96页)。我认为这里所指的是费尔巴哈对共同的感知,而非个人的感知,才是真理的标准的强调(G §42, 324/59;《原理》,第64—65页)。

● 马克思重复了费尔巴哈把哲学抽象与日常生活特征相对立的倾向。比如,针对唯心主义传统的精神设定,马克思援用了"现实的、肉体的、站在坚实的呈圆形的地球上〔……〕的人"(ÖpM 577/336, 587/345;《手稿》,第105,116—117页)这一表述。

以下是两者实质上的相似性:

● 与费尔巴哈一样,马克思声称,黑格尔主义者错把作为抽象思维存在、与自然世界相分离的人当成了出发点(ÖpM 571—572/330—331;《手稿》,第98—99页)。

● 与费尔巴哈一样,马克思声称,哲学作为一种活动与人的真实生活相分离。他赞成费尔巴哈的下述观点——"证明了哲学不过是变成思想的并且通过思维加以阐明的宗教,不过是人的本质的异化的另一种形式和存在方式;因此哲学同样应当受到谴责"(ÖpM 569/328,572/331;《手稿》,第96,99页)。

- 与费尔巴哈一样,马克思认为诸多传统的哲学对立,可以用非哲学的手段加以克服。正如费尔巴哈诉诸"人是并且**知道自身**是所有对立和矛盾的**现实的**(而非想象的)**绝对同一**"(VT 259-260/168),马克思宣称真正的共产主义是"人和自然界之间、人和人之间的矛盾的**真正解决**,是存在和本质、对象化和自我确证、自由和必然、个体和类之间的斗争的真正解决。它是历史之谜的解答,而且知道自己就是这种解答"(ÖpM 536/296-297;《手稿》,第81页)。

以下是两者之间的实质性不同之处:

- 费尔巴哈批判的主要信念,是关于某种特定实体(上帝)**存在**的信念。马克思的主张,所关乎的是赋予一种实体(人类)的某些特征**重要性**,这种实体的存在是无疑的。(不过,费尔巴哈对我们是人这一显著事实之重要性的强调,与马克思对人改造世界的活动这一显著事实之重要性的强调,是类似的。此外,马克思赞成费尔巴哈对人之为人之重要性的强调。)

- 对于费尔巴哈而言,像全知这样的类能力,与类是相异化的。对于马克思而言,劳动这种类能力,是被异化了的。不过,两种异化的本质是不同的。费尔巴哈认为,说上帝是全知的,等于是把"全知"属性归给了错误的主体。费尔巴哈的异化是一种归属错误。马克思认为,说劳动被异化,不是说将劳动的能力归给了错误的主体,而是说对劳动能力的运用,以及劳动者与劳动能力的关系,都出现了许多问题。

以下是两者在方法论上的不同:

- "'人与人之间的'社会关系成了理论的基本原则",这对马克思的意义要对比费尔巴哈的更重要。对于费尔巴哈而言,这一点所涉及的是对相同感知的共同见证。但是对于马克思而言,这一点同时还涉及对劳动改造自然过程的共同参与。

马克思对哲学的看法,还可以做更进一步的展开:

(1) 马克思认为,黑格尔哲学断言——我们对自然世界的日常浸染(immersion),有其内在固有的问题。黑格尔哲学在这种浸染中所看到的,是人的本质属性,即我们作为思维存在的属性,受到了压制。马克思指出,黑格尔主义哲学家"把自己变成异化的世界的**尺度**"①(ÖpM 572/331;《手稿》,第 99 页)。这些哲学家认为自身的活动、纯思维活动就是人的一般活动应当追求的标准。改造自然的劳动(亦即必要劳动)是有问题的,不仅因为其目前是以一种异化的形式存在的,而且因为它使人浸染于自然世界之中。马克思指出,这种浸染正是黑格尔所认为的异化:"不是人的本质**以非人的方式**同自身对立的对象化,而是人的本质**以不同于抽象思维的方式并且同抽象思维对立的对象化**,被当作异化的被设定的和应该扬弃的本质。"(ÖpM 572/331;《手稿》,第 99 页)而在马克思看来,我们作为人的本质性活动内在地包含了对自然世界的浸染。他认为黑格尔哲学关于人的概念是错误的。

(2) 马克思相信,在资本主义条件下,我们确实与自然世界相异化。人的自我实现活动(改造自然的劳动)的日常实践,没有(且没能)被经验证实为人的自我实现活动的实践。不过,根据黑格尔哲学的观点,改造自然的劳动并非人的本质力量的对象化,因而人的自我实现活动目前所采取的形式,不存在任何问题。如果人持有哲学家关于人本性的观念,他就不会把人的经济互动的现行形式,看作这种互动的异化形式(AM 217-218/451-452;《穆勒评注》,第 172 页。ÖpM 574-575/333;《手稿》,第 101 页)。

(3) 不论是黑格尔主义哲学,还是其他哲学,其作为哲学显然是与改造自然的劳动相分离的。但是数学亦是这样的,而马克思并没有批判过数学。所以哲学困扰马克思的地方,或许并不在于其是精神性劳动而非物理性劳动,同时也不可能在于哲学所关注的是诸如"存在"这样的抽象物,因为数学研究的对象同样是抽象的。

我以为哲学困扰马克思的地方在于,在他看来,只有当我们生活环境中的某些问题需要用抽象术语加以表述时,哲学才会出现。以"感觉和精神的抽象的敌对"为例,马克思指出,"只要人对自然界的感觉[Sinn],自然界的人的感觉[Sinn],因而也是**人的自然**感觉[Sinn]还没有被人本身的劳动创造出来"②(ÖpM 552-553/312;《手稿》,第 128 页),那么它们之间的关系问题和彼此优先性问题,就只能是"必然的"。在共产主义条件下,它们或许可以被这样生产出来,"抽象的敌对"

---

① 引文有改动。中文版中"尺度"非黑体。——编辑注
② 引文有改动。中文版中"人的自然"非黑体。——编辑注

第6章 1844年的马克思（下）：证成难题

也许会因此消失。我用"消失"一词，是指这个问题将不再是一个需要抽象考察的问题——不过数学也许永远是一个需要加以抽象考察的领域。

根据这样一种解释，哲学问题**作为**有待抽象思维加以回答的问题，只有当我们的生活状态发生异化时才会出现。而在共产主义条件下，"主观主义和客观主义，唯灵主义和唯物主义，活动和受动［……］将失去它们彼此间的对立，从而失去它们作为这样的对立面的存在"（ÖpM 542/302；《手稿》，第88页）。马克思认为它们将不再需要哲学所给予的那种回答。费尔巴哈区分了"哲学的需要"和"人的需要"。对于马克思而言，传统的哲学问题仅仅对应于特定状态下的人的需要。如果改变这些状态，这种需要将不复存在。就哲学回答的范畴来讲（参见第2章第2节），某些问题——作为抽象问题——将不再受到重视。

为了搞清这一点，我们可以考察马克思对创世的讨论。费尔巴哈认为创世问题是一范畴误置。提问者寻求的是一个自然原因模式的答案，却同时规定原因不能是自然原因。但是，对于费尔巴哈来讲，所有原因都是自然原因；寻求一种非自然原因的解释，是荒谬的。马克思同样认为，创世问题是一个自相矛盾的问题，但是他给出的理由与费尔巴哈不同：

> 谁生出了第一个人和整个自然界？我只能对你作如下的回答：你的问题本身就是抽象的产物。请你问一下自己，你是怎样想到这个问题的；请你问一下自己，你的问题是不是来自一个因为荒谬而使我无法回答的观点。请你问一下自己，那个无限的过程本身对理性的思维来说是否存在。既然你提出自然界和人的创造问题，你也就把自己从人和自然界抽象掉了。你设定它们是**不存在的**，你却希望我向你证明它们是**存在的**。那我就对你说：放弃你的抽象，你也就会放弃你的问题。（ÖpM 545/305；《手稿》，第91—92页）

马克思此处的观点几乎没什么原创性。询问创世问题，等于把自身从日常生活中抽离出来，对于此类回答，每一个寻求创世解释的人都不会陌生。马克思接着写道，"或者，你想坚持自己的抽象，你就要贯彻到底，如果你设想人和自然界是**不存在的**，那么你就要设想你自己也是不存在的，因为你自己也是自然界和人。不要那样想，也不要那样向我提问，因为一旦你那样想，那样提问，你把自然界的和人的存在**抽象掉**，这就没有任何意义了"（ÖpM 545/305；《手稿》，第92页）。要想询问创世问题，一个人必须在自身对于自然世界的浸染之外，在**所有**因果链条之外，获得一个立足点（ÖpM 545/305;《手稿》，第 92 页）。这样一来，作为自然世界之一部分的提问者，会变成怎样的存在？

这颇有些本科生在卖弄小聪明的味道——教授，请认真对待每一个因果解释的每一步挑战，**你尚且不存在**，那么你甚至于无法提出你的问题。马克思最后写道："也许你是个设定一切都不存在，而自己却想存在的利己主义者吧？"（ÖpM 545/305;《手稿》，第 92 页）

以下两点足以保证马克思对此的看法并非一知半解，首先，马克思自身允许对话者做出恰当的反驳："你可能反驳我：我并不想设定自然界等等不存在；我是问你自然界的**形成过程**，正像我问解剖学家骨骼如何形成等等一样。"（ÖpM 546/305;《手稿》，第 92 页）其次，更为有趣的是，马克思给出了自己对创世的说明。马克思指出，社会主义劳动者将从他们的日常工作中，直观到对创世的恰当的说明。

> 对社会主义的人来说，**整个所谓世界历史**不外是人通过人的劳动而诞生的过程，是自然界对人来说的生成过程，所以关于他通过自身而**诞生**、关于他的**形成过程**，他有直观的、无可辩驳的证明[unwiderstehlichen Beweis]。因为人和自然界的本质**实在性**……已经成为实际的、可以通过感觉直观[sinnlich anschaubar]的，所以关于某种**异己的**存在物、关于凌驾于自然界和人之上的存在物的问题，即包含着对自然界的和人的非实在性的承认的问题，实际上已经成为不可能的了。（ÖpM 546/305-306;《手稿》，第 92 页）

这是个值得关注的段落。在共产主义（本段中的社会主义）条件下，实践生活最终将会成为人通过对于自身和自然的持续改造，不断创造自身和其所栖居的世界的"无可辩驳的证明"（参见 ÖpM 542-543/302-303;《手稿》，第 92 页）。

马克思不可能认为，这一过程真的凭空创造了自然和人。劳动最多是塑造了自然。物质世界已然在那里了。马克思也不可能是在说，个体在共产主义条件下无法从其改造自然的浸染中抽离出来，对自然整体的状态进行发问。我认为马克思的用意，在于强调这样的问题将失去其重要性，将不再受到重视。我们将不再觉得有必要去询问诸如此类的普遍性问题（比如万物的起因是什么）。在你面前，在劳动过程中，人与自然日常互动的展开，将会取而代之。

第6章 1844年的马克思（下）：证成难题

之所以这样解读马克思，是因为我认为他那里既有一社会学假设，还有一诊断式哲学论点。其中社会学假设在于，在变更了的社会条件下，某些事物——比如人对创世问题的发问——将不会出现。诊断式论点在于，为了询问某些类型的抽象问题，人必须将自身从其日常工作活动和其与工友的关联中分离出来；人必须认为世界与其自身和其工友的活动是分离的。人从这样一个分离的立场提出问题的原因在于，人相信这样做是通达一种更为深刻的、日常实践活动无法通达的真理的途径。但在马克思看来，这种做法是错误的。

值得指出的是，马克思此处并没有消解问题（deflationary）。他并没有否认传统哲学问题的重要性，他只是否认抽象理论是回答这些问题的恰当方式，否认问题的重要性仅在于其**抽象性**。马克思指出，要真正解决哲学问题："**只有**通过**实践**方式，只有借助于人的实践力量，才是可能的；因此，这种对立的解决绝对不只是认识的任务，而是**现实**生活的任务，而**哲学**未能解决这个任务，正是因为哲学把这**仅仅**看作理论的任务。"（ÖpM 542/302；《手稿》，第88页）

"实践的方式"当然是指创造一个真正的共产主义社会。有两种方式可以将"实践的方式"设想为一种解决。首先，创造一个真正的共产主义社会，可以被设想为一种确证马克思社会学假设的成功实验。局外旁观者可以看到，共产主义劳动者的确将劳动视为一种内在需要，的确将外部世界（之一大部分）视为其产品，并且的确被人类所认同。同样可以看到，不再有人会问及某些抽象的问题。

不过，局外旁观者所无法确证的是，共产主义的劳动者对世界和人的生活之本性的看法，真的是正确的。其无法确证，通过相信劳动是一种真正的内在需要，个体就不会在幻觉下进行劳动。局外旁观者可以确证的是，共产主义的劳动者在许多方面不同于资本主义的劳动者，但是他无法确证，这种不同意味着共产主义的劳动者业已实现了他们的（人的）本性。

与之相对，对"实践的方式"的第二种解读，不会引发这样的担忧。第二种解读所采取的是共产主义劳动者的立场。根据这种解读，由于其实践生活将发生变化，共产主义的劳动者看待事物的方式亦将发生变化。马克思在论及共产主义社会时，曾说过这样的名言，其中"**感觉**在自己的实践中直接成为**理论家**"（ÖpM 540/300；《手稿》，第86页），并且如上所述，马克思声称"人和自然界的本质**实在性**……已经在实践中呈现出来、可以通过感觉直观到"① (ÖpM 546/305；《手稿》，第 92 页)。这是费尔巴哈关于感觉可以成为哲学器官主张的马克思版本。

此处的重点在于，共产主义的日常生活，将具有一种不同于目前日常生活的意义（resonance）。针对哲学问题的回答，将被这样——不再有问及这些抽象问题的（人的）需要——纳入共产主义的日常生活之中。就问及这一问题的需要从人的日常活动中消失不见这一点而言，"凌驾于自然和人之上的存在者问题"，即便在资本主义条件下，在"实践中亦是不可能的"。马克思的想法似乎是这样的，在共产主义条件下，人关于人与自然进行互动的日常经验，将会真正**回答**创世的问题。这并不是说人将从对这一问题的发问中发现逻辑缺陷——**那**将是对问题的消解，而是说，对这一问题的真正满意的回答，将由人的日常经验给出：这种经验将彻底清除形而上的渴望。

在另一处有名的段落中，马克思指出："五官感觉的**形成**［*Bildung*］是迄今为止全部世界历史的产物。"(ÖpM 541–542/302；《手稿》，第 87 页) 我们的感觉能力，只有在恰当的条件下，在有机会运用自身时，才能得到发展 (ÖpM 542/302；《手稿》，第 88 页。ÖpM 541/301，《手稿》；第 87 页)，这一点是显而易见的。我认为马克思有这层意思。不过，在我看来，马克思同时还有另一层更为强烈的意思——根据时代的不同，我们的感觉会对世界做出不同的解释（费尔巴哈多次表达过的主张）。马克思指出，"拜物教徒的感性意识不同于希腊人的感性意识"，他认为这个例子能够表明，"理论之谜的解答在何种程度上是实践的任务并以实践为中介"(ÖpM 552/312；《手稿》，第 127 页)。

这个例子的一般含义在于，我们的感觉在实践中一向直接就是理论家。按照拜物教徒的理解，有一些金属和木头拥有一般的金属和木头所没有的权力。说拜物教徒如此理解金属和木头，就是说拜物教徒**认为**金属和木头拥有这样的权力。古希腊人对此的解释与之不同。我们目前的理解又有不同，我们将金属和木头单纯视为"**感性的、异化的、有用的对象**"② (ÖpM 543/302；《手稿》，第 88 页)，视为外在独立的事物。

---

① 引文有改动。中文版是"人和自然的**实在性**……已经成为实际的、可以通过感觉直观的"。——编辑注

② 引文有改动。中文版是"感性的、异己的、有用的对象"。——编辑注

在共产主义条件下,对其另有不同的理解,即将之视为"人的**对象化的本质力量**"(ÖpM 543/302;《手稿》,第 88 页)。

很显然,共产主义条件下的个体将不同于我们,正如我们不同于拜物教教徒一样。他们将会切实地以不同的方式看待世界。作为结果,某些类型的问题将不再需要抽象的回答。

与费尔巴哈一样,马克思对作为抽象问题的哲学问题不再予以考虑,同时指出,转变了的人将认识到费尔巴哈所谓的"所是"(what is)(VT 251/162)。在共产主义条件下,哲学的目标将在实践中得到真正的实现。那时的个体将不再需要一种特殊的理论,用以证成他们看待自身和世界的方式。关于人的本性和人的自我实现活动的观念(个体所持诸多观念之一),他们亦将不再需要一种特殊的理论证成。与费尔巴哈一样,这看起来或许会是肤浅的。但与费尔巴哈不同的地方在于,马克思知道这一点。如同我们在下一部分将会看到的那样,马克思知道其对哲学的诊断,似乎不太能够令人信服。

5. 当前的问题

最后,对于其不愿诉诸哲学理论去证明劳动是人的自我实现活动的做法,马克思给出了三条理由。第一,作为一种心理事态,那些将抽象立场视为通达人类深层真理的途径的人,不大可能认为劳动是人的自我实现活动。如果有人认为,只有经由抽象反思才能认识真理,那么他便不大可能认为,人的本质性活动会与这种反思发生根本性的冲突。

第二,如果有人执意这么做,那么其所持的很可能是错误的信念。哲学家的信念往往只限于理智层面。他无需因之改变对日常世界的看法。一个人可以经由劝说而信仰上帝的存在,却并不能"在近乎所有事物中,看到神的荣耀的表象"(爱德华兹语)。[13] 当马克思谈及作为理论家的感观时,他所描述的是一种渗透在人的日常生活中的信念(如同费尔巴哈认为真正的宗教信仰者所持有的坚定信念一样)。从理论上讲,哲学家**可以**拥有这种信念,但在实际上,这几乎绝无可能。改变——主体转而按照马克思所希望的方式**看待**事物——可以经由在适当条件下参与相关活动而完成,不过正如帕斯卡尔(Pascal)对信仰的论证——接受一种哲学理论可能只是这种活动的前奏，其至多能让人迈出第一步，而单单接受理论并不能改变一个人，真正能够改变人的是后续的一些步骤，即人在适当条件下对相关活动的参与。不用说，资本主义社会缺乏对应于人的自我实现活动的适当条件。

第三，实际上，对于马克思而言，哲学理论还受制于一种更为重要的缺陷。帕斯卡尔认为，其对迈向信仰之第一步的论证，已经足以产生理性的信念。而在马克思看来，抽象地论证劳动是人的自我实现活动，根本不足以产生理性的信念。因为马克思认为，作为一种探寻此类问题真相的方法，抽象思维比不上感觉——日常生活。面对此类问题，抽象论证不应当让人怀疑表象。费尔巴哈批判笛卡儿主义——马克思赞同——的用意在于指出表象是可靠的。哲学论证 A 或许证明了劳动是人的自我实现活动，不过只要劳动**看起来**不像是人的自我实现活动，马克思就会说 A 没能为劳动**是**人的自我实现活动这一主张提供足够充分的理由，只有世界的表象才能够做到这一点，但是马克思指出，世界在资本主义条件下的表象，未能表明劳动是人的自我实现活动。相反，它表明劳动是某种需要逃避的东西。

因而，我们又回到了马克思怎样才能证成其有关自我实现之主张的问题。事实上存在两个问题，可以对应马克思的诸多主张。一方面，**依据马克思的观点**，在资本主义条件下他的一些主张看起来似乎是不可信的，尤其是对劳动者来讲。因而就有了这样一个问题：**就其自身论述而言**，马克思是否有足够的资源来消解这种明显不可信的主张。另一方面，马克思的主张也可以在独立的基础上加以评价。其中有一些在我们看来，即在今天的读者看来，也许是不可信的。因而就有了这样的问题：或者基于马克思本身的论述，或者对其加以一定的增删，我们的担忧能否因此得到解决？如果今天的读者生活在资本主义社会中，并且接受了马克思关于资本主义的（至少部分）主张，那么这些问题就重叠了。不过，马克思依其自身前提能够辩护些什么与什么是可以辩护的，这两者仍然是有区别的。

我们先来看第一个问题，即内在问题。我在第 2 章曾指出，费尔巴哈对当下的乐观态度，使其避免了由于依赖感知所可能引发的潜在难题，而马克思对当下的悲观态度，引发了这个难题。马克思无法在下述主张之间保持连贯性：（1）劳动是人的自我实现活动，（2）可靠的认识

第 6 章　1844 年的马克思（下）：证成难题

（包括人的自我实现活动之类）源自日常社会生活的表象，（3）劳动在日常社会生活中并未表现为人的自我实现活动。

　　需要指出的是，说马克思的一些主张在资本主义条件下，不论是对劳动者，还是非劳动者，似乎都不大可信，所依据的正是马克思本人的论述。非劳动者将不会把劳动——劳动者的劳动——视为人的自我实现活动，同时非劳动者亦没有理由与类相认同，或者把世界（的大部分）视为自身的产物。不过，鉴于劳动者的生活经验，马克思的一些主张（比如劳动是人的自我实现活动），对于劳动者而言可能显得尤其不可信。

　　这里所讨论的并非反抗的动机问题。知道劳动是人的自我实现活动，并且发现其在资本主义条件下处于扭曲状态，或许可以成为（劳动者或非劳动者）反抗的理由。但是，这里所涉及的是另外问题：在资本主义条件下，马克思能否给出，尤其是向劳动者给出一贯的理由，以使他们接受他的主要主张——尽管他自己也认为这些主张明显不可信。

　　在一处有关创世问题的评述中，马克思承认了这个问题的一般结构。他指出：

> 任何一个**存在物**只有当它用自己的双脚站立 [selbständiges] 的时候，才认为自己是独立的，而且只有当它依靠自己而**存在**的时候，它才是用自己的双脚站立的。靠别人恩典为生的人，把自己看成一个从属的存在物。但是，如果我不仅靠别人维持我的生活，而且别人还**创造了**我的**生活**，别人还是我的生活的**泉源**，那么我就完全靠别人的恩典为生；如果我的生活不是我自己的创造，那么我的生活就必定在自身之外有这样一个根源。因此，**创造**是一个很难从人民意识 [Volksbewußtsein] 中排除的观念。自然界的和人的通过自身的存在 [das Durchsichselbstsein der Natur und des Menschen]，对人民意识来说是**不能理解的** [unbegreiflich]，因为这种存在是同实际生活的一切**有形**事实 [allen Handgreiflichkeiten] 相矛盾的。① (ÖpM 544–545/304；《手稿》，第 91 页)

　　这一段讨论了许多问题。其中马克思对作为证明标准的有形事实（字面意思：某种可以用手抓住的事物）的强调，是我打算讨论的核心。一个靠别人恩典为生的人，把自己看成一个从属的存在物。资本主义条件下

---

① 引文有改动。中文版并无"有形事实"一词，而是"明显的事实"。——编辑注

的有形事实在于：世界并没有表现为"自然和人通过自身而存在"这一事实，以及人业已塑造了并将继续塑造其日常生活世界（的大部分）这一事实。抑或这些关于人和世界的事实被以无足轻重的方式，而非异常重要的方式表现出来。这样的塑造活动没有被表现**为**人的本质力量的对象化，因而创造观念"很难从人民意识中发挥作用"。

在马克思看来，理应用一种特定的方式来理解世界和人在其中的活动。在其理应由人的感觉直接加以确证的意义上，这种理解理应是自我证明的。但是在资本主义条件下，个体并未以恰当的方式理解世界。并且他们不恰当的理解本身似乎是自我证明的。因而对于马克思而言，资本主义条件下的个体，很自然地会对世界的起源问题感到好奇。对于他们，"**整个所谓世界历史不**外是人通过人的劳动而诞生的过程，是自然界对人来说的生成过程"[①]（《手稿》，第92页）。对于他们，这不是"人和自然的实在性"。在资本主义条件下，人的生活似乎不是其自身创造的结果。所以马克思认为，在其之外设定一个源泉，并且人们对源泉，即对创造感到好奇是很自然的。问题在于，马克思似乎没有办法表明，这样的好奇实际上是不自然的。（马克思的诊断，是我在第2章中所称的自我侵蚀型诊断，其具有我所指出的此类诊断的典型问题。）

针对所有哲学问题，马克思都想给出类似的诊断，所以问题的波及面很广，这源于（马克思眼中）当前的误导性状态与马克思的诊断无法对病症起作用的两相结合。他的诊断，将特定问题的主要方面归于社会状态，但是接受这个诊断，并无助于改变这些状态。由于马克思拒绝尝试用哲学理论回答这些问题，所以这些问题虽然是重要的，却不能得到回答。

费尔巴哈认为，改变人们面对世界的方式是很容易的，因为他认为其已经改变了。他认为，在实践生活中，人们已经按照他所提供的解释生活了。马克思则认为他们完全没有。

现在，让我们置身马克思思想之处，在独立的基础之上，简要考察并评价一下马克思对创造的解释。马克思认为，在不同的社会状态下，"人和自然的本质性实在在实践中"将会如此"明显"，以至于对创造问题的完备回答，将会以非理论的方式给出。这一点很难让人接受。

[①] 引文有改动。中文版中的"不"非黑体。——编辑注

第6章 1844年的马克思（下）：证成难题

根据马克思的观点，在共产主义条件下，人将承认：（1）世界和人完全是自然现象；（2）它们不是静态的给定的实体，而是经由发展而来，并且仍在发展的实体；（3）在持续不断进行自我塑造的意义上，人是自我创造者。这样一些主张显然是可以理解的，甚至是可以成功消解的。（比如，创造不是创造"所有"，而是对特定事物的创造。如果你想知道世界是怎样形成的，可以问科学家；如果你想知道人是怎样形成的，可以问科学家和历史学家。）但是，对于马克思而言，这些主张不应当只是被消解。我认为——当然是目前——很难以那样的方式去看待它们。马克思的解释，对于创造问题而言，很难说是一个完全令人满意的回答。

马克思的其他一些主张，也存在类似的问题，可惜因篇幅有限，我不能一一加以讨论。我只能指出，马克思的主张（在目前）的可信度问题，至少对于生活在资本主义社会中的读者而言，是马克思的诊断所曾预见到的。这种预见源于马克思的下述诊断：如果他所说的是对的，其将显得不那么令人满意，并且还可能是武断的。不过，这一点当然没能令其解释更有说服力。

马克思或许会声称，反对者仅仅纠结于下述这一点——在处理特定问题时，他没有诉诸从日常生活中抽象出来的立场。马克思或许会说，反对者未曾意识到，在不同的社会条件下，将会缺乏这样做的冲动。[14] 马克思可能是对的。不过，这在目前仍然无法确证。

很多理论都具有这种结构。如果后期海德格尔（Heidegger）的思想有一个结构，它或许就是这种类型的结构。[15] 不过，与海德格尔观点或宗教观点不同，这里既不存在需要进入的马克思式循环，亦不存在需要实施的信仰飞跃。如果这是一个解释学问题，那么需要进行的循环，将会位于革命的彼岸。[16]

马克思在1843年指出，《德法年鉴》的目标是使时代获得对"斗争和愿望作出……自我阐明……问题在于**忏悔**，而不是别的。人类要使自己的罪过得到宽恕，就只有说明这些罪过的真相"（Br 346/145；《马克思致阿尔诺德·卢格（1843年9月）》，第67页）。一年后，作为其1844年解读资本主义的结果，马克思遇到了下述问题：怎样证成他所宣称的人的罪过的真相。

也许有人可以找到资源来支撑马克思的主张，尽管可能是些马克思会鄙视的资源（比如一种哲学理论）。我并不是说，马克思的主张没有

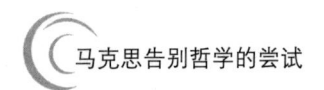

辩护的余地，我只是说，它们需要远比他所提供的多得多的辩护。

其他一些评论家在解读马克思 1844 年关于创造的看法时，与笔者多少有些不同。伍德将马克思关于"'人和自然'是'本质性的'抑或'通过自身而诞生'"的主张，解读为"［包含］下述论点：自然世界并不是偶然存在的，而是某种意义上的独立存在，或者说具有形而上学的必然性"[17]。伍德从马克思所谓"'本质性的''通过自身'"的存在包括"人"在内的说法中，看到了黑格尔式因素，虽然伍德指出，"马克思强调的重心，不在于人对世界的理论性理解，而在于根据人的目的对世界所做的实践塑造"，但是伍德尝试通过将马克思的语言说成"极具隐喻性和夸张性"，来形容此处马克思所赋予"人"的不可信的作用。普拉梅纳茨（John Plamenatz）以一种近似的方式指出，"'自然的人化'并不是真的将自然变成人——虽然马克思有时说得它好像是这样的——而是人最终在自然世界中安适如归，他从思想上理解、美学上欣赏这个自然世界，并且在其中以满意的方式活跃着"[18]。

伍德和普拉梅纳茨均试图淡化马克思的主张，试图将它们转化为关于人与自然世界的恰当心理关系、思想关系和美学关系的相对可信的主张。在马克思如何看待这些关系问题上，我同意伍德和普拉梅纳茨的说法。并且我也同意，马克思并非旨在维护这样一个基本哲学论点，即如果缺少塑造它的人的活动，自然世界将不会存在。不过，按照我的解读，重心应在于马克思的下述观念，即如何以恰当的方式证明人和自然"通过自身"而存在这一主张（ÖpM 545/304；《手稿》，第 91 页）。我认为马克思与费尔巴哈一样，表面上似乎在强调传统的哲学论点，实际上这些论点却不应被理解成需要抽象方法加以辩护的抽象主张。

当伍德这样写道，"一旦人和自然的'本质性'渗透进了实践意识，只有对这种意识掉头不顾，将我们自身从中'抽象'出来，我们才能提出旧有的宇宙论问题。马克思因而认为，一旦放弃了抽象，这些问题便会随之消失"[19]，伍德似乎是在表达类似的看法。对此我的异议在于，首先，伍德未曾在放弃抽象问题和认为其他非抽象的（实践的）方法回答了抽象问题之间做出区分。其次，伍德在别处仍然认为，世界的存在具有"形而上学的必然性"是马克思的论点。[20]实际上，伍德认为马克思那里既有哲学的立场，又有对这种立场的拒斥。而在我看来，马克思关于哲学问题能够在实践中得到解读的主张，确实是——与费尔巴哈一

第6章 1844年的马克思（下）：证成难题

样——在不借助哲学立场的前提下，设法切实解决这些问题（为之提供令人完全满意的回答）的一种尝试。

马克思此处的文本是片断式的，而且晦涩难解，因而声称用一种成熟且连贯的方法论贯穿始终，未免有些愚蠢。对于有些地方而言，说马克思是在使用某种（经常并不是很好的）传统的论证，可能不失为较好的解读，而当他不使用传统论证时，我们可能很难分清他所使用的是哪一种非传统的论证。因而也许没必要太过强调我和伍德之间的分歧。不过，我还是认为，与费尔巴哈一样，把马克思的文本理解为某种一般的哲学论证，会让我们难以理解马克思式方案的核心所在。[21]

总之，当即拒绝将哲学视为理解诸如人的本性（包括人的自我实现活动）、实在的本性，以及我们所考察的创世问题的方式，亦反对将哲学理解为面对世界的立场时，1844年的马克思与费尔巴哈是非常相似的（并且明显受到了费尔巴哈的影响）。此外，马克思希望援引人采取摆脱抽象思维立场的费尔巴哈式转向中的自我证明方面。他希望日常生活中的下述方面——人的新立场是正确的，并且透过这一新立场所看到的（比如劳动是人的自我实现活动），是事物**真正**如其所是的样子——显而易见。他希望对此不必再做更进一步的证明。问题在于，根据马克思的论述，完成费尔巴哈式转变的条件，在于人必须生活在共产主义社会中。这样一来，自我证明要素对于目前来讲，似乎显得遥不可及。因而，这里似乎尚需要其他形式的证明——证成马克思的观念。考虑到马克思所主张的内容，以及马克思对哲学的非难，好像没有哪种证成方式能够既胜任眼前的任务，又可以获得马克思的支持而不致前后矛盾。

这里有三点需要指出：首先，我似乎有把1844年的马克思所鄙弃的问题，偷偷塞回给他的嫌疑。毕竟，这确实是那种只有哲学家才会操心的问题，并且在实际上，它好像会导向马克思反复谴责的抽象泥潭。不过，我认为他不会鄙弃这个问题。当主张 C 看起来相当可信，或者至少在某个人看来，依据其前提，对 C 加以有效证成是可行的，在这种情况下拒斥 C 的整个证成问题是一回事；然而，当依据某个人的前提，C 看起来并不可信，并且依据他的前提，眼前又没有可以替代的证成方案，在这种情况下拒斥 C 的整个证成问题，又是另一回事。

其次，正如我在"导论"中所指出的，如果马克思关于资本主义的经验性主张是对的，那么几乎就没有必要使用规范性论述去谴责资本主义。任何一种道德观念都会谴责诸如普遍而又没有必要的贫穷，过度而又不健康的劳动，这类阻碍大多数人能力发展的事物。[22] 马克思 1844 年的证成难题，丝毫不会影响资本主义引发了这些病症的事实。马克思当时所坚持的是这样一种观念——即便资本主义消除了上述病症，它仍然会使劳动者与"**生活**本身……人的活动、人的享受、**人**的本性。"①相分离（KR 408/205；《评一个普鲁士人》，第 394 页），而这是一个马克思似乎未能证成的主张。

最后，马克思指出："如果我**知道**宗教是异化的人的自我意识，那么我也就知道，在作为宗教的宗教中得到确证的不是我的自我意识，而是我的异化的自我意识。这就是说，我知道我的属于自身的、属于我的本质的自我意识，不是在**宗教**中，倒是在**被消灭、被扬弃**的宗教中得到确证的。"②（ÖpM 581/339；《手稿》，第 110 页）但是，由于异化，尤其是劳动的异化，在私有财产被消灭、被扬弃之前，我无法拥有"属于自身的，属于我的本质的自我意识"，无法拥有在被消灭、被扬弃的私有财产中得到确证的自我意识。不过，马克思一度似乎认为，现存的劳动者组织能够提供类似于上述状态的某种希望。

当共产主义的**手工业者**联合起来的时候，他们首先把学说、宣传等等视为目的。但是，他们也同时产生一种新的需要，即社会的需要，而作为手段出现的东西则成了目的。当法国社会主义劳动者联合起来的时候，人们就可以看出，这一实践运动取得了何等光辉的成果。吸烟、饮酒、吃饭等等在那里已经不再是联合的手段，不再是联系的手段。社会、联合以及仍然以社会 [*Gesellschaft*] 为目的的叙谈，对他们来说是充分的；人与人之间的兄弟情谊 [*die Brüderlichkeit der Menschen*] 在他们那里不是空话，而是真情，并且他们那由于劳动而变得坚实的形象向我们发射出人类崇高精神之光。③（ÖpM 553-554/313；《手稿》，第 129 页）

在这种组织中，社会性互动变成了目的而非手段。资本主义条件下人的关系有问题的方面，被克服了。劳动者联合的最初目标在于其自身的物

---

① 引文有改动。中文版是"本质"，不是"本性"。——编辑注
② 引文有改动。中文版并无"异化"一词，而是"外化"。——编辑注
③ 引文有改动。中文版是"交往"，非"社会"；是"工人"，非"劳动者"。——编辑注

第6章 1844年的马克思（下）：证成难题

质进步，但是这种环境引发了新的需要和新的目标。"他们那由于劳动而变得坚实的形象向我们展示了人类崇高精神的光芒。"这里的华丽辞藻并非样板文章。我认为马克思所描述的是某种业已实现的、近似于非异化的人的关系。

下一章我将运用《提纲》中的观点来考察下述观念：参与劳动者组织，尤其是劳动者革命组织——更一般地说，所谓"实践"——如何能够为处理1844年马克思思想中的证成难题提供一种途径。

注 释

［1］在第4章和第5章中，我不加区分地使用了"共产主义的劳动者"、"劳动者"和"共产主义者"，本章将沿袭这种用法。不过很显然，并非共产主义社会中的所有人都将致力于改造自然。这样一些非劳动者（nonworkers）将会怎样看待事物，是一个我没有篇幅予以细究的复杂问题。值得指出的是，即便是非劳动者，在马克思（追随费尔巴哈和鲍威尔）所强调的强势意义上，也很可能与类相认同。因而他们很可能在相当大的程度上，与实际改造外部世界的劳动者分享了同一观念。比如可参见第4章关于共产主义条件下的主体与彼此的产品和享受之间的关系。我认为这样的关系，没有理由仅仅依赖于主体事实上改变外部世界的程度。

［2］Wood, *Karl Marx*, 23.

［3］同上书，24。

［4］埃尔斯特批评伍德未曾区分"意义意识缺失"（a lack of a sense of meaning）和"意义缺失意识"（a sense of a lack of meaning）。这两者之间显然有区别，不过我认为这种区别并不涉及关键性的事物。埃尔斯特似乎认为，这种区别涉及某种实践性的事物："在当前的语境中，未能［做出这种区分］是尤其致命的，因为异化和用以克服异化的集体活动之间的关联，取决于所选择的是哪一种解读"（*Making Sense of Marx*, 75）。不过对我而言，似乎没有哪一种情况能够提供反抗的动机。意义缺失意识（埃尔斯特所谓"消极感受在场"）无疑提供了更多的选择，但是我认为这里的感受所涉及的是缺乏意识，而非生活目标的挫败。如果是这样，我就看不出其如何能够促成更多的行动，尤其是其如何能够激发反对资本主义的行动。这样的感受或许是谴责资本主义的好理由，但在我看来，其尚不能充当颠覆资本主义的精神支柱。

［5］Samuel Taylor Coleridge, "On Dejection" in *Selected Poems of Samuel Taylor Coleridge* (London: Heinemann, 1973), 94. 柯勒律治的诗表明，这里所涉及的情况，同样可以由某种在本性上不同于资本主义劳动的东西所引发。

［6］毫无疑问，在诸多现实的资本主义社会中，很可能几乎所有劳动者都能够

拥有诸多的目标,并且至少部分劳动者能够成功实现这些目标,亦即他们视为人的善好生活的构成性要素的目标。有些(或许众多)劳动者当然能够过上他们自认为满意的生活。不过,在这样的生活中,如果必要劳动未能成为自我实现的核心,那么1844年的马克思就会认为,这些劳动者在客观上被异化了。

[7] 只有当我们能够将他人的产品视为我们自身的产品(参见第4章第1节),我们与感性的外部世界之间的异化才能讲得通,所以,这种异化与劳动者彼此之间的关系有其间接的关联。

[8] 参见 Kap I, 88/167, and Cohen, *Karl Marx's Theory of History*, 329-330。

[9] 此处有必要澄清,我所关注的并非意识形态理论。我并不关心资本主义所造成的关于人的本性的错误信念,怎样有助于维系作为一种社会制度的资本主义(虽说如果资本主义看起来能够与人的本性步调一致,人们对之会少一些不满)。更为重要的是,我亦不关心怎样确立(抑或能否确立)下述两个(推定)事实之间的关联,(1) 社会制度倾向于造成(特定阶级的)错误信念;(2) 错误信念的到处渗透,有助于维系这一社会制度。两者的关联在于,(2) 可以解释 (1)。(关于后一个论题,可参见 Michael Rosen, *On Voluntary Servitude: False Consciousness and the Theory of Ideology*。)我所关注的是,从1844年的文本内部出发,马克思怎样可以无矛盾地证成其关于人的本性(包括人的自我实现活动)的主张。资本主义之所以会造成错误信念,是因为错误信念在维系资本主义方面发挥了作用,这种说法完全是另外一个问题。

[10] 马克思的不满在于,国民经济学认为其所描述的,是人的正常的、自然的协作关系,其将"社会交往的**异化形式**视为**本质的和最初的**"(AM 451/217;《手稿》,第172页),而非人的协作关系的一种扭曲形式。

[11] Adam Smith, *The Wealth of Nations* (Chicago: University of Chicago Press, 1967), 37. 中译文转引自《大纲》(上),第615页。

[12] 马克思在《穆勒评注》、《手稿》和《政治经济学批判大纲》中所引用的《国富论》(*The Wealth of Nations*),是由杰曼·加尼尔(Germain Garnier)翻译的带有注释和评论的两卷本法文版新译本,即 *Recherches sur la nature et les causes de la richesse des nations* (Paris, 1802)。"马克思恩格斯列宁研究院"(Marx-Engels-Lenin Institute)收藏有《国富论》的德文译本。马丁·尼古劳斯(Martin Nicolaus),在翻译《政治经济学批判大纲》的英译本时,翻译了马克思的法文引文。而我直接使用了斯密的英文文本。

[13] Jonathan Edwards, "Personal Narrative," quoted in M. H. Abrams, *Natural Supernaturalism*, 384.

[14] 顺便指出,这也是针对认识论相对主义指摘,马克思可能做出的同一种回应。与费尔巴哈一样,马克思同样认为,感觉一方面随历史而变化,另一方面又充当了真理的标准。这看起来当然像是认识论相对主义。马克思在这里或许同样会指出,对诸如认识论相对主义的担心,需要越出人的日常存在,而在共产主义条件

第 6 章　1844 年的马克思（下）：证成难题

下，人是不会这样做的。

[15] 麦金太尔（Alasdair MacIntyre）指出，《追寻美德》（*After Virtue*）的开放式假定是这样一种形式："如果假定是真的，其必然表现为不可信"。参见 *After Virtue*（Notre Dame, Ind.：University of Notre Dame Press，1984），4。

[16] 保罗·利科（Paul Ricoeur）认为，《手稿》中存在某种形式的循环，他甚至指出了这种循环与海德格尔的类似之处。（参见 Paul Ricoeur, *Lectures on Ideology and Utopia* [Chicago：University of Chicago Press, 1986], 57-59。）不过，利科未能看出循环所采取的具体形式。他赞许性地引证了海德格尔的下述说法，"在开头从属于结尾的意义上，每一部优秀的哲学著作都在循环；问题在于如何恰当地进入循环运动"（参见 Ricoeur, *Lectures*, 57）。但是，对于 1844 年的马克思而言，问题在于他认为进入循环运动不仅是非理性的，而且是矛盾的。进入循环将会违背常识，否定世界的外观，以及马克思自身的方法论宣言。这是一种比利科所看到的更深层的循环。

《资本论》中同样存在一个难题，其在外观上与我对早期马克思著作的刻画大体近似，而马克思在《资本论》中试图运用修辞克服这个难题，有关具体的论证，可参见 Robert Paul Wolff, *Moneybags Must Be So Lucky*（Amherst：University of Massachusetts Press, 1988）。

[17] Wood, *Karl Marx*, 170. "通过自身而诞生"（have their being through themselves），是伍德对马克思术语的翻译。在本节的前述部分，我曾引证过这一术语，我的翻译稍有不同。

[18] Plamenatz, *Karl Marx's Philosophy of Man*, 76.

[19] Wood, *Karl Marx*, 172.

[20] 同上书，173。

[21] 考虑一下《对黑格尔的辩证法和整个哲学的批判》（Critique of the Hegelian Dialectic and Philosophy as a Whole）一节中较为传统的无神论论证。马克思在那里指出，"一个存在物如果在自身之外没有自己的自然界，就不是自然存在物，就不能参加自然界的生活。一个存在物如果在自身之外没有对象，就不是对象性的存在物。一个存在物如果不是第三存在物的对象，就没有任何对象性的关系，它的存在就不是对象性的存在"①（ÖpM 578/337；《手稿》，第 106 页）。马克思进而指出，没有"本身既不是对象，又没有对象"的存在物。他的主张似乎是说，如果这样的一个存在物要被理解（或者以其他的方式被关联），就必须以另一个从事理解的存在物（或者另一种关联）为前提，亦即将前一个存在物视为**自身**的对象（或者**充当**前一个存在物的对象），如此一来，前一个存在物便不再"本身既不是对象，

---

① 引文有改动。引文第三句话，在中文版中是"一个存在物如果本身不是第三存在物的对象，就没有任何存在物作为自己的对象，就是说，它没有对象性的关系，它的存在就不是对象性的存在"。——编辑注

又没有对象"。

照此来讲,这个论证对于其预定的批判对象,即上帝并不总是有效的。泛神论者将上帝视为存在着的一切,并且将自身也视为上帝的一部分,而非**外在于**上帝,不同于上帝的对象,亦即并非注视着上帝的对象。在作为与上帝相区别的对象的意义上,泛神论者不是上帝的对象。虽然在某种意义上,上帝**是**泛神论者的对象,鉴于其并没有减损上帝的完全独立性和全然自足性,上帝并**不**有赖于成为泛神论者的对象,抑或其他人的对象。

但是,事实上马克思强调的要点似乎不在于指出:这样一种存在物概念(既非另一个作为不同的存在物的对象,亦没有不同于其自身的对象)是矛盾的,或者在某种程度上不能逻辑自洽。马克思所强调的要点在于,如果有这样一种存在物,那么其将会是"非对象性的"存在物,马克思将之界定为"一种非现实的、非感性的、只是思想上的即只是想象出来的存在物,是抽象的东西"(ÖpM 579/337;《手稿》,第 107 页)。人们无法通过感觉,而只能在思想中理解这样的存在物。

人们只有在思想中才能理解这样的存在物(如果存在这样的存在物),这也许是真的。但这并非是针对这样一种存在物之存在所做的论证,也就是说,这并未证明这样的存在物是非现实的、非对象性的——除非人们假定现实的存在物、真正的对象性只能是感性存在物。而这将会陷入丐题论证。

我认为马克思确实做了这样的丐题论证。在本节的无神论论证和反黑格尔论证中(马克思继承了费尔巴哈对黑格尔的解释),马克思似乎一上来就以这样的前提切入,对象性意指成为感觉的对象。我认为马克思真正的用意是说,以其他的方式看待对象性,我们需要从作为自然存在物的生活中抽象出来。这很难说是针对那些决定施行这种抽象的有神论者和哲学家的反论。与费尔巴哈和我对《手稿》的解读一样,这似乎更像是在尝试劝说我们不要这样去做。

当伍德声称在本注中所引证的部分,与正文中所讨论的部分是相互冲突的,他便是错的。只有当伍德认定,马克思在本注所涉部分中所讨论的形而上学论点,与其在正文所涉部分中所讨论的形而上学论点是冲突的,才能说这些部分是相互冲突的。我并不否认以上述方式解读这些部分的可能性。但是与费尔巴哈《原理》的强烈共鸣,理应让我们远离这种做法。(稍带指出,这里的共鸣,包括将饥饿视为一种显著的方式,要求外在于我们的自然界,作为对象而存在:"**饥饿**是自然的**需要**;因此,为了使自身得到满足,使自身解除饥饿,它需要自身之外的**自然界**、自身之外的**对象**。"[ÖpM 578/336;《手稿》,第 106 页] 关于费尔巴哈对于饥饿的类似讨论,可参见 G §34, 318/53。有关我对费尔巴哈此类观点的讨论,可参见第 2 章第 2 节。)

[22] 参见 Wood, "The Marxian Critique of Justice", 40–41。

第7章 《关于费尔巴哈的提纲》

截至目前的讨论，把我们从费尔巴哈的基督教批判，引向了马克思的资本主义批判。讨论的核心在于，对特定主张的证成——比如不存在与人不同的神或创世者，自我实现涉及某种特殊的活动——不是由抽象的论证做出的，而是由面对世界的恰当立场做出的。我业已指出，这给1844年的马克思制造了一个难题。本章将考察《提纲》，以便弄清1844年的马克思关于法国劳动者联合体的说法，能否发展为解决难题的一个方案。

我对《提纲》重新加以解读的另一个理由是《提纲》曾是颇具影响力的马克思解读所最常引用的权威性章节。这种解读路径最早可追溯至卢卡奇的《历史与阶级意识》，哈贝马斯、科拉科夫斯基、阿维内里、卡尔维斯和施密特随后对之又进行了不同形式的改造。[1]这种解读的诸多不同形式所表现出的共同特点，在于强调劳动或活动（有时也称"实践"）的作用。大体来讲，这种解读认为，劳动（或者活动、实践）是人理解并把握世界的方式。一个与人的劳动（活动、实践）完全无关的外在世界，在原则上是难以理解的，是无法被赋予任何内容的。

认同这种解读的著作家认为，马克思是在延续德国观念论对认识论的关注。事实上，不同解释流派的许多评论家，都曾认为马克思试图解决康德以来一直存在的一大难题，即如何解释我们经验对象的客观性，但这是一种误解。在1844年的马克思看来，资本主义条件下的劳动者与感性外部世界处于异化状态,这种说法蕴含了一个前提:人与世界之间存在一种我所谓的"**基本关系**"(fundamental relation,在资本主义条件下,这种关系被异化了)。马克思1844年的观念对我们经验对象的客观性,既没有做过明确的讨论,亦没有间接地涉及。在费尔巴哈和1844年的马克思看来,我们没有必要处理这个问题。在本章中,我认为马克思所持的观念,主要关乎主体在日常生活中面对世界的立场,而无关乎世界是如何先验地构成的。

总体来讲,我认为特定的基本关系概念,以及我所称的对世界的"**基本取向**"(fundamental orientation),是《提纲》的主要关注点。此外,我还认为,对《提纲》做这样的解释,近似于赋予马克思一种处理第6章所述难题的方法。最后,将《提纲》的关注点构筑为我们对于世界的基本关系与基本取向,可以使老的难题呈现一种新的形式,而对于马克思来讲,这样一种新形式是值得尝试的。

在1844年的著作中,马克思赞扬费尔巴哈;而在《提纲》中,马克思批判费尔巴哈。这曾使许多评论家将《提纲》与《形态》归在一起,作为1844年之后马克思思想的转变环节。另有一些评论家认为,《提纲》与1844年的著作是大体连续的。在我看来,两方证据的不相上下表明,马克思在1844年的观点与在《提纲》中的相比并不存在深层的断裂。不过,1844年之后的转变问题,仅仅参照高度概括性的《提纲》,是无法进行深入探讨的。更为合理的做法是将之放入考察《形态》的语境中讨论。我对这一问题的具体讨论见第9章第4节。

1. 基本关系和基本取向

在这一部分中,我会引入一些范畴,以便赋予面对世界的立场此一观念更大的精确性。[2]但引入术语的做法有利也有弊。其利处在于,术语至少能够提供一种外在的明晰性;其弊处在于,所讨论的现象可能过于含糊,而术语又过于抽象,导致所获得的明晰性徒有其表。对于术语所指的对象,人无法形成恰当的感受,结果术语对现象的遮蔽,多过其对现象的揭示。我之所以将引入术语的工作推迟到现在,既是因为没有它们我也可以讲出我想讲的内容,亦是因为我认为这对于讨论中的问题

第7章 《关于费尔巴哈的提纲》

有些风险。我的希望在于——通过考察不同的文本，讨论如下这些问题：比如费尔巴哈将人世俗化的目标，1844年的马克思所关注的，即人怎样与世界的绝大部分均是人的劳动产物这一事实发生关联——使所讨论的现象变得足够熟稔，从而使术语的引入，可以发挥揭示而非遮蔽的功效。

我所引入的术语，显然不是马克思本人的。引入这些术语的目的是充当解释《提纲》的工具。如前所说，它们看上去不应当让人有陌生感。因为它们业已蕴含，且经常是非常明晰地蕴含在了之前的章节之中。[3] 我在后续的章节中会使用这些范畴，对前六章所讨论的主题不时地加以回顾。

让我们从**"与世界的基本关系"**（the fundamental relation to the world）这一范畴切入。谈及主体与世界的关系，所谈的是主体与世界的关联（connection）。我们可以想象很多这样的关联。主体与世界的关系，可以是认知主体与认知对象的关系，可以是各种印象的接受者与对象的关系，亦可以是愉快或不愉快感受的经验者与对象的关系等。每一种这样的关系，都模糊地道出了主体与世界相关联的方式。

如果有这样一种关系，其能够充当主体与世界之间最为基础，最为本质的关系，我便称其为**基本**关系。人与世界的基本关系，是人作为人所拥有的与世界之间的最为基础的关系，是对其本性，尤其是其作为人的本性而言所不可或缺的关系。因而，人与世界之间存在某种基本关系R，这是哲学人类学的一种主张。

要界定与世界之基本关系的所谓一般范畴，理应在对这种关系的不同论述之间，保持中立态度。这意味着世界观念的定义，必须是模糊且开放的，因为人如何构建世界观念，决定了人如何构建与世界的基本关系。对于一些著作家，世界观念可能相当简单明确（世界只是一个超大的客体）；对于另一些著作家，它又可能极精微（可参见海德格尔的《存在与时间》）；还有一些著作家，可能会认为世界观念本质上是矛盾的、不连贯的。我所引入的范畴应当足够抽象，使其既可以定位上述立场之间的争论，又不至于偏袒其中的任何一方。

我们应当再引入一个范畴，即**"与他人的基本关系"**。对于我所要解读的问题，这个范畴不是太重要，所以我只简要说一下。很显然，我们总是以各种方式与他人相关联，比如作为朋友、作为亲戚或者作为公

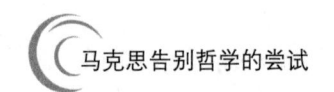

民等。如前所述,将某一种特定关系称为**基本**关系,是指其对于人的本性,尤其对于人作为人的本性而言,是本质性的关系。(既然如此,人性的作用想必亦是相当重要的,因为经常会说,我们与他人相关联的唯一方式是**作为**人的关联。对于费尔巴哈、鲍威尔和马克思而言,我们与他人的基本关系,**正是**作为人类的成员而产生的关系,当然,对人类的定义,所依据的是他们各自对人所给出的特定描述。)与他人的基本关系这一概念,是指存在某种核心的方式(某种基础描述),使我们作为人与他人相关联。

可能会出现这样的情况,主体与世界(或他人)之间存在特定的基本关系 R,但是主体自己对此却茫然不知。基督徒很可能会认为,那些基督福音从未降临到其身上的主体,与世界之间存在一种特定的基本关系(比如主体作为特定命运的载体被赋予灵魂),但主体对此却一无所知。对于我们研究的目的来讲,更为重要的地方在于,主体可以拥有这样的关系,却**不激活**这种关系。换句话说,作为哲学人类学的论题,人与世界的关系可以是 R;但是在其日常生活中,人与世界的关系却可以是 S。

这并不奇怪。人如何与世界相关联(relates to the world),(从广义上讲)是一心理问题;而人如何**被**与世界**相关联**(is related to the world)却不是。为了保证术语的明晰性,我将人与世界(或他人)相关联的方式称为人面对(is oriented to)世界(或他人)的方式。这为我们引出了一组新范畴:"**对世界的基本取向**"(the fundamental orientation to the world)和"**对他人的基本取向**"(the fundamental orientation to others)。[4]

人从根本上如何被与世界相关联,与人从根本上怎样面对世界,二者并不总是一致的。社会角色清楚地表明,在人如何被与某物或某人相关联,与人如何面对某物或某人之间,通常会存在不同。比如,我**是**某人的儿子、某人的兄弟。我以特定的方式被与他人相关联。我也许不知道这一点,不过,即便我知道这一点,我也可能不作为儿子和兄弟,去面对相关的个体。再看之前的那个例子,那些不信奉基督教的人,并没有像基督徒那样面对世界,虽然基督徒很可能认为,他们与世界的关系与自己是一样的。

就社会角色而言,所谓作为儿子和兄弟面对某人,首先是指以特定

第 7 章 《关于费尔巴哈的提纲》

的方式行动、持有特定的信念和感受。所谓作为一名基督徒去面对世界,则也(至少)会涉及持有特定的信念。但是有些时候,所谓以特定的方式面对世界,其所指是较为模糊的。当在黑暗中我冷不丁将手放到一块异常冰冷的金属上,对于这一对象,我可能不仅会立时感到寒气逼人,而且会有一种异己之感;对于这一对象和自身,我可能会有一种深切的分离之感。假设对于一般的对象,对于一般的外在世界,我都有这种感觉,那么我对世界的基本取向,就会包含这种异己感和分离感。我会把世界**当作**一个异己的空间去面对。但是,如同基督徒对异教徒之取向所做的谴责,这里有人——比如 1844 年的马克思——可能也会认为,我对世界的感觉掩盖了我与世界的**真实**关系。马克思可能会着重强调下述事实,即人所感觉的对象是人的劳动的产物;他可能会强调这种对象在事实上并不是分离的、异己的。进而他可能会强调,在多大程度上这一点对于其一般所接触的对象是真实的。假定马克思的主张是对的,那么在我与世界的基本关系和我对世界的基本取向之间,就会存在不同。人对世界的基本取向同人与世界的基本关系发生错位,是指人看待自己与世界之关联的大体一贯的方式,同人与世界的真实关联之间发生了错位。

我用来阐释《提纲》的范畴,是一些关于人与世界的基本关系和人对世界的基本取向的范畴。关于后一类范畴,这里我想再多说几句。人对世界的基本取向可以被视为一种态度,因为就其涉及心理立场而言,它像是一种态度,但其并不是针对某一种特定对象的态度。如果其是一种态度,那么它就是一种针对世界整体,可以说是针对一切事物的态度。我们可以将之与普遍影响人的日常经验的另一种状态,即恋爱进行类比。恋爱涉及对于所爱的人的态度。但是除此之外,人处理世间事务的方式,同样深受恋爱的影响,然而(当然并非必要)这并不是说人对某一特定事物有了一种新的态度,而是说其整个生活方式起了变化。这种情形与基本取向的性质是类似的。

在我看来,关于人可以用多种方式面对世界这一观念,我们是相当熟悉的。有些不太熟悉,但也算不上完全陌生的观念。是说存在一种人面对世界的**基本**方式,或者至少是人在给定的时间和地点面对世界的基本方式,即普遍取向的观念。人们有时会说,从异教信仰皈依基督教信仰,涉及人怎样看待自身与世界之关联的转变。1852 年,雅可比(与马克思和青年黑格尔派一样，他本人亦是同一智识生活的产儿）在《君士坦丁大帝时代》(*The Age of Constantine the Great*) 中这样论及基督教的兴起："人与感性事物［*sinnlichen*］之间，人与超感性事物［*übersinnlichen*］之间，步入一种新型关系的时代已经来临了，因为爱上帝和爱邻人的观念，与世俗事物相分离的观念，取代了旧有的关于诸神和世界的观念。"[5] 现代科学的兴起，被认为造成了人与"感性事物和超感性事物"关联方式的又一次转变。

关于何谓正确的针对世界的基本取向，费尔巴哈、鲍威尔和1844年的马克思之间存在分歧，但是这样一种转变——另一种这样的转变——是他们共同追求的目标。[6]

通过比较和对照，（对世界或他人之）基本取向这个一般观念，可以得到进一步的澄清。

● 持有某种特定的基本取向，无疑与拥有特定的信念相关，但是其并不仅拥有这些信念。我们可以看一下德里克·帕菲特（Derek Parfit）在《理性与人格》(*Reasons and Persons*) 中对皈依新的人格身份认同所造成的变化的评述：

> ［起初］我似乎被禁锢在自身之内。我的生活似乎在一条玻璃隧道中，我一年比一年移动得更快，但是其终点却是黑暗。当我转变了我的［人格身份认同］观念，我的玻璃隧道的墙壁消失了。如今我生活在露天之中。我的生活与他人的生活之间仍有不同，不过这种不同微乎其微。他人离得更近了。我对我自己生活的未来越来越不关心，相反越来越关心他人的生活……现在我已发现，我的死对于我来讲并不算糟。[7]

帕菲特的哲学信念发生了转变，并由此带来了生活方式的转变。根据我所使用的术语，他对他人的基本取向变了。反之，人的基本取向的转变，也可以使人肯定或是否定哲学命题。核心之处在于，帕菲特所持信念和其生活方式之间，是有不同的。后者是基本取向所关注的内容，且不论这种基本取向所针对的是世界还是他人。[8]

这个例证非常清楚地表明，在我所引入的两个基本概念中，"基本关系"比较侧重于理论，而"基本取向"则更加注重实践。主体关于自身与他人之基本关系的信念发生变化，并不必然带来基本取向的变化。帕菲特的证明可以使他信服，但他的生活仍然可以一如往常。

第 7 章 《关于费尔巴哈的提纲》

- 基本取向的变化可能会影响人的行为，但也可能不会。帕菲特的转变本可以没有外在表现。基本取向是一种实践观念，但其并不必然促发行动。

- 基本取向不同于感性。人们的诸多感性毫无疑问是不同的，但是不同的感性与同一种基本取向却是相容的。这在对他人的取向方面表现得最为显著。不论一个人拥有的是亨利·詹姆斯（Henry James）笔下那些比较敏感，不怎么令人愉快的人物［比如《金碗》（*The Golden Bowl*）中的夏洛特·斯坦特］的感性，还是舒尔贝格的《是什么让萨米奔跑？》（*What Makes Sammy Run*）中明显的利己型人物萨米·格利克的感性，作为基本取向，其都可以将他人理解并利用为实现主体自身目标的对象。就其理解和利用而言，前一种人会更为细致入微，但其取向是一样的。

- 基本取向看上去可能会类似于世界观。由于世界观是千变万化的观念，无疑总有方法使其与基本取向观念对接得上。但是，基本取向不**仅仅**是一系列的信念（像世界观有时被认作的那样），而且它也不是关于世界之如何的描述，对于这种描述，人可以首先置身其外，然后再决定是否接受它。韦伯在《以学术为业》（Science as a Vocation）中，似乎同意这样的意志论。他强调学术在澄清每一种给定世界观之结构时的作用，但他一方面认为事实上不存在选择哪一个的问题，同时似乎又认为人**可以**进行选择。[9]与世界观不同，基本取向不是想要就要，想不要就不要的。人或许知道，随着时间推移，有些行为会带来人面对世界方式的变化（如帕斯卡尔所认为的"运动将产生信仰"），并且在任一个时刻，人或许都能够在精神上采取不同的立场，暂时地以不同的立场看待世界。但是人的基本取向是超越于这一点的。它与人在日常生活中关联世界（和他人）的方式有关，并且可以认为基本取向不是一个选择问题。

应当记住，马克思并未把他自己视为黑格尔哲学的继承者。我虽然运用"基本关系"和"基本取向"对他的主张加以重构，但应当记住，马克思自身的意图是实践性的（这正是我解读《提纲》的要点所在）。

这里与道德家和道德理论家的区分做一类比，可能不无裨益。"道德家"（moralist）所关注的是改变人的行为，"道德理论家"（moral theorist）则关心回答特定的抽象问题，比如道德术语的所指是什么？

道德的最高原则是什么？与道德理论家类似的是"形而上学家"（metaphysician），但是我们没有术语称呼与道德家类似的形而上学对象。权且称为"**形而上学道德家**"（metaphysical moralist）吧。与一般的道德家一样，形而上学道德家所关注的是我们的生活行为。区别仅在于后者所关注的不是特殊的行为，而是我们的立场，抑或我所谓的取向。其所表达的观念在于，人**可以**作为 O 面对 X，而如果人这样做，那么在其生活因之而与其本性相一致的意义上，他的生活将会更好（举例而言，如果资本主义不曾强加给劳动者一种扭曲的、对世界和他人的基本取向——1844 年的马克思所称的"异化"，那么劳动者的生活就将与其本性相一致）。形而上学道德家虽然试图理解我们的基本关系，但其深层的目标却是改变我们的取向。

所以，一般的道德家至少需要一类道德理论家，即规范性理论家。原则上，后者表明前者的规定是正确的。与之类似，形而上学道德家似乎亦需要形而上学家。他需要知道人实际上是哪一种生物。他需要形而上学家，以期表明我们与世界（或他人）的基本关系含有一种特殊的内容：以那种方式为取向，我们将会按照本性的要求去生活。

不过，假定形而上学道德家认为形而上学家的活动本身就是可疑的——刚好包含了**错误**的取向，以**错误的**与世界的基本关系为前提。费尔巴哈和 1844 年的马克思的情况正是如此。哲学家的取向——采取一种立场，从中可以析出关于人的基本关系和基本取向之主张的抽象证明——正是他们希望避免的取向。结果是，他们虽然似乎也持有形而上学信念（比如关于人的本性之本质性特征信念），但是他们并不希望按照通常的讨论方式和评价方式去讨论和评价这些信念。

这一点同样适用于马克思的《提纲》。虽然我认为我所给出的是一种正确的解读，但是作为一种典型的形而上学做法，这种解读本身，在我看来，写作《提纲》时的马克思是会加以鄙弃的。

我引入这些范畴，以期有助于解释一个特定文本（并将对它们的阐发控制在这一目的所需的范围之内）。我认为《提纲》中的马克思相信，人与世界之间存在一种特定的基本关系。我认为许多哲学家会同意这一看法（虽然不同的哲学赋予这种基本关系的内容不尽相同）。但是对于这样一种基本关系的存在，我表示极其怀疑。虽然我们与世界之间，与他人之间，可能会有许多关系，并且这些关系的优先程度是不同且可变的，但是我极其怀疑，是否存在一种相对于别的关系拥有基础性和优先性的关系，即在我前述的意义上的基本关系。

我同样怀疑，人对世界、对他人会有某种基本取向。不过我认为，我们对世界、对他人可以拥有不同的取向，这一观念所指出的问题是重要的。取向范畴试图把握的现象，并不需要与关于基本关系的主张捆绑在一起，对此，哲学家并非不知道，而道德哲学，尤其是政治哲学，则倾向于忽视这些取向。我认为这是错误的。这里有许多问题需要考察（比如，以特定的方式面对他人与拥有特定的社会身份认同之间的关联）。问题的核心在于，这些取向是值得考察的。即便我们没有任何基本取向，（对世界、他人和社会制度的）某些取向，较之另外一些取向，仍然可能更为重要，对于人的善好生活来讲，较之另外一些取向，某些取向可能要更为有益，此外，社会制度推进还是抑制某种取向的程度，可能会成为社会制度应受褒扬还是批判的重要基础。取向范畴所关注的是主体日常经验的本性。在相当大的程度上，这是社会制度的职能所在，它应当成为政治思想的议题。

现在转入《提纲》。

2. 第十一条

让我们从《提纲》的结尾切入文本讨论，从著名的第十一条开始："哲学家只是用不同的方式**解释**世界，问题在于**改变**世界。"（TF 7/5；《提纲》，第502页）借用改变而非仅仅解释世界这一训诫，马克思想要表达什么呢？对此可以有多种解读。

● 训诫是指不要思考，直接着手采取革命行动，不要做理论分析或预先计划，而是自发地行动。这一观点除了明显的荒谬与不合理外，似乎亦不像是一位毕生有三十多卷理论著作，其中超过二十五卷完成于1845年之后的作者的观点。

● 训诫是指**不仅**要思考，而且要在思考的同时做出行动。作为批判认为政治变革只需要新观念，而不需要具体行动的对手来讲，这样一种训诫是合情合理的。不过，首先，《提纲》所针对的是费尔巴哈，我在第8章中将指出，费尔巴哈并未持有上述主张。其次，上述主张太过站不住脚，即便马克思将之归给费尔巴哈，我认为我们亦有权从第十一条中寻找除此以外的主张。如果我们姑且不把这一训诫视为一种批判，那么我们可以得出：

● 这一训诫所要求的是展开思考和具体行动之间的相互作用。人需要理论分析以便有效地行动，但是：（1）人的终极目标在于实现实践的变革，而非认识本身（与之相关的分析是对怎样变革世界的分析）；（2）人的分析参照其实践经验，不断被再评价，再提炼，甚至于推倒重来。这可称为与世界相互作用的"**反馈模式**"（feedback model）。

● 这一训诫所反对的是下述观念：（1）人与世界的基本关系在于人立足世界之外，并从精神上把握外在于他、（迄今）未被他所改造的世界；（2）对人与世界基本关系**的**正确认识，只能通过（1）所描述的主体的立场才能获得。与之相反，人与世界的基本关系在于人不断改造世界并被世界所改造，并且只有在改造世界的过程中，通过改造世界的进程，才能获得对这一事实**的**正确认识。与反馈模式不同，此处的正确认识不涉及分析、实践活动和依据实践活动的再评价三个步骤，相反，认识内在于人的行动之中，并不存在独立的理论立场。套用 1844 年的马克思的说法："**感觉**在自己的实践中直接成为**理论家**。"（ÖpM 540/300；《手稿》，第 86 页）改造世界即解释世界的正确方式。这可称为与世界相互作用的"**同步模式**"（simultaneity model）。

我们权且假定，马克思所要求的人与世界相互作用的类型，只有"反馈模式"和"同步模式"两个选项。《提纲》中的一些说法与这两种模式都可以相容。比如第八条："全部社会生活在本质上是**实践的** [*praktisch*]。凡是把理论引向神秘主义的神秘东西，都能在人的实践 [*Praxis*] 中以及对这种实践的理解中得到合理的解决。"（TF 7/5；《提纲》，第 501 页）前一句可能是说，对人来讲，重要的是那些获取诸如吃住等有用日用品的活动（反馈模式），也可能是说，人与世界、与他人之间的基本关系是实践的（同步模式）。方式虽有不同，但后一句同样在两种解读之间摇摆不定。人的实践与对实践的理解是分离的，这倾向于反馈模式。不过，所有神秘的合理解决，不仅在于对人的实践的理解，而分明在于实践本身**以及**对实践的理解（实践只是"合理解决"的一个**部分**），这又倾向于同步模式。

《提纲》中看起来最倾向于反馈模式的部分，是第二条中的下述说

第 7 章 《关于费尔巴哈的提纲》

法:"人应该在实践中证明自己思维的真理性,即自己思维的现实性和力量,自己思维的此岸性。"(TF 5/3;《提纲》,第 500 页)这里所表现的是反馈模式中观念和证明的二分。对世界的解释似乎是在先的,并且经由改造世界的尝试可以对之加以证实或证伪。

倾向于同步模式的证据出自第一条和第五条。马克思在第一条中指出:"从前的一切唯物主义(包括费尔巴哈的唯物主义)的主要缺点是:对对象、现实、感性,只是从**客体**的或是**直观**[Anschauung]的形式去理解,而不是把它们当做**感性的人的活动**,当做**实践**去理解。"(TF 5/3;《提纲》,第 499 页)[10] 未曾得到恰当理解的是"对象、现实、感性",而未能得到恰当理解,并不是反馈模式所关注的问题。对于反馈模式来说,这是"经院哲学"所关注的问题(参见第二条,TF 5/3;《提纲》,第 500 页)。

马克思在第一条中,跟着指责费尔巴哈在《本质》中"仅仅把理论的态度看做是真正人的态度,而对于实践则只是从它的卑污的犹太人的表现形式中去理解和确定"① (TF 5/3;《提纲》,第 499 页)。反馈模式不会容纳"真正人的态度",对其来讲,这同样也是经院哲学所关注的问题。马克思关注这样的问题——专门指出费尔巴哈对"对象、现实、感性"的错误态度——这表明尚且存在反馈模式所不能处理的方面。

对于马克思而言,只有实践的态度而非理论的态度才是正确的。但是对于写作《本质》的费尔巴哈来说,所谓实践的态度只意味着主体扭曲世界以满足自身的需要。"卑污的犹太人"一词所指的正是对自然的这样一种纯粹工具性的使用。在这样说时,马克思所想到的很可能是费尔巴哈在《犹太教中创世的意义》(The Significance of the Creation in Judaism)这一章中的下述部分:

> 创世学说来自犹太教……但它在这里所依据的原则,与其说是主观性原则,还不如说是**利己主义**原则。创世学说,就其特有的意义而言,只有当人在实践上使自然仅仅服从于他自己的意志和需要,从而在其表象中也把自然贬低为单单的制造品,贬低为意志之产物时,才得以建立起来……谁把自然看作是**美**的存在物,谁也就把自然看作是自然**本身之目的** [Zweck ihrer selbst],也就认为自

---

① 引文有改动。中文版为"仅仅把理论的活动看做是真正人的活动"。——编辑注

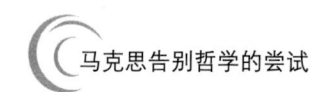

然于其自身之中具有其实存之根据,这种人决不会问为什么有自然存在。在他的对世界的意识、直观[Anschauung, perception]之中,自然与神性之概念是没有区别的……只有在人认为其与世界的关系是美学的或理论的关系时……只有在这种直观成为基本原则的场合下,上述思想才能够被理解和表述成为跟阿那克萨哥拉一样的思想:人是**为了沉思**[Ansschauung, contemplation]**世界**而生的。理论之立场,就意味着与世界**和谐**相处……与此相反,如果人仅仅立足于实践的立场,并由此出发来观察世界,而使实践的立场成为理论的立场时,那他就跟自然不睦,使自然成为他的自私自利、他的实践利己主义之最顺从的仆人。(WC 186-188/112-113;《本质》,160-161)

马克思在《手稿》中指出,在共产主义条件下,自然将呈现为目的本身(参见 ÖpM 546/305-306;《手稿》,第 92 页)。我认为他在《提纲》中的看法是,这一事实不是通过**直观**,而是通过实践活动来理解的。马克思认为费尔巴哈未能看到这一点,因为费尔巴哈仅仅从个体扭曲自然以满足其自私的需要这一视角来理解活动和实践。在马克思看来,对自然的这种自私自利的态度,实际上正是市民社会中主体的态度。费尔巴哈正确地认识到,目前主导性的对于自然的实践态度是有问题的。但这既非人的唯一的实践态度,亦非其真正的实践态度。根据马克思的观点,费尔巴哈虽然正确地把握了犹太基督教"创世学说"的意义以及其工具性取向,但是他"未能把握"人与世界的另一种改造式相互作用的"意义":"'革命的'、'实践批判的'活动"(第一条;TF 5/3;《提纲》,第 499 页)。这样一种活动的立场才是真正的人"与世界相和谐"的立场。

因而,费尔巴哈所谴责的、马克思将之与市民社会中的主体立场相关联的实践立场,包括两个要素:主体的利己主义(他们试图满足的是个体的需要而非共同的需要)以及主体对自然的扭曲(自然变成了他们的仆人)。反馈模式关注的是怎样才能实现目标。作为联结理论和实践的一种模式,反馈模式并不关心目标是自私的还是无私的、个体的还是共同的。同步模式并不以目标为导向,其关注点在于我们与世界的基本关系,而非实现某种特定目标。反馈模式并不必须(虽然它可以)是利己的。同步模式并不触及目标是否利己的问题。

第 7 章 《关于费尔巴哈的提纲》

另外,反馈模式对实现特定目标的关注,使其成为操控自然的恰当模式。一名商人对市场的承受力持有诸多的信念,他会依据这些信念来行动,然后对行动进行再评价,继而再去行动。一位革命家对怎样成功地促成革命有诸多信念,他会依据这些信念来行动,然后对行动进行再评价,继而再去行动。

费尔巴哈显然不仅仅反对实践立场的利己主义。他对其所界定的犹太教创世学说的反对,并不在于上帝被构想成了利己主义者,而在于将自然描述为屈从于上帝的命令,"自然或世界是受造的,受创的,是**命令的产物**……上帝**命令说**,让世界存在,根据这个命令自然立即呈现了自身"(WC 188/113)。如果马克思同样反对对自然的这样一种命令关系,那么所谓他支持反馈模式的说法就很难让人理解。在 1844 年的著作中,马克思确实反对这种命令关系(参见 ÖpM 537/298,540/300;《手稿》,第 83,85-86 页)。但是,第一条中对"卑污的犹太人"的提及并未表明马克思是否意识到,费尔巴哈从此形式中看到了两种不同要素,同时亦并未表明马克思是仅仅反对利己主义(对于反馈模式并非不可或缺),还是一并反对将自然描述成人的仆人(对于反馈模式不可或缺)。他表面上似乎对两者均持反对态度,但就像所有论点一样,这一点太过模糊而难以确定。

第五条指出:"费尔巴哈不满意**抽象的思维**而喜欢**直观**[Anschauung];但是他把感性不是看做**实践的**、人的感性的活动。"(TF 6/4;《提纲》,第 501 页)马克思所关注的是我们怎样去构想感性(*die Sinnlichkeit*)。人的感性活动既与抽象思维相对照,亦与直观相对照,可能还与费尔巴哈所称的"感性直观"、感觉的直观(马克思所想到的,可能是费尔巴哈的下述主张——"只有感性直观[*sinnliche Anschauung*]所规定和认可的思维才是现实的、客观的思维——客观真理的思维"[G §49, 330/64])相对照。[11] 抽象思维和(感性)直观都被认为是有问题的:前者的问题在于其从不触碰现实世界,后者的问题在于其认为自身只**被**世界所触碰。前者缺乏物质性,后者则又有其成问题的被动性。

此处的问题似乎确实在于我们与世界之间的关系。反馈模式要么未曾为这一问题留出空间,要么纵使隐含了关于这一问题的某种立场,然而这种立场似乎恰好支持马克思所批判的那种唯物主义,因为反馈模式包含了一种对物质世界的消极立场，其将世界理解为业已存在的、完全成形的、有待去操控的对象。其将"感性"理解为实践活动的**领域**，理解为实践活动实施的场地。第五条希望我们将感性构想**为**实践的、人的感性活动，而这是反馈模式办不到的。

第十条似乎也倾向于支持同步模式。"旧唯物主义的立场是市民社会，新唯物主义的立场则是人类社会或社会的人类"①（TF 7/5；《提纲》，第502页）。马克思在这里将关于实在的两种观念，与旧唯物主义和市民社会，以及新唯物主义和人类社会或社会的人类所代表的两种取向关联了起来。市民社会是这样一种主体的取向：其将世界视为一系列有待操控以满足其个体需要的对象。社会的人类是下述主体的取向——对他而言，"自然界才表现为他的作品和他的现实"（ÖpM 517/277；《手稿》，第58页）。鉴于第一条的说法，旧唯物主义可能是指这样一种观念：人是处在物质世界影响下的消极接受者（参见《神圣家族》对法国唯物主义的讨论）。人是由世界塑造的，并且可以反过来操控世界（如同市民社会中的主体那样），但是世界仍然顽强地存在于人之外。主体与世界是相互分离的。两者相互接触，但是迟早会如敌人般发生冲突。与之相对，对于新唯物主义，社会的人类不仅操控外部世界，而且以某种方式，在某种意义上将世界视为其自身的活动。市民社会的取向，是旧唯物主义对人与世界关系的错误描述——大体亦是反馈模式的描述——所对应的取向。社会的人类的取向，则对应新唯物主义对人与世界关系的正确描述——同步模式的描述。

《提纲》有其相当模棱两可的地方，这一点已经很清楚了。在操控世界以求满足于主体需要的意义上，反馈模式显然是一种改造世界的成功模式。因而支持反馈模式的理由，既可能是这种模式对人与世界的基本关系问题给出了回答，亦可能是这种模式忽视了这一问题，将其定性为经院哲学的问题。文本无疑是模棱两可的，但我认为，大量的证据显示，马克思对于支持反馈模式的上述两种理由，均持反对态度。在好几处地方他所谈及的问题，与攻克冬宫计划能否奏效这类问题完全无关，他关心的是"现实的、感性的活动"（第一条），是"真正的人的态度"（第一条），以及"感性"（第五条）。如果马克思所关注的是我们与世界

---

① 引文有改动。中文版是"旧唯物主义的立脚点是市民社会，新唯物主义的立脚点则是人类社会或社会的人类"。——编辑注

之间关系的正确模式，那么他在《提纲》中所属意的模式就不是反馈模式，因为他与费尔巴哈同样认为这样的模式是有害的。文本过于精简与晦涩。如果一定要以某种方式解释《提纲》，那么大量的证据均指向同步模式。

3. 劳动

马克思在 1844 年指出，共产主义者生活在他自己所创造的世界中，同时甚至提出了这样的说法：自然和人类通过其自身而存在，并以之作为取代犹太基督教创世说的共产主义版本（ÖpM 545/304；《手稿》，第 91 页）。马克思指出，共产主义条件下的个体"关于他通过自身而**诞生**、关于他的**形成过程**，他有直观的、无可辩驳的证明"（ÖpM 546/305；《手稿》，第 92 页）。一般认为，马克思所谓的这种形成过程所依赖的机制是人的劳动。《提纲》通常被认为包含了类似的主张。当然，同步模式与这种主张是可以相容的。但是，何为"劳动"的确切外延，或者说《提纲》中的"活动"的确切外延呢？

这一部分将探讨这个问题。虽然"劳动"在《提纲》中没有发挥什么作用，但是我仍然会以"劳动"为核心。因为很快就会清楚，相比在界定什么是"劳动"时所遇到的困难，界定"活动"时所遇到的困难更为显著。这些促使我在下一部分中对《提纲》做出相应的解读。

提到劳动，马克思所想到的主要活动，显然是对自然的直接的物质改造：比如伐木、播种和铸钢。这种把脑力活动排除在外的劳动是荒谬的。比如要建造一座新桥，设计师的活动与铆工的活动都很重要。

劳动既可以是脑力活动，**亦**可以是体力活动，只要其有助于对自然做直接的物质改造，比如绘制蓝图**抑或**使用手提钻。不过，马克思在《手稿》中曾谈及"**科学之类的活动**"，其具体语境表明，他不仅认为科学活动无需以直接的实践结果为导向，而且认为这样的活动也是一种劳动形式（ÖpM 538/298；《手稿》，第 83 页）。当然，仅将设计师的活动视为劳动，而不把理论家的活动视为劳动，会让人觉得难以理解。[12]

那么，劳动、脑力活动和体力活动是直接**还是**长远来说有助于对自然的物质改造呢？事实上，这个问题要更为复杂。昨天，数学家 M 的结论未能得到应用，今天，这个结论得到了应用，M 的活动是否应当被重新定义为劳动？昨天，我自娱自乐，将木头片雕刻成了奇形怪状，今天，其中的一片被证明恰好可以塞住堤坝的孔洞，我昨天算是在劳动吗？

不管怎样，如果对自然的改造是关键，那么我们就需要知道何者可以算作这样一种改造。建造金字塔的工作算吗？建造社区保龄球馆的工作算吗？对于改造世界而言，种植卷心菜和树立广告牌之间有区别吗？

如此推求，"劳动"似乎就完全没有界限可言。但是如果不想马克思的主张变得毫无价值，那么就需要一种界限。因为如果建造保龄球馆可以算作改造世界的劳动，那么用保龄球砸下一枚大头针为什么不可以算？梳头为什么不可以算？如此一来人的所有活动都成了劳动。

有一些评论家确实将人的所有活动统统视为劳动，他们认为在马克思那里，我们与世界的所有关联都是以人的劳动为中介的。即便试图使这种看法合理化，显然也需要将"劳动"的范围大大拓展至制造洗碗机和种植马铃薯这类活动之外。这里可以看一下哈贝马斯的解读：

> 只有通过社会劳动的过程，以人的主观本性（nature）为中介，我们身处其中的自然本身才能构成**相对于我们**的**客观**自然。这也是为什么劳动、抑或工作不仅是人的存在［对于马克思而言］的基本范畴，同时亦是认识论的范畴。客观性活动系统创造了使得社会生活之再生产得以可能的现实条件，**同时**亦创造了经验对象之客观性得以可能的先验条件。

这里的看法似乎认为，通过劳动（广义解释），人不仅塑造了自然的一部分，而且塑造了整个自然。劳动被视为一先验范畴，类似于康德的知性范畴。劳动是一种"综合"活动，属于物质的综合而非精神的综合。哈贝马斯指出，"综合不再呈现为思维活动，而是呈现为物质生产活动"[14]。与康德不同，现象世界并非是由一系列的精神范畴或直观形式构建的，而是由人与自然改造性的相互作用构建的。[15] "首要的形式当然是对象性活动范畴，而非知性范畴；使得经验对象成为可能的客观性统一，不是在先验意识中形成的，而是在工具性活动的行为体系中形成的。不过，给定的物质起初既在劳动过程中得到塑造，亦在认知过程中

第7章 《关于费尔巴哈的提纲》

得到塑造。"[16]在这一点上,再度出现了拓展"劳动"的问题,因为搞清"起初在劳动过程中得到塑造"的"物质"是否**业已**得到人的感官和认知器官(且不论人们如何理解这些器官)的塑造,又或者劳动在某种程度上是否真的**充当**了那样一种器官,这是很重要的。劳动是施加于一个业已给定的世界,一个日常的作为物质对象的世界之上,还是如哈贝马斯所言,劳动千真万确地表现为康德意义上的先验范畴?

假定劳动是对一个业已给定的世界的塑造,那么"劳动"所指的就是体力活动和脑力活动,先在的物质对象是其原材料。人选定树木,将其砍倒,制成木材,做成桌子,刻上名字的首字母等。劳动在这里并**不**表现为先验范畴。即便所有的物质对象事实上都是由人的劳动塑造的,经验对象的客观性也与这一事实毫无关联。从前的树木现在变成了桌子,这一点与两种对象的客观性并无关联。

假定劳动以某种方式确实发挥了先验性的功效,即以某种方式对经验对象之客观性发挥了作用。哈贝马斯似乎就持有这样一种看法。[17]问题在于解释劳动怎样才能表现为一种先验的范畴。

哈贝马斯强调,"马克思的名句:'五官的形成是迄今为止的全世界史的业绩。'所表达的就是其字面的意思"[18]。假如我们将世界历史的大部分"劳动"视为现实的劳动,那么哈贝马斯的想法便可表述为:工作过程中与自然的相互作用给人类的感觉能力带来了特殊的发展。至少就世界是由我们的感官加以过滤,而感官是劳动的历史产物来讲,劳动可以说发挥了一种先验作用。

这种说法自有其魅力可言,不过,它也有一些问题。

说特定形式的劳动发展了特定的感觉能力,这一点或许没错。一名渔夫可以一眼就分辨出黄尾鲕和美洲拟鲽。作为劳动的结果,人或许能感知其他人感知不到的事物。但是,除非所有人都做同样的工作,否则这种感觉的发展就是不相干的。因为它并未能引起人**类**(human species)感官的改变。

说北美文化圈成员的感觉倾向于表现出一些共同的特征,这一点或许没错。此一事实(如果其是)无疑是北美文化圈成员那种共同生活之作用的结果。不过,个中关键的原因,相比我们与世界之间的更为本质性的、劳动性的相互作用,电视和广告的作用似乎亦十分重要。在北美文化圈中,个体感官的形成,得益于消费和娱乐活动之处,可能与得益于改造世界的活动之处不相上下。

哈贝马斯还揭示了另一个更为一般性的问题:"马克思一方面认为,客观性活动是一种先验的结果;其在对世界的下述构建中可以找到对应物,即实在似乎受制于使得经验对象成为可能的客观性条件。另一方面,马克思认为这种先验的结果根源于现实的劳动过程。"[19] 问题在于如何理解"这种先验的结果"能够"根源于现实的劳动过程"。因为将劳动过程称为"现实的",即肯定其客观性,所以这种客观性本身要么是"先验的结果",要么不是一种"先验的结果"。如果其不是,那么为什么会需要这样的结果(因为显然一种非先验结果的客观性是可能的)?如果现实的劳动过程是一种先验的结果,那么**其**根源是什么?对此的解释如果是马克思式的,可想而知,其本身亦只能根源于"现实的劳动过程"。但是对于劳动过程而言亦可以提出同样的问题,并且可以以此类推,一直追问下去。这里的问题源于,当你宣称能力 C 的作用是先验的,你的全部论据仅在于 C 是某种具体有形的事实。那么至少可以说,C 的定位是有问题的。[20]

其他一些评论家对马克思的解读,与哈贝马斯大体类似。卡尔维斯指出,对于马克思而言,"实在的基础在于人与自然之间原初的辩证关联",同时他还指出,对于马克思而言,"缺乏人的自然是无意义的,这样的自然没有运动,只是混沌、无差别的无关紧要的物质,因而是根本上的无"[21]。阿维内里认为,马克思的"观念是黑格尔下述观念的世俗版本,所谓现实实在性并非外在的客观事实,而是人能动塑造的结果"[22]。另外,根据施密特的说法,马克思"将人的实践整体带入了认识过程,作为其构成性环节",马克思认为"物质实在从一开始就是以社会为中介的"[23]。所有这些解读的共通之处在于声称马克思认为人和世界之间存在某种基本的相互作用,这种相互作用是如此基本,以至于马克思断言,如果缺少这种相互作用,"物质实在"便是无法理解的——无法赋予其确定的内容。

因为篇幅所限,对这种"唯心主义"解读的各种变体,我无法加以详尽的考察,无法揭示每一种解读是怎样忠实于或是偏离了马克思的实际说法(其中大部分主张依赖于《手稿》中的一些章节,我对这些章节所做的解读与其他的截然不同)。同样因为篇幅所限,我亦不能依据不同的哲学基础,对每一种解读加以评价。[24] 不过,从哲学上讲,每一种

第 7 章 《关于费尔巴哈的提纲》

这样的解读,均会面临一个关键性的难题,即其必须以下述方式来规定其所讨论的互动:

(1) 这种解读不能仅仅等同于这样的主张,人拥有认知器官和感觉器官,他们在其日常的所有活动中使用这种器官,纵观整个人类历史,人只有在这种活动进程中,以这种器官为中介,才能与世界相关联。如果认为这是相互作用的含义,这种主张便是肤浅的。

(2) 尝试赋予相互作用更为确定的内容,必须保证这种内容与马克思自身概念的关联性。不能把"劳动"和"活动"的范围无限地加以拓展,以至于把诸如看和听这样的活动都视为劳动。否则,马克思式的元素就会消失。

我严重怀疑有哪一种解读,能够在满足上述两种要求的同时,对经验对象之客观性做出合理说明,因为劳动通常并未被视为人生活于其中的一种活动。人**可以**从劳动过程中抽身而出,对人的劳动活动与物质世界之间的相互作用详加审视,但是如此一来,劳动——至少忠实于马克思从狭义上理解的劳动——便无法充当其他所有方面,包括人的抽身而出,根植于其中的先验活动。

考虑到这种唯心主义解读所面临的哲学困境,我认为我们现在有足够的理由另行探寻一种解读。

4. 实践的唯心主义解读

唯心主义解读面临着严峻的难题,不过,这种解读似乎又抓住了《提纲》中的某种核心精神。在这一部分,我打算给出唯心主义解读的一种修正版,我称之为**"实践的唯心主义解读"**(practical-idealist reading)。其核心观念在于:马克思在《提纲》中所关注的并非关于世界的理论,而是促使我们改变自身在世界中的立场(我称之为取向)的理论。[25]我的解读旨在在保留唯心主义解读的底层冲动的基础上,回避产生上述问题的那种特定论述,从而避开唯心主义解读的难题。

在我看来,对《提纲》的诸多唯心主义解读的共通之处在于:人与世界之间的基本关系是一种人持续沉浸于世界之中,持续(集体性地)改造世界的关系。而这样一种看法——认为与世界的关系 R 是基本性

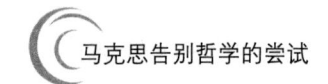

的——与认为只有从特定的立场出发，抑或只有**通过**特定的取向，亦即基本取向 R，才能正确地理解人与世界（或他人）之间的关系这样的看法不同。[26] **后一种**看法说的是，如果 R 是人与世界（或他人）之间的基本关系，那么为了恰当地将 R 把握**为**人与世界（或他人）之间的基本关系，采取取向 R——拥有恰当的基本取向——就既是充分的条件，更是必要的条件。为了恰当地理解人与世界（或他人）之间的基本关系，人的取向与人的关系必须是一致的。

如果将之理解为对所有可能的 R 的看法，那么这种看法几乎必然是错的。不过，某个具体的著作家却可以声称，根据**他**所虔信的人与世界之间基本关系的正确观念，采取恰当的立场对于真正理解这种关系而言既是必要的又是充分的。这里的看法并非针对所有可能的 R，而仅仅针对那个著作家所声称的特定的 R，这一特定的 R 确实描述出了人与世界（或他人）之间的基本关系。这种看法可称为**"特许立场观念"**（the privileged standpoint thesis）。依据这样的理解，我认为马克思在《提纲》中所持的正是特许立场观念。

在我的唯心主义解读版本中，马克思所维护的并非形而上学的真理，而是在日常生活中持守特定的实践立场的必要性。只有在下述面对世界的方式中，即不允许将劳动和活动视为世界之构成性部分，抑或无论如何也不将这种理论主张视为通达真理之路，劳动和活动才能够被理解为世界之构成性部分。关于劳动或活动之先验地位的理论主张，是主张人从世界抽身出来，静观其是如何构成的，这等于采取了马克思认为是错误的世界取向，而根据特许立场观念，采取错误取向无法正确理解人与世界的关系。

实践唯心主义解读包含下述主张：

（1）人与世界之间存在一种基本关系。

（2a）人与世界的基本关系是指，人在世界之中持续进行活动，持续沉浸于世界之中。

（2b）具体而言，人与世界的基本关系是指，为了提供可以用来实现其个人规划的物品，人通过劳动，持续集体性地改造世界。

（2c）人与他人的基本关系是指，人是人类（human species）群体的成员，人类是指其成员通过劳动，持续集体性地改造世界的一个群体。

第 7 章 《关于费尔巴哈的提纲》

（3）对人来讲，存在一种从根本上面对世界和他人的恰当方式——使人与（2a）、（2b）和（2c）中的描述相一致的方式。[27]

（4）只有持有恰当的基本取向的主体，才能看出（并且将会看出）（2a）、（2b）和（2c）是真的。（这重申了特许立场观念。）

我将（2a）从（2b）和（2c）中分离出来，因为《提纲》所谈的是"活动"而非"劳动"。1844 年的马克思提到了（1）、（3）、（4）以及（2）中的所有小项。我认为《提纲》中的马克思至少提到了（1）、（3）、（4）以及（2a）。鉴于《提纲》的确关注人改造世界的活动，那么或许《提纲》中的马克思同样提到了（2b）和（2c）。如果真是这样，那么《提纲》中的观念与 1844 年便是一致的。

对此加以质疑的理由是，马克思 1844 年的观念中，包含人拥有特定本性的看法，而在著名的《提纲》第六条中，马克思对此曾做过嘲讽。人的本性的问题留待第 6 节处理。这里我仅想指出一些有助于将（2b）和（2c）归给《提纲》的考虑。前文我们曾将第十条解读为支持同步模式的证据，这里我尝试将第十条解读为把（2b）和（2c）归给马克思的证据。

第十条指出，"旧唯物主义的立场是市民社会，新唯物主义的立场则是人类社会或社会的人类"①。关于不同"立场"的观念，可以直接理解为以不同的方式看待世界，从而提供**解释**世界的不同观念。[28] 不过，《提纲》中有几条却坚称：我们与世界的关系是实践的而非理论的。前文业已指出，"反馈模式"对人与世界实践关系的描述，与《提纲》的主体内容是不相容的。实践的唯心主义解读提供了一种不同的描述。依据对第十条的实践唯心主义解读，社会的人类的立场，是将自身从根本上视为某一大的群体——人类［参见（2c）］——之一员的人的立场。与人类的这样一种认同，是将这种立场称为**社会的**人类的立场，抑或**人的**立场而非市民社会的立场的理由。从这种立场出发，人与世界的关系不再表现为消极孤立的个体与世界之间的关系，相反，个体与世界之间的关系，是在对于人与世界的关系至关重要的（集体性）活动中，在改造物质世界的活动中发生的。［参见（2b）］在这种意义上，社会的人类的立场，等同于新**唯物主义**的立场。在我看来，将（2b）和（2c）归给

---

① 引文有改动。中文版是"旧唯物主义的立脚点是市民社会，新唯物主义的立脚点则是人类社会或社会的人类"。——编辑注

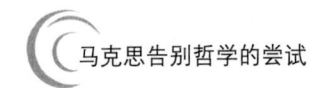

马克思,是阐明第十条的最佳方法。

总之,我认为实践唯心主义解释——从(1)到(4)——最能阐明《提纲》的意图,其最能阐明这样的环节,即马克思似乎不仅强调我们信念和行为的转变,而且强调我们生活立场的转变。

在继续下一步之前,我想指出下述几点:

(1)"特许立场观念"是我之前称为"自我证明视角"的派生概念。我使用"自我证明视角",所关注的是这种视角构成了认识特定事物(比如奇迹是不存在的)的充分条件。我从费尔巴哈那里援引了这一说法,在他的用法中,这一视角是否同样构成了必要条件,这一点是不明朗的。在特许立场观念看来,某种特定的视角,抑或如我在本章中所称的特定立场或特定取向,构成了认识特定事物——比如我们与世界之间的基本关系——的充分**且**必要条件。

(2)没人会否认人在日常生活中,一向处于与世界的相互作用之中,并且同样没人会否认,大多数人所不得不从事的主要活动是与自然的斗争。但哲学家或许会指出,笛卡儿从其对人与社会世界和物质世界所有关联中所做的精神抽象(笛卡儿所相信的),可以证明这样一种关联并非人类生活的一种必要特征。不仅如此,这样一位哲学家还可能会说,改造自然对于人类生活的重要性表现在数量层面。他或许会承认,大部分人在大部分时间里,从事或者至少曾经从事这样一种活动,但他会说,这样的活动越多,人便越可怜。因为这使人无法看清其与世界之间的基本关系,这种基本关系与马克思所声称的完全不同。这位哲学家或许会指出,人可以在精神上将自身从世界中抽象出来,并且他或许会声称,这样做可以使人认识到人的本性之实质,人因而会明白,人与世界的基本关系是认知主体与认知对象的关系。

对此,我认为马克思会做如下反驳——(a)将这位哲学家的抽象立场视为认识人的本性之实质的立场,是对反常和扭曲的立场的合理化,并且(b)依据这样一种反常立场的主张是不切题的。(b)只是(a)与特许立场观念的共同推论,而(a)才是关键。因而问题变成了对于马克思而言,什么可以担保下述主张,即"社会的人类"立场(与新唯物主义立场一致)和"实践批判活动"揭示了我们的真实状态(其是**正确的**立场),而笛卡儿所构想的立场却没能揭示我们的真实状态?就此而言,又有什么可以担保这样的主张,即市民社会的立场(与旧唯

第 7 章 《关于费尔巴哈的提纲》

物主义的立场相一致）是错误的？

唯一能够做此担保的只有社会的人类立场本身。这是马克思能够提供的唯一的证明，因为任何形式的其他证明，都会要求人从人与世界的关系中抽身而出，都会假定人与世界之间的关系之真相可由分离的立场获得，即从马克思所谓的人与世界的关系不相一致的取向中获得。而这将违背特许立场观念。

（3）在本章中起作用的是三种立场：哲学家立场、市民社会立场（旧唯物主义立场）以及社会的人类立场（新唯物主义立场）。第一种立场的特征在于人与世界相分离——在于人从世界中抽身而出，并赋予抽象思维优先性。第二种立场的特征同样在于人从世界中抽身而出，人与世界的分离，但是这并不是哲学家立场意义上的分离或抽象，而是实践性反馈模式意义上的实践立场：世界首先赋予主体的印象，主体继而作用于世界，影响世界。[29]最后，社会的人类立场完全关联于世界。人是且曾经是世界的一部分，而不只是世界的操控者，并且这种立场根本不是抽象的。

在之前的章节中，我曾讨论过费尔巴哈和 1844 年的马克思对哲学家立场所做的批判。在《提纲》中，马克思批判的目标是旧唯物主义的立场，即市民社会的立场。对哲学家立场的反驳虽然间接地隐含在其间，但却并非马克思的主要关注点。为了对《提纲》进行实践唯心主义解读，我将马克思对哲学家立场的反驳做了简明化处理，这种解读的核心在于排除下述需要，即需要对社会的人类立场（新唯物主义的立场）进行辩护，以应对哲学的挑战，从而排除为了应对这种挑战而采取哲学家立场的必要性。

（4）理论唯心主义解读和实践唯心主义解读都是同步模式的解读。两者均未曾为不与人相互作用的世界描述留有地盘。实践唯心主义解读的核心，在于避免让这一事实成为哲学挑战的焦点。依据实践唯心主义解读，马克思的观点是一种"丐题论证"（虽然马克思会说，只有采取错误的立场，才会提出**这种**指控）。这种解读一方面允许他信奉一些有争议的信念（[1]—[4]），另一方面却无需他为这些信念提供任何真正的辩护。作为哲学问题，唯心主义解读提出的观点无法经受批判性的审查。但是这种解读似乎确实抓住了《提纲》的核心冲动。因此，实践唯心主义解读通过回避挑战据以产生的立场（如费尔巴哈和 1844 年的马克思那样），试图不去回应而是回避针对早先唯心主义解读的挑战。（当然在**呈现**这种解读时，如果涉及对人与世界关系的太过抽象的理论论述，那么其所采取的便是马克思希望阻止的立场。）

（5）《提纲》的模糊性，主要在于其将人怎样可以成为"实践的"的不同层级合并为一，或者说在于将同一层级的两个层面合并为一。首先，人可以（a）这样面对世界，即将之作为人类持续改造的场所，抑或（b）有意识地以某种特定的方式改造世界（比如修筑四十七号公路）。共产主义者既会像（a）那样面对世界，又会像（b）那样改造世界，但这两者并不相同。

其次，人可以像（a）这样面对世界，即将之作为人类持续改造的场所，抑或（c）有意识地改造世界，以期它能**变成**这样的场所——个体在其中**可以**这样面对世界，即将之作为人类持续改造的场所。资本主义条件下的共产主义革命者会从事后者，生活于共产主义社会中的人会从事前者。

因而会有三种实践性方式在发挥作用：第一种是对世界的取向，第二种是在某种环境中对世界的改造（修筑四十七号公路），第三种是对环境的改造（将社会从资本主义改造为共产主义）。与第一种实践形成对照，后两种实践都是相当具体的改造世界的方式，但是这两种实践所改造的是世界的不同部分。

（6）马克思关于恰当的世界取向的观念，与同时代的克尔凯郭尔的观念之间，可以构成有益的对照。确切来讲，真正的对照是在马克思与两个约翰尼斯——《哲学片断》（*Philosophical Fragments*）和《非科学的结语》（*Concluding Unscientific Postscript*）的匿名作者约翰尼斯·克利马科斯（Johannes Climacus），以及《恐惧与战栗》（*Fear and Trembling*）的匿名作者约翰尼斯·德·希兰提奥（Johannes *de silentio*）——之间展开的。[30] 与写作《提纲》的马克思一样，两位约翰尼斯都强调其关注点是实践的。在某种程度上，两位均借此表明其关注点在于取向的模式。

约翰尼斯·克利马科斯给出的主张大体如下：基督教"与人格冷漠的个体对于条分缕析基督教真理的体系化热情毫无关联，它所处理的是无限关切的个体对于自身与这种教义之间关系的关注"[31]。"以下是……真理的定义：在对最富激情的内在性的占有过程（appropriation-

第 7 章 《关于费尔巴哈的提纲》

process）中所牢牢把握的客观非确定性，即真理，亦即生存着的个体可以获得的最高真理……但是上述真理的定义，同样是对信仰的表述。"[32] 诸如此类的一些段落显示，约翰尼斯与马克思的相似之处在于，我们与世界的关系，并非认知主体提出一套关于对象的主张，并要求我们的基本取向取法这些主张。约翰尼斯·克利马科斯指出，"当信仰者生存于其信仰之中，其生存获得了丰富的内容，不过这并非指段落材料（paragraph-material）意义上的内容"[33]。对世界的恰当取向之内容，亦不能被化约为某种行动的表现，即便是像圣亚伯拉罕（Abraham）做出的那样卓著的行动，也不例外。约翰尼斯·德·希兰提奥对信仰的骑士进行了长篇大论，就外在而言，信仰的骑士与普通的布尔乔亚之间并无不同。事实上他看起来倒像是一名收税员。然而，他确**是**一名信仰的骑士。与确实做出了非凡之事的亚伯拉罕不同，信仰的骑士看上去和普通人一样，但实际上他并不普通。他对上帝、世界以及自身的取向，绝无半点普通之处。[34] 与之类似，不管劳动者在资本主义社会中和共产主义社会中的认识有何不同，其中最本质的不同都将在于他们怎样面对世界。此外，与布尔乔亚式信仰的骑士一样，共产主义者与你我完全不同，即便他们的生活看上去和普通人一样。

当然，马克思与约翰尼斯之间也存在一些基本的差异。

首先，同时也是最为显著的差异在于，从认识论上讲，对于马克思而言，最为恰当的立场是社会的人类立场，而对于约翰尼斯而言，则为个体的立场。约翰尼斯·德·希兰提奥强调说，信仰的骑士无法让任何人理解自身。这并不是说他的主张在别人听来像是胡言乱语，而是说他的主张在别人听来是非常不合理的，并且他无法提供任何证据或证明，使他人可以有理由加以信服。资本主义条件下主张劳动是人的自我实现活动的人，其处境有类似之处。不过，对于马克思而言，这种处境并非内在于事物的本质之中。在共产主义社会中，我们的（人的）本性将会反映在彼此的产品之中，并且这种反映是可见的，在这层意义上，对我们与世界的基本关系之内容的认识，将是社会性的。

其次，对于约翰尼斯而言，为使基督教信仰成为可能，并不需要去改变世界。与之不同，根本的社会变革却**是**马克思式共产主义者得以存在的前提：只有在特定的社会条件之下，他们才能对世界做出恰当的取向。

最后，两位约翰尼斯反复强调信仰的困难之处，且有时将之描述为永远不可完成的任务。[35]虽然同样有对神恩的描述（信仰的跳跃是一位毫无游移、不费吹灰之力便可安全着陆的舞者之跳跃）[36]，但是这样的神恩实质上却是个人专注的结果。与之不同，马克思认为共产主义社会中的个体轻而易举便可生活于他的取向之中。他们异常贴合。马克思所追求的是我们的"本性之"取向；约翰尼斯所追求的却不是。共产主义社会一经实现，主体将不再具有目标导向的取向。虽然他们有其各种各样的个体目标，但是一般而言，他们并不把世界视为实现某种目标的场所而加以关联。与之不同，约翰尼斯的基督徒却正是如此。这样的人希望成为特定类型的存在，希望成为信仰的骑士。如果成为信仰的骑士是可能的，并且大体可以无意识地保持这一身份，那么**此**一处境——成为一名永久的信仰的骑士的处境——与马克思式的共产主义者的处境就会是类似的。但是，基督教信仰的本性在于（如同约翰尼斯所看到的那样），人无法无意识地保持一名基督徒的身份。[37]约翰尼斯所偏好的取向，必然包含一种持续的努力。与之不同，马克思所偏好的取向则无此必要。

5. 第一步的难题

马克思所支持的是一种改变了的人性立场。这种立场涉及一种改变了的世界取向。这种立场显然是源自马克思的下述论述，即只有当世界业已被改变（资本主义业已被颠覆），当人业已变成新人，个体才能拥有新的取向。但是第三条却指控说，"关于环境和教育起改变作用的唯物主义学说忘记了：环境是由人来改变的，而教育者本人一定是受教育的。因此，这种学说必然会把社会分成两部分，其中一部分凌驾于社会之上"（TF 5-6/4；《提纲》，第 500 页）。马克思本人似乎也容易受到这种指控，因为他一方面说需要一种新的立场（社会的人类立场），另一方面又说这种立场只有在共产主义条件下才能产生，我们眼前现实的立场，即市民社会立场，与新立场是相互冲突的。马克思之所以能够提出这种主张，似乎表明他正以某种方式高居于现存社会之上。但是人如何能够在**当下**采取社会的人类立场，并且明白其实际上是正确的立场？

第 7 章 《关于费尔巴哈的提纲》

这是第 6 章结尾所提的问题。[38] 与马克思 1844 年的著作一样，改变了的立场在这里同样并不容易获得。

马克思在《手稿》中曾指出，起初劳动者是出于策略性的理由而联合起来，但是他们因而发展出对于相互的需要。他们的交往进而变成了目的而非手段。对于这样的个体，兄弟情谊不仅仅是虚辞，如今"社会、联合以及仍然以社会为目的的叙谈，对他们来说是充分的"①（ÖpM 554/313；《手稿》，第 129 页）。

我们可以为马克思找上大把的说辞。诸如个体经常会被群体能动性所改变，人的其他活动越是没有意义，人越是可能在群体参与中发现意义并获得满足。假设资本主义条件下的劳动者所能从事的有意义的活动屈指可数，那么他们很快会将劳动者的组织视为目的和手段，就会是顺理成章的想法。

不过，鉴于马克思曾提及革命活动的"意义"，还曾把"环境和人的活动的改变或自我……理解为**革命的实践**"的必要性，我认为《提纲》尤其赋予了革命组织的活动更为丰富的意义。第三条强调革命实践的认识论作用，第十条强调"人类社会或社会的人类"立场的认识论作用。这里的看法似乎在于，革命活动与"人类社会"即共产主义中的活动有**相似**之处。对于写作《提纲》的马克思而言，共产主义革命组织中的生活结构，预演了共产主义社会中的生活结构。在我看来，马克思将真正的共产主义社会的实践活动，与革命组织的实践活动等量齐观。[39]"人类社会"的立场，是自由地、有意识地、集体性地对世界加以规整的立场——一种能动地改造"环境"的活动，一种从事改造环境的个体作为环境的一部分同时改造自身的活动。这种描述，同时亦是对革命活动的描述。[40]

革命组织相比共产主义社会，要小得多。革命的目标所针对的是社会世界，而非自然世界：革命试图改变社会环境，而非在社会环境之中做出改变。不仅如此，如果想要模拟一种按照自由的有意识的集体决定切实经过改造的社会结构，革命行动还需要取得相当程度的成功。这种要求引发了这样的问题，即多大的成功才足以促成所需的意识改变（以及需要何种形式的政党组织的问题）。[41] 马克思要求两者之间有充分的

---

① 引文有改动。中文版是"交往、联合以及仍然以交往为目的的叙谈，对他们来说是充分的"。——编辑注

结构性相似，以便从事现行革命活动的个体，可以转向不仅将此一组织和其活动视为目的，而且将其自身与世界之间的基本关系**视为**"[集体性]实践批判"活动。至于是否真的存在足够的相似性，可能只有那些从事革命活动的人才有发言权。

我们不应当将革命党中的主体对世界的取向，等同于反馈模式。革命者试图有意识地改造世界，但这并不意味着他们的基本取向仅仅是操控者的取向（**那**将是市民社会的取向），这正如共产主义的劳动者为了决定怎样更好地冲洗四十七号公路，无需将操控作为其基本取向一样。共产主义社会的个体可以同时从事两种不同的实践活动（参见前述第4节）。我认为革命组织中的个体同样可以如此。对于我们而言，重要的不在于这种活动的目标，而在于主体面对这种活动（发动革命的活动）的方式。不过，如前所述，取向活动方式所希求的形式，需要在目标达成方面有相当程度的成功。当然，革命者自身主要关注的是发动革命。意识的改变只是革命活动的副产品。

所谓千禧年前的活动可以预演千禧年的生活，这一观念古已有之。对于康德而言，在现世中出于道德而行动，与好比自身作为目的王国中的立法者而行动，两者之间并无二致。作为道德存在，人就是目的王国要实现的人。实际上，道德行为——部分地且短暂地——具现了目的王国。对于马克思而言，人是一种特定类型的存在；在共产主义社会中，人将实现其作为此种类型存在的本性，并且将会认识到自身的本性。根据我所做出的解释，革命活动是对共产主义社会的绝佳摹写，其既可以实现人的本性，亦可以获得对这种本性的认识。[42]

据此，劳动者受需要——利己主义动机，资本主义所促发的动机——的驱使而组织起来；组织（假设其是非常成功的共产主义者组织）改变了劳动者；这种改变是自我证明式的。需要促使劳动者迈出了关键的第一步。意识的改变随之而来。

本章所关注的焦点在于人与世界的关系以及人对世界的取向，而非人的自我实现活动。不过，我们姑且假定这样的意识转变不仅催生了一种恰当的世界取向，而且将会揭示出人的自我实现活动的内容（一如马克思所构想的那样）。[43]前一章所遗留的难题将因而得到解决。

也许不会。布坎南（Allen Buchanan）的著作，引发了关于个体劳动者组织起来进行反抗是否理性的持续讨论。一场成功的共产主义革命

第 7 章 《关于费尔巴哈的提纲》

是一项公益事业,其益处将会惠及每一个人,包括我们所讨论的每一位劳动者。不过,鉴于革命组织涉及相当大的牺牲和风险,其物质收益遥遥无期且不能确定,所以纯粹自利的理性将会倾向于搭便车。我不去发动革命,革命若能成功,我再行加入。但如果所有的劳动者都这样打算,就根本不会有革命。[44]并且也不会有劳动者迈出革命活动的第一步,来促成自身意识的改变,从而克服第 6 章所遗留的难题。

一些研究者曾经这样回应布坎南,参加革命活动可以获得非利己性的精神收益(与他人之间的团结感)。[45]这似乎是前文所引马克思《手稿》部分章节的观点。这样的收益至少有可能使得革命活动的风险和牺牲值得去承受。

但是这并未解决问题,因为市民社会所塑造的个体,要成为能够明白团结感之为收益的**个体**,首先需要经受革命活动的洗礼。明白团结感之为收益的人,不会计算潜在的风险和收益,他会理解自身真正的本性和利益所在,并且会和其他劳动者一道投身于行动。可惜,在决定是否要迈出革命活动的第一步时,根据假设,劳动者会以一种狭隘的自利方式进行计算,并且对其自身的本性和利益一无所知——因为其动机和信念是由市民社会所塑造的。只有在参加了革命活动之后,其信念和认同才会改变。所以,这样的无产者最初似乎仍没有理由——根据其当前的视角,即市民社会的立场——迈出革命活动的第一步。[46]

对于任何一位想成为革命者的资产者而言,亦有类似的难题。除非如《共产党宣言》所说的那样,在"阶级斗争接近决战的时刻"才有可能,狭义理解的自利无法促使资产者加入"革命的阶级,即掌握着未来的阶级"(MK 471/494;《宣言》,第 37 页)。因为在那一决定性时刻之前,根据假设,资产者的物质状况都是相当优越的。他同样有可能被革命组织推动的进程所改变(并且将会明白其作为人的深层利益所在),但是什么能使其有理由迈出第一步呢?

为了回应这些担忧,马克思也许会说:

(1)所幸的是,劳动者并不总是表现为搭便车者,这或者是因为他们不屑于这样做,或者是因为他们不知道可以这样做。

(2)劳动者并没有完全局限于其当前的自我概念之中,以至于无法从组织活动中看到任何内在价值。他们从最初相对安全的革命活动阶段中看到了足够多的价值,从而克服了最初的障碍。并且随着时间的推移,这种活动将会改变他们,使其得以从中看到更多的内在价值。[47]

(3) 无需为资产阶级参加革命活动提供理由。

回应(1)和(2)在经验上也许是对的,没有什么问题(虽然人们希望无产者参加革命活动,所反映的不仅仅是对理性选择的无知)。但是如果劳动者持有足够的非利己动机,足以克服相当多的障碍以及潜在的危险,那么马克思1844年所谓资本主义对劳动者信念和动机之影响的主张,恐怕就必须加以限定。尤其重要的是,劳动者相互之间必须被假定为没有发生异化。我们需要记住的是,这里的问题在于迈出第一步。这并不是一个关于革命组织或其他类型的劳动者组织如何可以轻而易举地改变人的问题,而是关于在此之前劳动者应有怎样的状态,才能迈出加入组织之第一步的问题。如果他们能够认识到并且能够在非利己动机的激发下做出此一举动,那么异化必定不是深层次的。这在我看来是一个相当大的限定,我想马克思不会接受,并且这种限定也很难与其1844年的另外一些描述相调和。但是,如果异化确实是深层次的,那么劳动者就永远不会(如果他们是理性的)迈出必要的第一步。

至于资产者,我们可以将其想象为一位心地善良、思想开明之人,希望理解关于世界的真理,帮助生活困顿之人。马克思的读者之中想必就有不少人与此描述相一致。这样一个人或许能够明白,参加革命活动的个体,可以将自身视为一个更大整体的一部分,视为兄弟会的一份子等。这样一位旁观者可以明白,这些参与者将其自身的活动,视为对世界和自身的同步改造。但是这位旁观者无法确定,这种活动是否正如参与者所相信的那样。从他的视角来讲,"环境的改造和……人的活动或自我改造"相一致这一无可辩驳的事实,并无说服力可言,并未揭示出任何本质性的事物。从他的视角来讲,参与者有关其确实揭示了某种本质性事物的信念,可能只是个人怪癖的表现,甚至抑或是心理紊乱的表现。

当然,马克思没有**必要**为这样一名旁观者提供理由,以使其相信革命活动有其"意义"。只要旁观者走出象牙塔,参与进来,就会明白其中的意义。但什么是促使其这样做的动机呢?是对被压迫者的道德义务?还是关于其自身利益的更为开明的观念?马克思未曾提到前者(《形态》对此持不屑态度),而为什么后者将会引导其承担参加革命活动的风险和损失,正是难题所在。

对这里的问题，我想再做一澄清。与前一章一样，这里的问题不在于革命动机本身。动机的相关性仅仅是因为根据假设，参与革命活动能够改变主体，让主体认识到马克思关于人的本性的说法是对的。根据假设，这样的参与可以为每一个主体，提供那些马克思可以接受的、与马克思的另外一些观念相一贯的主张的证明。最初，理论家们引入集体行动的问题，是为了提出个体的理性行为能否引发革命的问题。而我引入集体行动的问题，所针对的是一个较小的目标，亦即为了提出下述问题：此种行为能否将主体导向这样一种立场——在此一立场看来，依据马克思的前提，马克思关于人的本性的主张可以被认为是对的？

马克思本人没有发现所谓的集体行动难题。我认为他没有看到迈出第一步的难题，所以我认为他的看法在于，对于个体劳动者来讲，组织起来**将是**理性的。改变及其认知结果将会随之而来：前一章的困境将得到解决（作为更为重要的、成功的革命行动的一个副产品）。集体行动难题并没有为马克思带来内在的连贯性难题。它只是一个外在的挑战。不过，即便其是外在的，但毕竟有这么一个挑战，因而仍然存在一个难题：马克思怎样能够说服未改变的人去相信他关于人的本性的主张是对的，或者至少说服他们迈出依据他的前提将会明白其主张是正确的第一步。《形态》的一大有趣之处，在于马克思会尝试提供一种不需要采取任何特殊立场——或者迈出朝向采取任何特殊立场的第一步——的方式，来证成自身的主张。

6. 第六条

马克思在第六条中指出："费尔巴哈把宗教的本质 [*das religiöse Wesen*] 归结于人的本质 [*das menschliche Wesen*]。但是，人的本质不是单个人所固有的抽象物，在其现实性上，它是一切社会关系的总和。"（TF 6/4；《提纲》，第 501 页）这一条经常被认为是说，在马克思那里，不存在所谓人的本质（human essence），或者我常用的表述，人的本性（human nature）。[48] 在任一特定时期，人的本质都是由"社会关系的总和"决定的。马克思被认为赞成一种社会决定论，根据这种理论，脱离其社会环境，除了生物性特征外，关于人的本质很难说出什么实质性的内容。有关人的实质性论断，只能是特定社会环境的产物。[49]

这种理解，与我对《提纲》的解读是矛盾的。我认为《提纲》所说的是，人与世界之间存在一种特定的基本关系。我进而认为写作《提纲》的马克思坚信，**存在**一种为人所独有的东西，即人的本性。因而，我需要解释，为什么将第六条解读为社会决定论是错误的。

首先，在社会决定论看来，人是社会环境的被动产物，而这正是马克思批判"旧"唯物主义的地方（参见第一条）。仅此一条，在我看来，就已经构成了驳斥《提纲》中的马克思支持社会决定论的充分理由了。

其次，第六条所批评的是理解人的本性的一种特殊方式——将之理解为"单个人所固有的抽象物"。我认为马克思的具体不满在于，费尔巴哈将人的本性解读为某种不同于社会环境和历史环境的东西，某种抽离于环境且不受环境影响的东西。依据这种观念，"许多个体"就只能**"自然地"**（第六条，TF 6/4；《提纲》，第 501 页）联系起来，这里的自然意指个体是作为某种自然给定事物的体现，因一种共同的自然特性，而被划归在一起，这就好比许多犀牛因为鼻子上有角而被划归在一起一样。就其一般而言，即便在部分程度上，单个个体的本性亦不是自身与他人以及社会之间积极关系的结果（马克思因而会说费尔巴哈所处理的只是"孤立的"个体），而是先于这种关系，完全被事先给定的。马克思所反对的正是这一点。

暂且不论马克思对费尔巴哈的描述是否准确，我们需要澄清，这能否证明马克思对人的本性的观念持有敌意。

人的本性在其现实性上体现为社会关系的总和这一主张，可以做如下两种解读：

(1) 人的本性是由社会关系造成的。

(2) 人的本性是人通过其社会关系不断加以创造的产物。

问题在于，"社会关系"是否是人无法控制的关系，是人只能承受其害的事物，还是说其虽然是人一直沉浸于其中，但同时亦是人一直创造的关系（"环境的改变和人的……自我改变的一致"［第三条，TF 6/4；《提纲》，第 500 页］）。

我认为马克思的主张在于，迄今为止，人的本性都是外部强加于我们的。这是因为，迄今为止，社会关系都是外部强加于我们的。市民社

第 7 章 《关于费尔巴哈的提纲》

会中的孤立个体,大体来说是社会关系的被动产物,对于这些关系个体完全无法控制。但是,这些社会关系仍然是**社会的**关系,即人与人之间的关系。新唯物主义与旧唯物主义的不同之处在于,前者不仅认为人不断受到环境的改造,**而且**认为人不断改造着环境,并且迄今为止,人在这样做的过程中,未曾理解这种改造过程是人作为群体性存在可以加以控制的。解读(1)所描述的是过去。解读(2)所描述的是过去所暗含的,而将来可以明确的内容。

这也是为什么第六条说人的本性虽然有其"现实性",却都是一种应当受到批判的现实性。这里并没有否认本质(Wesen)一词,但是人在特定时代的本质——就其全部的甚至于相对具体的特征来说,比如信仰、欲望、心理倾向以及风俗习惯等——并非某种不变的、外在于人的控制的事物。人在特定时代的本质是可以加以批判并改变的,因为其是那个时代的社会关系的体现,而这些社会关系在原则上是受人控制的。[50]

可以回忆一下鲍威尔在"类和群众"(Gat 216/200)中对费尔巴哈的批判。他批判费尔巴哈持有一种确定的人的本性的观念。鲍威尔的不满在于,任何一种确定的本性,都是对人不断再造自身的能力的一种限制(一并参见 CLF 120)。依照鲍威尔的术语,新唯物主义将人构想为不断(集体性地)再造世界、再造自身的能动主体("唯心主义却把**能动的**方面……发展了"[第一条,TF 5/3;《提纲》,第 499 页]),不过,与鲍威尔的观点不同,新唯物主义的创造活动是以具体的物质的方式进行的。

我认为《提纲》中的马克思**坚称**,在存在对我们是何种存在者的正确描述的意义上,人是有其本性的。这种描述指出,我们是(集体性的)自我塑造的存在者。我们一向是已经沉浸于世界之中,投身于不断改造世界的(集体)进程之中,并且这包括对作为世界之一部分的我们自身的改造(因而我们与世界之间的基本关系就是**作为**这样的存在)。[51]马克思认为,迄今为止,我们尚未意识到我们本性的内容。不过,他认为这已经是我们本性的内容。此外,这是我们本性的内容,这一点本身并非社会关系的结果。

这是对人的本性所做的外在一般性描述,除此之外,其尚有许多部分有待不同时代加以不同的填充。正是由于是一般性的,它留出了随时代而变化的空间。更为重要的是,这种描述强调,不断地改变自身正是人类的本性所在。类的不断变化,并不只依赖于由这种描述的一般性所敞开的可能性。不断变化正是类的本性所在。[52]

人的固有本性,其特点在于包含一系列固有属性 a、b、c,诸如这样的观念,这里未能加以讨论。关于人的本性的这样一种观念,是鲍威尔所反对的,我认为其同样也是马克思所反对的。

注 释

[1] 参见 Jürgen Habermas, *Knowledge and Human Interests*, trans. Jeremy J. Shapiro (Boston: Beacon Press, 1971), and *The Philosophical Discourse of Modernity* (Cambridge, Mass.: MIT Press, 1992), trans. Frederick Lawrence, lecture 3; Leszek Kolakowski, *Toward a Marxist Humanism: Essays on the Left Today*, trans. Jane Zielonko Peel (New York: Grove Press, 1968); Shlomo Avineri, *The Social and Political Thought of Karl Marx* (Cambridge: Cambridge University Press, 1968); Jean-Yves Calvez, *La Pensée de Karl Marx* (Paris: Éditions du Seuil, 1956); and Alfred Schmidt, *The Concept of Nature in Marx*, trans. Ben Fowkes (London: New Left Books, 1971). See also A. Giles-Peters, "Objectless Activity: Marx's 'Theses on Feuerbach,'" *Inquiry* 28 (March 1985): 75-86。

[2] 我要感谢哈迪蒙(Michael Hardimon)对本节初稿所做的有益评论。

[3] 在《精神现象学》(*Phenomenology*)中讨论意识的形式时,黑格尔较早使用了这些范畴。不过,追溯其源流和传承会让我们离题太远。

[4] 康德在其"何谓思考的方向"(What Is Orientation in Thinking?)一文中极为出色地使用了"取向"(orientation)的观念。不过,我认为他所谈论的是完全不同的东西。要想明确区分这种用法上的不同,需要做更进一步的讨论。简单来讲,康德所关注的是理性的定位,理性的恰当运用范围,以及为什么这种恰当运用需要对上帝存在的信仰。而我所关注的是人的日常生活的向量(vector),这不是指人所处的方位,而是指人的一般前进模式。

[5] Jakob Burckhardt, *Die Zeit Constantin's des Großen* (Basel: Verlag von E. A. Seemann, 1853), 158; *The Age of Constantine the Great*, trans. Moses Hadas (Berkeley and Los Angeles: University of California Press, 1949), 124。这样的论题在当时德国思想家中是很常见的。哈迪蒙在其优秀著作中强调了促成人们与其社会世界的和解对于黑格尔的意义,参见 *Hegel's Social Philosophy: The Project of Reconciliation* (Cambridge: Cambridge University Press, 1994)。哈迪蒙其所强调的重心在于,黑格尔希望人们能以特定的方式面对社会制度以及调节他们的规范。哈迪蒙对取向的论述,可参见 *Hegel's Social Philosophy*, 38-39。

第 7 章 《关于费尔巴哈的提纲》

[6] 当然，对于费尔巴哈而言，相比新取向，他更希望对他所谓的主体在现代世界中业已具有的取向，加以明确地承认（承认和肯定）。

[7] Derek Parfit, *Reasons and Persons* (Oxford: Oxford University Press, 1984), 281.

[8] 克尔凯郭尔强调，拥有基督教信仰，并不仅仅等于赞成一系列的命题："现代哲学所理解的信仰，不过是所谓的持有一种看法，抑或日常用语中一些人所谓的'相信'"。参见 Søren Kierkegaard, *Practice in Christianity*, trans. Howard V. Hong and Edna H. Hong (Princeton, N. J.: Princeton University Press, 1991), 141。我认为克尔凯郭尔不仅仅关注主体相信什么，而且同时关注——用我的术语来讲——主体如何面对信仰。

[9] 参见 Max Weber, "Science as a Vocation," in *From Max Weber* (New York: Oxford University Press, 1958), 129-156, esp. 150-152。

[10] 现行的《提纲》英译本将 Anschauung 及其变体译作"沉思"（contemplation）及其变体。这使得费尔巴哈的观念被误认为是智性的。我将其译作"直观"（perception），与我们对费尔巴哈自身文本中 Anschauung 的译法保持一致。有一处地方，即费尔巴哈在《本质》中介绍阿那克萨戈拉（Anaxagoras）的观点的段落，我也曾用"沉思"（contemplation）翻译了费尔巴哈的 Anschauung，在此一语境中"沉思"似乎最为准确（参见第 7 章第 2 节）。马克思在《形态》中提到这一段时，借用了费尔巴哈对 Anschauung 的用法，所以我在那里也同样将其译作"沉思"。（参见第 8 章第 6 节）

[11]《提纲》有两个版本，一个是马克思的原版，初版于 1924 年，另一个是恩格斯稍加编辑的版本，以恩格斯《路德维希·费尔巴哈和德国古典哲学的终结》(*Ludwig Feuerbach and the Outcome of Classical German Philosophy*，简称《终结》) 一书的附录形式，初版于 1888 年。当两种版本出现不同时，比如在第五条中：我遵循马克思的原版。在恩格斯 1888 年的版本中，第五条是这样的："费尔巴哈不满意**抽象的思维**而诉诸**感性的直观**；但是他把感性不是看作**实践的**、人的感性的活动。"（第 85 页）我看不出在费尔巴哈"喜欢"和费尔巴哈"诉诸"之间，有什么重要的不同。在"直观"前增加"感性的"，无疑是做了一种解释，许多英译本在翻译第五条时都把这个词加了进去（有时加括号有时不加）。不过，这仍然是对马克思文本的一种增补。我认为应当去掉。*Marx-Engels Werke*, vol. 3, 以及 *Marx-Engels Collected Works*, vol. 5 均收录了《提纲》这两个版本。

[12] 在《大纲》中，马克思认为"创作"，显然是指科学的——包括社会科学的（其自身的）——创作，是劳动 [Gr 505/611；《大纲》（上），第 616 页]。

[13] Jürgen Habermas, *Knowledge and Human Interests*, 28.

[14] Habermas, *Knowledge and Human Interests*, 31.

[15]"对于[实践哲学]而言，不是自我意识而是劳动，充当了现代性的原

则"。参见 Habermas，*The Philosophical Discourse of Modernity*，64。

[16] Habermas，*Knowledge and Human Interests*，34.

[17] 比如，可参见哈贝马斯赋予马克思的一种类似于康德式物自身的立场："马克思假定了某种诸如自然自身的事物……'自然自身'因而是一种抽象，是我们思维的一种需要：但我们始终是在人对世界历史的自我塑造进程中遭遇自然。康德的'物自身'以先于人类历史的自然名义，得到了再现"。参见 Habermas，*Knowledge and Human Interests*，34。

[18] Habermas，*Knowledge and Human Interests*，30，译文有改动。参见 ÖpM 541-542/302；《手稿》，第 87 页。

[19] Habermas，*Knowledge and Human Interests*，27.

[20] 我对哈贝马斯的担忧，源于沃格尔在马克思主义中所发现的下述张力，即"存在于强调积极的、世界的构造性主体对于所谓'客观性'之不可化约作用的德国唯心论遗产，与试图在构造性主体背后发现使主体和构造行为成为可能，其自身可由科学加以考察的'真实'自然世界之间"的张力。参见 Vogel，"Habermas and Science，"*Praxis International* 8（October 1988）：329。相比我的转述，哈贝马斯对马克思的论述多少要为复杂，但根本问题依然存在："劳动"并非驱动超验结构运转的恰当范畴。

[21] Calvez，*La Pensée de Karl Marx*，380. 第二段的英译文转引自 Wood，*Karl Marx*，183。

[22] Avineri，*The Social and Political Thought of Karl Marx*，65；一并参见第 136 页。

[23] Schmidt，*The Concept of Nature in Marx*，26，3；一并参见第 28 页。

[24] 对此所做的翔实文本讨论和哲学讨论，可参见 Wood，*Karl Marx*，182-186。

[25] 我将"取向"（orientation）等同于"立场"（standpoint），主要是出于文本方面的考虑：要使"取向"范畴对解读《提纲》能够有所帮助，其必须对应马克思在此文本中对"立场"的使用。对于某些读者来讲，"立场"可以是指一个在某种程度上与世界相脱离的立足点，人由之对世界加以理论化的场所。虽然我并不认为这个词必定是指这种含义，但毫无疑问，在我的用法中，人的立场在这一方面（人怎样与世界相关联方面）的内容恰恰是关注的焦点。立场观念旨在帮助关注这一问题，而非回答这一问题。在（多少）一般的用法上，我认为"立场"可以抓住"取向"所关注的那种现象。在我看来，说主体像帕菲特一样面对他人，与说对他人持有与帕菲特一样的立场，是同一个意思。

[26] 此一说法在部分程度上，同时亦是对第七条的解读。

[27] 这些说法［比如（2a）］中似乎会有海德格尔的影子。费尔巴哈和马克思的冲动，包括克尔凯郭尔在与黑格尔决裂时所表现的冲动，与《存在与时间》（*Being and Time*）中所表现的冲动之间，存在相似之处，但此处无法对这种相似性做

第 7 章 《关于费尔巴哈的提纲》

更深入的探究。

[28] 参见尾注 [25]。

[29] 人们有时会说,哲学家的抽象立场和市民社会的操控立场是同一的。就与世界保持距离而言,两者之间无疑是有共同特征的。不过两者之间亦有显著的不同。我把市民社会立场和与实践互动的反馈模式联系起来;与之不同,哲学家的抽象立场并未给这种模式留出空间。

人们有时还会说,哲学家立场和市民社会立场必然含有保守的政治意蕴。如果假定哲学家立场与世界中的行动是**完全**脱节的(哲学家自我封闭,其观念毫无实际影响等),那么这种说法对于哲学家立场来说,便是真的。但并非每一种哲学思想都是与行动完全脱节的(其中一些以间接的方式促发个体的行动;另一些促发哲学家自身采取行动)。对于市民社会的立场而言,不论是服务于革命还是服务于反动,其都是从实践上操控世界之最为有效的立场。当然,如果有人将以错误的取向所发起的社会革命定义为保守的,那么市民社会的立场就必然是保守的。但一般的说法并不这样认为。

[30] 参见 Søren Kierkegaard, *Fear and Trembling*, trans. Howard V. Hong and Edna H. Hong (Princeton, N. J.: Princeton University Press, 1983), 以及 *Concluding Unscientific Postscript*。

[31] Kierkegaard, *Concluding Unscientific Postscript*, 19。

[32] 同上书,182。

[33] 同上书,340。

[34] 参见 Kierkegaard, *Fear and Trembling*, 38-41。

[35] 参见 Kierkegaard, *Concluding Unscientific Postscript*, 159, 439。

[36] 参见 Kierkegaard, *Fear and Trembling*, 41。

[37] 参见 Kierkegaard, *Concluding Unscientific Postscript*, 159。

[38] 另一些评论家业已留意到马克思观点与第三条之间的明显冲突。比如可参见 Giles-Peters, "Objectless Activity," 81-82。

[39] 这可能同样是哈贝马斯对马克思的解读,他曾指出"实践概念同样应当包含'批判的革命活动'"。参见 *The Philosophical Discourse of Modernity*, 65。

[40] 对此所做的稍有不同的解读,可参见 Giles-Peters, "Objectless Activity," 82。我与贾尔斯-彼德斯(Giles-Peters)的区别在于,他将成功的行动仅仅视为一种确证过程(反馈模式),而并不关注这样一种行动的转化作用。

[41] 参加革命活动所带来的转变,在方式上可能会与我所勾勒的共产主义生活图景相冲突。卢卡奇指出,"只有当一个人在党内的职能不是例行公务,尽管这个人可能认真负责,勇于奉献,但仍然只是例行公务……党员之间才能建立起一种活生生的关系,全身心地投入党的生活和革命之中"(Georg Lukács, *Geschichte und Klassenbewußtsein* [Darmstadt and Neuwied: Hermann Luchterhand Verlag, 1968], 508, and *History and Class Consciousness*, trans. Rodney Livingstone

[Cambridge, Mass.：MIT Press, 1971] 335-336)。此外，全身心地投入党的生活与专制的党架构之间并不冲突。卢卡奇的文章本身也强调，需要党的纪律充当"实现真正自由的唯一可能途径"(*Geschichte*, 486; *History*, 320)。

[42] 康德的描述和马克思的描述是不同的，因为康德指出，人永远不能知道事实上其是否是出于道德而行动（参见 Kant, *Gesammelte Schriften*, 4：407; *Groundwork*, 74-75)，而对于马克思的描述来讲，人置身一种知道自身遵照其本性而行动的立场之中，是异常重要的。

[43] 在特定的取向，与活动的特定观念，即对于自我实现至关重要的活动的特定观念之间（参见第9章第4节），并不存在必然关联。并且即便对于某种取向来讲两者之间存在关联，但这也并不是说，采取那种取向会自动揭示出所谓恰当的自我实现活动的内容。我在此文本中认为，转向马克思所希望的取向，倾向于将人置于这样的立场之中，即人能够看到，且相对容易和明晰地看到对他而言的人的自我实现活动。这种关联应是因果关联，而非逻辑关联。

[44] 关于挑起这场争论的著作，可参见 Allen Buchanan, "Revolutionary Motivation and Rationality," in *Marx, Justice, and History*, ed. Marshall Cohen, Thomas Nagel, and Thomas Scanlon (Princeton, N. J.：Princeton University Press, 1980), pp. 264-287。一并参见 Allen Buchanan, *Marx and Justice：The Radical Critique of Liberalism* (Totowa, N. J.：Rowman & Allenheld, 1982), chap. 5。

[45] 对于诸如此类搭便车思路问题的回应，可参见 Richard W. Miller, *Analyzing Marx* (Princeton, N. J.：Princeton University Press, 1984), 65-73。

[46] 参见 Buchanan, *Marxism and Justice*, 95。解读这一困境的途径有时也可以是这样：随着工人运动的高涨，将会出现劳动者阶级看待世界的方式。劳动者将从恰当的立场（比如社会的人类立场）来看待世界。因而不存在所谓第一步的问题。这是下述观念——革命党中的生活将会预演共产主义条件下的生活——的一种变体。通常，劳动者阶级的生活在这里被赋予了转变的能力。

很显然，这一论证仅仅适用于下述情境，即工人运动业已经达到这样的程度，使得劳动者阶级的生活不仅不同于其他阶级的社会生活，而且与人的本质属性相一致。但是：

1. 依据主流的解读，不论是19世纪40年代的英国、法国和德国，还是20世纪晚期的资本主义国家，工人运动都没有达到这样的高度，所以仍然存在第一步的问题，至少对于这些代表性的地区而言，情况仍是如此。

2. 这一观念几乎无法从马克思的著作中找到文献支撑。马克思通常认为，社会态度是全社会范围内的态度。他在《形态》中指出，占统治地位的观念是统治阶级的观念。而当他明确区分劳动者和非劳动者的世界观时，这经常是指后者如何恶劣不堪，如何未能与人的本质属性相一致（DI 245-246/262-263）。

[47] 在《哲学的贫困》(*The Poverty of Philosophy*) 中，马克思强调了组织

第 7 章 《关于费尔巴哈的提纲》

的转化作用,即便起初是出于狭隘的自利动机(比如涨工资)而加入组织:"联合"最终也会"表现出政治特征"。马克思借用黑格尔的术语指出,"联合"将劳动者阶级转化为"自为"的阶级。至此,马克思指出,为了联合的目的,劳动者们会自觉忽视其狭隘的自利(他们献出部分工资)。但是马克思想当然地认为环境——狭隘的自利最终——会迫使劳动者联合起来。集体行为理论家们所争论的正是第一步的合理性所在。当马克思指出劳动者**确实**联合了起来时,马克思自有其充分的理由。但是大家所针对的并非这一点,问题在于劳动者这样做是否是理性的。马克思似乎未曾考虑到这一点。

[48] 为了保持与费尔巴哈最为重要的著作——《本质》(这显然是马克思所想到的)——的标题之间的关联,我将"*das religiöse Wesen*"译作"宗教的本质"(the essence of religion),而非"宗教的本性"(the religious nature)。并且我同时将此处的"*das menschliche Wesen*"译作"人的本质"(the human essence),而没有使用我一贯的译法"人的本性"(human nature)。

[49] 对第六条饶有趣味的讨论,可参见 Norman Geras, *Marx and Human Nature: Refutation of a Legend* (London: Verso, 1983)。

[50] 类似的说法,可参见 Wood, *Karl Marx*, 17。

[51] 如果有人认为《提纲》——我认为应当这样做,虽然对此我未做论证——和1844 年的马克思是一致的,马克思在《提纲》中同样坚信,对人而言存在一种实现其本性的特殊方式,亦即通过参与恰当类型的(集体性)改变世界的活动,来实现其本性。

[52] 共产主义本身不会将这种变化进程带入死胡同。这也是马克思之所以会说其标志着"人类社会的史前时期"的结束。(KpÖ 9/22;《政治经济学批判(第一分册)》序言,第 413 页)历史——变化,不过马克思现在所想的是恰当的变化——将于焉开启。

第 8 章 《德意志意识形态》(上)：再反哲学

马克思在其 1844 年的著作中宣称，在资本主义条件下，主体关于如何实现自身本性的观念（我称之为"人的自我实现活动"观念）遭到了扭曲。马克思同时认为，主体关于自身怎样与世界相关联（我在前一章中称之为"人与世界的基本关系"）的观念，同样遭到了扭曲。马克思对此提出了不同的观念。不过在资本主义条件下，马克思似乎未能基于其自身的前提，为他的主张和观念提供充分的证明。我把《提纲》中的革命实践，解读为缺失的证成环节，但我同时指出，这种证成同样有其问题。在最后的三章中，我将考察《形态》对这些问题及其相关方面的处理。

本章将讨论马克思运用他所选定的新方法，抱持业已摆脱了哲学的信念，对费尔巴哈、鲍威尔以及一般所称的青年黑格尔派所做的批判。下一章我将考察《形态》中的善好生活观念，以及这个文本相对于马克思之前著作的思想转变。第 10 章我将考察《形态》对道德的批判。

《形态》终结了此前我所追溯的马克思思想的发展路线。马克思自认为由此做了一种转向，亦即从方法上讲，他放弃了转变人的立场这一目标，而转向了一种新方法，并认为这种新方法可以免除转变立场的需要。但是，这并没有解决怎样才能证成对资本主义进行规范性批判的难题。不过，《形态》确实改变了此一问题的结构。此时的马克思较少关注主体与世界的关系和主体的取向问题，不再强调对于人类生活至关重要的特定类型的活动,并且出现了一些更为传统的规范性主题,伴随这些主题而来的对善好生活的描述,与马克思在 1844 年的描述多少有些不同。只是这里同样存在马克思能否无矛盾地证成其规范性批判的难题。

截至第 10 章末尾,对同一个基本问题,我将经历好几次迂回和曲折。我将花费三章的篇幅,引证多个文本证明,马克思对抽象思维的敌视,导致他无法提供对资本主义进行规范性批判所需要的证成。届时,我会质疑马克思抱持这种敌意的必要性。我会质疑,即便同意马克思反对哲学(以及道德)的主张,在资本主义中,人是否有必要当即抛弃哲学思维,尤其是抛弃道德哲学思维?

1. 几点一般性评论

据文本来看,《形态》的主体是针对麦克斯·施蒂纳(Max Stirner)1844 年的《唯一者及其所有物》(*The Ego and His Own*,简称《唯一者》)一书,以及布鲁诺·鲍威尔 1844—1845 年著作的拓展性批判。《形态》原本是对一场局部性论争的推进:鲍威尔在《类和大众》(The Species and the Crowd)和《何为当前批判的目标?》(What is Now the Object of Criticism?)中攻击共产主义和费尔巴哈;自称为共产主义者和(时为)费尔巴哈派的马克思和恩格斯,在《神圣家族》和《德法年鉴》中批判了鲍威尔;鲍威尔做了回应,并在《评路德维希·费尔巴哈》(Charakteristik Ludwig Feuerbachs)中进一步攻击费尔巴哈;随后施蒂纳在《唯一者》中又批判了费尔巴哈、鲍威尔和共产主义,并且不点名地批判了马克思和恩格斯。马克思和恩格斯因而用长篇大论进行(进一步的)回应。

在这次回应中,马克思和恩格斯宣称,他们业已由青年黑格尔派内部的论争,转向了批判青年黑格尔派的论争。虽然这本身是一种典型的青年黑格尔派式自负(《唯一者》和 1843 年以后的鲍威尔对此皆有体现),《形态》的关注点在事实上确实转向了马克思和恩格斯所称的方向。

马克思和恩格斯指出,他们批判的对象在于一般的青年黑格尔派运动,这可能包含了 1841—1843 年的鲍威尔。在 1859 年著名的《政治经

第8章 《德意志意识形态》(上)：再反哲学

济学批判（第一分册）》序言中，马克思指出他和恩格斯"决定共同阐明我们的见解与德国哲学的意识形态的见解的对立，实际上是把我们从前的哲学信仰清算一下。这个心愿是以批判黑格尔以后的哲学的形式来实现的"(KpÖ 10/22；《政治经济学批判（第一分册）》序言，第414页)。《形态》的核心，不仅是要打击像施蒂纳和1843年以后的鲍威尔这样一些明显敌视共产主义的作家，而且还要制定一种既不同于当时的社会主义者，亦不同于马克思和恩格斯之前的哲学导师的立场。马克思在其1844年8月致路德维希·费尔巴哈的信中写道："您已经为社会主义提供了一种哲学基础……能有机会向您表达我的尊重和爱戴，是我的荣幸。您的《未来哲学》(*Philosophy of the Future*，即《未来哲学原理》) 以及《信仰的本质》(*Essence of Faith*)，虽然篇幅短小，但是它们无疑比所有当代哲学文献加在一起还要更有分量"[1]。短短两年时间不到，马克思却说这些著作所表达的观念同属"构成现代青年黑格尔派哲学核心的天真和幼稚的幻想"①（DI 13/23；《形态》节选本，第3页)。[2]

许多评论家认为，《形态》不仅标志着马克思与其导师们的深层决裂，而且标志着与其自身早先观念的深层决裂，这并不奇怪。[3] 毫无疑问存在着所谓转向。虽然只有文本考察才能确定转向的内容，但是下述几点却是可以预见的。

尽管与费尔巴哈之间存在明显的决裂，但马克思自身却否认他的观念自1843年以来发生过实质性的变化。他和合作者恩格斯曾几次声明，《神圣家族》和《德法年鉴》中的观念，与他们当前的观念是一脉相承的。他们认为早先的著作本来也可以将青年黑格尔派导入正轨。[4] 直到写作1859年"序言"时，马克思仍然赞许地引证1843年《〈黑格尔法哲学批判〉导言》(Contribution to the Critique of Hegel's *Philosophy of Right*: Introduction)，并且称恩格斯发表在《德法年鉴》上的《国民经济学批判大纲》是"批判经济学范畴的天才大纲"[KpÖ 10/22；《政治经济学批判（第一分册）》，第413页]。不过，马克思和恩格斯的确否定了他们早先讨论中的语言表达形式，即对"哲学术语"的使用，尤其是对"那里所见到的一些习惯用的哲学术语，如'人的本质'、

---

① 引文有改动。中文版是"这些天真的幼稚的空想构成现代青年黑格尔派哲学的核心"。——编辑注

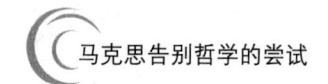

'类'等等"的使用（DI 217-218/236；《形态》，第 261 页）。他们所肯定的是"真实的思想过程"方面的一脉相承（DI 218/236；《形态》，第 262 页）。

马克思和恩格斯显然低估了他们与自身在 1843 年的观点之间的实际差异。除反驳费尔巴哈外，最为显著且重要的发展是历史唯物主义理论在《形态》中的首次登场。早期文本中尽管包含了此一理论的种子，但是从橡子长成橡树是一个重大的变化。如果说马克思和恩格斯自身的论述暗含了某种断裂，那么这种断裂可能存在于《形态》与 1843 年前的马克思，尤其是主编《莱茵报》时期的马克思之间。比较不那么明显的是，马克思在《形态》中与在《德法年鉴》的《1843 年往返书简》（A Correspondence of 1843，简称《往返书简》）中所表达的主张之间，同样存在断裂。《形态》中仅有一处提及《莱茵报》，并将之视为"自由和激进"的报纸，而非介绍有关共产主义理论的报纸（DI 96/112；《形态》，第 109 页）。即便针对马克思自身所写作的部分，这也是恰当的评价，因为马克思认为"现代哲学持有更加理想和更加深刻的观点……它认为国家是一个庞大的机构，在这里，必须实现法律的〔rechtliche〕、伦理的〔sittliche〕、政治的自由，同时，个别公民服从国家的法律也就是服从他自己的理性即人类理性的自然规律"（AKZ 202/104；《〈科隆日报〉第 179 号的社论》，第 228 页）。《形态》对于诸如此类的观念持鄙夷态度，不过《论犹太人问题》（发表在《德法年鉴》上）对此亦持鄙夷态度。《形态》从未提及这些《往返书简》。凡是提到《德法年鉴》的地方，均是指《〈黑格尔法哲学批判〉导言》和《论犹太人问题》。这是理所应当的做法，因为马克思在《往返书简》中曾指出："那时就可以看出，世界早就在幻想一种只要它意识到便能真正掌握的东西了。"（Br 346/144；《马克思致阿尔诺德·卢格（1843 年 9 月）》，第 66 页）这已经与马克思 1844 年的观念不能相容，并且没有办法将其与《形态》的主张相调和。

因而相对于较早的文本，《形态》在观念上确实发生了转向，不过这种转向，并不是一般所强加给马克思的那种转向：从"唯心主义"向"唯物主义"的转向，或者从"哲学"马克思向"科学"马克思的转向。之所以这么说，并非因为《形态》中的马克思仍是黑格尔主义者，而是因为马克思早在 1844 年，就已经开始了摆脱所谓"哲学"的尝试。《形态》对此一主题的处理方式虽有不同，但仍只是同一主题的一种变奏。"真实的思想过程"是在术语的变更中延续的。对于1844年的马克思而言，"人的本质"或"类"所包含的形而上学意味，绝比不上他如今（某种程度上错误地）赋予青年黑格尔派的比重。我认为，这也是马克思之所以会认为自己之前所持的观念，并非他现在所批判的观念的原因。

《形态》中出现了许多新东西。本章将讨论其中的方法论转变；下一章将讨论马克思有关善好生活观念的转变。此外，如前所述，《形态》引入了唯物史观，但这种引入并不意味着与"哲学"的骤然断裂。以这种存在断裂的方式看待《形态》，意味着在理解1844年的马克思与哲学之间的复杂敌对关系时，会有过于粗糙的嫌疑，并且，这种理解对于《形态》本身来讲，也显得太过于草率。

《形态》中有些部分是相当具有原创性的，并且极尽精微。考虑到创作《形态》时的马克思和恩格斯才二十几岁，则更是如此。但是也有一些部分，粗糙得令人吃惊。其中的大部分内容，是对那些只因马克思和恩格斯对之加以讽刺才被记住名字的一些人物所做的没完没了的愤怒声讨。重构这一文本，意味着把对这些人物的声讨与对有趣立场的有趣批判区分开来。

与马克思和恩格斯在《神圣家族》中单独执笔不同章节的写作方法不同，我将马克思和恩格斯视为《形态》中所有章节的共同执笔人。因而从现在起，我将只提"马克思"，以代指较为啰唆的"马克思和恩格斯"。

我的讨论有一个大的遗漏，即我没有处理唯物史观的问题。要想恰当地处理这一问题，需要考察马克思的后期文本，而这会把关注点转向社会科学中的哲学问题。对唯物史观的恰当讨论，需另做专门的研究。[5]

2. 青年黑格尔派批判

《形态》是一部长达600页的论战性著作，其所批判的对象非常之多，而且其选定这些对象的理由也非常之多。这一部分我将首先确定其最为重要的批判路线。

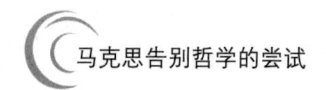

《形态》时常会让人觉得，其主要的敌人是那些主张对社会世界可以单凭他们自身的批判力量，即可加以革命化的哲学家——这就好比说笔不仅比剑更有力量，而且可以消除对剑的需要。以下是《形态》的开篇：

> 迄今为止人们［指哲学家］总是为自己造出关于自己本身、关于自己是何物或应当成为何物的种种虚假观念……一个人［费尔巴哈］说，我们要教会他们用符合人的本质的思想来代替这些幻想，另一个人［鲍威尔］说，我们要教会他们批判地对待这些幻想，还有个人［施蒂纳］说，我们要教会他们从头脑里抛掉这些幻想，这样——当前的现实就会崩溃。
>
> 这些天真的幼稚的空想构成现代青年黑格尔派哲学的核心。（DI 13/23；《形态》节选本，第 3 页）

完成《形态》后不久，在 1846 年 12 月写给安年科夫（P. W. Annenkov）的信中，马克思对蒲鲁东做了类似的批判："您现在就可以了解，为什么蒲鲁东先生十分强烈地敌视一切政治运动。在他看来，现代各种问题不是解决于社会行动，而是解决于他头脑中的辩证的旋转运动。由于在他看来范畴是动力，所以要改变范畴，是不必改变现实生活的。完全相反。范畴必须改变，而结果就会是现存社会的改变"[6]。关于通过摆脱错误的观念，以使得"当前的现实"崩溃这一说法，听上去似乎是说，在马克思眼中，青年黑格尔派（以及蒲鲁东）认为单纯靠思想就能够做到这一点，思想对于物质世界有其**直接的即时的**因果作用。在某些地方，施蒂纳就是因为持有此一观念而遭到批判的（DI 219/237；417-418/432-433；《形态》，第 262-263，508-509 页）[7]《马克思恩格斯全集》英文版的编辑认为，他从《提纲》第十一条中所学到的知识，正在于思想做不到这一点。这位编辑指出，"仅仅通过改变我们对世界的观念，通过从理论上批判现存的事物，是无法改变世界的。世界必须首先被理解，然后以此理解为出发点，借助有效的行动，即物质革命实践加以改变。这一论点扼要地表明了马克思主义哲学与之前所有哲学，包括马克思之前的唯物主义的根本不同"[8]。说来也奇怪，这居然经常被视为马克思相对于前人的巨大进步。但是，从来没有哪一个人，包括马克思在《形态》中所批判的那些著作家在内，曾经相信无需行动，思想就能够改变世界。

第 8 章 《德意志意识形态》（上）：再反哲学

实际上，这种观念是如此荒谬，以至于尽管马克思似乎确实是在批判这一观念，但我还是认为最好不要将它视为马克思主要的关注点，尤其是当另外两个更有价值的靶子存在时，则更是如此。这两个靶子是：

（1）青年黑格尔派不**关心**实践的政治变革。他们认为当前需要变革的唯一错误，在于我们关于人的本性的观念。制度不成为其问题。

（2）在实践上，青年黑格尔派的做法就**好比**是说，所需要做的全部，只是变革人的观念。一旦他们业已证明了当前的现实与正确的观念相冲突，他们就认为他们的工作业已完成了。这样的做法就好比是说，观念本身就能拥有因果效力。青年黑格尔派希望其观念变成实践，但是对于这一变化过程，哪怕是最低限度的合理说明，他们也未曾给出过。

指控（1）对于 1843 年后的鲍威尔，对于施蒂纳而言，都有相当的效力，但是 1841—1843 年的鲍威尔致力于实践的政治变革（参见第 3 章）。在 1842 年，鲍威尔写信给费尔巴哈说："臭名昭著如果未在政治和法律中被推翻，其就是不朽的。"[9] 而在《号角》（The Trumpet）中，如我们所看到的那样，他写道："哲学必须体现在政治中，不论何时，只要现存秩序与哲学的自我意识相冲突，它就应当遭到批判和动摇。"（Po 83/128；一并参见 Po 82/128）此外，虽然费尔巴哈并未明确关注政治，但是在 1845 年他至少曾宣称自己是"一名共产主义者"[10]，而且当他用下述评语——"这些原理，是不会没有后果的"（G 265/3；《原理》，第 2 页）——结束其《原理》的 1843 年版序言时，他似乎的确构想了某种（诚然相当暧昧的）政治变革。[11]

就《号角》的一些段落来说，鲍威尔对观念和政治变革之间关系的理解，是典型的青年黑格尔派的理解：意识的变革是为社会变革清理地基的必要条件，但其本身并不等于社会变革。这几乎同样是马克思在《神圣家族》中的立场，因为马克思一方面坚持"思想本身**根本不能实现什么东西**"，另一方面又认为它们可以"产生超出整个旧世界秩序的**思想**范围的思想"（DhF 126/119；《神圣家族》，第 320 页）。同时这也是恩格斯在 1843 年评论卡莱尔（Carlyle）的《过去和现在》（Past and Present）时所持的立场："天才的真正社会使命不是用暴力统治别人，而是激励别人，引导别人。天才应当说服群众相信他的思想的真实性，这样就不必再为自己思想的实现而感到困扰，因为它接着完全会自行实现。"（LE 548/466；《英国状况》，第 522 页）此外，在 1843 年的《导

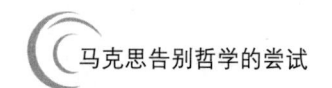

言》中，马克思写下了下述名言："批判的武器当然不能代替武器的批判，物质力量只能用物质力量来摧毁；但是理论一经掌握群众，也会变成物质力量。"（KHE 385/182；《导言》，第 207 页）

或许人们一般会认为，由于青年黑格尔派在论战中的确强调观念的斗争，因而青年黑格尔派推崇思想的直接力量。比如在 1841 年致马克思的著名书信中，鲍威尔认为马克思应当专注于其哲学著作，而不是转向实践活动，因为"理论如今便是最强的实践"[12]。这并不意味着鲍威尔认为理论可以直接引发实践变革，他的观念类似于恩格斯在 1843 年《国民经济学批判大纲》中所表达的观念。在论及经济学理论从重商主义向自由贸易的转向时，恩格斯曾指出，新的理论"预设……创造并发展了工厂制度和现代的奴隶制度，这种奴隶制度就它的无人性和残酷性来说不亚于古代的奴隶制度"①（Umr 500-501/420；《国民经济学批判大纲》，第 444 页）。虽然尚不清楚恩格斯心中所想的是怎样的一种预设（其中之一似乎是关于人无可避免受到"贪财和自私"驱使的信念[Umr 499/419；《国民经济学批判大纲》，第 443 页]），但这无关宏旨。恩格斯的核心在于指出，一些特定的人，出于特定的信念（这里显然是指关于人的本性和自由贸易好处的信念），促成了特定的制度变革，比如降低关税，从而最终奠定了工厂制度得以产生的条件。充当现实肇因的人所发挥的这样一种影响力，正是典型的青年黑格尔派描述。

《形态》中的马克思不大可能会反驳这样一些较早的观念。上述引文出自《神圣家族》和《德法年鉴》，如前所述，马克思声称他仍然忠于这些文本所表达的观念。因而马克思对青年黑格尔派的不满，不大可能在于指控（1）。

这种不满有可能在于指控（2）。在 1843 年的《导言》中，马克思曾经指出，"革命需要**被动**因素，需要**物质**基础。"（KHE 386/183；《导言》，第 209 页）具体的革命团体必须相信，它们拥有充分的理由、充分的力量去发动一场革命。除非人们的理论包含了对于谁将发动革命，为什么要发动革命的合理说明，否则在实践中，人们似乎就是在信仰自身观念的无所不能。一般来讲，青年黑格尔派确实忽视了严肃的革命理论的这一方面。（比如当保守的国家主义者在 1842 年指责理论"不切实

---

① 引文有改动。中文版是"前提"，非"预设"。——编辑注

际"[impractical]时,鲍威尔对此的回应,仅仅是诉诸与德国人相近的浮士德——"德国人的象征",指出在投身"生活的运动"之前,其首先需要一瓶"魔力药水"[DN 411–412]。)[13]

关于指控(2)有三点需要说明。首先,指控(2)指出的这一缺点适用于大部分哲学家。有关什么是当前的错误所在,什么应当是恰当的事态的哲学理论,通常会忽视怎样从当前通达未来的问题。在这一点上,青年黑格尔派不应当单独承受愚昧无知的指摘。其次,认为理论终将以不可估量、不可预见的方式——未曾规定观念表达了其需要的、拥有力量的行动主体——变为行动,这并非完全荒谬。[14]最后,这一缺点无关乎青年黑格尔派所持信念的真实性或理性基础。在获得了"批判的"意识,或者"人的"意识,抑或"利己的"意识之后(DI 20/30;《形态》节选本,第9—10页),会有什么样的实际后果,青年黑格尔派的看法也许是错的,但其关于下述问题——这样的意识是正确的意识,所代表的是揭示世界的真相和人的本性的立场与信念——的看法仍然可能是对的。[15]

所有这一切都表明,指控(2)极有可能是马克思不满青年黑格尔派的一大因素。

"这些哲学家没有一个想到,"马克思写道,"要提出关于德国哲学和德国现实之间的联系问题,关于他们所作的批判和他们自身的物质环境之间的联系问题。"(DI 20/30;《形态》节选本,第10页)这里的指控同样是不明确的。其可能是:

(3)青年黑格尔派认为他们所批判的信念超然于人的特殊利益之外,与社会和政治的状况无关。

至少对于鲍威尔和费尔巴哈来讲,这一指控是错的。我们在第3章中看到,鲍威尔认为个体的政治利益构成了历史事件的推动力(可参见J 94–95/99–100)。费尔巴哈指出,"上帝起源于**缺乏感;人缺乏**——不管这是特定的因而有意识的缺乏还是无意识的缺乏——什么,上帝就是什么;"(WC 136/73;《本质》,第115页)并且"只有在人类的痛苦中,上帝才有产生的场所"(G §29,312/48;《原理》,第52页。一并参见 WC 454/296;《本质》,第379页)。费尔巴哈极少从上帝的属性中推导出特定的社会状况——虽然他的确曾宣称"只有贫穷的人才有一位富有的上帝"(WC 136/73;《本质》,第115页),但是他明确指出,哪里有宗教存在,哪里人的根本需要便没有得到满足。宗教是逃

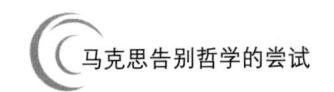

避现实生活之不幸的麻痹式慰藉——"人民的**鸦片**"（KHE 378/175；《导言》，第 200 页）。这一借自鲍威尔的说法[16]，是青年黑格尔派的老生常谈。

虽然马克思所指的也许正是指控（3），不过我们似乎有必要再行探求另一种不同的不满。我认为马克思同时亦在说：

（4）青年黑格尔派未曾看到，经济是解释历史和社会的根本要素。

这一指控是准确的。对市民社会的罪恶（参见 Ga 213-214/198），鲍威尔与马克思一样痛心疾首，但不论是鲍威尔，还是费尔巴哈，都不曾将经济作为解释的首要关注点。对于他们来讲，宗教是慰藉的表现这一现实，是指政治奴役、经济奴役和意识形态奴役的现实，而非生产力和生产关系状况的现实。此外，虽然对施蒂纳的一些说法，马克思经常是赞同的，但是施蒂纳显然忽视了经济要素。比如施蒂纳声称："不是自由的观念，而是人发展了自身，当然在这种发展中人同时发展了其思维。"[17]马克思指出："道德、宗教、形而上学……没有历史，没有发展，而发展着自己的物质生产和物质交往的人们，在改变自己的这个现实的同时也改变着自己的思维和思维的产物。"（DI 26-27/36-37；《形态》节选本，第 17 页）施蒂纳和马克思都认为观念不能独立发展，而只能作为普遍的人的发展的组成环节。不过在马克思那里，后一种发展涉及"物质生产"和"物质交往"在解释上的优先性，而施蒂纳的"自我发展"与此毫不相干。

因而，马克思认为，青年黑格尔派的不足在于，其既忽视了革命性变革需要指定行动的主体，亦忽视了社会解释和历史解释的本质。不过，马克思还有更深层次的说明。他指出，青年黑格尔派要求我们"改变意识"，并且"借助于另外的解释来承认现实"①（DI 20/30；《形态》节选本，第 10 页）。而这必须在社会变革**之前**完成。我认为，这一点是青年黑格尔派的根本问题所在。他们一方面认为制度利益影响人的信念，另一方面却又认为借助从精神上将自身与这些利益相分离，他们自身的信念可以不受影响。他们承认特定的信念根植于特定的土壤，却又认为他们自身信仰的理论基础，可以不受此一事实的束缚。他们认为"借助于另外的解释来承认现实"——借助改变意识，他们转向了一种

---

① 引文有改动。中文版是"借助于另外的解释来承认它"。——编辑注

第 8 章 《德意志意识形态》(上): 再反哲学

更为理性更为恰当的解释,转向了一种更为恰当的意识。他们认为他们的哲学方法可以克服现实的污染(这似乎亦是《德法年鉴》中的《往返书简》中所隐含的观点)。对此,马克思持否定态度。

当马克思指出,"德国的批判,直至它最近所作的种种努力,都没有离开过哲学的基地"(DI 18/28;《形态》节选本,第 8 页),这种指摘是方法论性质的。它所指的是青年黑格尔派未曾看到,意识是受限于社会环境的。他们认为自身可以获得一个阿基米德式精神支点,这一支点与可能影响人的判断的社会生活和个体心理的各个方面,是相隔离的。

在前一章中我引入了"特许立场观念",这一观念认为,只有从特定立场出发,对人的本性才能做出正确的理解。这里我对术语稍做修正,以便整合下述观念:**何者使得青年黑格尔派每一位成员的立场都能够成为特许的立场**(我暂且不讨论这一点能否适用于所有特许立场的问题)——这种立场完全不受感官、制度条件和心理渴望等因素的歪曲,对基于这一立场所形成的对人与世界关系,人的自我实现活动,以及普遍的人的本性的信念的证成,单纯是由下述这一点给出的,即它们**是**基于这一立场所形成的信念(因而证明完全是程序化的)。[18] 青年黑格尔派的每一位成员——我认为马克思是这样理解的——所阐发的都是这样一种立场。这种特许立场可称为**"隔离式立场"**(insulated standpoint)。[19] 依靠从一种隔离立场所获得的对人的本性的认识,对现行制度是促进了还是阻碍了人的真正生活,青年黑格尔派相信他们可以做出评判。

据此我进而认为,马克思对青年黑格尔派的基本指摘在于,青年黑格尔派仍然是方法论上的理性主义者。在笛卡儿看来,因感觉而产生的幻想是可以被克服的,借助理性人最终可以通达真理。马克思指出,青年黑格尔派同样认为,如果人可以采取"自我意识"、"类"或者"自我"的立场,就可以摆脱社会生活中的幻觉。马克思批驳"隔离式立场",重点不在于其是抽象的、分离的立场(不同于对哲学家立场和市民社会的反驳〔参见第 7 章〕),而在于其错误地假定了自身与社会现实影响之间的隔离,并且因而错误地假定了其所表达的内容必定是纯粹的真理。

作为对鲍威尔的批判,这丝毫不会让人觉得奇怪。不论是在 1843 年之前,还是在 1843 年之后,鲍威尔都相信"批判"的立场可以消除所有幻想。这一点规定了鲍威尔式批判的立场。这一点同样使得鲍威尔式立场成为"更高的立场"(Ein 146)。基于这样一种立场，在诸如人与世界的关系抑或人的自我实现活动方面，人**不可能**再被欺骗。

但是把这一点作为对施蒂纳和费尔巴哈的批判，马克思似乎有所偏颇。施蒂纳和费尔巴哈均明确地批判理性主义传统。施蒂纳声称，"确定的观念同样可以被构想为'准则'、'原则'或'立场'，诸如此类。阿基米德为了撬动地球，要寻求地球**以外**的立场。人们一直寻找这个立场，并且每一个人不仅可以而且确实获得了这个立场。外在的立场是**精神世界**、观念世界、思维、概念和本质，是**天国**。天国是由之可以撬动地球的'立场'，俯瞰并鄙弃凡尘琐事的'立场'。"[20] 施蒂纳进而指出，"哲学"——他的批判对象——"自此无法实现更高的东西了，因为其最高的实现在于精神的全知全能"[21]。他这样批判费尔巴哈，"**人道教**(*human religion*)不过是基督教的最后变体"[22]，并且他还用与《形态》相类似的讽刺来挖苦青年黑格尔派："如今只有**精神**统治世界。不计其数的庞杂概念在人们的头脑中骚动不已，而那些想有所推进的人又在做些什么呢？他们否定现有的概念，并代之以新的概念！他们说，'你所构筑的权利、国家、人、自由、真理以及婚姻等概念是错误的，我们如今所设定的概念才是正确的'，概念的混淆因而得以继续。"[23]

阿基米德式立场——"世界之外的立场"（与世界相隔离的立场）——受到了批判；"否定"概念的目标亦受到了批判；即便是那些自认为在哲学上很激进的人，比如费尔巴哈，也同样停留在他们所反对的（隐含的宗教）传统之内。马克思对施蒂纳的怒火，很可能部分程度上是由于施蒂纳曾宣称共产主义同样是想寻求"世界之外的立场"，而马克思之所以要回应施蒂纳，显然部分程度上是因为施蒂纳对共产主义的这样一种指摘。[24] 那么，马克思回应施蒂纳"**你也一样**"(*tu quoque*)的基础是什么？

施蒂纳最后认为，人必须要做的全部事情，在于认识到自身是一名"利己主义者"。"**拥有自身的人**，"他指出，"是**生而自由的人**，是从一开始就是自由的人……[他]**原本就是自由的**，因为他只承认他自身"[25]，并且"我的目标不是要推翻一种现行秩序，而是要将自身超拔到这种秩序之上"[26]。与他所批判的那些人一样，施蒂纳最终所要求的，是意识的改变。他所要求的改变，是人们不再试图改变其意识，而是选择接受其现存的个体冲动和欲望："如果实存和神召（calling）之

第 8 章 《德意志意识形态》(上)：再反哲学

间，亦即我所是和我应是之间的紧张关系不再存在，基督教的魔法阵将被打破"[27]。这里的阿基米德式立场是"我所是"(what I am)。施蒂纳甚至声称这一立场是没有预设的立场：

> 对我来讲，我是从预设**我本身**这样一个预设起步的……[但]我消耗了我的预设，除此之外别无消耗，并且只有消耗这一预设我才能存在。因而这一预设根本就不存在：因为只要我是唯一者，对于进行预设的自我和被预设的自我之间的二元性，我便一无所知……而所谓我消耗自身，所指的只能是我存在。我没有预设自身，因为我无时无刻不在设定自身，或者创造自身，只有当不是被预设而是设定时我才存在，并且只有当我设定自身时我才被设定；也就是说，我既是创造者，亦是被创造者 [*Schöpfer und Geschöpf*]。[28]

我参与了"设定"的进程，并因而"创造"了自身。(1) 就进程的内部而言，不存在（预设/被预设、创造者/被创造者）这样的特定区分；(2) 认为自身处在进程之中是正确的立场，这一立场揭示了有关自身的真理。这里同样会让人联想到马克思。在《手稿》中，马克思坚称我们始终处于自我创造的进程之中，只有对这一进程加以抽象，特定的区分（比如创造者和被创造者）才有意义。他在《形态》中亦有类似的说法。但是这样一些类似之处，在马克思看来，恰恰凸显了施蒂纳的根本性错误：相信意识的这种改变是单个个体当下，即先于社会变革就能完成的事情。当谈及哲学家"向人们所提出的要他们改变自身意识的道德要求，会引起这种改变的自身意识，而在那些由于经验条件的改变而改变的人们中（现在这种人所具备的当然是另一种意识了），他所看到的只是那改变了的［意识］"(DI 232/250；《形态》，第 279 页)，马克思是在特指施蒂纳。施蒂纳的问题，在于要求我们借助纯粹的思想方法，来消除主体眼下所实际拥有的意识和他们应当拥有的意识之间的鸿沟。马克思指出，施蒂纳的告诫是"**你们应该是**一种与**你们实际的**样子不相同的人"(DI 233/250；《形态》，第 280 页)。

至于费尔巴哈，他基于抽象性来批判笛卡儿传统。他明确反对任何一种理性主义的阿基米德式立场。不过他并不反对阿基米德式立场本身。费尔巴哈所批判的宗教幻想和哲学幻想，可以经由精神的转变，经由颠倒的方法加以消除。费尔巴哈要求我们投身于这种颠倒，以便获得真理："我们只需**颠倒**思辨哲学，就可以拥有显露的、纯粹的、裸露的真理"（VT 244/157。一并参见 WC 415/274-275；《本质》，第 355 页）。马克思的不满在于，这是另一种形式的笛卡儿主义。其假定某种形式的纯粹的精神特技，可以将错误与真理分开。费尔巴哈所向往的也许是一种被救赎的日常生活立场，它或许完全不是一种旨在超越普通物质存在之泥潭的抽象立场，不过，它是一种隔离式立场。

　　费尔巴哈同样相信，通过采取一种新的立场，人们可以克服"关于自己本身、关于自己是何物或应当成为何物的种种虚假观念"（DI 13/23；《形态》节选本，第3页）。他和施蒂纳或许认为他们拒斥了理性主义传统。我认为在马克思看来，对一种隔离式立场的依赖，使得他们仍然停留在理性主义传统之内。

　　青年黑格尔派认为，他们所要求的意识改变，是朝向下述隔离式立场的转变。基于这种立场所获得的关于自我实现，抑或更为一般的人的本性的信念不会受到扭曲。他们认为，通过这样一种立场所获得的信念，其真实性可由这种获得方式本身加以证成。马克思否认人在当下就能够采取这样的立场。相对于不遗余力强调采取恰当立场的《提纲》，这似乎当然是一种转变。说马克思在《提纲》中认为社会的人类立场是一种隔离式立场，似乎是正确的。因而在《提纲》中他似乎犯下了他如今猛烈抨击的方法论错误。《形态》相对于《提纲》的新意和不同，我将留待下一章中再行讨论；同时，关于马克思对某种隔离式立场之可能性的否定，我亦将推迟到第10章再行评价。在本章中，我想搞清楚马克思所提供的另一种方法论，即其所谓的"经验性"确证。

3. 经验性确证

　　马克思认为他自己的"方法不是没有预设的 [*voraussetzungslos*]"①（DI 27/37；《形态》节选本，第17页）。但他指出这些预设是"现实的"（DI 27/37；《形态》节选本，第17页），并且声称它们"可以用纯粹经验的方法来确认 [*sind ... auf rein empirischem Wege konstatierbar*]"（DI 20/31；《形态》节选本，第11页）。

---

① 引文有改动。中文版是"这种考察方法不是没有前提的"。——编辑注

第 8 章 《德意志意识形态》（上）：再反哲学

之所以强调经验性确证，有下述两点理由。第一条理由在于，《形态》的大部分内容在主题方面，所表现的是从宗教向历史和经济的转向。历史唯物论无疑是《形态》的主题，不过除此之外，马克思还提出了许多具体的历史主张。这些主张显然得用历史数据加以证实或证伪。比如，马克思指出："在起源于中世纪的民族那里，部落所有制经过了几个不同的阶段——封建地产，同业公会的动产，工场手工业资本——才发展为由大工业和普遍竞争所引起的现代资本。"（DI 61-62/89；《形态》节选本，第76页）如果有证据显示，部落所有制经常跨越封建地产和同业公会动产阶段，直接发展为工场手工业资本，马克思无疑会认为，有必要对此一主张进行修正。这里的"经验性确证"是简单而直接的。人借助数据检验其论点。（依据这一视角，部分针对青年黑格尔派的指责，实际上是对《提纲》第十一条所做的一种颠倒：问题并不在于青年黑格尔派未曾看到现实应当被改造，而是他们未曾看到**现实**——社会和经济生活——应当被解释、被理解。）

诉诸经验性确证的第二条理由在于，其可以消灭客观的幻觉（参见第6章）。相信空气的非同质性之所以是理性的行为，是因为存在一种关于空气成分的化学理论，并且这种理论业已经过经验的检验。空气仍然可以呈现为同质性，而相信其非同质性，却是理性的行为。

我认为马克思之所以转向"经验性确证"，在相当大的程度上，是因为他认为这种方法提供了一种无需转变立场的客观性。如果经验性检验可以为相信论点 T 为真这一信念，提供一种理性的基础，那么为了有充分的理由相信 T 为真，主体便无需改变意识，无需采取某种特定的立场，无需转变其取向。经验性确证先于社会变革，为人的信念提供了理性基础。其使得主体不再需要汲汲于弄清自身的立场是否真的未曾受到制度和心理的影响。与青年黑格尔派的方法不同，马克思自信自身的方法不仅由于是经验性的因而是理性的，而且由于其方法是经验性的，他的主张**眼下**——在资本主义条件下——就可以得到理性的证明。[29]

我的关注点，既不在于马克思有关经验性检验的信念，能否像合理性范式一样得到证成，亦不在于其与同时代的经验主义者，比如孔德（Comte）、密尔（Mill）等人之间的异同。我的关注点在于马克思所认为的可以用经验加以确证的那**类**主张。这类主张中有许多是关于社会史和经济史的。但是当马克思确实谈及可以用经验加以确证的"预设"

时,他是有特定所指的:"我们开始要谈的预设[Voraussetzungen]并不是任意提出的,不是教条[Dogmen],而是一些只有在想象中才能加以撇开的现实的预设。这是一些现实的个人,是他们的活动和他们的物质生活条件,包括他们已有的和由他们自己的活动创造出来的物质生活条件。因此,这些预设可以用纯粹经验的方法来确认。"① (DI 20/31;《形态》节选本,第10—11页)"教条"是指青年黑格尔派所解读批判的宗教教条。马克思所关注的要更为具体:"现实的个人,他们的活动和他们的物质生活条件"。在某种意义上这仍然只是将主题从宗教切换成了经济学、社会史和经济史。其令人费解之处在于将个体、活动和物质条件说成是"预设"。马克思的"**预设**"是指物质世界的因素和进程。其所预设的是什么?这样的东西存在吗?"个人和他们的活动等存在"是真的吗?

在下一个段落的第一句中,马克思指出,"全部人类历史的第一个预设[Voraussetzung]无疑是有生命的个人的存在。"② (DI 20/31;《形态》节选本,第11页) 如果把此处的"Voraussetzung"解读为"前提"(prerequisite)而非"预设"(presupposition),我们便可以得出:"全部人类历史的第一个前提无疑是有生命的个人的存在"[30]。

这是非常明确的主张。同时在部分程度上其亦是一种同义反复。如果没有过去或现在的个人的存在,就不会有人类历史。至于这些存在是否就是人类历史的"第一个"前提,这一点似乎很难讲(抑或很难弄清楚)。不过真正的问题在于,怎样从经验上确证所讨论的**预设**。这一**预设**主张:"存在抑或曾经存在有生命的人类个体"。这并非同义反复,因为人类可以从未存在过。问题在于我们怎样从经验上确证他们确实存在。答案出奇的简单:既不依据累积数据,亦不需要进行实验,而仅仅是转动我们的目光,看到人类确实存在即可。往小处说,这是一种奇怪的"经验性确证"。

再看另一段:

> 我们谈的是一些没有任何预设[voraussetzungslosen]的德国人,因此我们首先应当确定一切人类生存的第一个预设[或前提],也就是一切历史的第一个预设[或前提],这个预设[或前提]是:人们

---

①② 引文有改动。中文版是"前提",非"预设"。——编辑注

第 8 章 《德意志意识形态》(上)：再反哲学

为了能够"创造历史"，必须能够生活。但是为了生活，首先就需要吃喝住穿以及其他一些东西。① (DI 28/41-42，《形态》节选本，第 22-23 页。一并参见 DI 217/236；《形态》，第 261-262 页)

这是对鲍威尔式（或许也包括施蒂纳式）没有任何预设的立场的调侃。其所肯定的是一种"经验性"预设：人类必须想办法生活下去。这是"人们从几千年前直到今天……必须每日每时从事的历史活动，是一切历史的基本条件 [Grundbedingung]"(DI 28/42；《形态》节选本，第 23 页)。

这个主张或许同样是一种同义反复：如果人们不是"为了生活"，那么他们就会死掉，因而也就不会有什么人类历史。不过，上述段落中的其他论断仍然可以从经验上加以确证，只是这种确证同样不属于社会科学的范畴："为了生活，首先就需要吃喝住穿以及其他一些东西。"这并非逻辑真理。人类生理需求原本可以不是这样。动物并不需要穿衣，有些动物不需要住处。不过这仍然是关于人生存状况的真理。要怎样从经验上对之进行确证呢？依靠日常经验和对日常生活的最为简单的观察。[31] 马克思又一次诉诸直接存在于我们眼前的事物。

表面看来，我所强调的段落，似乎是一些草率夸张的段落。但我认为并非如此。因为如果将之放入《穆勒评注》、《手稿》和《提纲》的语境中（至少按我对这些文献的解读来讲），这些段落将表明，马克思赋予我们与世界之间的互动认识论的功能，但是对这种认识论的作用范围，马克思一直是不确定的。同时它们直接导致了《形态》清算哲学的尝试。作为一种方法，经验性确证不仅可以应用于马克思希望我们转向的新的研究领域，而且能够处理经典哲学的问题：马克思指出："按照事物的真实面目及其产生情况来理解事物，任何深奥的哲学问题……都可以十分简单地归结为某种经验的事实。"(DI 43/39；《形态》节选本，第 20 页) 这不免令人联想起《手稿》中的下述说法：哲学对立的解决"**只有通过实践方式才有可能**"② (ÖpM 542/302；《手稿》，第 88 页)。两种说法的区别在于，通过诉诸"经验的事实"，《形态》阶段的马克思认为，不需要"**感觉在自己的实践中直接成为理论家**"(ÖpM 540/300；

---

① 引文有改动。中文版是"前提"，非"预设"。——编辑注
② 引文有改动。中文版是"**只有通过实践方式**，只有借助于人的实践力量，才是可能的"。——编辑注

《手稿》,第86页)的共产主义社会,当下即可以解决"任何深奥的哲学问题"。这里的说法似乎是指,我们当下即可洞察能够解决哲学问题的"经验事实",正如我们可以洞察其他经验事实一样(比如空气异质性检验的结果),而无需改变意识,抑或采取隔离式立场。我业已考察了马克思对"经验性确证"的独特用法,并在部分程度上将其视为马克思下述论述——特定的哲学问题如何可以用经验事实加以解决——的先导。

出于术语明确的考虑,应当对"科学的经验性确证"和"日常的经验性确证"加以区分。科学的经验性确证只是普通的科学实证主义观念。一种理论可以依据(多少)无可争辩且(多少)独立于理论之外的数据加以检验,而日常的经验性确证则需涉及观察人的生活,以及确认这种生活中所存在的某些显而易见的方面。

费尔巴哈对"自然科学的感性现实"和"其绝对的现实"的区分(V 188),以及"感觉同样是哲学的器官"这一模糊说法(AP 145/137),是对马克思上述区分的预演。对于费尔巴哈来讲,与哲学的决裂一方面涉及服膺于自然科学,另一方面涉及转变我们关联(用前一章的说法是"面对")自然世界的方式。我在第6节将讨论《形态》中的马克思最终是否同样关注这样的转变。

4. 反哲学 I

与费尔巴哈相似,《形态》中的马克思亦是一名反哲学家。同样与费尔巴哈相似的是,这一身份对于马克思,也包含几种不同的意思。第2章的范畴在这里同样有效。我们且从马克思彻底否定哲学的环节切入:"在思辨终止的地方,在现实生活面前,正是……实证科学开始的地方。关于意识的空话将终止,它们一定会被真正的知识所代替。对现实的描述会使独立的哲学失去生存环境,能够取而代之的充其量不过是从对人类历史发展的考察中抽象出来的最一般的结果的概括。"(DI 27/37;《形态》节选本,第17—18页)从经验上解决哲学问题,在一层意义上显然是通过数据归纳实现的。[32]对于一般结果的这样一种"概括",或许是指哲学问题将为具体科学问题所**取代**。我们或许可以对人的行为

第8章 《德意志意识形态》(上)：再反哲学

进行经验上可检验的归纳，而非对身心做不可检验的抽象论证：人"须要'把哲学搁在一旁'……须要跳出哲学的圈子并作为一个普通的人去研究现实"(DI 218/236；《形态》，第 262 页)。传统哲学问题反之是被忽略掉了。这与马克思时常表现出来的，对哲学的轻视是一贯的："哲学和对现实世界的研究这两者的关系就像手淫和性爱的关系一样。"(DI 218/236；《形态》，第 262 页) 前一种活动是空洞不育的，后一种却是充实的，且能创造生命的。前一种活动将会被搁置。[33]

马克思在其他场合的做法要更为复杂。那些时常被用来证明马克思所谓的形而上学唯物主义的段落，清楚地表明了这一点。[34] 要想对此进行彻底的研究，不仅需要穷举形而上学唯物主义的所有类型，而且需要穷举马克思并非唯物主义者的所有层面。这里我仅关注在马克思主义传统中发挥过重要作用的那些类型。

请看下述主张：
(1) 物质在形而上学上是第一位的：
 a. 意识可以化归为物质，即只有物质"真正"存在。
 b. 意识是物质的产物。
(2) 物质在时间序列上先于意识。
(3) 物质可以脱离意识而存在，即在精神以外存在实体。

恩格斯在《终结》中肯定了 (3)。他认为，唯物主义的含义在于"自然界是不依赖任何哲学而存在的"(LudF 272/18；《终结》，第 275 页)。恩格斯同时还肯定了 (1b)，赞扬费尔巴哈认识到了"物质不是精神的产物，而精神本身只是物质的最高产物。这自然是纯粹的唯物主义"(LudF 277-278/25；《终结》，第 281 页)。此外，恩格斯还肯定了 (1a)："唯物主义把自然界看做唯一现实的东西"(LudF 272/17；《终结》，第 275 页)。最为有趣的是，恩格斯指出："思维对存在、精神对自然界的关系问题，全部哲学的最高问题……什么是本原的，是精神，还是自然界？——这个问题以尖锐的形式针对着教会提了出来：世界是神创造的呢，还是从来就有的？"(LudF 275/21；《终结》，第 278 页) 这里所呈现的是哲学的图解史，不过恩格斯承认，唯心主义与唯物主义的争论，应当被表述为关于创世的争论："除此之外，唯心主义和唯物主义这两个用语本来没有任何别的意思"[LudF 275/21；《终结》，第 278 页，恩格斯在这里有可能是在 (2) 的意义上理解唯物主义]。

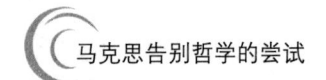

对问题的这样一种厘定，（似乎难以置信地）蕴含了无神论者必定是唯物主义者的结论（因为他们否定了创世）。如果这样厘定问题，如果无神论者一定是（2）的意义上［同时亦是（3）的意义上］的唯物主义者，并且如果承认自然科学的发现，那么人或许就不会再像《唯物主义和经验批判主义》（*Materialism and Empirio-Criticism*）中的列宁那样推理论证：

> 自然科学积极地肯定了地球曾经有过的这样一种状态，那时既没有人，亦没有其他生物，并且连可能性都没有。有机物是后来的现象，是长期进化的结果。所以那时既没有感知物，亦没有"感觉的复合体"，也没有阿芬那留斯学说意义上的所谓"不可消解"的环境中的**自我**。物质是首要的，而精神、意识和感觉是高度发展的产物。[35]

列宁的论证认为（2）和（3）是正确的，因而（1b）也是正确的。

问题并不在于这样一些论证的细节，而在于当提出这一形而上学问题时，不论是恩格斯还是列宁都没有消解这一问题。他们都非常认真地对待这一问题。费尔巴哈指出，如果我们将创世问题理解为关于"一切东西"（WC 336/218；《本质》，第 286 页）的创造问题而加以发问，那么创世问题在逻辑上便是不连贯的。只有针对特定实体的创造问题才是连贯的，而这些问题可由自然科学加以回答（WC 337/218；《本质》，第 286-287 页）。而恩格斯所提出的正是"一切东西"的创造问题。他在《反杜林论》中指出："一旦对每一门科学都提出要求，要它们弄清它们自己在事物以及关于事物的知识的总联系中的地位，关于总联系的任何特殊科学就是多余的了。"（AntD 24/31；《反杜林论》，第 28 页）在某一特定的时间点，特殊的哲学科学将变得多余（但这并没有说哲学在逻辑上总是误导性的），并将由"独立科学"的集合加以**取代**。恩格斯似乎认为这种统一的科学（"我们关于事物的知识"）将真正地回答哲学问题。[36] 与之类似，在上述引文中，列宁是用自然科学的结论去拒斥唯心主义，而非消解唯心主义。

要想知道马克思的观点有什么不同，我们可以考察他讨论同一问题的一个段落。这一个段落的语境是指责费尔巴哈未能认识到人类工业对自然的改造："这种活动、这种连续不断的感性劳动和创造、这种生产，正是整个现存的感性世界的基础，它哪怕只中断一年，费尔巴哈就会看

第 8 章 《德意志意识形态》(上): 再反哲学

到,不仅在自然界将会发生巨大的变化,而且整个人类世界以及他自己的直观能力[Anschauungsvermögen],甚至他本身的存在也会很快就没有了。"(DI 44/40;《形态》节选本,第 21 页)马克思接着指出:"当然,在这种情况下,外部自然界的优先地位仍然会保持着,而整个这一点当然不适用于原始的、通过自然发生的途径产生的人们。但是,这种区别只有在人被看作是某种与自然界不同的东西时才有意义。"(DI 44/40;《形态》节选本,第 21 页)"但是"以后的分句至关重要。马克思是在与两种观念做斗争。一方面,他坚信自然科学的结论。从时间上讲,自然先于人而存在,即便人类消失了,自然仍将会存在。人必须通过劳动维持自身和其"感知能力"的存在。但我们无法通过劳动维持自然的存在。另一方面,与恩格斯和列宁不同,马克思并未因而转向任何一种形而上学唯物主义。相反,他指出:"这种区别只有在人被看作是某种与自然界不同的东西时才有意义。"这表明以这种方式看待人并不具有必然性。此外,就在这一段落之前,他曾以嘲讽的口吻提到"人对自然的关系这一重要问题",并且批判鲍威尔将人类历史和自然视为"两种互不相干的'事物'"(DI 43/39;《形态》节选本,第 20-21 页)。很明显,不论是人类还是人类历史,都没有被视为与自然相"分离"的"事物"。

我们需要仔细留意马克思在处理不同问题时涉及的不同层次。有人或许会问,如果人类消失了,特定的对象,比如我办公室所在的建筑物,我所敲击的键盘,甚至于地球是否会继续存在?回答当然是肯定的。(基于经验)关于物质对象怎样衰败的知识告诉我们,如果人类突然消失,建筑物、键盘和地球,所有这一切都将继续存在,尽管存在的时间会有所不同。

不过,有人可能会问,如果人类灭绝了,**作为一个总体**(totality)的这些对象——费尔巴哈称之为"整体"(All)——能否继续存在?这是一个较难回答的问题。我能理解特定对象,即便是庞大如地球的特定对象不再存在是什么意思,但我无法理解整体不再存在的意思。此外,即便是想去回答这样的问题,似乎亦需要一种**外在**于整体、可以对其潜在的不存在加以观察的立场。而这样一种立场很有可能在逻辑上是不连贯的。人至少需要将自身想象为不再是自然有形世界的一部分。"只有当人被视为不同于自然的存在物时",这一问题"才有意义"。人必须

（至少）采取外在于自然的存在物立场，才能提出这一问题。

我认为，在这一重要的复合句的第一个从句中（从"当然，在这种情况下……"开始），马克思肯定了特定存在的说法（自然——树木、泥土和海洋——先于人类而存在），而在第二个从句中（"但是，这种区别只有在……"），我认为他回避了普遍存在的说法。我认为其要点在于，人可以被视为不同于自然的任何特定部分的存在物，所以人理所当然可以发问，自然的特定部分是否独立于人而存在，但是（这一观点与马克思1844年对创世的讨论是一贯的）人不应当被视为独立于自然整体之外的存在物（"就好像它们是两种分离的'事物'"）。人不应当被视为抽离于（作为整体的）自然之外的存在物，并因这一"抽离"的观点而面临诸如（作为整体的）自然是否可以脱离抽象的人而存在的问题。[37]

我认为，马克思试图回避下述立场，从这一立场出发，可以提出唯心主义和唯物主义的问题[38]，不过，这与声称用一种系统的、先进的统一学科就能回答这类问题的观点是不同的。

请思考一下劳动是"整个感性世界如其当下存在的基础"这一论断。这一论断看上去似乎支持对马克思的下述唯心主义解读，即马克思认为不存在脱离人的劳动活动而存在的自然。实际上，"如其当下存在"的说法表明，马克思的意思是说，只有当下的自然世界才处处受到人的劳动的影响。段尾"先于人类历史而存在的那个自然界……在任何地方都不再存在"（DI 44/40；《形态》节选本，第21页）这一说法，是他对此所做的明确表述。马克思在这一点上或许是错的，不过这里丝毫没有形而上学的含义。即便他是对的，物质世界仍然会存在，并且这个世界将由物质对象所构成，从本体论上讲，这些物质对象与被工业改变之前的状态并无二致。

是否存在某种独立的、现存的、劳动施诸其上的现实？当提出此一问题时，我们要么是对人改造世界的特定活动（砍伐树木、分裂原子）进行具体发问，在这一意义上，回答是肯定的（树木和原子确实独立存在），要么是从所有这样的具体发问中抽身而出，针对人的劳动是否是构成现实和整体的超越性范畴进行发问。姑且不论"劳动"作为这样一种范畴的不合理性，要想提出这样的问题，就需要采取一种外在于自然的立场。而这是马克思在1844年和《提纲》中所不愿做的。在《形态》中他仍然不愿这样做。

5. 反哲学 Ⅱ

我们需要进一步考察，马克思所宣称的对于"人对自然之间关系"问题的解决方案。他嘲讽了对"关于'实体'［黑格尔］和'自我意识'［鲍威尔］的一切'高深莫测的创造物'"所做的尝试性解决。[39] 所以我将这一问题看作传统的精神或意识与外在世界之间的关系问题。马克思指出："如果懂得在工业中向来就有那个很著名的'人和自然的统一'……那么上述问题也就自行消失了。"（DI 43/40；《形态》节选本，第 20-21 页）

作为对人与自然关系的严格哲学解释，马克思诉诸工业，与费尔巴哈诉诸消化解释身心统一（出奇的类似）一样无法获得成功。不过马克思所提出的并非是严格的哲学解释，而是关于哲学问题怎样可以消解为经验性事实这一观念的典型性例证。（顺便提一下，对此一事实——人在工业中同时改变自然和自身——的确证必须是日常的经验性确证：人直观到自身在工作过程中与自然的相互作用。）

人在工业中同时改变自然和自身，这一事实在何种意义上解决了哲学的问题？这其中存在消解的因素。在部分程度上，马克思似乎试图将人与自然的关系问题，消解为人类生产力的历史发展这一具体问题："在工业中向来就有那个很著名的'人和自然的统一'，而且这种统一在每一个时代都随着工业或慢或快的发展而有其不同的形式"① （DI 43/40；《形态》节选本，第 20-21 页）。很明显，需要考察的是这些不同的形式，而非某种形而上学问题。

不过，即便消解在这里发挥作用，但是其发挥作用的方式，与费尔巴哈针对创世所做的消解截然不同。费尔巴哈的做法所导向的是一种逻辑观念，他指出创世问题所依赖的（自然因果）范畴，无法适用于实体（整体）的创造问题。马克思从未说过，亦不应当说，人与自然的"统一"，在逻辑上仅仅涉及人与自然进行特定相互作用时的特定形式，针对普遍形式的统一进行发问，是对范畴的误用。将普遍形式的统一排除

---

① 引文有改动。中文版是"在工业中向来就有那个很著名的'人和自然的统一'，而且这种统一在每一个时代都随着工业或快或慢的发展而不断改变"。——编辑注

在外,所做的是一种实质性的主张。问题在于,怎样证成这样一种主张?

马克思指出他希望我们能够"按照事物的真实面目及其产生情况来理解事物"(DI 43/39;《形态》节选本,第 20 页)。我们据此看到了什么?在工业的进程中人以各种方式与自然相互作用,在改变自然的同时改变自身?假定真是这样。这一事实能够使哲学问题自行消失吗?其为什么能够做到这一点?

我们可以将此时的马克思对哲学问题的态度,解读为完全的不屑。问题并不在于对超出特定形式的工业进程的考察是无意义的,而在于人们完全没必要这样去做。哲学问题是在被摒弃的意义上自行消失的。

不过,马克思实际上所说的是,一旦我们懂得了在工业中向来就存在人与自然的统一,哲学问题就将自行消失。不是当我们忽略了哲学问题,而是当我们对之持有特定的洞见时,这一问题才会消失。马克思希望我们把握住某种东西——我认为马克思此处所关注的是人与世界之间的基本关系。他相信工业**是**我们与世界之间的基本关系。在某种形式上,这是马克思自 1844 年以来的一贯观念。当然,现在马克思既没有消解,亦没有拒斥人与世界的关系问题。他是在回答现实的问题。但正如第 7 章所呈现的那样,这并非是依靠构建一种形而上学理论才能够回答的形而上学问题。

即便如此,要想这样一种解读成立,人必须将我们在工业进程中与自然之间的相互作用,视**为**我们与世界之间基本关系的体现。人必须将之视**为**"著名的'人与自然的统一'"。而这意味着我们必须经历意识的改变——经验性确证恰恰不需要这种改变。

这是《形态》中反复出现的难题的例证之一。为了使其处理哲学问题的方法更为有效,马克思似乎需要改变我们的意识(使我们采取一种新的立场,并且意识到新立场的"具体性")。对于费尔巴哈来讲,这只是小事一桩,因为对他来讲,这一步骤并不会导致内在的不连贯。但对于马克思来讲,情形却并非如此。为了弄清这一问题的深层表现,我们需要考察其他一些段落。

马克思指出,第一个历史活动是生产满足人类需要的资料(DI 28/42;《形态》节选本,第 23 页),他指出这进而引起了新的需要。[40]满

第8章 《德意志意识形态》（上）：再反哲学

足需要的一般过程同时亦涉及对新人的生产："一开始就进入历史发展过程的第三种关系是：每日都在重新生产自己生命的人们开始生产另外一些人，即繁殖"（DI 29/42；《形态》节选本，第 24 页）。第四种关系在于，一种社会因素因而是"生命的生产，无论是通过劳动而达到的自己生命的生产，或是通过生育而达到的他人生命的生产"的一部分（DI 29/43；《形态》节选本，第 24 页）。

马克思进一步指出，"只有现在，在我们已经考察了原初的历史关系的四个因素、四个方面之后，我们才发现：人还具有'意识'。"（DI 30/43；《形态》节选本，第 25 页）在本段的后续部分，马克思写道："因而，意识一开始就是社会的产物，而且只要人们存在着，它就仍然是这种产物。"（DI 31/44；《形态》节选本，第 25 页）意识被称为"社会的产物"。**看起来**马克思似乎是（1b）意义上的唯物主义者。

不过，当指出意识是一种社会的产物时，马克思并不是指意识在时间上晚于社会而存在，并不是说先有"原初的历史关系的四个方面"，然后才有意识。从时间上讲，前三个方面是同时发生的："不应该把社会活动的这三个方面看作是三个不同的阶段……从历史的最初时期起，从第一批人出现时，这三个方面就同时存在着，而且现在也还在历史上起着作用"（DI 29/43；《形态》节选本，第 24 页）。第四个方面显然也是基于同样的立场："由此可见，人们之间一开始就有一种物质的联系。这种联系是由需要和生产方式决定的，它和人本身有同样长久的历史"（DI 30/43；《形态》节选本，第 25 页）。最后，意识同样从一开始就是一种社会的产物。如果其曾"受到物质的'纠缠'"，这种情况"从一开始"就是这样（DI 30/43 and 30/44；《形态》节选本，第 25 页）。没有迹象表明"从一开始"是指与需要的满足、再生产等活动的开端不同步的意识的开端。从时间上讲，意识与"社会活动的其他方面"是同步的。说意识是一种社会的产物，是说意识与自然不同，其不能脱离人类社会而存在。

马克思对社会活动各个方面的经验性确证主张，显然与检验或数据毫无关联。"第一个历史活动……是人们从几千年前直到今天……必须每日每时从事的历史活动，是一切历史的基本条件"（DI 28/42；《形态》节选本，第 23 页）。社会活动的这三个方面，"现在也还在历史上起着作用"。通常，意识和物质生存资料的同步生产，在我们的日常世

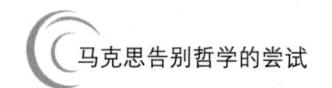

界中应当是可以看到的。这里的确证只能是日常的经验性确证。

从社会活动这些方面之间的同步性出发，我们能够得出什么呢？依据自然相对于人类在年代学上的优先性，列宁得出一种形而上学结论。而马克思并没有得出这么宏大的结论。在《手稿》中被划掉的一个段落中，包含有下述论述，"我们仅仅知道一门惟一的科学，即历史科学"（DI 18n/28n；《形态》节选本，第10页脚注②）。如果历史将"每一种复杂的哲学问题……简单归结为经验事实"，那么事实便是，自然在过去是先于人类（并且先于意识）而存在的，社会和意识一向是同时存在的，并且很显然，现在的情况依然如此。这里的问题是年代学的问题，此一问题有其具体答案，这便是对这一问题的终结。

因而，马克思是上述第（2）（3）层面上的唯物主义者（物质优先于并且独立于意识而存在），不过他却并非（1b）层面上（经常归因于他的形而上学唯物主义）的唯物主义者。当然人们可以说，物质在年代学上的优先性以及对上帝存在的否定，表明在某种意义上意识是由物质产生的。但我将（1b）理解为这样的主张，**特定数量的物质**（**人这种物质**）不断产生特定数量的意识。而这一主张所应当回答的问题，在我看来，却正是马克思所试图回避的。从年代学上讲，人的物质和意识是同步的。因而这里我将年代学视为这一问题的终结。

然而，问题依旧在于，要想人们相信年代学**确实**终结了这一问题，心物关系**确实**可以化约为脑力活动和体力活动之间简单易见的日常**相互作用**，马克思似乎需要人们以特定的方式看待事物。人们的确很容易认同日常生活中存在这种相互作用，但同时却会认为，这与心物关系毫无瓜葛。要想将马克思所谓的事实视为不容置疑的，视为对心物关系问题的**解决**，我们似乎需要从某种特定的视角来看待事物。

马克思承认，他所主张的是特定的"考察方法"（Betrachtungsweise——还可翻译为观念模式或观察方法）："前一种考察方法从意识出发，把意识看作是有生命的个人。后一种符合现实生活的考察方法则从现实的、有生产的个人本身出发，把意识仅仅看作是**他们的**意识。"（DI 27/37；《形态》节选本，第17页）哲学家自有其从意识出发的理由，但怎样能够证明使用马克思的考察方法，而非哲学家的考察方法的正当性呢？

马克思指出，他的考察方法"不是没有预设的。它从现实的预设出

第 8 章 《德意志意识形态》(上)：再反哲学

发，它一刻也不离开这种预设。它的预设是人，但不是处在某种虚幻的离群索居和固定不变状态中的人，而是处在现实的、可以通过经验观察到的、在一定条件下进行的发展过程中的人"① (DI 27/37；《形态》节选本，第 17 页)。这听起来似乎又是在说，马克思试图表明，就方法论来讲，他的观念与青年黑格尔派是不同的。即便我们应当从某种**考察方法**出发，但是这种考察方法的合法性，却是由经验加以保证的——无需采取任何特殊的立场。

不过，能够从经验上加以确证的，只是人确实存在于"一定条件下进行的发展过程中"这一点。而关注这样一种存在，**并且**"一刻也不离开这种预设"的**考察方法**，是通往有关心物关系之类问题真相的必由之路，这一点却无法从经验上加以确证。马克思从这样一种**考察方法**出发，所进行的历史和经济研究，可能收获甚大，并且一般来讲，对于社会科学而言，这种考察方法可能是最为高产的方法。但是这一事实丝毫未曾表明，此一方法在诸如心物关系之类议题上，相对于哲学家从意识出发的**考察方法**有其合理的优先性。与之前一样，要想认识到那种形式的合理的优先性，似乎需要这种优先性变得更为直观，似乎需要转变人由之看待世界的立场——但是根据《形态》中的观点，这等于是再度陷入青年黑格尔主义。

问题在于，如何表明哲学问题可以化约为经验事实。一种可能在于对问题的产生方式做出解释和诊断：

> 思想、观念、意识的生产最初是直接与人们的物质活动，与人们的物质交往，与现实生活的语言交织在一起的。人们的想象、思维、精神交往在这里还是人们物质行动的直接产物。表现在某一民族的政治、法律、道德、宗教、形而上学等的语言中的精神生产也是这样。(DI 26/36；《形态》节选本，第 16 页)

这一段通常被解读为马克思相信观念是由（人的）物质产生，是物质行动的"直接产物"的证据。基于这一说法，按照目前的术语，马克思间或被划归为一名"副现象论者"(epiphenomenalist)。[41] 但是在我看来，马克思的关注点并不在于怎样回答哲学问题，而在于怎样诊断并消解哲学问题。事实上，"直接产物"的说法是紧随不论存在怎样的心物观念，

---

① 引文有改动。中文版是"前提"，非"预设"。——编辑注

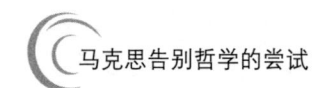

这才是心物关系的真实状态这样的说法而来的。脑力活动和体力活动"最初是直接交织在一起的"。这是一种历史论述。在早期社会，不存在与农业、打猎等活动相区别的，好像具有自主发展的外观一样的文化领域。意识仅仅是对与物质世界有限的、直接的相互作用的意识："意识起初只是对**直接的**可感知的环境的一种意识，是对处于开始意识到自身的个人之外的其他人和其他物的狭隘联系的一种意识"（DI 31/44；《形态》节选本，第 25 页）。观念一如既往确实是在物质生产的过程中产生的，而在早期社会中它们亦是如此**呈现**的。

在随后的时代中，意识与物质行动之间的交织方式越来越间接化。伴随独立的精神生产领域的出现，意识最终呈现出自主性。马克思似乎认为，当脑力劳动成为一项特殊的活动时，观念最终表现为一种似乎拥有其自身生命，独立于人类所有活动的复杂网络之外，而能自主发挥作用的存在物。而意识，作为人类生活处理观念之组成部分，其自身似乎从人类生活的其他部分中独立出来，不再表现为物质行为的直接产物（DI 31/45；《形态》节选本，第 26 页）。

对于意识和物质生活之交织关系的强调，可能会让心灵哲学家给马克思贴上另一种标签，即将其视为一名"相互作用论者"（interactionist）。不过在我看来，马克思的说法并不在于标识某种哲学立场。他的做法是要指出显见的事实，并且指出表象在历史中是如何变迁的。精神活动和物质活动在日常生活中显然是相互交织的。"人们的想象、思维、精神交往"在物质生产过程中是一直存在的，并且即便是思辨哲学家，也始终是呼吸着的物质存在者，或站或坐或走。坦率来讲，人的日常生活一向既涉及精神活动，亦涉及物质活动：身体和心灵始终存在，且共同发挥作用（或好或坏）。我认为没有哪一个心灵哲学家可以否认这一点。而指出这一点，并不意味着信奉某一种特定的哲学观。

马克思的重心在于强调下述事实，即观念如今**表现**出一种独立性。他指出，正是表象和现实之间的这种脱节（由脑力劳动和体力劳动的分工引起），造成了它们之间的关系**问题**，以及——作为历史事实的——心物关系这一哲学难题，并且使得这种关系似乎成了一个难题。借用第 2 章的说法来讲，这里用经验事实来解决哲学问题的做法是诊断性的。

而对哲学问题的诊断，理应同时带来对哲学问题的治疗。如果人们明白，心物问题产生于脑力劳动和体力劳动的分工，那么人们就理应明白，心物问题本身并不是什么难题。可惜，对哲学难题的解决，需要对经验事实做出特定的解释，因为马克思对心物难题之起源的解释（即便假定其是正确的），与解决这一难题之间并没有明显的关联。比如，是否存在某种亚原子粒子的问题，只有伴随近来科学理论和技术的发展才会产生，但这一点丝毫未曾消解这一问题。那么，为什么我们对哲学家难题之历史起源的洞见，会使得难题自行消失呢？

马克思反对自我可以"脱离他的全部经验生活关系，脱离他的活动，脱离他的生存条件，脱离作为他的基础的世界，脱离他自己的肉体"这样一种观念（DI 270/289；《形态》，第 326 页）。但是他从未证明，尝试进行这样一种分割和分离在逻辑上是不连贯的。

在共产主义中，人可以"上午打猎，下午捕鱼，傍晚从事畜牧，晚饭后从事批判"（DI 33/47；《形态》节选本，第 29 页）。脑力劳动和体力劳动将不再互相分离。人虽然无法同时从事所有这些活动，但也不存在系统性地只从事精神活动的特殊人群。我们姑且假定，马克思的假说是对的，即在这种条件下精神和物质的现实（交织）关系将会是显见的，并且假定在这种状态下，笛卡儿式的观念，或者其他理性主义（抑或形而上学唯物主义）的观念，将丧失其针对性。但问题在于，当前的状态并非共产主义，所以我们没有理由贬损当前的表象，且没有理由声称心物关系的真相在于，其**仅仅**是一种表象。

这是依据马克思自身观点所推出的结论，因为只要脑力劳动和体力劳动的区分继续存在，其影响就会继续存在。这里的幻觉是客观的幻觉。指出意识和物质活动始终相互交织这一事实，由于与马克思的其他一些主张之间存在张力，并不能获得所需的反转力量，而只能表现为一种关于人的生活的微不足道的事实。[42] 要求实现反转，意味着要求先于社会变革的意识变革。带着马克思在 1844 年所面临难题的一种变体，我们又回到了原点。

6. 转变

费尔巴哈希望其反哲学的努力，能够带来转变的效力。在这一点上

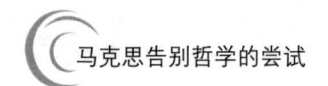

他与青年黑格尔派和老年黑格尔派是一致的，用哥塞尔的话说，费尔巴哈认为"哲学家［抑或反哲学家］也必须庆祝他的圣灵降临日"[43]。马克思谴责了青年黑格尔派对这样一种圣灵降临式转变的追求。但是要想证明他自身对哲学的批判，马克思似乎亦需要某种类似之物。难道马克思身不由己，也想促成我们的转变？

马克思显然认为，共产主义将会带来人的转变。他指责施蒂纳相信"那些使社会革命化并把生产关系和交往形式置于新的基础之上，即置于作为新人的他们自己、他们的新的生活方式之上的共产主义无产者，依然是'旧人'"（DI 195/214；《形态》，第 234 页）。在新的环境下，马克思指出，他们将变成新人。在共产主义条件下，"当然，个人关于个人间的相互关系的意识也将完全是另外一回事"（DI 425/439；《形态》，第 516 页），并且在革命的进程中，无产者"将抛弃它迄今的社会地位遗留给它的一切东西"（DI 68/88，70/53；《形态》节选本，第 74，78 页。—并参见 DI 403-404n/418n，423-424/438；《形态》，第 490 页脚注①，第 515-516 页）。共产主义中的个体和个体间的相互关系，将会截然不同于资本主义中的个体和个体间的相互关系。这样的论断丝毫没有不连贯的地方。只有当马克思试图让**我们眼下**就变成共产主义的个体时，才会出现不连贯。

沿着这一方向所进行的无意识推进的绝佳证据，来自马克思对费尔巴哈的批判。我业已指出，在《原理》第 44 节[44]以及后来的《批判性评论》所做的注解中，费尔巴哈一方面赞成经验科学，另一方面试图促成我们的转变（参见第 2 章第 2 节）。马克思在《形态》中大费周章地辩驳了《原理》第 44 节的一个说法。马克思所做批判的有趣之处在于，其完全误读了费尔巴哈，这导致其对自身立场的表述，近乎是对费尔巴哈本人立场的一种复述。

这一批判由正文和注释两部分组成。以下是正文：

> 在对感性世界的**沉思**［Anschauung, contemplation］中，他［费尔巴哈］不可避免地碰到与他的意识和他的感觉相矛盾的东西，这些东西扰乱了他所假定的感性世界的一切部分的和谐，特别是人与自然界的和谐。为了排除这些东西，他不得不求助于某种二重性的直观［Anschauung, perception］，这种直观介于仅仅看到"眼前"［"auf platter Hand Liegende"］的东西的普遍直观和看出事

第8章 《德意志意识形态》(上)：再反哲学

物的"真正本质"[wahre Wesen]的高级的哲学直观之间。① (DI 42-43/39；《形态》节选本，第 19-20 页)[45]

对此的注释是："费尔巴哈的错误不在于他使眼前的东西即感性外观从属于通过对感性事实作比较精确的研究而确认的感性现实，而在于他要是不用**哲学家**的'眼睛'，就是说，要是不戴哲学家的'眼镜'来观察感性，最终会对感性束手无策"(DI 43n/39n；《形态》节选本，第 20 页脚注①)。注释指出了共识所在。对于费尔巴哈而言，自然富有欺骗性，科学观察必须找出日常外观背后的真实结构(比如在采矿例证中[参见 WC-1 383-384/286；《本质》，第 369 页]，马克思同样承认这一点：有时我们需要"通过对感性事实进行详尽考察"，以便找出"其所确立的感性现实")。

显著分歧之处在于对"眼前"东西的不同看法。马克思指责费尔巴哈从"眼前"的东西转向了"看出事物的'真正本质'的高级的哲学直观"。因而即便没有明说，马克思似乎也在支持将"眼前"的东西视为"事物的'真正本质'"。不管怎样，眼前的东西要比"哲学的"直观更为真实。我业已指出，对于费尔巴哈而言，与"眼前"的东西一样，寻常现实也不是我们可以掉头不顾的东西；相反，我们需要力争"回到那种对于感性事物即实际事物的未被歪曲的，客观的看法"(G § 44, 325-326/60；《原理》，第 66 页)。眼下我们之所以未能做到这一点，是因为受到哲学和基督教的影响：我们错误地**以为**寻常现实就是"眼前"的东西。费尔巴哈的做法与戴上哲学家的"眼镜"正好相反。他所希望的恰恰是拿掉这些眼镜。马克思误解了他。费尔巴哈的劝诫与马克思是一致的：关注表象，关注眼前的自然世界。

不过，两者之间仍然存在实质的分歧。对于马克思而言，历史的经验科学至关重要，但历史经验科学完全未能进入费尔巴哈的视野范围。对于马克思而言，像物理学和化学之类的自然科学，只是经济利益的侍女，由经济利益赋予他们"目的"(DI 44/40；《形态》节选本，第 21 页)。对于马克思而言，日常世界的核心是由挥汗如雨地生产其生存资料的人们构成的。社会生活是严酷的，并且自然本身亦是布满了尖牙利爪。后来在《形态》中，马克思嘲讽地引证了"真正的社会主义者"对

---

① 引文有改动。中文版是"直观"，非"沉思"。——编辑注

于"五色缤纷的花朵……高大的、骄傲的橡树林"的幻化,以及对于天国荒谬的人格化:"在[这些天体的]旋转中",其中一名真正的社会主义者写道:"我看到了生活、运动和幸福的统一。"① (DI 459/471;《形态》,第 556 页)费尔巴哈本身并没有不堪到如此地步,不过他身上的浪漫主义甜腻迹象,亦不在少数。

不过,从这样的分歧中能够推出什么呢?对日常生活的严肃研究,涉及历史的解释和经济的解释?对科学史的研究涉及对其经济作用的研究?这是一些普遍的规定。但它们与费尔巴哈的说法是不相干的。人们可以宣称,"愿我们把饼、酒奉为**神圣**,而同样也把水奉为**神圣**"(WC 419/278;《本质》,第 358 页)!不过人们仍然会承认,对为什么特定的社会阶级拥有或没有足够的面包、酒和水,社会科学需要给出经验的解释,并且需要解释技术进步的经济决定因素。人们也同样很容易承认,对于费尔巴哈来讲,"历史在他的视野之外",甚至于承认"当他去探讨历史的时候,他不是一个唯物主义者"(DI 45/41;《形态》节选本,第 22 页),如果想借此指出费尔巴哈未曾理解经济对历史解释和社会分析的重要性。不过,费尔巴哈的转变方案,与这样的分析绝不是不相容的。无疑他对此所知甚少,或许是他的方案转移了他对此的注意力。但是,对纯粹数学的痴迷,亦是如此,而马克思并未反对这种活动。因而费尔巴哈的方案容易转移注意力这一点,并不表示其内容就是错误的。

如果与之不同的另一种转变方案的内容是正确的,那么费尔巴哈**便是错误的**。马克思指出,

> 他[费尔巴哈]没有看到,他周围的感性世界决不是某种开天辟地以来就直接存在的、始终如一的东西,而是工业和社会状况的产物……甚至连最简单的"感性确定性"的对象也只是由于社会发展、由于工业和商业交往才提供给他的。大家知道,樱桃树和几乎所有的果树一样,只是在数世纪以前由于**商业**才移植到我们这个地区。由此可见,樱桃树只是**由于**一定的社会在一定时期的这种活动才为费尔巴哈的"感性确定性"所感知。(DI 43/39;《形态》节选本,第 20 页)

---

① 引文有改动。中文版后两句是"这些天体按照永恒的规律在无限的空间旋转"。"我认为这种旋转就是生活、运动和幸福的统一。"——编辑注

第 8 章 《德意志意识形态》(上):再反哲学

费尔巴哈或许不知道樱桃树是移植欧洲这一事实,而马克思可以引证货运单、商人和旅行者的报告等以确证这一事实。不过费尔巴哈却不会不知道以下事实,即至少日常使用的许多对象是"工业和社会状况的产物"。如果他不知道,他只需要环顾四周,即可明白马克思是正确的。费尔巴哈未必明白的是,这一事实是**至关重要的**——正如他宣称我们都是人类的成员,这一事实是至关重要的一样。(参见第 1 章第 1 节)

马克思指出:"任何历史观的第一件事情就是必须注意上述基本事实[*Grundtatsache*]的全部意义和全部范围,并给予应有的重视。"(DI 28/42;《形态》节选本,第 23 页)这一基本事实在于,"为了生活,首先就需要吃喝住穿以及其他一些东西"(DI 28/41-42;《形态》节选本,第 23 页)。这一点之所以重要,最为显见的理由在于,这一点充当了历史解释的引导线索。但是,对于马克思而言,其重要性似乎并不局限于这一点。假定另有一种历史理论,比如一种强调气候作为历史变革首要决定因素的理论,由经验证实优于马克思的历史理论。姑且不论马克思是否真的会同意放弃自身的理论,其主要的社会科学主张是否如其所宣称的那样可以经验性地加以证伪。问题在于,哪怕他放弃了历史唯物论,生活仍将"首先就需要吃喝"等。人类仍将需要生产其生存资料。马克思指出的基本事实仍将是可靠的。

在何种意义上其将是基本的?仅仅是在生物学的意义上?生存是其他一切的前提?在《手稿》中,马克思赋予了这一基本事实另一种优先性——表明人如何表现其本质属性:"**工业**的历史和工业的已经产生的**对象性**的存在,是一本**打开了**的关于人的**本质力量**的书"(ÖpM 542/302;《手稿》,第 88 页)。不过在《形态》中,马克思并未提及"人的本质力量"。

含糊不清之处正在于此。为了解释费尔巴哈的观点为什么不仅是一种误导,而且确实是错的,马克思必须坚称,人与外在自然世界的基本关系,是一种非常特别的关系,是劳动过程中的人与自然世界的关系,即人与自然进行相互作用,以求生产物质财富的关系,而费尔巴哈忽视了这一点。这实际上是马克思在 1844 年的观点,我认为《提纲》延续了这一点。这种观点与《形态》中的哲学批判之间的关联在于,如果与自然的这种相互作用是人与世界的基本关系,那么这种相互作用的事实,如果被恰当地认识(被视为**基本的**),那将是对有关人与自然关系之哲学问题的回答（而且是正确的回答）。至于如何在当下（不进行意识的转变，不采取一种新的名义上的隔离式立场）就证明劳动是人与自然的基本关系，这一难题仍然存在——不过，至少马克思的观点，以及其与费尔巴哈的本质不同，业已显露无遗。

我认为这便是《形态》的处境。不过，有些评论家否认马克思在这一文本中延续了其 1844 年的观点。他们将《形态》视为马克思与自身过去的一次决裂。类似"人的本质力量"这样的概念，不仅不再出现在同样的名称之下，而且完全消失不见了（这一点无疑同样适用于像"基本关系"这样的重构性概念）。这样解读《形态》，（显然）可以避免使马克思再度陷入青年黑格尔主义的指摘，但是为此付出的代价，却使得马克思的下述看法——费尔巴哈不仅不知道何为至关重要的研究领域，而且抱持一种错误的基本立场——变得无法理解。不过，1844 年的马克思和《形态》的马克思相比显然是有转变的，而且任何一种解读都必须详细说明这一转变。为此，我们必须首先考察《形态》中对"善好生活"的论述。

注 释

[1] Marx to Feuerbach, August 11, 1844, in *MEW* 27：425；*MECW* 3：354.

[2] 就出版日期而言，对《形态》的批判对象不能一概而论。马克思的嘲讽主要针对 1843 年以后的鲍威尔，而非早期鲍威尔，但是费尔巴哈从 1841—1843 年的所有主要著作，悉数受到了批判。马克思和恩格斯当然从未将青年黑格尔主义区分为早期"可接受"阶段和晚期"不可接受"阶段。他们的批判，所针对的始终是整个青年黑格尔派运动。

[3] 阿尔都塞（Louis Althusser）的著作，是有关早期马克思和后期马克思之间存在根本性断裂这一论题最为重要的著作。关于我对阿尔都塞著作的讨论，可参见第 9 章第 4 节。

[4] 马克思和恩格斯六度以赞许的口吻提及他们《德法年鉴》时期的作品（DI 33-34/47，180-181/197，190/209，217/236，229/247，503/514；《形态》节选本第 28-29 页，《形态》第 216，229，261，275，609 页）。

[5] 对此最好的论述，当属 G. A. Cohen, *Karl Marx's Theory of History：A Defense*。

[6] Marx to Annenkov, December 28, 1846, in *MEW* 27：460；*MECW* 38：103. 这一指摘应当与马克思在书中所做的另一指摘相区分：蒲鲁东认为政治经济学范畴是永恒的，因而完全误解了他试图分析的事态。即便蒲鲁东未曾赋予观念因果效力，后一条指摘仍然可以是有效的。

第8章 《德意志意识形态》（上）：再反哲学

[7] 马克思和恩格斯在其他一些场合，对其他著作家亦有过类似说法。比如在《反杜林论》(Anti-Dühring)中，恩格斯批判了英、法、德三国的社会主义者，因为在他们看来：''社会主义是绝对真理、理性和正义的表现，只要它被发现了，它就能用自己的力量征服世界''（AntD 18/25；《反杜林论》，第22页）。

[8] MECW 5：xv.

[9] Bauer to Feuerbach, March 10, 1842, in Hans-Martin Sass, "Bruno Bauer's Idee der 'Rheinischen Zeitung'", *Zeitschrift für Religions-und Geistesgeschichte* 119 (1967)：322；转引自 Toews, Hegelianism, 324–325。

[10] 参见 UWC 441。

[11] 大多数评论家认为青年黑格尔派几乎不关心实践变革。比如可参见 Paul Ricoeur, *Lectures on Ideology and Utopia*, 71。即便是像伍德这样敏锐的评论家，亦曾指出，

> 马克思乐于同意，异化了的个体完全不知道追求怎样的目标，怎样去过充实的生活，构筑何种类型的社会。但他并不认为这是根本的问题。根本的问题在于，异化了的个体没有能力去做出有意义的行为，不论是以个体的身份还是以集体的身份，没有能力去实现他们所可能持有的价值的理想。这是因为有现实的非精神的障碍横亘在他们的路上。在他们可以决定现实的人的生活应当怎样加以构筑之前，他们必须首先正视这样的障碍，理解他们的本性，并且着手去移除障碍。(Wood, *Karl Marx*, 14)

青年黑格尔派应该会同意上述说法，除了最后一句。并且如果最后一句的意思是说在人们"**可以决定现实的人的生活应当怎样加以构筑**"之前，这些障碍必须被移除，那么它就是一种非常强势，但绝不是自明的说法。本书的大部分章节即在于解读何以从1844年起，马克思就认定这一说法是正确的。

[12] Bauer to Marx, *Marx-Engels Gesamtausgabe*（Berlin：Dietz Verlag, 1975），sec. 3, vol. 1, 353.

[13] 鲍威尔深知，批判由于自负容易受到多方面的嘲笑，并且虽然鲍威尔确实强调观念有其效用，但他所服膺的，不过是**某些观念拥有长远效用**的一般信念。（参见 GK 202）

[14] 古斯塔夫·迈耶（Gustav Mayer）有时似乎将对荒谬的指控与指控（2）混为一谈，结果，在《三月革命前普鲁士政治激进主义的开端》(Die Anfänge des politischen Radikalismus im vormärzlichen Preussen) 中，他谈及鲍威尔时，口吻异乎寻常的不屑，认为人的观念从长远来看会具有实践效力，抑或人可以看出历史变革的方向，这并非完全疯狂的表现。著作家对历史变革方向的论述，无疑可能是错误的，而且他可能错误地认为**其**观念将会对历史变革产生影响——这将是毁灭性的批判，1841—1843年的鲍威尔，无疑容易受到这样的批判。不过，这与批评鲍威尔

认为其思想可以自行带来变革，而无需任何人的实际力量的帮助，是截然不同的。

［15］恩格斯在《德法年鉴》中，有时似乎犯有与费尔巴哈和鲍威尔同样的过错，即未曾明确哪一个群体的启蒙将会带来实践的结果，或者说未曾明确此一群体将以何种方式着手带来这些结果。在《国民经济学批判大纲》中，恩格斯希望"从纯粹人的、普遍的基础"出发分析问题（Umr 502/421；《国民经济学批判大纲》，第 445 页）。如我在正文中所指出的那样，在《过去和现在》这篇评论中，恩格斯曾经傲慢地宣称："这样就不必再为自己思想的实现而感到困扰，因为它接着完全会自行实现。"（LE 548/466；《英国状况》，第 522 页）我并不是说马克思和恩格斯赞同《德法年鉴》中的一切说法。显然他们并不能既这样做，又保持思想的连贯性。《形态》的确批判了《德法年鉴》中的一些观念。但是这些旧观念并不单纯是"唯心的"，而《形态》中的新观念亦并不单纯是"唯物的"。核心转变发生在认识论方面，而非本体论方面。这种转变是对之前的脱离抽象哲学的认识论转变的一种延续，甚至于《1843 年通信》（A Correspondence of 1843）中的一些说法亦属于**此种转变的一部分**。

［16］关于其对这一术语的使用，可参见 Rosen, *Bruno Bauer and Karl Marx*, 91，140-141。

［17］Max Stirner, *Der Einzige und sein Eigenthum* (Leipzig：Verlag von Otto Wigand, 1882), 369; *The Ego and Its Own*, trans. Steven Tracy Byington (Cambridge：Cambridge University Press, 1993), 315.

［18］我认为这是一种术语上的转变，其是早已转变进程中所迈出的艰难一步。特许立场业已隐含在自我证明视角（参见第 7 章第 4 节）之中。另一个转变在于关注青年黑格尔派**何以**认为其立场在认识论上是特殊的，因为马克思所批判的正是他们视其立场为特殊的理由。

［19］很可能大部分关于立场 S 是特许式（privileged）的说法，可以兑换为立场 S 是隔离式（insulated）的说法。通过强调由于在立场 S 中人知道 p，那么 S 必定（充分地）与对 p 的歪曲相隔离，人们可以尝试消除两者的区别。不过，这种做法将把两者的关联引向错误的方向。隔离式立场观念并非是从人知道 p 出发，推导出其立场必定未曾受制于对 p 的歪曲，而是指人相信其立场未曾受制于对 p 的歪曲，进而推导出其信念 p 必定是真的（抑或至少是可以充分证明的）。特许式立场与隔离式立场的关系问题，不在于特许式立场是否是隔离式的，而在于隔离是否是解释立场 S 何以成为特许式的唯一途径。

［20］Stirner, *Einzige*, 64-65; *Ego*, 59.

［21］Stirner, *Einzige*, 77; *Ego*, 69.

［22］Stirner, *Einzige*, 179; *Ego*, 158.

［23］Stirner, *Einzige*, 99-100; *Ego*, 88.

［24］Stirner, *Einzige*, 120-127; *Ego*, 105-111.

第 8 章 《德意志意识形态》(上)：再反哲学

[25] Stirner, *Einzige*, 168; *Ego*, 148.

[26] Stirner, *Einzige*, 327; *Ego*, 280.

[27] Stirner, *Einzige*, 377; *Ego*, 323.

[28] Stirner, *Einzige*, 155-156; *Ego*, 135.

[29] 这一新方法是否同样有助于马克思解决第 6 章的证成难题？此一证成难题取决于资本主义条件下所存在的与诸如人的自我实现活动相关的客观幻觉。在关乎自我实现活动**方面**，新方法能够洞察客观幻觉吗？我认为明确的回答是不能。经验性确证无法证实或证伪下述说法，即人在本质上是生产性的生物，而非反思性的、理智性的生物。

[30] *Cassell's German Dictionary*（New York：Macmillan，1977）中将"前提"（prerequisite）列为"*Voraussetzung*"的第 7 条释义。

[31] *The End of Philosophy*：*The Origin of "Ideology"* 一书的作者马（Mah），是唯一一位发现《形态》的话语存在不寻常之处的评论家。马认为马克思由此将"一种反哲学的常识"确立为"其非哲学的知识和信念的标准"（Mah, 213）。在马看来，马克思用常识来反对哲学："一笔抹杀了对日常生活和常识信念的哲学质疑，['马克思的经验性描述']将日常生活意识奉为真理的试金石"（Mah, 214）。

问题在于，马既未能留意到马克思在《形态》中，如同在 1844 年《手稿》中的做法一样，对资本主义条件下常识本身受到扭曲的强调，亦未能留意到马克思在常识和"经验性确证"之间所做的匪夷所思的等同（常识并未证实空气的异质性）。马未曾看到亦未能激活此一文本的异乎寻常之处——用"经验性确证"一方面指称普通的日常生活直观，另一方面指称用以洞察日常生活直观中所涉及的系统性欺骗的方法。

[32] 在《反杜林论》中，恩格斯认为哲学问题业已被具体科学问题所取代。哲学研究中仅仅保留了逻辑学。他指出，现代唯物主义，

> 本质上都是辩证的，而且不再需要任何凌驾于其他科学之上的哲学了。一旦对每一门科学都提出要求，要它们弄清它们自己在事物以及关于事物的知识的总联系中的地位，关于总联系的任何特殊科学就是多余的了。于是，在以往的全部哲学中仍然独立存在的，就只有关于思维及其规律的学说——形式逻辑和辩证法。其他一切都归到关于自然和历史的实证科学中去了。（AntD 24/31, 34/43;《反杜林论》，第 28 页）

[33] "搁置哲学 [*die Philosophie beiseite liegenlassen*]" 这一说法来自赫斯（M. Hess）《最后的哲学家》（Die letzten Philosophen）一文（参见 Hess, *Philosophische und sozialistische Schriften* [Berlin: Akademie-Verlag, 1961], 384; Stepelevich, ed., *The Young Hegelians*, 363）。施蒂纳在《维干德季刊》（*Wigand's Vierteljahrschrift*, 187）中借用了这一说法，马克思实际上是从施蒂纳那里汲取

（并引证）了这一说法。

[34] 近来的许多评论家并未将马克思解读为形而上学唯物主义者。但是他们未能充分地解释那些使得马克思似乎是形而上学唯物主义者的段落。对此所做的精彩讨论，可参见 Wood, *Karl Marx*, 159-186, 尤其是 George L. Kline, "The Myth of Marx's Materialism," *Annals of Scholarship* 3, no. 2 (1984): 1-38.

[35] V. I. Lenin, *Materialism and Empirio-Criticism*, trans. Abraham Fineberg, in *Collected Works*（Moscow: Foreign Languages Publishing House, 1962), 14: 75.

[36] 恩格斯认为其确实使用科学方法解答了哲学难题的著名例证，是其在《终结》中对康德的物自身概念的批判，参见 LudF 276/22-23；《终结》，第279-280页。

[37] 马克思在1844年对创世的讨论，同样拒绝了世界以外的、（马克思认为）据以提出整体问题的立场。并且他同时呼吁，**从恰当的视角切入**，即某种多少类似于他所谓的"不停地感性劳动和创造"，才是理解世界之起源和持存的途径。

[38] 阿多诺（Theodor Adorno）用其一贯的格言体，对我的解读做过预演，参见 Theodor Adorno, in *Negative Dialectics*（New York: Continuum Publishing, 1983)。阿多诺指出，"意识依赖于存在这种思路，并非形而上学的颠倒，其所指向的是自在的意识这一幻觉，是意识超出自身作为其一个环节的整体进程之外的幻觉"(200)。此外，"关于精神和身体之优先性的争论，是一种前辩证法的聚讼。其所关注的是'第一'（first）问题"（202）。

[39]《马克思恩格斯全集》英文版的编辑指出，在最初引证的说法中，马克思化用了歌德《浮士德》《天空序曲》（Prolog im Himmel）中的一行诗。

[40] 满足一种需要与创造出另一种需要，似乎是同一种事物——同一行为的两个方面——就好比获得哪怕是片刻的平静满足，亦是不可想象的。

[41] 比如可参见 Jerome Shaffer, "Mind-Body Problem", in *The Encyclopedia of Philosophy*（New York: The Free Press, 1967), 5: 339.

[42] 与1844年一样，马克思的诊断是一种自我侵蚀型（self-undermining）诊断。

[43] Karl Göschel, *Aphorismen über Nichtwissen und absolutes Wissen im Verhältnisse zur christlichen Glaubenserkenntnis*（Berlin, 1829), 160; 转引自 Toews, 90.

[44] Manfred Vogel 译本第43节。

[45] 我将第一句中的 Anschauung 译作"沉思"（contemplation），因为在论及费尔巴哈对感性世界之"统一"的信念时，马克思所指称的，几乎是我在第7章所详细引证的《本质》的那个部分（参见 WC 188/113 以及第7章第2节），其中的 Anschauung 最好译作"沉思"。参见第7章脚注[10]。

第 9 章 《德意志意识形态》（中）：善好生活及 1844 年以来的转变

我在前一章中指出，马克思试图避免诉诸任何一种特定的立场，但是其解决哲学问题的方式，似乎又迫使他做出这种诉诸。在给出这种解读时，我指出《形态》在许多方面是对马克思 1844 年著作的一种延续。这或许意味着，自 1844 年以来马克思的唯一变化，仅在于其试图诉诸一种新的（暧昧的）方法，即他所谓的经验性确证方法。事实上，《形态》中的变化并不限于这一点。本章的前 3 节将考察马克思关于善好生活观念的变化，然后再对马克思 1844 年以来总体转变的性质做一处理。

1. 分工

1844 年《手稿》和《穆勒评注》认为，生产物质产品的劳动是人的自我实现活动。这样一种劳动在资本主义条件下发生了异化，这是资本主义社会制度的重大缺陷。这种异化致使人们无法过上属人的善好生活。在描述善好生活以及与之相对的资本主义缺陷时，《形态》的观点似乎与 1844 年的观点有所不同。马克思曾有这样的名言："在共产主义社会里，任何人都没有特殊的活动范围，而是都可以在任何部门内发展，社会调节着整个生产，因而使我有可能随自己的兴趣今天干这事，明天干那事，上午打猎，下午捕鱼，傍晚从事畜牧，晚饭后从事批判，这样就不会使我老是一个猎人、渔夫、牧人或批判者。"（DI 33/47；《形态》节选本，第 29 页）这里的对比是在没有分工的社会（共产主义）和有分工的社会（资本主义）之间做出的。自我实现在此处似乎主要是指从事多样化的活动，马克思称之为"个人的全面发展"（DI 273/292，245/263；《形态》，第 330 页。一并参见 295—296 页）。事实上，《形态》在强调从事多样化的活动时，不惜浓墨重彩，而对于马克思 1844 年所关注的主体通过特定的自我实现活动实现其本性这一点，却又异常惜墨如金，因而在本章中我一般不谈自我实现，而只谈马克思对善好生活的描述。

首先需要指出马克思描述中的暧昧之处。马克思对资本主义的不满，不在于劳动者只有特定的活动领域，而在于这一领域"是强加于他的，他不能超出这个范围"（DI 33/47；《形态》节选本，第 29 页）。马克思指出，共产主义中的个体可以"随自己的兴趣"，从事这种或那种活动。在其他一些场合，马克思谴责资本主义使得劳动者丧失了选择自身活动的自由："他也总是必须在他的生活范围里面、在绝不由他的独自性所造成的一定的事物中间去进行选择的。例如作为一个爱尔兰的农民，他只能选择：或者吃马铃薯或者饿死，而在这种选择中，他并不永远是自由的。"（DI 293—294/312；《形态》，第 355—356 页）这里所关注的重心不在于个人活动的多样化，而在于选择活动的自由。

马克思显然认为，共产主义者可以自由地选择从事多样化的活动。对于耕地和工厂劳动而言，这一点似乎是合情合理的。因为没有人希望只做此类事情。但是马克思还认为，即便是目前的职业——比如绘画——亦会有一定的排他性：

> 在共产主义的社会组织中，完全由分工造成的艺术家屈从于地方局限性和民族局限性的现象无论如何会消失掉，个人局限于某一艺术领域，仅仅当一个画家、雕刻家等等，因而只用他的活动的一种称呼就足以表明他的职业发展的局限性和他对分工的依赖这一现象，也会消失掉。在共产主义社会里，没有单纯的画家，只有把绘画作为自己多种活动中的一项活动的人们。（DI 379/394；《形态》，第 460 页）

不过这里同样留有暧昧之处。艺术家目前"屈从于地方局限性和民族局限性"和"某一艺术领域"，而且他依赖于分工。其对绘画的排他性的

第9章 《德意志意识形态》(中):善好生活及1844年以来的转变

关注,是与要求成为好画家不相干的一些因素的结果。如果他想要谋生,他必须专业化。市场决定了他的活动范围(DI 378/393;《形态》,第 460 页)。他的局限性是外部强加给他的。这表明,虽然马克思认为共产主义中的个体在事实上不会专业化,但他或许并不**反对**他们这样做,因为在共产主义条件下,这样的选择将是自由的(有鉴于专业化与高品质之间的显著关系,这一点对于共产主义的艺术而言是一个幸运的结果)。

马克思关于共产主义中的个体将会选择从事于多样化的活动这一信念,似乎是以财产关系会导致专业化为基础的:"其实,分工和私有制是相等的表达方式"(DI 32/46;《形态》节选本,第 28 页)。在稍后草创于 1847 年,出版于 1849 年的《雇佣劳动与资本》(*Wage Labor and Capital*)中,马克思更为简明地表述了这种因果关系:"要能够更便宜地出卖而又不破产,他就必须更便宜地进行生产,就是说,必须尽量提高劳动的生产力。而增加劳动的生产力的首要办法是**更细地分工**……因此,资本家之间就发生了全面的竞争。"(LK 417/222-223;《雇佣劳动与资本》,第 735-736 页)[1] 即便这一分析是正确的,它也只是表明资本主义中不能没有劳动分工,而没有表明为了提高劳动生产力,共产主义社会不会选择某种劳动分工。更为重要的是,马克思并未表明为了实现其自由选择的目标,个体为什么不应当专业化。

要想做到这一点,马克思似乎缺乏可资利用的规范性资源。我在第 4 章中曾经引证过《形态》的这样一个部分,"肯定哪些欲望在共产主义组织中只发生变化,哪些要消灭,——只能根据实践的道路、根据真实欲望的改变……来决定"(DI 239n/256n;《形态》,第 287 页脚注①)。亦即通过观察所发现的情况而定。马克思深信,没有人会希望只从事某种单一性的活动,但是只要这样的选择是自由的,马克思就没有理由对之加以谴责。(实际上对于马克思而言,共产主义社会表现的是一种隔离式立场:无论形成哪一种欲望,其**本身**都是可以接受的。)

《形态》对资本主义的规范性批判,所关注的重心在于劳动分工而非劳动异化。受制于"某一固定的活动领域",资本主义条件下的个体被认为是"单方面的、畸形的"(DI 245-246/262;《形态》,第 296 页)。分工是资本主义的结构性特征,其与理想的人的生活之间不能相容。

姑且不论自由选择专业化这一问题，一个人日复一日，长时间地从事一种无聊的工作，这显然是不好的。马克思或许混淆了文艺复兴的全能典范人物与现代社会的三脚猫万物通，或许受到了现代科技需要的严重蛊惑，但是当他指出——如果一个社会将使人感到筋疲力尽而又单调乏味，且将原则上并非必要的工作强加于其绝大多数成员身上，此一社会无疑具有重大缺陷，他显然是对的。[2]

2. 共同体

马克思 1844 年关注的主题在《形态》中并没有消失。比如马克思指出，共产主义将消除人对其自身产品的异化态度（DI 35/48，33/47；《形态》节选本，第 31，29 页）。更为有趣的是，他还指出，在资本主义条件下，"生产力［*Produktivkräfte*］表现为一种完全不依赖于各个人并与他们分离的东西，表现为与各个人同时存在的特殊世界"（DI 67/86；《形态》节选本，第 72 页）。此处对生产力的强调不仅在于**作为对象**，生产力表现得"不依赖于各个人并与他们分离"，而且在于**作为力量**，生产力似乎是独立的，虽然其需要人才能发挥作用："一方面是生产力的总和，生产力好像具有一种物的形式，并且对个人本身来说它们已经不再是个人的力量，而是私有制的力量"（DI 67/86；《形态》节选本，第 72 页）。

没人会否认生产力是人的产物，需要人加以掌控，但（我认为马克思是说）这一事实的重要性却远非显而易见。造成这一点的原因有好几条。其中最为显著的原因是劳动者并未在法律上掌握生产力。"只有在个人是私有者的情况下"，才能掌握一种特定的生产力（比如一部机器或一家工厂）——而**这些**个体并非劳动者（DI 67/86；《形态》节选本，第 72 页）。

此外，马克思还指出，生产力之所以会表现出独立性，是因为"各个人——他们的力量就是生产力——是分散的和彼此对立的"（DI 67/86；《形态》节选本，第 72 页）。这里强调了两个要点，其中一点是"技术性的"（technological），另一点是"社会学的"（sociological）。技术性的要点在于，分工使得不同个体"分散"在不同工作中，导致个体在心理上很

第9章 《德意志意识形态》（中）：善好生活及1844年以来的转变

难将生产力视为自身的产物。如果一个人所从事的仅是单一细小的工作环节，那么他很难认为自己是在"生产"一件庞大复杂的对象。[3]

马克思在1844年曾面临过类似的问题：既然个体在物质上所能影响的不过是极小的部分，那么如何才能将"感性外部世界"视为个体自身的产物呢？解决之道在于劳动者对人类的认同。劳动者因而将会把其他劳动者的产品，并因而把物质世界的相当部分视为自身的产物。对于1844年的马克思来讲，劳动者相互之间的异化阻碍了这种认同。而在《形态》的表述中，劳动者彼此之间的对立带来了类似的结果。这是上述所引证句子中的社会学要点。劳动者相互之间为工作而竞争，劳动者与资本家之间为工资而竞争。[4]如果人无法把自身视为掌控生产力的共同体的一员（由于事实上不存在这样的共同体），那么人就无法克服分工在心理上的影响。

马克思对劳动者在资本主义条件下被"分散"的抱怨，表明他们在共产主义条件下不会被"分散"。马克思在《形态》中确实经常批判"特殊利益和共同利益"之间的"分裂"（DI 33/47；《形态》节选本，第27—28页）。他认为克服这种分裂需要消灭分工。[5]这一点在针对施蒂纳对共产主义状况所做描述的一则批判中，得到了具体的表现。施蒂纳认为，共产主义条件下的劳动者具备这样的能力，即其可以完成生产一件产品所需的所有工序。马克思指出，拥有这样的能力是不相干的，如果一个人事实上只能从事单一的操作："'人'仍然是别针头的制造者，但他快慰地意识到：别针头是别针的一部分，他**能**制造整个别针。由于他这样一意识，由永恒反复地制造别针头而引起的疲劳和厌倦就变成了'人的满足'"（DI 206/225；《形态》，第247页）。[6]消除特殊利益和普遍利益相互分裂这一社会事实，并不能克服这种"疲劳和厌倦"。个体活动在内容方面的改变同样是必要的。

上述例子仅仅表明，有一些活动太过于单调乏味，是无论如何也无法加以补偿的。马克思必定认为，大部分物质生产活动可以是令人愉悦的，因为他坚称在共产主义条件下"劳动和享乐之间的对立"将不复存在（DI 199/218；《形态》，第239页）。要想这一点能够发生，要么物质生产活动必须变成内在性的满足，而不论其与共同利益的关系如何，要么对这种活动促进共同善的认识必须使该活动成为满足。《手稿》和《穆勒评注》强调的是后者。制造针头的例子表明，个体通过将自身理解为部分程度上是在为促进彼此之间的利益而工作，可以获得"救赎"（redemptive）：对于这种理解的作用《形态》至少是做了某种限定。问题在于，这种理解究竟是否被保留了下来。

这里的核心在于，《形态》中个体与社会之间的恰当关系是什么。对于1844年的马克思而言，善好生活所涉及的是从事一种特殊的活动（物质生产），并且在这样做时，一方面追求自身的个体目标，另一方面生产他人生活规划所需的产品。关于作为一种追求个体目标的物质生产活动的考察，将在下一节展开。这里我想集中考察，《形态》中的共产主义者能否在为彼此进行生产中获得满足。对于1844年的马克思而言，共产主义者之间共享了一种身份认同。他们相互承认对方为人（在承认和肯定这样双重意义上［参见第5章第2节］），并因此共享了彼此的享受。《形态》所强调的重心，在于共产主义者对自身活动的选择，这与很强意义上的共享式身份认同之间，抑或与1844年马克思所谓为他者生产的内在重要性之间，虽并不必然冲突，但是1844年马克思主张的认同，并非是其所必需之物。

在《形态》临近结尾处，马克思宣布了"**按需分配**"这一分配原则（DI 528/537；《形态》，第638页）。[7] 这一名言不见于1844年的文本中，但我业已证明，（1）1844年的文本暗含了这一原则，而且（2）同时暗含了"各尽所能"这一原则，此外（3）为他人而生产——将他人对自身产品的使用纳入自身的生产目的——用主体如何在（共产主义）共同体中实现其本性（并因而过一种恰当的人的生活）这个概念将这两个原则关联了起来。虽然"各尽所能"并未出现在《形态》中，但是论述打猎、捕鱼等活动的部分表明，人将追求自身获得满足的活动。我们姑且假定，总体而言，人们将从他们最为擅长的活动中获得最大满足（并且姑且假定，除了麻木的重复劳动外，每个人都有所擅长）。如此一来，说《形态》暗含了"各尽所能"原则，就不算太离谱。较之1844年的文本，《形态》所缺失的是下述说法，即克服特殊利益和普遍利益的分裂，需要有意识地为他人而生产。对于"各尽所能"和"按需分配"这两个原则之间的关联，《形态》没有论述。共产主义者的活动被认为是互补性的，但这种互补性对于个体目标来讲，似乎不再重要。他人使用我生产的产品，对于我的生产活动的成功与否，似乎不再重要。如此一来，克服特殊利益和普遍利益的分裂，意味着什么？共同体概念

第9章 《德意志意识形态》(中)：善好生活及1844年以来的转变

又意味着什么？

马克思在《形态》中对此只有只言片语式的零星说法。我们权且归纳一下其核心论点：

- 马克思指出，迄今为止，个体一向是阶级的成员，而他们彼此之间的关系，仅仅表现为相对于其他阶级的利益一致，一种临时协定；在特定的阶级内，不同的个体之间仍然是竞争者（DI 54/77，61n/75；《形态》节选本，第62、60页）。随着阶级的消亡，这种利益一致将一并丧失其存在的基础。

- 马克思认为，迄今为止，个体生来就是某一特定阶级的成员，他们的活动事实上被限定在这一基础之上。马克思区分了两种不同的身份认同，一种是天生强加给个体的（贵族与平民）身份认同，另一种是由于缺乏教育机会或经济机会而无法摆脱的身份认同（DI 76-77/78-79；《形态》节选本，第63-65页）。无阶级的社会将同时消灭这两种形式的限制。

- 马克思宣称：

> 个人力量（关系）由于分工而转化为物的力量这一现象，不能靠人们从头脑里抛开关于这一现象的一般观念的办法来消灭，而是只能靠个人重新驾驭这些物的力量，靠消灭分工的办法来消灭。没有共同体，这是不可能实现的。只有在共同体中，个人才能获得全面发展其才能的手段，也就是说，只有在共同体中才可能有个人自由……在真正的共同体的条件下，各个人在自己的联合中并通过这种联合获得自己的自由。（DI 74/77-78；《形态》节选本，第63页）

这一段落表明，共同劳动不仅对于驾驭社会的物质力量而言是必需的，而且对于组织这些力量以提供人"全面发展其才能"的"手段"而言也是必需的。因而劳动者不论是在革命前还是革命后，都有对协调合作的关切，以便有效地组织并掌控生产力。在共同体创造并维持了每个人追求其个人目标的条件的意义上，个体在共同体中并通过共同体获得了自己的自由。

不过，对共同体的这样一种解释，并没有充分区分共产主义和资本主义。在资本主义条件下，个体之间虽然是竞争关系，但只要资本主义的竞争在整体上并非零和博弈——确切来讲，只要这种竞争创造并维持了每个人都可获益的条件，那么事实上每个人都可以在共同体中并通过

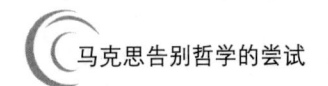

共同体获得自己的自由。此外（或者确切来讲，从另一个角度来描述同一个论点），这样解释共同体，无法把共产主义者对创造并保持可供他人发展的条件的关切，与创造并保持可供其自身发展的条件的关切区分开来。这样解释共同体，无法有效地与第 5 章奥斯卡（Oscar）和理查德（Richard）的例子区分开来。

● 马克思指出："在过去的种种冒充的共同体中，如在国家等等中，个人自由只是对那些在统治阶级范围内发展的个人来说是存在的，他们之所以有个人自由，只是因为他们是这一阶级的个人。"（DI 74/78；《形态》节选本，第 63 页）此处的个人自由，似乎成了个人的机会问题：统治阶级的成员机会多，其他阶级的机会少。似乎没有必要将自由与彼此之间的积极关系关联起来。虽然资产阶级的个体之间是竞争关系（DI 61n/75；《形态》节选本，第 60 页），但在马克思的论述中并无迹象表明，共同体的恰当形式不能是普遍的个体主义。

● 最后，马克思认为共产主义者之间的关系将超越自私和无私的二元对立。个体对"个人间的相互关系的意识也将……既不会是'爱的原则'或 dévouement〔自我牺牲精神〕，也不会是利己主义"（DI 425/439；《形态》，第 516 页）。这与马克思 1844 年的观念是一贯的，并且与良性的相互淡漠也是一贯的。

简单做一总结。依据马克思 1844 年的观念，个体通过为他人进行生产而实现自身，而在《形态》中，这一要素消失不见了。马克思在 1844 年认为，个体同时作为个体和人类的成员，这对于实现自身是至关重要的，而《形态》只论及了个体方面。《形态》中似乎并未涉及这样的观念，即除了基于生产能力所产生的互利之外，人们为什么会相互需要。

《形态》与 1844 年文本的不同，不在于一种共享交互实现的身份认同**被拒斥**了。但是，这种身份认同极少被提及了（在共产主义者不仅通过其联合，而且在其联合之中获得自身的自由的说法中，是否暗含这样一种身份认同？），因此在《形态》对共产主义社会的简短论述中，当然也就谈不上能有什么展开。这不免使我们产生这样的疑惑，即《形态》对善好生活所做的共产主义式描述，怎样能与对善好生活的诸多自由主义式描述区别开来。而且这还使得我们产生另一个疑惑，即一名共产主义者，除了从特定活动中获得内在性享受——基于活动对能力的运用，

第9章 《德意志意识形态》(中)：善好生活及1844年以来的转变

而非基于活动对他人机会的拓展——以外，其是否还会因为其他理由的激发而从事必要劳动。《形态》中并没有与所谓更为丰富的共同体观念相冲突的地方。在拒斥"爱"和"*dévouement*［自我牺牲精神］"时，马克思或许刚好想到了一种更为丰富的共同体观念，只可惜他并未将之发展出来。

3. 自主活动

《形态》认为资本主义抑制或扭曲了"自主活动［*Selbstbetätigung*］"。自主活动与自我实现并不相同，因为马克思将自主活动视为从事一种"消极"形式或"限定"形式活动的能力（DI 67–68/87；《形态》节选本，第43，73页）。自主活动似乎是指构成自我表现形式，同时主体亦将之视为自我表现形式的那种活动。"完全的自主活动"似乎专指与主体最相匹配（他们恰当地、完全地表现自身的方式），与其作为人最为匹配的那种活动。[8]

马克思指出，在资本主义条件下，"劳动，在他们那里已经失去了任何自主活动的假象，而且只能用摧残生命的方式来维持他们的生命"，(DI 67/87；《形态》节选本，第73页）同时他还指出，"各个人必须占有现有的生产力总和……以便实现他们的自主活动"(DI 67/87；《形态》节选本，第73页）。在共产主义条件下，无产者将会

> 实现自己的充分的、不再受限制的自主活动，这种自主活动就是对生产力总和的占有以及由此而来的才能总和的发挥。
>
> 只有在这个阶段上，自主活动才同物质生活一致起来，而这又是同各个人向完全的个人的发展以及一切自发性的消除相适应的。同样，劳动向自主活动的转化，同过去受制约的交往向个人本身的交往的转化，也是相互适应的。随着联合起来的个人对全部生产力的占有，私有制也就终结了。(DI 68/87–88；《形态》节选本，第73–74页）

从这一简约版末世论中，可以引出下述三种说法：

（1）在共产主义条件下，自主活动和物质生活将会一致起来。马克思有时会提"物质生活生产"，有时会只提"物质生活"，不过我认为在

这两种情况下，马克思所指的都是生产物质资料的劳动。他指出，在前资本主义时期，"物质生活的生产……被认为是自主活动的从属形式"。(DI 67/87；《形态》节选本，第 73 页) 在资本主义时期，情况开始恶化：只有生存"呈现为目的"，而劳动**仅仅**被视为实现这种目的的手段。他指出劳动"现在是自主活动的惟一可能的形式，然而正如我们所看到的，也是自主活动的否定形式"(DI 67/87；《形态》节选本，第 73 页)。也就是说在前资本主义时期，劳动是自主活动的肯定的形式。其在等级上或许位阶不高，但其价值在于其本身，而非其所生产的商品(比如柏拉图在《理想国》中认为，木匠需要"从事其所专属的工作"，否则"生命对其便毫无益处可言")。[9] 马克思则认为，如今体力活动被视为一种毫无价值的活动。

依据马克思的解释，造成这一结果的原因有三点。首先，在劳动者必须接受资本主义所提供的职位，并且资本主义只提供分工内的职位这层意义上，劳动者被强迫纳入分工所确定的职位之中。劳动如今"失去了自主活动的所有假象"，其意思是说，劳动不是自由选择的结果，劳动不是由**自身**发起的活动。其次，分工使得工作的内容让人麻木不仁。最后，在资本主义条件下，生产力并不表现为劳动者自己的力量。如果工作是强迫的、无趣的、异化的，那么其看上去没有价值，便毫无奇怪之处。

由于两处均把生产物质资料的劳动，至少在部分程度上视为人的善好生活的组成部分——视为目的而非手段，所以《形态》的马克思与 1844 年的马克思之间存在连续性。并且马克思在两处均认为，在资本主义条件下，这样的劳动纯粹只是手段，并且不是丰富多样的休闲活动的手段，而只是生存的手段——复归(让人麻木不仁的)工作的手段 (DI 404n/418n；《形态》，第 490 页脚注①)。

与之相对，在共产主义条件下，自主活动和物质生活将会"一致"起来。物质生活将成为不同形式的自主活动的一部分("整体能力的发展")。人真的可以选择捕鱼还是打猎。

(2) 在之前所有的社会形式中，在最好的情况下，生产是与主体作为个体的交往漠不相干的，在最坏的情况下，生产则与主体作为个体的交往互不相融。而在资本主义条件下，生产将会促进这种交往。个体将会参与多种活动(打猎、捕鱼、画画等)，将成为"完全的个人"(DI

第9章 《德意志意识形态》(中):善好生活及 1844 年以来的转变

68/88;《形态》节选本,第 74 页),而且将这样相互关联。这里所强调的,是作为拥有多种能力的存在者与他人相关联。"这样的个体"主要是一名能够自由地、有意识地发展个体能力的存在者,而非一名拥有特定类身份认同的存在者(马克思在 1844 年的一项重要观念)。"这样的个体交往"因而将是**作为**这种存在者而相互关联的存在者之间的交往。

(3)"摆脱所有自然限制"这一说法是对鲍威尔,以及克服所有自然限制这一目标的一种回应。这使我们再度面临下述难题,即活动或构成善好生活的活动与征服自然必然性之间,是否存在某种关联(参见第 4 章第 5 节)。

马克思指出,在共产主义社会中,劳动和享受的区别将不再存在(DI 199/218;《形态》,第 239 页)。他似乎借此表明,共产主义者会希望积极主动,而非游手好闲。他们不会在乎"快乐的懒惰",马克思认为"快乐的懒惰"属于"最庸俗的资产阶级观点"(DI 199/218;《形态》,第 239 页)。不过"摆脱所有自然限制"这一说法还表明,共产主义者之所以会打猎和捕鱼,是因为他们想去打猎和捕鱼,**而非**因为人们需要食物。所以,人们可以通过参与那些恰好是创造更高水准的物质舒适所必需的劳动而获得满足。在这层意义上,认为劳动和享受的区分可以不复存在,这是一种乌托邦,但并非逻辑上不连贯。不过,消除这种区分会带来有关获得满足的源泉难题。

假定对于《形态》中的马克思而言,"劳动"是指为了类的生存和物质改善而不得不进行的活动。假定劳动和享受的区分现在被克服了,那么没有人再会**由于**不得不做而从事一种活动。

以电影《原野奇侠》(Shane)做一感性例证。拉德(Alan Ladd)和赫夫林(Van Heflin)与一株大树的树桩进行缠斗,以便可以耕种。除开人际互动以外,这一幕还表明,从事部分程度上恰是不得不做的活动,有时也可以获得满足。但条件在于尚未"摆脱所有自然限制"。这种满足建立在劳动和某种不同于劳动的活动的区分之上。

我已证明,在 1844 年,马克思认为从事必要劳动对善好生活是至关重要的。取消劳动和享受的区分,表明马克思在《形态》中的看法变了。依据这种新解释,共产主义者将自由地选择耕地、播种和收获,但即便在部分程度上,(作为事实问题)这也并非是由于不得不做。[10]

《形态》关于善好生活描述的最后两个要点在于:首先,必要劳动

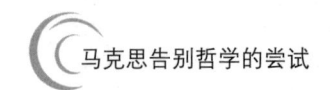

没有特殊地位,这与马克思对分工而非异化的(批判性)强调相关。异化劳动关注的是必要劳动;而分工所关注的是所有形式的劳动的专业化。克服分工在逻辑上并不需要消灭劳动和享受的区分,但是当关注点在于个体全方面能力的发展时,特定活动的特定特征(比如涉及必要劳动的某些活动)将不再那么重要。

其次,《形态》虽然论述了许多,但仍有一些暧昧之处。在一处段落中,马克思近乎是在重复其1844年的观念。他将"迄今为止……的享受形式的局限性"归结为这些享受一向"和人们的现实生活内容脱离的并且和这种内容相矛盾"这一事实(DI 403/418;《形态》,第490页)。很显然,马克思认为大部分人在大部分时间内一向所做的——必要劳动——应当成为"享受"的核心要素。不过,此处他没有清楚说明的是,其之所以应当成为享受的核心要素,部分原因在于其是必要的。

4. 1844年以来的转变

现在我们可以讨论马克思从1844年向《形态》的转变问题。我们且从善好生活描述的转变切入。《形态》在描述共产主义时,极少提及交互式关系(reciprocal relationships),并且较少强调改造物质世界的价值。其要点似乎在于,共产主义者将会选择能够为自身带来内在满足的活动。如果我们略过马克思对专业化的过度担忧,那么我们便可以得到极其理性明智且相当引人入胜的描述:一个个体在其中可以自由地为自身选择善好生活的社会。

这种描述:

(1)与G. A.科恩从《共产党宣言》中析出的描述是一致的(参见第5章第3节)。主体相互创造彼此追求自身目标的条件,但创造和维持这些条件,抑或主体间的交互性关系,本身并无价值可言。

(2)与马克思1844年的描述相冲突。

(3)除非强调积累相对大量财富的内在价值,抑或克服自然必然性的内在价值,人们无法提出反对资本主义的理由。

所以从1844年到1846年,马克思提出了两种关于善好生活的描述。两种描述之间的主要区别,不在于共产主义者所可能追求的不同活

第9章 《德意志意识形态》(中)：善好生活及 1844 年以来的转变

动。每一种描述均假定，个体将参与一系列能够带来满足的活动，而且就活动系列而言，两者可能大体相同。两者的区别，在于个体将会怎样看待他们的活动。依据马克思 1844 年的描述，个体之所以参与活动，是因为活动给个体带来满足，不过在部分程度上，活动能给个体带来满足，其原因在于作为参与类克服自然必然性活动的存在者，个体一方面促进了他人的生活规划，另一方面表现了自身的本性。后一个方面不见于（或者至少相当不被重视）《形态》中。《形态》中的共产主义者之所以打猎，仅仅是为了体验追捕的刺激。(此一不同指向马克思主义针对资本主义的两种不同的批判：一种是资本主义并非出于必要，但却未能为所有个体提供追求善好生活的多样化机会，另一种是资本主义制度性地扭曲了我们对善好生活的理解。)

我应当再强调一遍，《形态》中的观点是暧昧的。在部分程度上，马克思 1844 年的著作也是如此。比如《手稿》曾指出，"人甚至不受肉体需要的影响也进行生产，并且只有不受这种需要的影响才进行真正的生产"（ÖpM 517/276；《手稿》，第 58 页），此外，1844 年的马克思显然认为，共产主义者可以成为全面发展的个体。我在第 4 章曾引证过《大纲》[Gr 505/611；《大纲》(上)，第 615 页] 的一个段落，表明后期马克思依然（至少在有些时候）看重克服自然必然性的价值。[11] 或许 1844 年文本与《形态》的不同之处，仅在于所强调重心的不同，不过，即便如此，这亦是一相当大的重心不同。并且从概念上讲，这也是一种显著的不同。这种不同表明马克思尚在犹疑不定，并且有充分的理由犹疑不定。

将社会结合在一起的一大要素在于，我们以多种不同的方式参与了针对自然命令（nature's imperatives）的集体性回应，并且我们认识到彼此对这种回应所做贡献的价值。但这绝不意味着我们应当毁弃技术，将更多要做的贡献分摊给我们大家。将人从必要劳动中解放出来，是技艺发展的伟大前景。同时亦不应当将这样的贡献仅仅理解为最低限度的吃、穿和住。所谓必要的范围是灵活而富有弹性的。[12] 关键在于，如果地球基于自身，抑或基于千百万人追求个人目标的无意识结果，突然蓬勃开化，那么我们对自身和我们的社会关系的理解，将会被改变——大部分情况下是变好，但也并不以此为限。马克思对善好生活的两种描述都存在相当的乌托邦成分，但是它们却各有其引人入胜之处。马克思

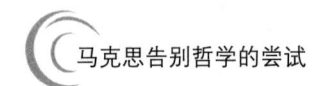

1844年的描述强调共同性纽带以及我们与自然必然性的斗争；《形态》的描述则强调个体的发展。在某种程度上，马克思的文本展现了——当前主流政治哲学关于善好生活的共同体主义观念和自由主义观念论争——的一种变体。

我在第8章中讨论了马克思的下述看法，即在《形态》中他用来证明其主张的方法，是一种经验性的确证方法。马克思认为，这种方法的主要好处在于，其无需诉诸任何一种特定的、带有某种认识论特权的立场。我们并不完全清楚这是一种多大的转变。相对《提纲》而言，这似乎确实是一种转变，因为《提纲》（当然是依据我的解读）仍然强调采取特定立场的认识论优势。不过，相对1844年的著作而言，这似乎并不见得就是多大的转变。第6章提出的证成难题，其所关注的是采取由之可以将马克思1844年的（某些）主张视为真理（共产主义社会的）的立场，这一点固然不假。但是，马克思在1844年确曾说过要提供一种经验性分析（参见 ÖpM 467/231；《手稿》，第3页），并且在《手稿》中（虽然我没有讨论过相应章节），他确曾设法处理国民经济学所研究的经验性现象。此外，《形态》对**日常**经验性确证的运用，很能让人联想到马克思在1844年对日常生活所能够呈现的，以及在共产主义条件下将会呈现的状态的强调。但是，马克思在《形态》中的确从事于所谓实证性的经验研究，并且将经验性确证用作对包括费尔巴哈式立场在内的**所有**立场转变的替代方案。在我看来，这一点与马克思在1844年的观点确实是不同的。总的来讲，尽管经验性确证概念有些暧昧，但我认为《形态》的确代表了方法上的一种转变。

除此之外，还有其他可能的相对于马克思1844年文本的转变吗？在《形态》中，马克思批判了下述说法，即社会或者"类"可以脱离人类个体的活动而存在，并进行因果性的活动：

> 各个人的**全面**的依存关系、他们的这种自然形成的**世界历史性**的共同活动的最初形式，由于这种共产主义革命而转化为对下述力量的控制和自觉的驾驭，这些力量本来是由人们的相互作用产生的，但是迄今为止对他们来说都作为完全异己的力量威慑和驾驭着他们。这种观点仍然可以被思辨地、唯心地、即幻想地解释为"类的自我产生"（"作为主体的社会"），从而把所有前后相继、彼此相联的个人想像为从事自我产生这种神秘活动的惟一的个人。

第9章 《德意志意识形态》(中)：善好生活及1844年以来的转变

(DI 37/51-52；《形态》节选本，第33-34页)

只有当1844年的马克思认为类可以以这种方式进行自由活动，上述批判才能被视为相对于1844年的转变。但是1844年的马克思并不这样认为。对于1844年的马克思来讲，只有在军队或暴徒的意义上，"类"才是一种集体性的主体。人们可以说军队赢得了战争，暴徒杀人放火，抑或人发展了其生产能力，但并未将促成这种结果的力量归给某一独立存在的实体。促成这种结果的力量，是个体士兵、暴徒具体成员，和人类个体的力量，是他们联合而产生的力量。我们可以有多种方式谈及群体成员身份、谈及群体身份认同，谈及个体如何在群体中得到改变，谈及群体似乎可以拥有其独立生命的方式，诸如此类，而无需从本体论上将群体具象化。1844年的马克思那里并没有什么说法会为他招致上述引证章节的批判。

但是，1844年的马克思的确讨论了人的本性和"人的本质力量"，而在《形态》中他却没有讨论这些概念。在术语变化的背后，是否隐藏了"思想之现实倾向"的变化？对此，卡因（Philip Kain）写道："马克思在《形态》中抛弃了关于形而上学的本质概念，而这一概念截至1845年一直是其思路的核心所在。通过批判费尔巴哈持有二重性直观学说，马克思在否定费尔巴哈立场的同时，一并否定了自身早先的立场。马克思不再承认从形而上学的两个层面对现实加以解释的学说。"[13]这里所谓费尔巴哈的"二重性直观学说"，是马克思批判费尔巴哈《原理》第44节时所使用的说法。我业已证明，马克思严重误解了这一说法。费尔巴哈并不认为"现实"可由某种特殊的、不同于日常生活的直观加以恰当地表现。并且我还证明了，在这一点上，1844年的马克思与费尔巴哈是一致的。不论是在1844年，还是在1844年以后，马克思均不认为抽象反思是通达知识的道路。1844年的马克思的确认为在共产主义条件下，我们的直观将会发生改变，并且相比我们目前的直观，新的直观在方式上将会更为精准。（在《形态》中，马克思同样认为共产主义者与资本主义条件下的个体将完全不同。）不过，这并非对脱离感觉意义上的"二重性直观"的诉诸。相信一种形而上学的本质，必须相信有一种只有精神、独特的精神直观才能洞察的领域，就这一点而言，并不存在相对于1844年的转变，因为1844年的马克思并未持有这样的信念。

此外，在服膺于一种关于善好生活的客观观念方面（虽然内容有所不同），《形态》中的马克思亦不存在相对于1844年的转变。《形态》中的"自主活动"虽然灵活而有弹性，但亦并非完全如此。比如，卖身为奴，或者变成电视迷，便是不可接受的。马克思仍然持有一种关于人是怎样的观念，认为存在一种对人来讲恰当的生活。正是在《形态》中，他决心服膺于这样一种客观观念所要求于人的任何一种信念。

不论是对于1844年的马克思，还是对于《形态》中的马克思，共产主义都提供了个体得以全面发展的条件（ÖpM 544/304；《手稿》，第90页），并且对于两者来说，物质生产活动似乎都构成了个体生活的组成部分。对于两者来讲，追求这种活动其本身就是目的。但在马克思1844年的著作中，物质生产被视为实现了人的特殊本质属性的活动，这种本质属性的异化构成了资本主义的主要问题。在《形态》中，马克思指出："一当人开始**生产**自己的生活资料……人本身就开始把自己和动物区别开来。"不过，在这句话的前面，尚且另有一种对此不屑一顾的说法，"可以根据意识、宗教或随便别的什么来区别人和动物"（DI 21/31；《形态》节选本，第11页）。在这里，对于人的独特性，马克思似乎并不关心。

此处我们需要区分（1）据以把人与其他物种区分开来的一种属性（或多种属性），亦即一种（或多种）如果拥有，便可使一种存在成为人而非其他物种的属性；（2）人与世界的基本关系的内容；（3）人之善好生活的内容。借助这些区分，我们将会看到，自1844年以来值得关注的转变在于，虽然在《形态》中马克思仍然持有人的本性的观念，但此时的观念却远没有1844年的观念那么统一——其各个要素之间不再紧密结合为一个整体。

就一般而言，（1）（2）（3）之间是一种怎样的关系？（1）显然不同于（2）和（3），其在分类法上很容易与人和世界的基本关系，以及善好生活区分开来。将（2）与（3）关联起来，似乎更为合理。如果存在一种人与世界相关联的基本方式 R，看上去 R 似乎就应当是对人的善好生活至关重要的那种活动（或那些活动）的规定。但实际情况并非如此。假定人与世界的基本关系，在某种程度上与人终有一死这一事实紧密相关，可这并不意味着善好生活涉及在某种程度上关注死亡的活动。抑或假定人与世界的基本关系，涉及1844年的马克思所说的劳动，而

第9章 《德意志意识形态》(中)：善好生活及 1844 年以来的转变

劳动被解读为亚当诅咒的结果，但这并不意味着善好生活涉及人在田地中和工厂中的辛苦劳动。**这一点**取决于人的其他神学信条。基本关系 R 向人指出了人的本性的基础性方面，但其并无必要规定对于善好生活而言至关重要的那种活动（或那些活动）。

不过，对于鲍威尔来讲，(1)(2)(3)的确是联系在一起的。并且对于 1844 年的马克思来讲，亦是如此。对于马克思来讲，人因其对自身物质生活的生产而与其他物种相区别，人生产自身的物质生活这一事实，指出了我们与世界的基本关系（作为在生产过程中，持续地、集体性地改造世界的存在者），并且物质生产是人的自我实现活动，是对人的善好生活而言最为重要的活动。在我看来，鲍威尔和 1844 年的马克思并不认为这些要素之间存在直接的逻辑关联。相反，他们对人的本性的核心洞见大相径庭，对（1）（2）（3）的指向殊不相同。马克思的观点从 1844 年到《形态》的转变之一，就是看待（1）（2）（3）同源性之程度的转变。

在《形态》中，马克思似乎并不关心（1）。在前引段落中，他不仅嘲讽了鲍威尔（意识）和费尔巴哈（宗教），而且嘲讽了寻找区分性属性的整个方案——人可以乞灵于"人所喜欢的任何其他属性"。核心的问题在于（2）。1844 年的马克思（与《提纲》中的马克思一样）认为人与世界之间存在一种基本关系，亦即以劳动过程为中介的基本关系。他同样认为，对人来讲，认识到关于自身的这一事实是重要的。对于 1844 年的马克思来讲，之所以不应当有劳动异化，并且人应当通过非异化的劳动实现自身，主要是因为人**是**劳动的生物。关于这一点，《形态》中有变化吗？

尽管有所嘲讽，但在《形态》中，马克思确实肯定了区分人与其他动物的标准（"生产自身的生活资料"）。而且马克思确实认为，这一标准向我们揭示了人类生活的某种重要方面。比如，他坚称人必须生产自己的生活资料这一事实，构成了所有历史研究的"基本事实"（*Grundtatsache*, DI 28/42;《形态》节选本，第 23 页）。问题在于，这一基本事实在其他方面是否也是重要的。我在第 8 章中曾经指出，即便唯物史观被证伪了，马克思仍然会认为这一事实是一基本事实。换句话说，马克思仍然会认为，这一基本事实抓住了人与世界之间的基本关系。对我来讲，这似乎是同时解释下述两点的唯一方法，其一，"工业"如何能够成为关于"人与自然关系"此一传统哲学问题的现实回答;其二,马克思认为费尔巴哈的著作不仅是混淆视听,而且是错误的。

这代表了《形态》与1844年的马克思观点的连续性链条。不过在《形态》中,马克思并没有**同样**总结说——善好生活主要体现在物质生产中。他确实希望将物质生产作为全面发展的个体的一种活动加以保留,但并未赋予物质生产1844年那样的优先性地位。1844年的文本与《形态》虽然在关于(2)的内容方面是相似的,在关于(3)的内容方面也有一些共享性的要素,但是《形态》强调的重心却在于克服分工,并且将个体全面发展作为自身的社会理想。善好生活的内容,似乎不再是对人与世界关系的显著补充。人的本性的观念亦不再那么具有统一性。[14]

与此相关联的一大重要转变,在于基本取向这一范畴。我并不认为马克思放弃了这个范畴(既没有暗中,亦没有明确放弃这个范畴,因为这是我的范畴,而不是马克思关注的),不过,在《形态》中,主体拥有特定的世界取向,对于马克思似乎不再那么重要。马克思批评费尔巴哈未能理解"人与自然的关系",如同1844年的情况一样,这可能是指在共产主义条件下,主体将拥有这种内在于其日常互动中的理解,将拥有恰当的世界取向(我假定这将是他所谓的发生在个体身上的转变的组成部分[参见 DI 195/214 或者 70/52-53;参见《形态》,第234页,或者《形态》节选本,第34-35页]);但是主体眼下未能拥有这种恰当取向,似乎不再是资本主义的主要罪状。这种不同是可以理解的。因为人与自然的斗争在马克思1844年的描述中牵涉面甚广,这使得其有理由(《提纲》亦有类似之处)主要关注人对世界的取向方式。而在《形态》中,马克思主要的关注点在于分工而非与自然的斗争,人的世界取向不再是主要的关注点。

必须再次强调,这是一个重要的转变。从我关于费尔巴哈试图使其读者世俗化的讨论开始,我业已指出,费尔巴哈、鲍威尔以及马克思的主要关注点在于人怎样看待世界,对人而言,世界有无光辉。基本取向范畴所把握的正是这一关注点。由于这一关注点对于《形态》中的马克思不再那么重要,所以正如他所宣称的那样,他不再那么直接地与青年黑格尔派同属一个阵营。

如果马克思完全放弃了这一关注点,那么这种转变将会更为彻底。

第 9 章 《德意志意识形态》(中)：善好生活及 1844 年以来的转变

他所放弃的将是其人的本性观念的一个重要部分，而这将是相对于 1844 年文本和在《提纲》的一个根本性断裂。

要想将马克思的做法视为这样一种更为彻底的转变，人们需要将马克思关于"一当人开始**生产**自己的生活资料"，人"本身就开始把自己和动物区别开来"（DI 21/31；《形态》节选本，第 11 页）这一说法，以特定的方式加以解读：其不仅认为**只有**当人开始生产，人才与动物产生实质性的区别，而且认为人即便是到了**现在**，与动物之间依旧不存在本质性不同的属性。[15]后一种说法的推论在于，如果人不再生产自己的生活资料，而是再度依靠坚果和浆果为生，他们亦不会违背其本性，因为他们原本就没有所谓本性，并且因为他们原本就没有所谓本性，他们亦不会拥有特殊的世界关系和世界取向。所以这样的问题不再成为关注点。

我认为这并非马克思在《形态》中所持的观点。马克思对应当被赋予相应的重要性的"基本事实"所阐述的一切，表明他认为人**现在**拥有了一种特殊的本性，包括一种特殊的世界关系。他无疑会认为，那些再度以采集坚果和浆果为生的人是不正常的人，而不仅仅是下一轮进化的先驱。此外，如前所述，我认为马克思将对基本事实的理解，与人在世界上应当怎样生活，与应当拥有怎样一种世界取向关联了起来。1844 年的马克思所讨论的异化形式，是（鉴于人的本性）人面对世界（或他人）的不恰当的方式。这一点并非马克思在《形态》中的关注点，但是仍然存在可以将这一点保持为马克思关注点的概念资源。强调的重心确实发生了重大转变，不过实际上他并没有否定之前的关注点。

所以总体而言，既有转变亦有延续。1844 年的马克思同样关注共产主义者将是全面发展的个体这一观念。更为重要的是，1844 年的马克思并没有像一般所说的那么形而上学，而且即便在《形态》中，马克思似乎依然秉持（虽然强调的力度稍弱一些）我对 1844 年文本和《提纲》所做解读中最为形而上学的要素：人与世界之间存在一种基本关联和基本取向这一观念。《形态》的转变绝非仅仅是方法论的，但是，一旦其超出方法论的领域，连续和断裂就会变得极为复杂。认为这里存在某种根本性的分水岭，是一种错误的看法。

在其著名论文集中，阿尔都塞指出，在马克思 1844 年的著作和 1845—1846 年的著作之间，发生了从费尔巴哈式"问题"向马克思式"问题"的转向。[16]阿尔都塞将《形态》称为"明确的'认识论突破'"，认为"其为我们提供了一种与过去彻底断裂的思想"[17]。阿尔都塞的解读，是针对马克思主义所做的一种总体解释。此处无法与这种解释展开详细的论争，而仅想指出，阿尔都塞对1844—1846年马克思的解读，完全是错误的。

阿尔都塞对马克思思想发展分期的论述，是概述性的、大体准确的。不过阿尔都塞的读者会发现，我和阿尔都塞之间存在许多共通之处：1844年的马克思主要是一名费尔巴哈主义者，而非黑格尔主义者，马克思的思想在1844至1846年之间确实发生了变化。《形态》尤其标志着一个新阶段。此外，我们还一致认为，马克思将此一新阶段视为更为科学的社会研究进路的开端。我们的分歧在于以下几点：

（1）如前所述，1844年的著作实际上与《形态》之间存在诸多的连续性。

（2）阿尔都塞认为，《提纲》与《形态》是一致的，其同样代表了新的开端；而我将《提纲》解读为1844年主题的进一步发展。

（3）阿尔都塞认为："有两三年的时间，马克思完全服膺于费尔巴哈的问题。"[18]1844年的马克思诚然受到了费尔巴哈的深刻影响。对此我曾做过较为详尽的考察。不过，我亦曾指出，马克思的异化概念，与费尔巴哈的异化概念之间存在重要的不同（参见第6章第4节），并且，我亦不同意阿尔都塞所谓马克思的异化概念仅是将费尔巴哈的异化概念应用至国民经济学的说法。[19]此外，1844年的马克思还曾受到过除费尔巴哈以外的一些思想家的影响。我业已追溯了马克思与鲍威尔在观念上的一些关联，同时评论家们亦指出了早期马克思著作中所体现的费希特（Fichtean）等人的影响痕迹。[20]这里的重点不在于兜售马克思所受影响的诸多来源，而在于质疑阿尔都塞对马克思的下述描述，即马克思完全沉迷于费尔巴哈的问题之中，只有通过彻底决裂才能解放自己。

（4）阿尔都塞似乎认为，《形态》批判的主要对象是费尔巴哈。这种看法太过于简单了。从篇幅来看，施蒂纳才是主要的批判对象。比篇幅更重要的是，马克思的清算，所针对的显然是包括鲍威尔这样的思想家在内的整个青年黑格尔派运动。鲍威尔与费尔巴哈（尤其是其对政治和意识形态之间关联的更为精微的把握）的异同需要详加阐发，而这样的工作阿尔都塞从没做过。马克思在《形态》中确实将一系列他曾经同情过，甚至于曾经抱持过的信念当作批判对象，但这些信念并不全是费

第9章 《德意志意识形态》(中)：善好生活及1844年以来的转变

尔巴哈的。因而，如果存在所谓的马克思断裂"问题"，那么它的构成要素，要远比阿尔都塞所认为的复杂多样。

(5) 阿尔都塞将《形态》视为马克思式科学实践的开端，其所谓"科学"的威力在于实践产生知识，而不在于用经验科学方法来证明所谓实践"知识"的产物。我认为《形态》的重心，在于坚持（在文本中得到奇怪且暧昧应用的）经验性确证的方法（DI 20/31；《形态》节选本，第10-11页）。

(6) 阿尔都塞相信马克思后来的观点，即在《形态》是对其之前的哲学信仰的清算。[21] 这一点，构成了《形态》代表了与马克思之前文本之间的重要断裂这一说法的主要文献支撑。不过，阿尔都塞没能认真对待马克思在《形态》中下述说法，即其"思想的现实倾向"业已体现在其1843年的著作之中（因而很可能亦体现在其1844年的著作之中）[22]。当然，详尽的文本考察可能会表明：第一种说法是正确的，而第二种说法是错误的。不过，要想证明仅仅接受马克思的一种自白，而非同时接受其两种自白的合理性，详尽的考察就是必要的。阿尔都塞未能提供这样的考察。

(7) 阿尔都塞认为马克思创造了一种新哲学，以与其新科学相匹配，而我认为马克思试图避免介入哲学。这里或许并不存在冲突，因为我的看法在于，马克思试图避开与传统的形而上学和认识论问题的纠葛，而阿尔都塞认为，哲学的任务仅在于为科学清理地基。他指出，哲学并没有自身需要解决的问题——因而似乎亦无需处理传统的形而上学和认识论问题。不过，阿尔都塞的说法和我的说法之间仍存在冲突。因为 a. 在阿尔都塞看来，仍然存在一个需要表态的传统问题——唯心主义和唯物主义的冲突问题[23]，并且 b. 阿尔都塞认为，哲学试图确立的是，科学是不同于所谓"意识形态"的知识。[24] 因而，在阿尔都塞看来，将理论活动视为对知识而非意识形态的生产，就是从一种特定的立场看待理论活动。阿尔都塞曾谈及"理论革命[历史唯物主义观念]所揭示和开创的深度"[25]。对他来讲，《形态》中的马克思所完成的工作，远远不止于将注意力转向经济和历史，不止于强调经验性的确证。在阿尔都塞看来，这里发生了根本性的概念转变——立场的转变。

用这种方式来理解马克思在《形态》中的努力，与我们业已指出的，马克思恰恰试图回避不得不为人的立场提供辩护这一难题，回避需

马克思告别哲学的尝试

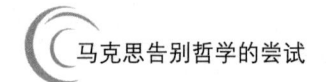

要占据一种（名义上的）认识论特许立场的努力，是完全冲突的（正是由于青年黑格尔派执着于这样一种努力，马克思才对之进行严厉批判）。阿尔都塞不会满足于让新问题相对于经验研究的丰富性，来规定新问题的具体性。这并非是一个有效的假设。因为阿尔都塞认为，新问题是正确的，是可以提供知识的，且在这样做时无需从经验上加以验证。[26]我在第8章中曾指出，尽管已经做了最大的努力，但对于自身的立场，马克思有时仍然需要进行辩护。而阿尔都塞让马克思从一开始就背上了这个难题。

不过，或许我的看法对阿尔都塞亦有所不公。因为首先，阿尔都塞自己也说《形态》是一部过渡之作，因而在超越前作的同时，仍然保留了前作的一些主题。[27]其次，由于我没有尝试重构历史唯物论，因而我尚未进入阿尔都塞所声称的，从中可以看出"尚无历史先例的科学发现"的领地。[28]

不论《形态》中存在怎样相互冲突的思路，但是马克思所尝试的做法，却是从一种对所有人开放的经验性确证观念中，从一种不依赖于特定立场的方法中，寻找方法论上的坚实基础。而这一点与阿尔都塞的解读是冲突的。至于阿尔都塞对历史唯物主义的解释，值得详加探究，可惜为篇幅所限，这里无法展开。（应当注意的是，阿尔都塞的解释涵盖了马克思后来的所有著作，并且阿尔都塞的解释亦有其自身的发展史，而我仅仅将自身局限于马克思早期的几个文本；关于后期文本的论争，需要另行加以研究。）我想强调的是，阿尔都塞的工作将马克思推回了认识论领域。[29]然而，虽然并不总是成功的，《形态》中的一大目标却在于寻找摆脱认识论的出路。

至于是否存在马克思的某个关节点，对此我的回答平淡无奇：既存在又不存在这样的关节点。即使假定有人试图将《资本论》中的马克思命名为真正的"马克思"，此一马克思亦有诸多的变化发展环节。其中有一些发展（体现更多的原创性、指向更为新颖的关注点），较之另外一些发展，显然要更为重要。但在我看来，似乎没有哪一点——至少截至《形态》——可以被明确地称为断裂。

注　释

[1] 这一段所表达的观念隐含在《形态》中，不过似乎最好能以简洁明确的形式将其陈述出来。《雇佣劳动与资本》最初发表在1859年4月的《新莱茵报》

第9章 《德意志意识形态》(中)：善好生活及1844年以来的转变

（*Neue Rheinische Zeitung*）上，但在1847年12月，这一文本曾经是针对布鲁塞尔德国劳动者协会所做的系列讲演。英文版《马克思恩格斯全集》的编辑指出："当时所准备的题为《工资》（*Wages*）的宣传小册子的一份手稿得以保留了下来。手稿显示为魏德迈（Joseph Weydemeyer）的笔迹，其内容与后来发表在《新莱茵报》上的文章几乎完全一致。马克思为闭会演讲而准备的草稿大纲，因为无暇整理出版，以其亲笔所书手稿的形式得以保留了下来，其标题亦是《工资》。"（MECW 9：560n183）在《工资》中（不会晚于1847年12月），马克思表达了与《雇佣劳动和资本》所引部分相同的观念。

[2] 对以无分工社会为目标的批判，可参见Elster, *Making Sense of Marx*, 82-92。

[3] 恩格斯在《反杜林论》中提出过相同的看法。在资本主义社会中"没有一个人能够说：这是我做的，这是**我的**产品"（AntD 251/294；《反杜林论》，第286页）。当然，如果我曾经对着某个产品说我创造了它，我必须要么是一名极为小型的生产者，要么能够将他人的产品视为我自身的产品——也就是说，必须引入某种类似于1844年的马克思所谓的共同体观念。

[4] 参见*Wages*（MECW 6：415-437），尤其是422-426。

[5] 需要再次稍带指出的是，文本中亦有地方表明，构成问题的并非分工本身，而是其目前对人的强制性："最后，分工立即给我们提供了第一个例证，说明只要人们还处在自然形成的社会中，就是说，只要特殊利益和共同利益之间还有分裂，也就是说，只要分工还不是出于自愿，而是自然形成的，那么人本身的活动对人来说就成为一种异己的、同他对立的力量，这种力量压迫着人，而不是人驾驭着这种力量"（DI 33/47；《形态》节选本，第29页）。假设分工是出于自愿，是否必然会导致特殊利益和共同利益的分裂？所有前共产主义的分工形式均带来了特殊利益和共同利益的分裂，但是所有这些形式的分工都是由私人利益强制催生的。值得再次指出的是，自愿的分工似乎可以与共产主义相融无碍。与"自然形成"的分工不同，自愿的分工将受人的控制。因而，马克思似乎不太确定目前分工的哪一个方面需要加以扬弃。

[6] 马克思是在回应施蒂纳《唯一者及其所有物》的一些说法（参见*Einzige*, 123-124；*Ego*, 108）。实际上，施蒂纳的说法表明他认为劳动者必须**在事实上**创造整个物品，以期从工作中获得满足，而不是像马克思所说的那样，仅仅有能力这样做。

[7] 对于《形态》的这一部分，英文版《马克思恩格斯全集》的编辑曾指出：

与第Ⅱ卷现存的，显示为恩格斯笔迹的其他章不同，手稿第5章显示为魏德迈的笔迹，并且结尾还写有"莫·赫斯（M. Hess）"字样。1845年12月，《社会明镜》（*Gesellschaftsspiegel*）杂志第6期发表了赫斯所写的一篇题为《共产主义先知的阴谋活动》(Umtriebe der Kommunistischen Propheten) 的文章，其所讨论的主题以及讨论的手法，均与这一章相类似。很可能第 5 章是先由赫斯执笔，再由魏德迈誊抄，最后由马克思和恩格斯编辑的。(MECW5：606n143)

假设马克思参与了对这一片断的编辑工作，那么没有理由否认，他同意这里所陈述的观念。有意思的是，"**按需分配**"这一名言在这里附带了一条限定："这个原理是仅就狭义的消费而言"(DI 528/537；《形态》，第 638 页)。这是否是对下述说法的承认：一旦超出了基本消费需要，或许任何一个社会都没有能力真正满足"各取所需"？

[8] 如果有人想将自主活动（self-activity）和自我实现（self-realization）关联起来，那么其可以声称《形态》中的"完全的自主活动"把握了人的自我实现的**内容**。

[9] Plato, *Republic*, trans. G. M. A. Grube (Indianapolis：Hackett Publishing, 1974), 76, 407a. 在苏格拉底关于理想国家的公民是由金银铁铜混合而成的谎言中，所有公民各有其不同的价值和活动，后者是其每个人"天生适合"从事的活动。参见 *Republic*, 414d-415c, 423d-e；Grube, 82-83, 89。

[10] 马克思在《资本论》中似乎认为，令人满足的生活，主要涉及在必要劳动完成之后所从事的那些活动（参见 Kap Ⅲ, 828/820；《资本论》第 3 卷，第 928 页）。G. A. 科恩曾指出，《资本论》中的马克思忽视了下述可能性：类所必须从事的活动在原则上也可以成为内在的、令人满足的劳动——人们以劳动本身为目的所从事的劳动。(参见 G. A. Cohen, "The Dialectic of Labour in Marx," in *History, Labour, and Freedom* [Oxford：Oxford University Press], 1988, 201-208。) 科恩无疑是对的，不过尚且需要注意两个区分：经济上必要的劳动和除此以外的劳动，人们以劳动自身为目的所从事的劳动和人们出于其他目的所从事的劳动（比如出于社会义务或赚取工资的目的）。我在《手稿》中所强调的是，马克思似乎认为劳动是必要的这一事实（至少对于作为整体的类是这样），可以成为人从事劳动的一大动机，以及劳动令人满足的一大特征。所以人们也许可以自由地选择劳动，并且从中获得享受（为劳动而劳动），但是获得享受的部分原因在于其是必要的。劳动的这一潜在特征既不见于《形态》，亦不见于《资本论》。而这一点在《哥达纲领批判》的著名论断中，即在共产主义条件下劳动将成为"生活的第一需要"中，似乎得到了复归(KGP 21/324；《哥达纲领批判》，第 12 页)。不过严格来讲，这一说法是暧昧的，因为其并未指明劳动的类型以及人们从事劳动的理由。有关其他相应的部分，可参见第 4 章尾注 [20]，[23] 和 [25]。对马克思的观念保持了相当的连续性的论证，可参见 James Klagge, "Marx's Realms of 'Freedom' and 'Necessity'", *Canadian Journal of Philosophy* 16, no. 4 (1986)：769-778。

[11] 与上一条尾注一样，可参见《哥达纲领批判》中的说法。

第9章 《德意志意识形态》(中):善好生活及1844年以来的转变

[12] 这样解释社会贡献必然会引发下述问题,即许多赋予生活价值,却并未维系生活存续的活动的地位问题,比如艺术。这里不打算深入讨论这一问题,仅想指出维系生活存续和赋予生活价值之间的界限是动态的、可争议的。有些活动无疑对两种情况都适用,并且对任何一种良性社会来讲,这两种活动无疑都是非常重要的。

[13] Philip Kain, *Marx' Method, Epistemology, and Humanism* (Dordrecht: D. Reidel Publishing, 1986), 34.

[14] 如此一来,人们或许可以认为,在(1)(2)(3)密切相关意义上的人的本性的观念,与(1)(2)(3)并非密切相关意义上人的本性的观念之间的区分,可以对应于持有卡因所谓的"形而上学本质观念"(Kain, *Marx' Method, Epistemology, and Humanism*, 34)与不持有这种本质观念之间的区分。这种对应是错的。人们可以持有一种统一的人的本性的观念,如同1844年的马克思的做法一样,但并不是在卡因式包含双重直观的形而上学意义上的持有。人们还可以持有不那么统一的人的本性的观念,如同《形态》的做法一样,而这仍然会是有关人的本真状态,包括诸如其与世界之间的基本关系以及他们的善好生活的断言。

[15] 这或许是卡因的解读(参见 *Marx' Method, Epistemology, and Humanism*, 35)。

[16] Althusser, *For Marx*, trans. Ben Brewster (New York: Vintage Books, 1970), 66.

[17] 同上书,33,36。

[18] 同上书,46。

[19] 同上书,46。

[20] 比如可参见 Tom Rockmore, *Fichte, Marx, and the German Philosophical Tradition* (Carbondale: Southern Illinois University Press, 1980)。

[21] 参见 Althusser, *For Marx*, 33。

[22] 在《保卫马克思》(*For Marx*)中,阿尔都塞批判了那些认为马克思从1844年到《形态》的转变,只是术语转变的评论家。参见 *For Marx*, 61。

[23] 比如可参见 Louis Althusser, *Lenin and Philosophy*, trans. Ben Brewster (New York: Monthly Review Press, 1961), 61。

[24] 同上书。

[25] Althusser, *For Marx*, 229.

[26] 阿尔都塞似乎认可这一点。参见 *Lenin and Philosophy*, 56。

[27] 参见 Althusser, *For Marx*, 33-35。

[28] 同上书,13。

[29] 同上书,38-39。

第 10 章 《德意志意识形态》(下)：道德批判（与回归哲学）

本章倒数第 2 节将重提马克思对资本主义所做规范性批判（并不必然与其 1844 年的批判相同）的证成难题。不过我们首先需要检视《形态》对道德的批判。马克思揶揄青年黑格尔派"不得不以道德哲学告终，于是各色英雄好汉都在道德哲学中为了真正的道德而各显神通"（DI 349/366；《形态》，第 424 页）。尽管《形态》自身亦有其关于善好生活的描述，但是《形态》对于所谓"道德"却持极端敌视态度。[1]然而这种敌视态度的具体内容——其目标及底层冲动——却是晦暗不明的。本章的前 3 节将着力澄清这一点。

对于马克思和道德的关系，最近曾有过激烈的争论。本章是对这场争论的间接参与。说其间接是基于下述两点理由：首先，我只讨论《形态》，而上述争论则涉及马克思的整体观念；其次，虽然在某种程度上我所讨论的问题确实与上述争论之间存在交集，但两者之间亦有不同之处。第 1~3 节主要关注《形态》对道德判断的错误所做的指摘。我的结论可能平淡无奇，即马克思未能证明，人对道德判断不能拥有合理的信心。我在第 5 节中的结论可能同样平淡无奇，即尽管保持了与其全部观念之间的一贯性，但《形态》中的马克思（同样）未能证成其对资本主义的明确遣责。

上述结论虽然是些老生常谈，但是我希望通达这些结论的步骤，对问题能够有所澄清。第 4、6 节将提出一些新的问题。在第 4 节中，我

马克思告别哲学的尝试

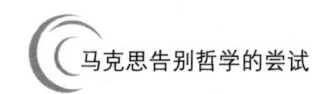

将思考道德的作用以及道德哲学在共产主义条件下的作用，在第 6 节中我将指出，基于深入的反思，马克思可以在保持与其全部观念相一贯的同时，通过诉诸哲学，尤其是道德哲学，来证成其对资本主义的谴责。事实上，我是借助赋予在第 6 章中发轫的难题不同的意义来结束本书的。我承认——**确实**承认——即便按照马克思自身的逻辑，就规范性主张而言，马克思在认识论上亦会陷入困境。因而我认为正是由于马克思在此陷入了困境，所以即便按照他自身的逻辑，对道德哲学的一种马克思式介入，实际上亦不会有任何的问题。

1. 道德的问题所在

马克思在《形态》中曾对道德做过比较宽泛的指责。以下是最为明确的两条：

（1）道德家（普通人或道德哲学家）误以为，革命是由那些相信道德上应当发生变革——相信革命是正确的，是义不容辞的，或是道德所需要的——的人们发动的（DI 229/247；《形态》，第 275 页。DI 35/49；《形态》节选本，第 31 页）。事实上，人们之所以发动革命，是因为这么做符合发动者的利益。革命之所以会被发动，不是因为个体受到道德要求的感召，牺牲了他们自身的利益。共产主义者不会要求任何人牺牲其利益。"共产主义者根本不进行任何**道德**说教……共产主义者不向人们提出道德上的要求，例如你们应该彼此互爱呀，不要做利己主义者呀等等"（DI 229/247；《形态》，第 275 页）。

（2）关注资本主义的非道德性，抑或为之规定可以适用的道德标准，会转移人们对社会分析和经济分析以及政治组织的关注。

假定（1）和（2）是正确的。如果有许多人采取道德家的无益之举，那么道德家对于革命，则非但鲜有助益，相反可能是断然有害的。尽管如此，道德家的（规范性的和其应当持有的元伦理学的）说法仍可能是正确的。事实上，道德家的处境与艺术家和数学家似乎有其相似之处。（1）和（2）并未表明道德家有什么**特别的**问题。

马克思同时认为：

（3）某一社会中居于统治地位的道德信念，倾向于维护此一社会的

第 10 章 《德意志意识形态》(下)：道德批判（与回归哲学）

财产关系。马克思关于社会环境和道德信念相互关联的说法，可能是非常粗糙的（这一点集中体现在道德哲学的适用性方面：康德被说成是"德国市民……的利益的粉饰者"［DI 178/195，DI 176/193；《形态》，第 213 页，一并参见第 211 页］）。不过，我们姑且理解一下马克思。假定占统治地位的道德信念确实倾向于维护社会的财产关系。问题在于，许多社会不仅展现了维护现状的道德信念，**而且**展现了批判现行财产关系、不占统治地位的道德信念。总之，一种信念取得统治地位的原因与其真理性并不相干。与（1）和（2）的情形一样，即便承认（3），这也并不代表道德家必须怀疑自身的信念。(3) 的意思不过是说，如果道德信念 B 倾向于维护现行财产关系，那么人们应当格外仔细地检视自己接受这一信念的理由。

为了维护特定的道德判断，哲学家们经常诉诸不受个人利益和社会环境影响的立场。他们经常祈灵于某种形式的隔离式立场。比如，理想型旁观者理论的那些支持者认为，旁观者——被定义为"无利害关系［且］不带感情"的存在者——的反应决定了一种行为是好是坏，是义务还是禁令等。[2] 某种程度的不偏不倚、排除个人利益和偏见的影响，一般被认为是道德立场的构成性部分。马克思指出，青年黑格尔派希望我们采取类似的非个人式立场（DI 20/30；《形态》节选本，第 9–10 页）。而我们业已知道，马克思不认为当下可以采取这样一种立场。

但是，上述说法中没有哪一个表明，当青年黑格尔派用马克思所嘲讽的口气指出，"**你们**从来就是人，可是**你们**缺乏**你们**是**人的意识**，正因为如此，所以**你们**实际上不是真正的人 [Wahren Menschen]。所以**你们的**现象与**你们的**本质不符。**你们**是人又不是人"（DI 232/250；《形态》，第 279 页），青年黑格尔派是错误的。马克思所反对的，是依靠改变意识来证明我们尚且不是真正的人的合法性。马克思认为，正确的意识——何谓成为真正的人——其内容无法在当下就被正确**认识**，至少无法借助一种隔离式立场机制加以认识。不过，每一种关于何谓成为真正的人的推定式说法，却仍然可能是正确的。

接下来的两节，将考察并评估马克思坚持下述看法时所可能持有的理由，即人不能在当下就拥有从道德上评价社会制度和政治制度的合理信心，不能在当下就采取一种隔离式立场。

2. 社会学论点

并非所有哲学家都试图诉诸隔离式立场来证成道德主张。《形态》对意识形态的一些评断在这里可以派上用场。"形态"这个词无疑汇集了无数观念,不过我的关注范围比较窄一些。我打算考察马克思说出下述名言时——"统治阶级的思想在每一时代都是占统治地位的思想。"(DI 46/59;《形态》节选本,第 42 页),所可能追求的两类完全不同的要素。

为了找出其中的两种要素,我们需要看一下整个段落:

> 统治阶级的思想在每一时代都是占统治地位的思想。这就是说,一个阶级是社会上占统治地位的**物质**力量,同时也是社会上占统治地位的**精神**[*geistige*]力量。支配着物质生产资料的阶级,同时也支配着精神生产资料,因此,那些没有精神生产资料的人的思想,一般地是隶属于这个阶级的。占统治地位的思想不过是占统治地位的物质关系在观念上的表现,不过是以思想的形式表现出来的占统治地位的物质关系;因而,这就是那些使某一个阶级成为统治阶级的关系在观念上的表现,因而这也就是这个阶级的统治的思想。(DI 46/59;《形态》节选本,第 42-43 页)

上述引文第 2 句表明这一说法是社会学意义上的。它所涉及的是谁支配"精神生产资料"的问题:在最低限度上——如果误植年代——"精神生产资料"包括电子媒体、印刷媒体以及中小学校。举例来说,资本主义的精神生产资料,对每个人的观念有着强烈的影响。它们对那些公开辩论的论题,对怎样表述那些论题以及某些观念的偏见(比如否定共产主义成功可能性的偏见)广有影响。也就是说,每一位尝试思考某一论题的个体,其在进行思考时,均处在某种至少在部分程度上是由精神生产资料所营造的环境之中,并且至少在部分程度上受到其偏见的影响。尽管如此,这一说法也只是一种倾向。那些没有精神生产资料的人的思想,只是"一般地"受制于现行精神生产资料的影响。有些人想必一向就有能力抵制这种灌输,并且有能力继续抵制这种灌输。

从科学的层面来讲,这种说法是经验性的。人们可以研究过去的社

第 10 章 《德意志意识形态》(下)：道德批判（与回归哲学）

会，以期弄清占统治地位的思想是否的确与统治阶级的思想相一致。此外，一种合理的因果机制（特定制度的运转）被认为是对这种一致的解释，并且经验性的研究亦可运用于这种机制本身。

第 3 句所表现的是另一种不同的解读。占统治地位的思想被认为是"占统治地位的物质关系在观念上的表现"，这就好比是说，即便没有精神生产资料的中介作用，这些思想亦可以产生一样。

我将第 2 句的说法称为"社会学论点"（the sociological thesis），而将第 3 句的说法称为"结构性论点"（the structural thesis），并且留待第 3 节再行考察后者。这里我首先考察社会学论点。我认为这一说法所表达的意思在于，由于制度的影响，个体对其道德判定很难持有合理的自信，因为这些判定很可能是制度操控的产物。

如果社会学论点是正确的，并且如果采取隔离式立场是不可能的，那么提出道德主张的人便会陷入困境。他无法通过诉诸隔离式立场来证成其主张，而且社会学论点使所有诉诸人的直觉信念的做法，抑或诉诸当下社会中占统治地位的信念的做法变得可疑。

当然，社会学论点只是表明这样的信念是可疑的，但并未表明其是错误的。社会学论点是一种起源性论点，其对信念起源的解释，并未证明信念是错误的。不过，道德信念经常要调节不同利益之间的冲突。当这样的冲突涉及阶级冲突时，体现某一阶级之影响的信念，很可能会偏袒其所在阶级的利益。这些信念因而需要严加审查。对那些宣称统治阶级的统治是正当的这一说法，这样的审查则尤其是必要的。人应该不会愿意强调那些至少在部分程度上是由阶级统治所塑造的信念，强调这种信念将会使得作为再造之一方的阶级成为裁判。此处似乎尤其需要诉诸一种与社会环境相隔离的立场。

前文业已指出，马克思既未赋予精神优先地位，亦未赋予物质优先地位，但是在占统治地位的思想这一段落中，他显然赋予了外在于精神的事物某种优先性。问题在于，这是一种**怎样的**优先性。对此，我们可以从个体在很大程度上是由其环境塑造的这一说法切入。

马克思指出，个体生活的环境限定了其可能拥有的信念，以及其所可能发展的能力，包括精神能力。"这不决定于**意识**，而决定于**存在**；不决定于思维，而决定于生活"（DI 245/262；《形态》，第 295 页）。这是经常被用来证明马克思是一名形而上学唯物主义者的段落之一。而事

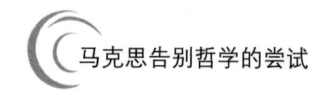

实上，马克思的说法是非常形而下的。"如果这个人的生活条件，"他接着指出，"使他只能牺牲其他一切特性而单方面地发展某一种特性，如果生活条件只提供给他发展这一种特性的材料和时间，那末这个人就不能超出单方面的、畸形的发展。任何道德说教在这里都不能有所帮助。"（DI 245-246/262；《形态》，第 295-296 页）如果缺乏必要的金钱、教育以及闲暇，那么要求一名工厂工人——抑或一名痴迷于赚钱的商人（鲍威尔所谓的"资产阶级奴隶"[SZ 33]）——超越其狭隘的生存，学会欣赏艺术和文学，只能是徒劳之举。与之相反，对于"生活包括了一个广阔范围的多样性活动和对世界的实际关系，因此是过着一个多方面的生活"的人来讲，其"思维也像他的生活的任何其他表现一样具有全面的性质"（DI 246/263；《形态》，第 296 页）。个体环境的限制影响个体所能够选择的生活类型，并且很可能还会影响其诸多判定的恰当性，比如其对现行社会制度和政治制度之可接受性的判断。恰当的判定可能需要一定程度的教育，需要对现行社会组织的替代形式的某种意识，需要能够对人的心理之潜在可塑性做出判断的充分经验和知识、最低限度的反思时间等。个体生活的环境（商人或工厂工人所处的环境）[3]也许受到相当的制约，以至于在对（诸多问题中的）这一问题进行判定时，很可能是基于无知和偏见，而非基于理性的反思。

社会学论点所主张的是，个体很难对其道德判定持有合理的信心。而在资本主义条件下，这一点尤其适用于评价现行社会制度和政治制度。不过，很难并不意味着不可能。只要人在做评价时尽量避免歪曲社会环境，则人为什么不能用道德话语评价现行社会制度和政治制度呢？**尝试**进行客观的评价，这中间又有什么会被误导呢？

在我看来，如果具备下述条件：(1) 成功摆脱（扭曲的）社会环境影响的可能性微乎其微，(2) 认为此类尝试必然会失败的普遍心态倾向于圣化现行制度，马克思会认为这样的尝试将被误导。我认为马克思相信这两个条件在当下就可以得到满足。他认为个体所处环境的影响，以及某一阶级控制思想生产资料的影响，是相当大的，并且他认为通过宣称现行的安排促进了普遍的利益而非特定阶级的利益（DI 47/60；《形态》节选本，第 43-44 页。DI 176/193；《形态》，第 211-212 页），统治阶级将其统治加以合理化的趋势，以及坚称公正的考察将证明其统治之正当性的趋势，在不断增强。

第 10 章 《德意志意识形态》(下)：道德批判（与回归哲学）

（1）和（2）都是经验性的主张，这里无法对其合理性做出评判。不过，它们的确至少指出了试图摆脱社会环境影响——诉诸一种（多少）隔离式立场——的风险所在。不管有意还是无意，这种尝试都可能是对偏见的有力辩护。但是，还得再次申明，如果有人有理由认为其可以控制这样一种风险，而诉诸一种（多少）隔离式立场，这又有什么错呢？[4]

3. 强社会学论点与结构性论点

马克思之所以认为这样一种诉诸会被误解，还有另外一个原因。我们由此转入"结构性论点"。马克思指出，"圣桑乔［施蒂纳］……把个人的观念同他们的生活条件……割裂开来"，(DI 270/288；《形态》，第 326 页）但马克思认为，思想一向都是"**这一**确定的个人的"思维，是"是**他的**由他的个性和他在其中生活的那些关系所决定的思维"（DI 246/263；《形态》，第 296 页）。对隔离式立场的诉诸否认了下述观念：这样一种立场的权威性，恰是其从人的"个性和他在其中生活的那些关系"中进行抽象的结果。

试图抵达某种隔离式立场，就是试图赋予观念某种独立性。人做此尝试的目的在于理性地评判社会制度和政治制度。这意味着参照某种标准评判制度，但标准要能够**成其为**标准，必须是基于某种另外的理由，而不能是基于其表现了个体或阶级的生活方式这种理由。即便标准的内容在于制度应当促进现存的生活方式（甚至于仅仅因为这些生活方式是现存的而促进它们），但标准的权威性却不能来自**其**对现存生活方式的表达，**其**必须被赋予某种独立的有效性，而这种独立的有效性正是结构性论点拒绝给出的。

事实上，结构性论点摇摆于结构性论点本身和"强社会学论点"（the strong sociological thesis）之间。后者是制度影响人的观念和信念这一论点的极端表述形式。它并没有规定任何具体的因果机制，而是说制度的各种影响相互渗透、相互贯穿，从而织成了一张极强的、无人可以打破和逃脱的因果网络。这是一个经验性论点，但其却不受反驳的影响。强社会学论点所说的并非**任何具体**因果机制的影响（任何具体制度

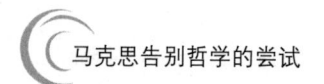

的影响），因而（假定）人可以对抗某种特殊机制这一事实，并不能表明人打破了作为整体的网络。（相比前一节，这显然是一种更强的论点；从现在开始，我将用"弱社会学论点"［the weak sociological thesis］指称前一节的论点。）

与之不同，结构性论点本身并不是经验性论点，而是这样一种论点，即观念**不过是**社会条件的**反映**。这种论点是有关制度的**生成性**（generative）影响，而非**歪曲性**（distorting）影响的主张。占统治地位的观念之所以是统治阶级的观念，并不是因为人未能克服制度所生成的各种障眼法，而是因为观念本身是由某种特定的方式产生的。

结构性论点认为道德信念无法拥有其所声称的权威性，因为这样的权威性有赖于否定下述事实，即信念只是反映而已。人可以认为，不论信念是如何产生的，人始终可以判定其说法的真假。但是如果人的信念无法针对人的判定做出改变，那么这样做就是无意义的，而结构性论点似乎并不允许这样的改变。更为重要的是，如前所述，如果某种信念能够充当标准，如果人对真理主张的判定本身只不只是反映，那么信念就不能**都**只是副现象（epiphenomena）。[5]但是结构性论点拒绝承认任何这样的独立性。

强社会学论点所讨论的并非是观念之本性，而是关于道德信念的一种经验性主张。它是一种经验意义上的怀疑主义，这就好比没人可以在三分钟内跑完一英里（约1 609.3米），没人可以活到两百岁一样。不论是强社会学论点还是弱社会学论点，两者都认为有理由怀疑道德信念的权威性，因为这些信念曾受到社会制度的极大影响。这其中隐含了这样的推论，即根据某种独立的标准，人原则上可以评判接受或拒绝此类信念的证据，在这层意义上，对道德信念做出评判是合理的。两种形式的社会学论点均认为，阶级社会不能提供接受道德信念的恰当标准。但这两种论点并没有否定提供这样一种标准的可能性。[6]即便是强社会学论点，其所否定的也只是当下获得这种标准的可能性。[7]

当马克思将"单方面……发展"的个体与"过着一个多方面的生活"的个体两相对照时（DI 245－246/262－263；《形态》，第296页），马克思本人似乎接受了评判个体信念的某种标准。后一种个体的"思想"具备了"普遍性"，这显然是指其满足了某种独立的标准。

第10章 《德意志意识形态》(下):道德批判(与回归哲学)

姑且假定马克思支持强社会学论点。他是否同样支持结构性论点呢?思想一向是"**这一**确定的个人"的思维,是"**他的**由他的个性和他在其中生活的那些关系所决定的思维"(DI 246/263;《形态》,第296页),这一说法,与两种论点都是可以相容的。马克思对宗教、道德和形而上学独立性的否定(DI 26-27/36-37;《形态》节选本,第16-17页),似乎是在主张和认可结构性论点。但事实上,强社会学论点同样否认这样一些思想领域迄今一直游离于制度的因果网络之外。

强社会学论点还具有能够解释以下事实的优势,即马克思虽然认为社会环境决定了自然科学的任务,但却从未认为,一旦脱离其由以产生的环境,自然科学主张便会丧失有效性。此外,《形态》中的马克思亦不大可能认为逻辑和数学"没有历史,没有发展"(DI 27/37;《形态》节选本,第17页)。不过,科学、逻辑和数学信念可以合理地被评判为真或为假,抑或被评判为大体上拥有某种合理的基础。相反,道德、宗教和形而上学却无法进行这样的评判。霍布斯(Hobbes)评论说:"关于对和错的学说永远存在争辩,既用笔亦用剑进行争辩;而关于线和面的学说则不是这样,因为对于这样一种与人的野心、利益和欲望无关的主题,真理是什么,人们并不关心。"[8] 用"阶级的"利益替换"人的"利益,我们可以尝试解释,为什么只是某一些信念而不是所有信念,可以依据独立的理由加以肯定。结构性论点似乎无法解释此一区分。其似乎强加给马克思这样一种可疑的观点,即数学信念不能拥有其独立的根据。

事实上,结构性论点否认了**所有**信念的独立根据,因为所有信念都同样是"占统治地位的物质关系在观念上的表现"。即便撇开这里的自反性问题不论,这一点显然亦是不可接受的。唯一的解决方法是确定某种原则,对结构性论点可以适用的观念和不能适用的观念做出区分。但是,很难看出这种区分如何就是这样一种主张,即社会制度以某种方式歪曲了某些观念,却没有歪曲另一些观念,后者不受适用于所有观念的标准的限制。这将意味着放弃结构性论点,转而选择某种版本的社会学论点。

我之所以不惜笔墨专门批判结构性论点,是因为当前关于(各种类型)错误意识的辩论,太过于频繁地假定类似的论点,并且太过于频繁地将之归给马克思。弱社会学论点是合理的,但如果对不同的主张不加区分，其似乎很容易滑向强社会学论点，并进而滑向结构性论点。结构性论点是站不住脚的。由于相比强社会学论点，结构性论点在文献支撑上并不具有优势——事实上，其恰恰依赖于我业已证明了的、马克思所试图回避的形而上学唯物主义，而且，从哲学上看，结构性论点亦是可疑的，所以我认为不应当将这一论点归给马克思，至少不应当认为马克思毫无保留地支持此一论点。

马克思很可能认可强社会学论点。我们也应当认可吗？强社会学论点认为所有的道德信念都可能是制度性洗脑的结果。实际上，许多人曾经认为他们有充分的理由去相信 M（某种道德信念），但是现在却发现（1）对 M 的相信缺乏充分的根据，（2）人们之所以会相信 M，不过是由于受到了社会制度的操控，对于这些情况，我们不难找到例证。强社会学论点的问题在于，只有当不计其数的历史例证具有这种形式时，它才能提出怀疑当前道德信念的理由。不过，单个个案所揭示的并非错误的倾向，而是最终发现真理的倾向，比如信念 M 实际上并无充分的根据。这种说法（信念 M 并无充分的根据）意味着，人认为其当前关于道德信念何时具备充分根据，何时不具备充分根据的解释，大体上是正确的。所以，对于通过检验的那部分当前的道德信念，人难道不应当持有信心吗？为什么要像强社会学论点所要求的那样，认为相信**它们**缺乏充分的根据呢？

让我们假设下述情境（C1）。历史所表现的不过是道德幻想的层层相因。世代 A 拥有一组道德信念 a；世代 B 认为所有 a 都是错的，A 对 a 的相信完全是制度操控的人为产物。对世代 B 与道德信念 b，世代 C 得出了同样的结论；以此类推。更为糟糕的是，在这一序列中既不存在信念的连续性，亦不存在基础原则表述方面的进步。人们据此可以有充分的理由推知，不论目前看来多有说服力，人们自身的道德信念 c，最终亦不免会化为同样的幻想。

此一情境堪称布莱克斯通（Blackstone）下述说法的悲观主义版本，布莱克斯通认为英格兰普通法的所有条文，不论看上去多么荒诞不经，事实上都是理性的化身，即便这种理性目前并不明显。与之相对，这里的说法在于，即便信念 c 看起来确实是理性的，历史仍将赋予我们充分的理由去怀疑它。

这里不存在所谓的起源谬误。弱社会学论点指出，由于人们目前的

第 10 章 《德意志意识形态》(下):道德批判(与回归哲学)

信念是社会制度的产物,**因而**是可疑的。这是一种关于起源的解释,对此显见的回应,在于指出不论人们的信念从何而来,人们都应当竭力依据恰当标准对之做出评判,且不论恰当的标准具体是什么。即便趋向隔离式立场的冲动本身亦是社会制度的产物,但这并不意味着,询问某种隔离式立场是否是做出道德评判的恰当立场的做法具有误导性。情境(C1)与此不同,它设定了一种对人们目前的道德信念加以怀疑的归纳性基础,即以往的证据表明,对于道德信念来讲,目前的恰当标准很可能是错的。

与之相对,让我们再假设下述情境(C2)。历史既表现了道德信念的损益变迁,亦表现了道德信念的前后相续,同时还表现了在表述基础原理方面的巨大进步。此外,a、b 等信念中的许多核心部分,从未被彻底证实为制度操控下的人为产物。因而没有任何理由去怀疑人的信念 c(假如其业已通过了当前恰当标准的审查)。在这种情境下,人似乎有权对道德思想史抱持一种辉格式观念。

情境(C1)和情境(C2)是完全相反的两极。位于这两极之间的人会说,不论看起来根据有多充分,结果还是证明,许多道德信念终究不过是制度操控的产物,所以不论人们目前的道德信念看上去多么有根有据,**其仍然可能只是制度的人为产物**。[9] 至于这里的节点位于何处,则是不确定的。不过,不论节点位于何处,其无疑包含这样一种观念,即道德信念(至少核心的道德信念)伴随时间变迁,业已发生了**非常大**的变化,信念与制度操控之间存在关联性的证据非常有力——在我看来,这种变化和力度要大大超过人们基于历史记载的理性看法对真实情况的想象程度。因而强社会学论点不大可能是正确的。(应当承认,强社会学论点或许会认为,人对历史记载的看法,其本身就是制度操控的产物,其旨在为当前被操控的道德信念提供谱系传承。但是不论一种社会学观念如何封闭,其都会有限度:其总会在某个地方与证据相遇。)

需要指出的是,只要人对历史的描述并不完全近似于情境(C1),我们就有理由检视人的道德信念是否有其充分的根据。权且假定人们目前的诸多道德信念不仅仅是制度操控的产物,那么人们的处境就好比这样一名制造商:他明知所支付的部分广告费用是白费了,但并不知道具体哪一部分是白费了。人怎样才能确定,其道德信念中的哪一部分不只是制度操控的产物？表面来看，那些最能通过准恰当独立标准（不论是什么标准）之**检视**的信念，最不可能是制度操控的产物。如此一来，对自身判定道德说法的能力，人似乎可以持有（至少一定程度上的）信心。事实上，舍此之外，实在再无其他选择。[10]

  我在第 8 章中引入了隔离式立场这一观念，并且在本章中反复提及了这一观念。现在我们终于可以评判一下马克思的下述主张：采取这样一种立场是不可能的。有两点我们必须要记住。首先，相对于我们的目的而言，问题并不在于知道一种判定是基于某一特定立场做出的，这一点能否构成对这一判定持有合理信心的充足理由。这是个一般性的问题，其涉及人的信念的充足理由的性质。对此我置诸不论。我们所关注的是马克思采取下述想法的理由，即便知道一种判定是基于某一特定立场做出的，这一点足以保证人们对这一判定持有合理信心，我们亦不可能采取青年黑格尔派所钟爱的特殊立场。其次，隔离式立场并非**任何一种**歪曲都没有的状态，而是一种个人偏见、社会限定、宗教教化以及制度操控（在特定的情境下，所开列的事项可能会有不同）所带来的歪曲，相对于某一问题 Q 而言完全不发生作用的状态，因而人可以相信，基于这样一种立场所做出的关于 Q 的判定，可由判定是基于这一立场做出的这一点加以担保。

  如果我们将马克思所谓不可能的说法理解为一种关于问题 Q 的**弱社会学主张**（在本章所描述的"弱社会学"意义上），我们或许可以为之做出有说服力的证明——也就是说，对相对于 Q 采取一种隔离式立场是不可能的说法做出证明。这种证明将取决于 Q，取决于环境以及其他一些因素。这其中还包括针对当时的情境，能够对关于 Q 的判定持有合理的信心而言（仅仅依靠其是基于特定立场做出的这一点），人们对所谓完全隔离了相关潜在歪曲影响的具体规定。依照马克思在《形态》中的具体批判，青年黑格尔派的问题在于，当设想他们自身关于人本性的信念不受其所处社会制度的影响时，他们太过于随便、太过轻率了。或许针对**他们**关于业已采取隔离式立场的主张，我们可以做出颇有说服力的反证（虽然这并非进行反证的恰当场合）。

  如果我们把马克思所谓不可能的说法理解为一种**强社会学主张**（在本章所描述的"强社会学"意义上），那么对于采取一种完全的隔离式立场是不可能的这一说法，我认为不大可能为之做出有说服力的

第 10 章 《德意志意识形态》（下）：道德批判（与回归哲学）

证明（需要记住，一种强社会学主张是种极强的主张）。不过，对于某些论题来讲，这样一种强社会学主张也许至少还有某种表面的合理性。青年黑格尔派所关注的论题——人本性——或许可以被视为这样的问题。人们或许可以认为，对于这样的问题，青年黑格尔派的信念**不可能**被隔离到这样的程度（因为没有人的信念可以隔离到这种程度），以至于仅仅依靠信念的来源，人们即可对信念持有合理的信心。对于这样一种效果，或许（虽然我对此表示怀疑）可以做出一种合理的证明。

到目前为止，我一直反对把隔离式立场理解为一种社会学主张。但在马克思主义思想史上，为了宣称"观念"（广义上至少包含信念和概念）**必定只是**制度的产物，人们曾经不惜口诛笔伐，不惜流血牺牲。这引发了从特定制度影响特定主体观念这一问题，向观念取决于"现实"这一一般性问题的滑行（实则是从弱社会学论点滑向结构性论点的一种变体），并进而滑向了针对马克思主义知识论的聚讼纷争。

● 如果有人认为所有的观念必定只是制度的产物，那么他便是支持结构性论点及其所面临的所有难题。

● 如果有人弱化这一主张，只讨论某一些观念，或者只讨论特定制度影响特定主体观念的程度，那么他将需要提供因果性论述，以证明观念 X 不受制度的影响，而观念 Y 受到制度的影响，抑或此处制度的影响限于这种程度，彼处制度的影响限于那种程度。他仍然将会支持某种社会学主张。

● 事实上，并不存在观念取决于制度的**一般性**问题。制度对主体的观念显然存在影响；同样显然的是，制度并未完全决定主体的观念。引人关注的问题与具体的情境相关，与中度概括（middle-level generalizations）相关。

● 一如我竭力证明的那样，《形态》中的马克思所试图避免的结局，是将这些问题转变为有关观念取决于现实的一般性哲学理论。

不论是转换为关于具体观念和具体制度的主张，还是转换为中度概括，马克思主义传统中的一些所谓观念取决于现实的主张，都有其合理之处。但是，如果把这些问题转换为一般性的哲学主张，其合理性便会消失。而且讽刺的是，这种做法与马克思本人的关注点，至少与《形态》中的关注点是截然对立的。

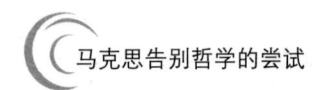

4. 共产主义条件下的道德和道德哲学

值得一问的是，道德在共产主义条件下又会怎样呢？[11]马克思是否认为共产主义中仍然存在道德判断？如果是这样，这些判断是否具备我们现在倾向于认定的那种权威？马克思实际上是否会认为，我们做出道德判断，执行道德判断，以及将自身视为道德存在的这些社会实践都将消失不见？

由于马克思并未直接处理这一问题，因而我在本节中不会涉及马克思本人对此的信念，而是涉及马克思另外一些观念，以及其对人类可能性的极端乐观但（我希望）并非完全荒谬的描述中所包含的信念。所以相比本书的其他部分，本节的重构性色彩要更为浓厚。坦白来讲，这种重构完全是推测性的。[12]我猜想马克思的确认为道德在共产主义社会中会消失不见（这是说：如果被直截了当地问及这个问题，他应当会回答说，"是的，道德将会消失不见"）。但是这种说法是难以理解的（如果我们无法做出道德判断，我们会是什么样子？）；这种说法几乎肯定是错的；这一说法也并不被马克思所认同，我将对此加以证明。我认为马克思所认同的是这样一种说法：将我们自身视为道德存在者的特定方式将会消失不见。

在结构性论点所主导的领域中，权威性标准被抛弃了，因为这只是一些自反性的标准。与理想的旁观者不同，这些标准不是**对**（with respect to）某种事态的反应，而只**是**（of）某种事态产生的反应。如果与我们当前所理解的道德社会实践类似的事物，在共产主义条件下亦是可能的，那么结构性论点便必定不能适用于共产主义。如果反对将这一论点归给马克思的论证是正确的，那么这便不是一个苛刻的要求。

当然，否认结构性论点对共产主义的适用性，并未表明道德将会存在。马克思指出，宗教、形而上学和道德没有独立性。他无疑坚信，随着共产主义的到来，宗教信仰——对具备超自然力量的超验实体的信仰——将会消失得无影无踪。不会再有关于这样一种实体的存在问题。至于形而上学，马克思在1844年的著作认为形而上学问题作为抽离于日常生活而提出的问题，将从共产主义中消失。对这些问题仍然可以进

第10章 《德意志意识形态》（下）：道德批判（与回归哲学）

行回答，但却不是纯粹的概念性回答。共产主义者将从其实践生活中，而不是从独立的思想行为中掌握现实的本性。《形态》中关于现实的本性对共产主义者来讲仍然成为问题（不论以何种方式加以回答）的说法是暧昧的。就马克思仍然认为人与世界之间存在基本关联而言，其与传统问题仍然存在关联。但是需要再次指出的是，这样的问题将不大可能被视为独立的问题。伴随分工的消亡，马克思将不再需要诸如心物关系之类的独立话语领域。道德的情况又将如何呢？

马克思似乎的确相信，至少有一些道德问题将不再会出现。试以分配正义问题为例。马克思指出："权力是权利（法）的基础 [*die Macht* (ist) *die Grundlage des Rechtes*]"① （DI 304/322，307/324；《形态》，第368页，一并参见第370-371页）。这首先是指只有在存在权力的地方，权利才能适用。"权力"是一关系术语，它是一种对于其他人权力——与分配正义相关时，它是一个群体对于另一群体的权力。在马克思那里，阶级冲突构成了那些需要道德概念，尤其是分配正义概念的环境的核心特征。[13]如果消除了匮乏问题和社会阶级（对于马克思而言，消除前者是消除后者的现实条件），人们将不会再需要关于分配正义的判定。[14]

不过这样的判定只是我们目前道德生活的要素之一。撇开这个要素不论，其他的要素还会继续存在吗？

马克思认为，特定的社会实践是对现实生活问题的回应；人们对特定类型问题的理智关注，是对现实生活问题的一种回应。这些不同的回应是相互关联的。其原型是费尔巴哈的下述看法：宗教是现实的人的需要在实践上的回应；神学是这种需要在理智上的回应。如果道德和宗教的对应是严格的，我们的道德本性和宗教本性就都是容易消散的，所以共产主义社会将不存在道德社会实践（与宗教社会实践一样），亦不存在对道德的反思（与神学一样）。

马克思或许认为这种对应是严格的。不过他亦可以无矛盾地否认这一点。他仅仅信奉下述说法，即如果（1）一种需要的存在仅仅取决于人类生活的可变条件，并且如果（2）对这种需要的回应产生了特定的信念和实践，此外，如果（3）人类生活的条件发生了相应的改变，那

---

① 引文有改动。中文版是"权力都是作为法的基础的"。——编辑注

么（4）这种需要和由之而来的信念和实践终将会消失。

这里所描述的步骤并不总是有效的，因为即便只是由于某种如今业已不存在的环境，一种社会实践才会产生，但是，这种社会实践有可能自我维持（self-sustaining）。（我们可以很容易指出，观赏活动 S 为什么会在时间 t 勃然兴起，即便条件发生了根本性的变化，S 仍然可能长盛不衰，并为其自身创造出粉丝群。）不过，即便假定从（1）（2）（3）到（4）的步骤对于许多信念和实践来讲是有效的，亦没有理由认为，马克思坚信人的所有需要抑或大部分需要都满足（1）。显见的是，许多物质需要（比如吃住需要）并不满足（1）。有什么理由认为马克思坚信所有非物质需要都满足这一点？有什么理由认为共产主义者不再需要朋友和爱人？

事实上，产生道德的条件并**非是**人类生活的可变条件的结果。也许并不存在信仰一种超验实体的无可逃遁的需要，但却存在做出实践选择的无可逃遁且无可变更的需要。博尔赫斯（Borges）在其小说《永生》（The Immortal）中讲述了一群永生之人，一群不朽之人。[15]在无穷无尽的时间里，每个人都实施了所有行为，扮演了所有角色。对于这些人来讲，没有什么选择是不可撤销的。他们始终拥有下一次机会（与尼采的永恒轮回针锋相对）。他们从不进行真正的选择。对于这样的存在者，道德几无意义可言。没有什么有赖于他们的选择。所有分配正义情境论述的核心在于，拥有正义的规则对于人类生活是重要的。如果不是这样，这些规则便会失效。对于博尔赫斯的永生者，道德的规则总体上是多余的。或许我们的有限性，我们对于结果的冀望，构成了每一种道德领域的必要条件。（有哲学家可能对此持有异议，认为一种非道德的行为会使世界整体变得糟糕——比如，世间的痛苦超出了必要所限。严格来讲，在永恒的浩瀚宇宙之中，所有人将会从事并经验所有的事物这一观念，并不能否定上述说法，因为哲学家会说某些实际上发生的事物如果没有发生过会更好。不过，如果人们真的从自身将无所不为，并且不受这些作为的影响这一视角出发看待问题，我认为上述担忧就不会显得那么有压力。）[16]

就这一方面而言，共产主义条件下的个体与我们将会是相似的。他们将同样需要做出决定。不同个体之间同样会有冲突，会有个体的选择和社会的选择。人不会变成天使，人间亦不会变成伊甸。共产主义仍会

第 10 章 《德意志意识形态》(下)：道德批判（与回归哲学）

有三角恋，有手足之争，以及有谁应当冲进大雨中将小猫从树上救下来的争论。当遇到具体问题时——"我应当对朋友坦言他的画一无是处吗？""不要吸烟？""今天是陪我的孩子，还是拜访养老院的孤寡老人？"共产主义者很可能会认为相比另一些回答，某些回答要更好。

即便关于特定事例存在普遍的道德共识，他们仍然会持有这样的观念。换句话说，假定明确表述的道德判定并非仅仅来自不同个体之间欲望的冲突，因为在所有情境下，每个人都可能立即认识到对于这种冲突的相同的解决方案，并且立即认识到他人的认识：如此一来，就没有进行讨论的必要，甚至就连进行思考的必要都没有。假定道德判定只有在判定特定情境的冲突中才能得到明确表述，并且（荒唐地）假定共产主义中不存在这样的冲突，但是，即便如此，仍然有理由将道德判定赋予共产主义者。明确的道德话语之缺失，将不是由道德评判的缺失加以解释，而是由对于所有道德判定的普遍潜在的共识加以解释。除非所有共产主义者的欲望都能完美地相融无碍，否则道德判定至少会隐含在共产主义者的行为之中。在这层意义上，共产主义者将仍然是道德存在者。哪一种判定将会存在，取决于哪一种实践问题将会（至少潜在地）保留下来。我认为这将囊括当前日常生活中的大部分道德谜团。

那么，共产主义条件下的道德生活与资本主义条件下的道德生活，**将**会有怎样的不同呢？

毫无疑问，在共产主义条件下，人们对于所有抽象层面的道德判定都将达成更多的共识。我认为在马克思看来，造成道德分歧的许多诱因（比如匮乏问题、阶级冲突和宗教信仰敌对）将不复存在。共产主义将会比资本主义展现出更多的道德一致。

另外，我认为马克思同时还持有一种有趣的看法，即共产主义将不再倾向于将人视为拥有特殊道德意识抑或道德能力的存在者，总之，不再倾向于将我们实际上从事道德判定这一事实，用作对人进行哲学论述的踏板。

请回顾一下马克思的下述主张：共产主义社会没有画家，而只有在从事其他活动的同时画画的个人（DI 379/394；《形态》，第 460 页）。马克思关注的焦点在于克服分工，不过其说法稍加拓展，便可以被视为对任何浪漫化、神化艺术和艺术家的做法，视艺术和艺术家为精神价值的深层源泉、宗教之替代物的做法的拒斥。在共产主义社会，个体将会画画，会对艺术的价值做出判定。但是这样的活动将不再拥有特殊地位。艺术将不再是对超越性的寻求。

正如其拒斥了物质的分工一样，我认为马克思同样将会拒斥任何一种精神的分工。他会拒斥任何下述企图，即首先从进行道德判定的实践中，推导出所谓道德的至高原则 P，然后将 P 的基础归结为人格中不同于其他部分并且高于其他部分的某一部分。共产主义对何谓道德存在者的解释，既不会把我们撕裂为心灵与身体、理性与感性两个极端；亦不会赋予我们某种特殊的、高贵的道德意识或思想能力。

我的意思是说，在共产主义中，道德判定不过是诸多判定中的一种，一种处理特定问题的方法。道德领域将会存在（比如个体将会因为其行为或被赞扬或被批评），但相比其他领域，其并没有什么特殊的意义。道德涉及对标准的应用，这种观念仍然会存在，这就好比一名艺术家决定将海画成蔚蓝色而非靛蓝色一样。不过正如我们不必认为这名艺术家的决定超拔于人类生活的一般特征之上，道德判定抑或道德上正确的行为，亦仅仅只是一种特定的判定，抑或只是一桩值得赞扬的行为，而非形而上学战争中的胜利者。

此外，如果仅就当出现分歧时主体可以给出理由而言，道德判定还可以被视为理性的。如果就是否应当施行某一行为存在分歧，共产主义者很可能会相互给出理由，正如就是否应当为窗户安装遮阳物或百叶窗问题，如果发生分歧，他们很可能给出理由一样。马克思并不认为：缺少思考和话语，人类生活还可以维持不坠。

不过，如果共产主义条件下的道德生活看上去与我们所认为的道德生活之间，存在十足的相似性，那么一般来讲，相比其他判定，共产主义条件下的道德判定必定占有更大的权重。当道德判定命令行为时，其往往必定凌驾于所谓美学命令和便利性命令之上。不过，只要不用某种关于特定道德能力的理论去解读这一点，那么对道德判定的这一特征，我看不出马克思有任何反对的理由。如果道德考量**只是**在一般层面上凌驾于其他考量之上——就好比对于购房者而言，对整体结构的考量一般要胜过对房间大小的考量，道德作为一种社会实践，对马克思来讲就不应当有任何问题。

但是，我们难道不需要做此一问：**为什么**共产主义者会认为道德考量一般而言要凌驾于其他考量之上？整体结构凌驾于房间大小之上，是

第 10 章 《德意志意识形态》(下):道德批判(与回归哲学)

因为大多数人对房屋安全的需求,要胜过对取衣服方便的需求。举例来讲,共产主义者是否认为,**理性**要求赋予道德考量额外的重要性?我们难道不需要做此一问:共产主义者为赋予道德优先性给出了怎样的解释?

规定为什么道德比便利更重要,不是日常话语所讨论的话题。考量 X 比考量 Y 更为重要的说法,在我们当前的争论中,是人们可能用日常话语给出的说法。考量 X 比考量 Y 更为重要,打个比方,是因为 X 与我们作为理性存在者的本质属性相关,这不大可能是日常话语可以给出的说法。这是一个更为抽象的说法。当问及共产主义者对道德优先性的解释时,我们所问及的是共产主义者的道德哲学思想。我们所问及的是特定的道德哲学问题——比如道德考量具有特殊重要性的根源问题——在共产主义条件下的地位。

我们很可以说共产主义者将完全不同,他们会认为上述问题是不可理解的。但我认为这样讲是错误的。我们毕竟是他们的历史,而且马克思从未提到过没有历史的共产主义。共产主义者可以理解我们的科学和艺术,为什么就不能理解我们的道德哲学问题?不管怎样,将一个人引入抽象问题层面(学者们一直在这样做),是轻而易举之事。所以我看不出有任何理解方面的困难。共产主义者可以尝试去解答困扰我们的那些问题。即便身处物资充足的国家,人们同样可以思考如果物质匮乏,怎样进行分配才是最佳方案。而且人们可能会想知道,为什么某些考量相比另外一些要更为重要。

我认为这里有两个问题。其一,共产主义者会有探询我们的(诸多)问题的冲动吗?其二,如果他们有这样的冲动,这是否是马克思所认为的那种哲学冲动,这种冲动从一开始便大错特错,不可避免地会错失对于人类以及人类与世界关系的正确理解?

我想通过考察一些一般性的学术区分,来处理这两个问题。请思考一下"政治哲学"、"道德哲学"和"应用道德哲学"。"政治哲学"(通常)和"应用道德哲学"(一般)关注涉及相对直接的制度性结果的问题:何为恰当的分配正义原则?道德上是否允许堕胎?与之不同,"道德哲学"通常并不关注热点问题。康德主义者和功利主义者的论争,很少会从我们在某些现实情境下应当做什么的担忧展开。其关注点一般在于为什么我们应当这么做,而不论我们应当做的内容是什么。另一些话

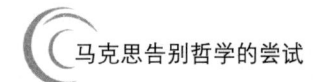

题——比如道德实在论——与直接实践的距离甚至会更远一些。

时常被用来解释考察这些问题的理由是,人们相信具体道德问题的论争,可以通过寻求更为抽象层面的共识加以恰当解读。[17]吉尔和杰克无法就应当做什么达成共识。不过他们或许可以就裁定这一情境的恰当原则达成共识,应用这一原则可以最终解决他们的分歧。寻求道德的至高原则是这一策略的极端形式。

我看不出马克思有什么理由反对进行概念式上溯。共产主义条件下会有论争,而概念式上溯可能是解决这些论争的明智之举。

不过对实践的关注并非是导向这种上溯的唯一动机。即便人们知道康德主义者和功利主义者对所有具体问题都将以相同的方式加以回答(并且人们知道答案),人们仍然可能想知道道德的至高原则是什么。人们也许仅仅出于好奇而想知道,不过也可能因为人们认为通过理解某一特定原则何以能够**成为**至高原则,将会加深对人的本性的理解。如果就像许多著作家所认为的那样,我们之为道德存在者,是关于人类的值得关注的事实(康德称之为"我们一经发现其内在于我们之中,便无法抑制自身之惊讶"的事实)[18],那么规定道德的至高原则,就好比是加深我们对自身的理解。

我的看法是,在共产主义条件下,作为道德存在者,并没有被视为关于我们的值得关注的事实,这一事实并不比我们能够欣赏玩笑,能够享受美景更值得关注。不论是什么使得我们成为道德存在者,其都不会被视为对于我们本性的揭示。所以对于特定问题的纯粹理智的冲动将会萎缩衰退。它们似乎不再重要(在第2章所讨论的意义上)。[19]

无疑共产主义者可以询问诸如"好"和"对"之类的问题(人们可以在晚饭后从事哲学[DI 33/47;《形态》节选本,第29页]),但是我认为这些问题的重要性,似乎不会胜过"有趣"对于当下的重要性。所以人们**可以**做此一问,"有趣"是否对应于一种简单的、非自然的属性,抑或是否是当我们做出特殊的具体的反应时所应用的标签。但是(或许出于不好的理由)幽默并未被视为对我们本性的揭示,而且"有趣"的重要性亦从未被探究过。可这既没有使我们无法享受笑话的趣味,亦没有使我们不能区分好笑话和坏笑话,解释某一笑话是好是坏的原因,更没有使我们无法批判人们缺乏幽默感。[20](虽然哲学家**可以**寻求幽默的至高原则,检视那些人一经想到就会发笑的品目繁多的事物。)在这一

第10章 《德意志意识形态》(下):道德批判(与回归哲学)

领域我们很少受到抽象的诱惑和强迫。因而可以对道德做出类似的设想,设想考察道德的需要,并非这么迫切。

值得指出的是,对这种情况为什么不能出现在资本主义中,我尚未做出解释。实际上,我的解释或许会让人想到近来对道德生活的一些讨论。[21]也许马克思无需受此困扰;也许并不是他批判的所有东西,都是资本主义导致的结果。不过,人们可以冒险借用休谟式的解释,来支持马克思对共产主义中的道德形式与资本主义中的道德形式截然不同的看法。休谟认为,正义只有在特定的自然环境和社会环境下才是美德。马克思可以宣称,被视为能够揭示我们本性的人格特征,亦要取决于环境。休谟指出,"身体的强壮和敏捷"对于古人,比起对于我们而言,是一种重要得多的美德。[22]假定人与人之间冲突的肇因在共产主义条件下大幅减少(虽然并未被消除),马克思或许可以宣称,我们遵循道德要求的能力,似乎将不再构成我们本性的深层组成要素。**套用**康德的讲法:我们将不再对之感到惊讶。

即便作为一种无所顾忌的推测,这也未免操之过急。共产主义者可以理解目前的哲学争论。由于他们可以理解这些争论,所以对于不同立场与不同论证的好坏,他们可以形成自己的看法。并且他们很可能能够给出自己的论证。原则上,他们甚至可以就我们当前的争论著书立说。假定他们中的一些人恰好有心这样做,并且假定论证将他们推上了抽象的阶梯。他们怎么能拒绝呢?为了解决分歧,他们很可能同样会被推上这条路。如果他们攀登了这条阶梯,他们争论的方式,岂不会多少与我们相似?

在我看来,马克思对此的回答将会是否定的。马克思不可能让这样的争论重新打开其试图闭合的形而上学裂缝,所以他不可能认为共产主义者的争论可以与我们的争论**高度**相似。举例而言,不论我们将自身视为理性和感性两分法的哪一边,都无法符合马克思的要求。但是,至少有一些考量,会将我们推向抽象的辩论,因而推向一种关于人的抽象观念,其强调马克思所反对的两分法的某一边。这样一种观念似乎会出现在共产主义中。即便参与这种辩论的冲动会比较弱,不过其似乎仍可能是存在的。由于缺乏单纯由强制性法令控制的节点,我们很难看出一种论证的辩证法,怎样可以明确防止人们陷入马克思所反对的方向。

虽然马克思不愿看到，不过这种辩证法很有可能沿着马克思所反对的一方向顺利推进，但是，我认为马克思对此可以采取应对方针。为了看清这一点，看清道德哲学虽然可以在共产主义条件下存在，但却并无重要性可言，我们需要考察接受哲学式论证却并不致力于这种论证，肯定哲学论点却并不让其影响我们的生活图景的几种不同方式。

（1）人们单纯为了论证的目的而接受一种论证的前提。人们论证其并不相信的观念。除非人们突然被其前提的真理性所说服，否则人们可以很容易地保持原有观念而不受自身论证的影响。

（2）人们并不相信自身论证的实践含义。按照休谟有名的自嘲：即便是最极端的怀疑论者，也会由门而不会由窗户走出去。[23]这或许是说怀疑论者并不真正相信这一论证，或许不是。不论是哪一种情况，他的信念都并未达到带来实践影响的程度。

（3）论证虽有影响，但这种影响是短暂的。假设我想打下一根桩，以支撑起桥梁。要能够完成这件工作，我也许需要学一些理论力学。不过我真正的意图在于打桩以支撑桥梁，一旦完成这件工作，我的理论物理学知识可能就淡出了。除此之外，我们还可以再来看一下幽默这个例子。假定我想讲一个好笑话，我可能要考虑使笑话有趣的要素，甚至要考虑我们的幽默能力在我们本性中的位置。权且假定这样的思考催生了一个好的笑话。我的笑话一旦被催生了出来，我的反思可能就淡出了（如前所述，这或许是因为人们能够发现事物有趣，这一点似乎并不指向人的深层本性）。鉴于福尔摩斯（Holmes）有彻底忘掉所有与案情不相关信息的嗜好，我称此为"**福尔摩斯模式**"（*the Sherlock Holmes model*）。

假定道德思考是福尔摩斯模式的一种例证化。概念上溯的可能性，只有在下述意义上才能得到保留，即解决实践问题或者保持与论证训练关联的一大途径，在于考察某种逐步抽象化的主张。但是，对于大部分道德哲学而言，错失目标将会成为概念上溯的典型意义。通过攀爬抽象之梯，人们经常认为自己掌握了关于人的深层真理。我认为共产主义中的人不会有**这种**想法。

1844年的马克思认为，人类生活的某些事实虽然可以被承认是真实的，但是对于主体而言却没有意义。在资本主义条件下，日常生活中的大部分对象是人类劳动的产物这一事实，便是这种情形的体现。在共产主义条件下，此一事实将会具备恰当的意义，而且马克思认为，一般而言我们的取向将不再那么抽象。如此一来，情况可能会是这样：即便我们从事抽象的道德思考，但驱动力——活动的驱动力——将会有所不同，将会比现在小许多。因而概念上溯将仅仅是一种工具，而非进行揭示的方法。[24]

推测就到此为止，并且这也仅仅只是推测。我在本节中所提出的这些看法，马克思从未明确表述过，此外，要想成为对于有道德而无道德形而上学之世界的描述，我所提的这些看法尚需进一步展开论述。本节的目标仅在于表达这样一种可能性：马克思可以对特定的道德描述——更多是针对其在人类生活中的作用而非针对其内容——持有敌意，而并不对作为社会实践的道德整体持有敌意。

5.《形态》能否证成对于资本主义的谴责？

本节的问题是，《形态》中的马克思能否在与其他观念保持一贯的同时，证成其对资本主义所做的规范性批判。我们在第8章中业已看出，《形态》中的马克思认为其方法完全是经验性的，虽然关于经验性一词的具体含义（以及其不依赖任何立场转变，而终结哲学问题的效力问题），尚且存在相当的暧昧。但是，不论其具体含义是什么，其终归不是（至少目前不是）证成马克思规范性主张的方法。因为如果假定经验性验证是一种科学的验证，那么我认为一般上将会承认，证明一种善好生活观念，所需要的真理超出了科学所能提供的限度。在资本主义条件下，日常生活的经验性验证无法获得成功，只要《形态》中的马克思仍然坚持强调必要劳动在善好生活中的作用，结果便会是如此。因为在资本主义条件下，劳动好像是（而且就是）某种需要逃避的东西。不过在第9章中我也指出，《形态》中的善好生活观念不太注重必要劳动的作用，这一观念总体上与非马克思式美好生活观念并非格格不入。此一善好生活观念揭示了批判资本主义的另一种可能性。

无疑，《形态》对必要劳动也有某种程度的强调，所以最好说这一文本是暧昧的。因而对资本主义的谴责问题的证明可以表述如下：依据马克思1844年对必要劳动的强调程度，《形态》中的谴责要么是（1）资本主义培育灌输了关于人的本性和善好生活的错误观念，并使得正确观念

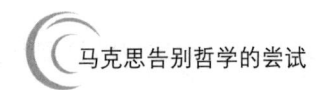

完全无法实现（马克思 1844 年的批判）；要么是（2）资本主义违背了分配正义的要求。[25]

根据马克思 1844 年的看法，资本主义社会中的个体，对我们本性的内容以及本性的实现，有着很深的误解。并且依据马克思 1844 年的看法，只有在共产主义条件下，才可获得把握我们本性之真正内容的正确方法，以及把握人类善好生活之真正内容的正确方法。这一点造成了认识论上的一大难题。马克思 1844 年的善好生活观念——依据马克思 1844 年的看法本身——对于资本主义社会中的个体而言，将会显得极度不可信，因而马克思 1844 年的观念需要加以证成——但是当前却无法获得这种证成。如果《形态》中的善好生活观念延续了马克思 1844 年对物质生产的强调，那么它同样会延续马克思 1844 年遇到的难题。按照马克思 1844 年的看法，为了明白这一观念的正确性（同时明白资本主义的特殊重大缺陷），需要改变意识，而《形态》反对促成意识的改变。

如果我们将《形态》解读为完全不重视马克思 1844 年思想要素的文本，又会引发另一个难题。一种完全剥离了马克思 1844 年思想要素的善好生活观念，与当前的信念之间并不存在冲突。其对当前的主要不满，仅仅在于当前过度专业化的趋势以及选择活动自由的缺乏。但不论资本主义有什么缺陷，资本主义却并没有对于强制和过度专业化的积极信仰。资本主义条件下的教育者所谓的"自由教育"，实际上正是指培养出全面发展的个体，能够自由运用多种能力，并且在理想的情况下，具备进行这样选择的资源和机会的个人。资本主义经济或许会给主体的选择施加严重的限制，并且可能会产生不可抗的专业化压力，但不论是限制还是专业化，其本身均未被嘉许为善举。根据马克思 1844 年之后的看法，资本主义的失败在于，其仅仅为少数人提供了将多少**正确的**善好生活观念成功付诸实现的机会。而这将是上述谴责（2）——资本主义违背了分配正义的要求。这种谴责是对资源和机会分配的不满，对大体正确的善好生活观念只对少数人有意义的不满。这种不满可表述为：资本主义对资源和机会的分配是不公正的。不过，分配正义似乎是这样一个概念：如果《形态》中的马克思不与他的另外一些观念发生冲突，便无法对其加以诉诸。

上述两种方案以各自不同的方式消除了《形态》中的暧昧之处，但

第 10 章 《德意志意识形态》(下):道德批判(与回归哲学)

却各有各的难题——这种难题要么是 1844 年式的,要么是需要证成隐含在(对于马克思而言)有问题的分配正义概念中的批判。

结构性论点和社会学论点似乎直接表明,马克思无法不含矛盾地诉诸一种道德规范。这些论点似乎直接导致证成难题无可解答。在下一节中我将证明,情形并非如此。不过在此之前,我想先考察几个段落,马克思在这些段落中貌似论及了其对资本主义做出道德谴责的能力问题。评论家们经常会诉诸这些段落,以期使马克思摆脱可能会陷入的困境。这些段落的共同之处在于它们认为,社会的发展带来了认识论上新的可能性。问题在于,马克思能否诉诸这样一些新的可能性,来证成自身的规范性批判。

为求周密,我将引述并考察这些段落,不过我并不认为这些段落能够帮助马克思摆脱困境。对此觉得厌烦的读者可以跳过这些段落,而直接阅读本章的最后一节。

马克思指出,

> 甚至在一个民族内,各个人,即使撇开他们的财产关系不谈,都有各种完全不同的发展;较早时期的利益,在它固有的交往形式已经为属于较晚时期的利益的交往形式排挤之后,仍然在长时间内拥有一种相对于个人而独立的虚假共同体(国家、法 [*Recht*])的传统权力,一种归根到底只有通过革命才能被打倒的权力。由此也就说明:为什么在某些可以进行更一般的概括的问题上,意识有时似乎可以超过同时代的经验关系,以致人们在以后某个时代的斗争中可以依靠先前时代理论家的威望。(DI 72-73/83;《形态》节选本,第 68-69 页)

"某些问题"会是些什么问题,这一点我们并不清楚,并且马克思心中所想到的,不太可能是道德标准(对"某些问题"的提及,表明他认为在"经验关系"变更之先,相对来讲**几乎不**可能提前知道些什么)。更为重要的是,马克思此处的说法似乎仅仅适用于革命,其中经济关系的变更先于政治权力的变更。资产阶级先取得经济权力,然后才取得政治权力,因而在某种程度上,他们可以在资产阶级政治革命之先,将自身从前资产阶级观念的束缚中解放出来。不过,依据马克思的论述,在一个仍然运转的资产阶级国家,共产主义者将无法取得对生产资料的控制权。他们需要同时取得经济权力和政治权力。不管怎么说,不论是

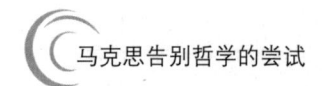

1846年还是现在，他们都没有控制经济权力。所以取得经济权力和取得政治权力之间的时间差，无法成为任何一种推定的无产阶级道德洞见的基础，不管是对于目前，还是对于马克思写作的时代来讲，情况都是如此。

马克思指出，

> 社会的交往形式以及统治阶级的条件同走在前面的生产力之间的矛盾愈大，由此产生的统治阶级内部的分裂以及它同被统治阶级之间的分裂愈大，那末当初与这种交往形式相适应的意识当然也就愈不真实，也就是说，它不再是与这种交往形式相适应的意识了；这种交往形式中的旧的传统观念（在这些观念中，现实的个人利益往往被说成是普遍的利益）也就愈发下降为唯心的词句、有意识的幻想和有目的的虚伪。（DI 274/293；《形态》，第 331 页）

这里所说的是，意识和现行社会生活形式之间存在不断加剧的冲突，意识不再"对应于"现行社会生活形式。以往似乎能够充当描绘世界之精确方法的观念（在看似与个体经验相匹配的意义上）不再有效。比如马克思指出，如果无产阶级"曾经有过某些理论观念，如宗教，那么现在这些观念也早已被环境消灭了"（DI 40/56；《形态》节选本，第 39 页）。宗教并非因为无神论的证明，而是因为不再关联实践生活，至少不再关联于无产阶级的现实生活，才丧失了其有效性（这是《本质》和《原理》中费尔巴哈式主张的一种变体［参见 WC 29-30/xliv；《本质》第 26 页。G §15, 285-286/22-23；《原理》第 23-24 页］）。与之类似，马克思还指出，真实的阶级斗争使得资产阶级关于其阶级统治促进了"普遍利益"的说法变得极为空洞，"下降为唯心的词句、有意识的幻想和有目的的虚伪"（DI 274/293；《形态》，第 331 页）。

某种超越性存在者和日常生活实质的不相干，与某种论断和否定此一论断之证据的不匹配，这两者并不相同，这一点姑且不论。马克思想指出的是，资本主义未能满足其自身的证成标准。资产阶级统治与其所宣称的统治截然不同。对这一事实的揭发，与认识到资产阶级和无产阶级的利益冲突是紧密相关的。虽然这种认识可能有助于促成革命行动，但是其并未证实共产主义的道德优越性。资产阶级否认阶级利益的冲突，这或许反映了资产阶级的伪善，但这并未能证明共产主义作为一种社会制度，在道德层面是对这种冲突的更好的解决方式。

第 10 章 《德意志意识形态》（下）：道德批判（与回归哲学）

当然，马克思并没有说他证实了诸如此类的结论。不过如果有人想将这一段落视为对资本主义的谴责，那么我认为可以从资本主义压制了某些阶级的利益，而偏袒了另一些阶级的利益入手。这将会是谴责（2）。但是，除了指出资产阶级的伪善以外，这一段并未能为证明这种谴责提供任何理由。

马克思指出，

> 每一个时代的个人的享受同阶级关系以及产生这些关系的、这些个人所处的生产条件和交往条件的联系，迄今为止还和人们的现实生活内容脱离的并且和这种内容相矛盾的享受形式的局限性……所有这一切当然都只有在可能对现存制度的生产条件和交往条件进行批判的时候，也就是在资产阶级和无产阶级之间的对立产生了共产主义观点和社会主义观点的时候，才能被揭露。这就对任何一种道德……宣判死刑。（DI 403-404/418-419；《形态》，第 490 页）

此处的论题在于，对人而言的恰当"享受"形式——实际上是关于善好生活之构成性活动的论述。其核心主张是说所有之前的享受形式——存在于所有"迄今为止的一切等级和阶级"（DI 404n/418n；《形态》，第 490 页脚注①）中的享受形式——都是不恰当的。马克思在引文中将这些享受形式谴责为"狭隘的"。在一处划掉的段落中，马克思指出这些享受形式是"孩子般的、令人厌倦的或者是粗陋的"（DI 404n/418n；《形态》，第 490 页脚注①）。此外，他还指出，这样的享受形式"总是同个人的全部生活活动和生活的真正内容脱离的，因而多少可以归结为：假想的内容加在毫无内容的活动之上"（DI 404n/418n；《形态》，第 490 页脚注①）。在共产主义条件下，活动——尤其是物质生产劳动——将会被视为善好生活的组成部分，而迄今为止活动一直**未**曾被这样看待。当前的享受形式因而是不恰当的；相比之下，共产主义中的享受形式会好得多。这便是共产主义相对于资本主义的优越性所在。这种批判从属于谴责（1）——资本主义培育灌输了关于人的本性和善好生活的错误观念，并使得正确观念完全无法实现。并且这是马克思 1844 年的观念表现得最为鲜明的地方。

马克思借助"资产阶级和无产阶级矛盾"的发展，为其批判之前的享受形式提供辩护。阶级矛盾的发展促成了共产主义观念的兴起，并且"将所有的道德扫除殆尽"。这是马克思声称目前的条件允许超越资本主

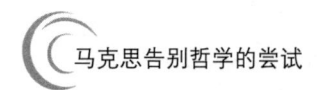

义的思想形式的关键之处。

可惜，这并没有帮助马克思走出多远，因为马克思未曾解释共产主义观念的兴起，为什么会对道德构成侵蚀。即便兴起了诸如共产主义的观念（实际上，即便面临资产阶级和无产阶级的对立），人们仍然可以继续持有（比如如何恰当解决这样的对立的）道德信念。

马克思认为从根本上讲道德信念不可避免要受到社会制度的歪曲（或许甚至就是社会制度的结果）。如果共产主义观念的兴起证实了其对道德信念的这一看法，那么其当然可以扫除所有道德的基础。但是光凭共产主义观念兴起这一点，并不能够证实这样一种看法。

另外，如果共产主义观念的兴起，可以提供另一种被证明为正确的享受观念，那么这种兴起倒可以扫除较早的"享受"观念的基础。马克思的提法，容易让人想到其在1844年的相关提法，此处的提法尽管有些隐晦，但还是提到了他所谓的享受的新观念，并且当论及这种新观念的兴起与"共产主义观念和社会主义观念的兴起"之间的关联时，他或许是对的。不过，如果马克思认为，仅凭这种观念的兴起便可以证明新观念的正确性，他就又是错的。

假定马克思至少可以表明，这种观念很可能与特定的社会群体，与无产阶级紧密相关。即便如此，除非马克思可以有理由证明，此一群体关于此一论题的信念在认识论上享有特权，否则他便无法证明此一群体关于享受的观念可能是正确的。而依据《形态》中的论述，没有理由认为无产阶级的信念在未进入共产主义之前——在进入现实的新社会之前，而非仅仅指爆发某种程度的社会冲突之前——已经拥有认识论上的特权。[26]

总之，此处的情况较之1844年的情况有过之而无不及，可惜马克思似乎同样无法为其文本中所显见的资本主义批判提供所需的证成。当然，马克思并未打算将上述这些段落用作其资本主义批判之连贯的证成性尝试，所以披露这些段落在证成方面的不足，对马克思亦有些不公。我之所以从证成方面考察这些段落，仅仅因为它们是文本中最有可能推衍出证成性尝试的部分。

在特定的环境下，认识到资本主义的后果，便足以批判资本主义。当资本主义的生活现状异常可怕，而且可怕的原因正在于资本主义本身，那么便无需诉诸正义或善好生活的特定观念。但在21世纪，一般

第 10 章 《德意志意识形态》（下）：道德批判（与回归哲学）

来讲，资本主义的生活现状并不是异常可怕的。因而便产生了对谴责（1）和谴责（2）的观点加以证成的需要。

6. 回归哲学

根据第 6 章发轫并铺陈的证成难题，我们可以得出下述结论：马克思需要一种道德哲学。这一点似乎是显而易见的，并且一问便是显而易见的。根据我的做法，我认为如果**接受**马克思的大部分主张，这一结论便不是显而易见的。不过，无可否认的是，一个多世纪以来，评论家们一直希望从马克思主义中发展出一种道德哲学。如果马克思主义，抑或任何一种激进理论，试图有助于变革社会现状，其当然需要对善好社会做出相对明晰的描述。这种描述无需是细节性的蓝图，无需巨细无遗到规定饮食、婚姻和穿着等细节，但其在内容和概念结构方面应当有足够的广度和深度，以便解释为什么共产主义要优于良性的资本主义。对这种描述的证成，应当既有理性说服力，又当下直观性。

发展一种道德哲学以便谴责资本主义，这一目标显然与马克思在《形态》中的说法是冲突的，其与马克思对共产主义的描述也是冲突的。在共产主义条件下，为人类生活的恰当形式提供抽象论证将是多余之举，并且从事抽象论证本身就可能与那种生活形式相冲突。

在这一节中，我打算调整一下研究问题的视角。我们在讨论马克思和道德哲学问题时需要记住，我们并未生活在现实的共产主义社会中，而且马克思并未要求我们现在就采取共产主义社会的立场。在这一节中我将证明，按照马克思的说法，依据我们目前的立场，可以尝试发展出一种谴责资本主义的道德哲学。

依据我们目前的立场，只要弱社会学论点是正确的，显然就不存在任何问题，因为弱社会学论点所提醒我们的，仅仅是应当谨慎留意制度的影响。这一论点提醒我们，道德判定容易被歪曲以符合统治阶级的利益。对此，诉诸包括哲学家所偏爱的类型在内的各种各样考量，就可以成为抵制这种歪曲的有效方法。

由此可能会带来两个问题：其一，可资利用的道德概念，能否支撑起至少**看似**有说服力的对资本主义的道德谴责？[27]其二，即便可以发展

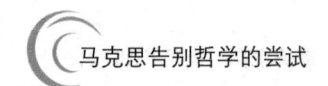

出看似有说服力的谴责，这种道德主张**真的**能够成为一种人们可以对之持有合理信心的道德类型吗？第一个问题可暂且不论，因为恰当的回答正在于进行这种尝试。第二个问题是关键所在。

如果结构性论点是正确的，那么发展一种道德哲学就可能是有问题的。我业已否认了结构性论点的合理性，并且反对将这种论点归给马克思。不过即便假定这一论点是正确的，而且马克思持有这一论点，实际上亦并不能得出马克思应当规避道德哲学的结论。

结构性论点是极端强势的一种论点，正是这种强势削弱了其实践的影响。这种论点认为，所有观念都只是社会条件的反映，所以只要存在能够产生特定观念体系的社会条件，我们便会持有这种观念体系。这一点同样适用于表象，表象本身只是这些条件的反映，而有关表象的观念更加只是一种反映。但是马克思指出，道德观念**似乎**并不与具体的社会条件相关联（它们业已变得"越来越抽象"，且"越来越具有普遍形式"[DI 47/60；《形态》节选本，第 44 页]）。马克思同样应当指出，在日常生活中道德信念**似乎**拥有权威性。马克思还应当进一步指出，对道德信念的某一些论证，要好于另外一些论证。此外，哲学家的抽象论证和抽象理论，至少有时候确实好像能够为持有某种道德信念提供好的理由。最后，如果马克思持有结构性论点，他便应当承认，只要资本主义仍然存在，这种表象就会持续下去。结论性论点认为观念是"占统治地位的物质关系在观念上的表现"（DI 46/59；《形态》节选本，第 42-43 页）。道德能够提供独立的标准这一观念，以及抽象思想有时能够提供好的理由的观念，同样也必定是这些物质关系的表现。或许所有这些表象都只是幻觉，"只要阶级的统治完全不再是社会制度的形式"，这些表象都将消失不见（DI 48/61；《形态》节选本，第 45 页）。但只要阶级统治继续存在，这些表象就会继续存在下去。

这种情况是常见的。在资本主义条件下，事实与理性相信的事实是相悖的。如果结构性论点是正确的，那么其在当前却似乎是错误的（观念似乎不仅仅是"占统治地位的物质关系在观念上的表现"）。我们无法摆脱单纯的表象。不过正是由于我们无法摆脱单纯的表象，我们或许同样将尽己所能在表象之内加以推进。而从表象领域内部出发，似乎没有理由不去发展一种道德哲学——其结论表明资本主义应当被摧毁。

现在我们从结构性论点转到强社会学论点，并且假定后者是正确的

第10章 《德意志意识形态》（下）：道德批判（与回归哲学）

（且假定马克思持有这样的看法）。强社会学论点的适用范围仅限于道德信念，所以关于被歪曲的表象无所不在的担忧在此并不适用（与结构性论点一样）。这里我们需要加以进一步的区分。首先，假定强社会学论点是正确的，但是正如实际情况所表现的那样，我们缺乏接受其为正确的充分理由。所以在道德信念问题上，情形将变得和结构性论点一样。因为道德信念目前似乎并未**仅仅**表现为统治阶级利益的理性化（它们当然并未一向表现为这种理性化），关于道德的哲学思考至少有时候似乎是具有说服力的，并且根据假定，我们目前并不具备充分的理由去相信这些**仅仅**是表象。所以同样没有理由不去构筑一种反对资本主义的道德哲学。

其次，假定强社会学论点不仅是正确的，而且我们有充分的理由相信其是正确的，那么就会产生一个问题，因为如此一来我们就有理由怀疑这一说法对于所有道德信念（有哲学支撑的或者没有哲学支撑的），包括谴责资本主义的信念的权威性。因为在某种程度上，这些信念同样很有可能只是统治阶级利益的表达。所以强社会学论点似乎确实会侵蚀构筑马克思主义道德哲学的冲动，如果这一论点不仅是正确的，而且同样被接受为正确的。

在此我想强调一下**我们的**立场。我们权且来看一下试图诉诸道德哲学的马克思主义所可能遇到的最为麻烦的情况。假定结构性论点和强社会学论点**都**是正确的（马克思持有这两种论点），而且有充足的理由接受这两种论点。我将证明，即便是这样，马克思主义者亦无必要回避道德哲学。因而对于较为不那么麻烦的情况，显然亦没有必要回避道德哲学。

如果上述两种论点都是正确的，并且我们有充足的理由相信其是正确的，那么我们目前关于道德信念的处境——我们在资本主义条件下的处境——就好比我们关于空气的处境一样。我们明知我们的感知（空气的同质性，道德信念的权威性）是错误的，但是这一认识并未能改变产生这种感知的条件，因而并未能改变这种感知。

我想考察下述两种可能性——第一种可能性在于，不知何故，我们一直有道德信念事实上并无权威性这样的认识，这种认识时时刻刻阻止我们赋予自身的道德信念以权威性：每当我们要这样做时，精神的警示灯便会亮起。因而似乎不可能发展出一种具有说服力的资本主义批判。

道德信念具有权威性的表象仍可以得到保留，但是对此的认识却表明事实上其并不具有这样的权威性。这就好比戴了一副有区分功能的分画幅眼镜，即我们始终可以同时看到两种事实，但我们知道只有一种事实是真实的，并且我们知道哪一种事实是真实的。

与之相对，在第二种可能性中，除了进行元伦理学反思的特定时刻，认识**并未**始终相伴我们左右。我们只有不断提醒自己，才能意识到这种认识。与空气例证中的处境不同，我们或许可以将这里的处境与借助康德式表象和物自体区分的（非常不准确的）方式相对比。借助这种区分方式，人们相信其一向所相信的内容，但也会伴随有偶发性的精神突袭，比如，"这并非**真正的**椅子，并非**椅子本身**"。人们时常会陷入自我停顿，想到自己是处于表象领域之中。不过总的来说，这样的认识与人的生活是相分离的。其总是会延后两三步。

此时人的认识并非是"不起作用的"（inactive），这就好比一名不能自制者对他不应当吃巧克力蛋糕的认识一样。即便不起作用，即便在吃的同时，不能自制者的认识也很可能依然存在。在我所构想的情境中，人的认识更像是某种随身携带着，却又几近被完全遗忘在汽车后备箱中的物品。认识虽然存在，但总是被藏起来，无法唾手可得。

针对如此理解物自体的反驳是：如果物自体所发挥的作用如此空洞，那么物自体就应当被废止。与之类似，人们或许应当不再间歇性地提醒自己椅子只是一种表象。

这里的关键在于，**除了**表现为偶发性的意识残留，我们所讨论的相关认识并不能影响人的生活。姑且假定我们对结构性论点和强社会学论点的认识是正确的，其可以脱离我们的生活而成立，假定我们目前的认识结构（也许是资本主义制度影响的结果），使得我们在实践中无法忠于这种认识，那么即便我们同意这两种论点，相比道德信念在我们生活中所发挥的作用，它们的影响力也要弱得**多**。如此一来，我认为对于构想资本主义的道德谴责并认真对待这种谴责（不仅仅出于策略性的理由而构想这种方案），上述两种论点均不会构成障碍。

这似乎存在某种悖论性质的嫌疑。我们如何能够在认可上述两种论点的同时，认可道德信念可以拥有权威性这样的说法？核心的主张在于：即便某些信念（这里指我们对上述两种论点的信念）是正确的，即便我们理智上承认其正确性，但只要我们的生活一如其旧，这些信念就

第 10 章 《德意志意识形态》(下)：道德批判（与回归哲学）

不可避免地将从我们的生活中分离出去。如果无视这些信念的影响会带来好处（更为确切地说，如果似乎能够带来好处），那么我们就应当这样做。[28]

如果我们认可上述两种论点，那么我们的处境与我所构想的两种处境中的哪一种更为近似的问题，就更像是一种关乎人类当前心理状态的问题。我认为我们的处境实际上将更为近似于第二种情境。如果我是对的，那么对于构想对资本主义进行道德谴责的尝试，便不存在任何马克思主义式的障碍。

事实上，我所给出的仅仅是保留对道德信念的论证，而非保留某种特定方式，以发展并支撑这些信念的论证，换句话说，我并没有保留哲学论证和哲学理论。假定至少在某些时候，抽象考量确实能为道德信念提供好的理由这种表象，成了一种极其强有力的表象；假定与道德信念本身一样，此一表象在我们生活中的作用是不可或缺的，那么对于发展一种马克思主义式的道德**哲学**来讲，将不存在任何障碍。

所谓有关道德的抽象思考不可避免的观念，看上去颇为有趣。不过必须记住的是，大部分哲学理论，也许尤其是道德哲学理论，与日常的观察和反思是一脉相连的，而且经常以日常的观察和反思为起点。抽象的道德思考，至少在部分程度上既根植于日常生活的话语和思考，同时亦是对道德信念本身的把握。朝向抽象化的第一步是非常容易做出的，并且通常也是不可避免的。后续的每一步可以表现得同样有说服力（相比人对这样的活动在原则上必定会是幻觉之网的表层信念，其说服力要大得**多**）。如果对论证**不**做进一步的推进，这看起来则像是一种托词。

我并不是说，每个人一向所讲的都是道德哲学。只有极少数的人从事系统化的道德思考。对自身（或者他人）的道德信念做更进一步的，即更深更广的反思的可能性始终摆在那里，我认为大部分人可以意识到这一点，即便他们几乎从未想过要去这样做。我认为一直留意警示灯（结构性论点和强社会学论点所点亮的警示灯），以避免从思想上反思道德信念的想法，对于大部分人来讲，与一直留意警示灯，以规避自身的道德信念一样，近乎是不可能的。思考道德问题并非只是少数学者的思想抽搐。在不同的程度上，以不同的方式，这是一项人人都在做的事情，并且只要生活没有大的变故，人们就会继续从事这一活动。这里我同样认为，即便人们在原则上接受结构性论点和强社会学论点，这些论

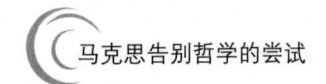

点仍然可能与人的生活无关。而如果它们与人的生活无关，我们就不应当认为发展出一种马克思主义式谴责资本主义的道德哲学，会存在任何的障碍。[29]

有两点需要加以澄清。首先，马克思本人当然不会赞同我的结论。我的看法在于，这一结论与马克思关于道德信念在某种程度上只是社会制度作用的结果——如果有人**极其**认真地对待这一观念——这一观念之间并不矛盾。其次，我使用了"道德哲学"这样一种模糊的说法，以避免对我们是否可以从生活中删除**某些**道德观念做出预判。我的论证的依据在于，从某些概念出发看待社会，对于我们来讲是无可回避之事。近来的马克思主义论争关注正义概念。我认为一种有关公正社会的概念及其诉求，对于我们来讲，实际上是无可回避的。18世纪的著作家们将道德划归感觉，马克思则将道德划归宗教。如今人们宣称自己是无神论者，似乎业已无法以宗教的眼光来看待世界。问题在于，在资本主义世界中，我们是否能够不再将社会视为需要用正义加以评判的事物？正义这个概念的诉求，是否已经枯萎凋零？这对我而言是断然不可能的事情。在众多的因素之中，最能促发对现行制度安排之正义性的关注和担忧的，无疑是在人们目前生活中，以及生活前景中所存在的愈演愈烈的不平等。只要这样的不平等尚未枯萎凋零，我们便很难看到正义概念的枯萎凋零。正义的诉求暂时还会陪伴我们左右。因此，我的论证对马克思和正义论争的贡献在于，不管马克思本人是怎样想的，他都可以在保持其全部观念之连贯性的基础之上，将正义理论运用到对资本主义的批判之中。

注　释

[1] 参见 Steven Lukes, *Marxism and Morality*（Oxford: Oxford University Press, 1985), 5-6，其中对马克思反道德主义立场的讨论，便是从《形态》中的四个长段引文切入的。

[2] 参见 Roderick Firth, "Ethical Absolutism and the Ideal Observer," in *Readings in Ethical Theory*, ed. Wilfrid Sellars and John Hospers（Englewood Cliffs, N. J.: Prentice-Hall, 1970), 200-221。休谟和斯密是此一传统中弗思（Firth）加以特别援引的著作家。

[3] 商人阶级，或者至少是中产阶级所过的生活，同样是不良的生活，19世纪的诸多社会批判家曾经强调过这一点。马修·阿诺德在《文化和无政府主义》(*Culture and Anarchy*, 1869) 中对"市侩"的申斥，可能是此类批判中最为经典

第 10 章 《德意志意识形态》（下）：道德批判（与回归哲学）

的案例。1844 年的马克思在批评"经营矿物的商人只看到矿物的商业价值，而看不到矿物的美和独特性"（ÖpM 542/302；《手稿》，第 87 页）时，指明了这一点。

当然，劳动者的处境不同于资本家的处境，因为劳动者很容易看出其处境是不好的，因为其处于一种贫困状态之中。如果这种处境很容易规避，那么便没有必要担心对人的道德判定所持信心的合理性。一种普遍的、很容易规避的贫困当然是件坏事。另外，正义观念和善好生活观念可以揭示现行社会制度的其他一些问题（并且表明即便不存在很容易规避的贫困，这些问题依然会存在）。而对于这些问题的评判，劳动者并不比商人占据更为有利的立足点（在马克思看来，商人所占据的立足点并**不**好）。

[4] 一般的看法是非常简单的。人所处的环境从诸多方面塑造了人的信念，而且人无法超越这些环境。但这并非极端怀疑主义成立的充分理由。这一看法对于下述怀疑——对自身的信念表示怀疑，担心偏见、环境、懒惰和急躁等因素会使得人将虚假的信念视为理所当然——是有意义的。原则上，人的信念（总之大部分信念）应当接受多重检验。但是一旦人的信念通过了这些检验（不论这是一些怎样的检验），就不应当再有被怀疑的余地。如果人的信念 B 业已通过了错误意识理论所设定的每一项检验，那么至少在错误意识理论家提出新的检验之前，人们难道**不**应当接受 B？任何关于人不接受 B 的理由，都必须包含下述主张：就某个特定方面来讲，B 可能是错误的——也就是说，尚且存在 B 必须通过的另一项检验。不过，假如 B 通过了**这个**检验，人们难道**还**不应该接受 B 吗？

一种错误意识理论的说服力来自这样的事实：P、Q 和 R 等因素会将人引向错误的信念，并且由于人描述了其具体的实现过程，因而人可以知道这一点。但是一旦人拥有足够的理由不再相信，其之所以认为 B 是可接受的，仅仅是因为 P、Q 和 R 引发了错误的信念，那么所谓仅仅因为 X、Y 和 Z 引发了错误信念，人们便认为 B 可接受，这样的主张将不再具有说服力，除非**此**一主张还附加了 X、Y 和 Z 怎样引发特定错误信念的描述，这种描述构成了人们接受 B 的所谓基础。而一旦有了对错误理论机制怎样发生作用的描述，人们就占据了评判 B 在事实上是否可接受的立足点，X、Y 和 Z 的影响将大大减弱。

[5] 结构性论点看上去似乎与道德中的文化相对主义比较类似。两者的区别在于，如果将相对主义主张推到极致，结构性论点将会破坏所谓标准的观念。而文化相对主义者并不认为自身的下述主张，即"道德判断的真理性是相对于其所处的社会而言的"，其本身仅仅相对于其所处的社会而言才是真的。

[6] 恰当的标准可以引出怀疑性的结论，比如"道德信念没有真值"。问题在于这仍然是将真正的标准应用于道德信念之可接受性问题的产物。怀疑性结论不会仅仅是社会条件的反映。

[7] 应当指出的是，社会学论点对于当前的一些学术论争而言是中立的。社会学论点宣称，在资本主义条件下，关于自身对道德主张之可接受性所做的判定，人

们无法持有合理的信心。不过，这一说法假定自身与下述说法是相容的，即在某些环境设定中，人们可以持有这样的信心（如果这样的信念仍然存在——那么满足合理信心的条件，比如共产主义，可能同样涉及满足取消此类信念的条件）。但是，如尾注［6］所指出的那样，合理的信心可以是对完全怀疑性判定的信心，这种信心将基于人的理性，还是人的道德感，抑或其他因素的恰当运用，对此社会学论点并没有明确说明。

［8］Thomas Hobbes, *Leviathan* (Indianapolis：Hackett，1994)，61.

［9］不管怎么说，恩格斯在《反杜林论》中一方面认为迄今为止的所有道德都只是阶级的道德，另一方面又指出道德**一直**在进步（参见 AntD 87-88/104-105；《反杜林论》，第99-100页）。但这样一来，应当可以确定构成进步的内容，并且至少可以将这种知识在部分程度上用作评判目前道德主张的标准。所以，恩格斯并不支持强社会学论点。

［10］在一处经典表述中，马克思这样提及意识形态："在全部意识形态中，人们和他们的环境就像在**照相机**中一样是倒立成像的"①（DI 26/36；《形态》节选本，第16页）。我之所以把这一段落放在尾注中进行考察，是因为总的来说，我认为这一段落并未为"占统治地位的思想"的那一段落增添什么新的内容。为严谨起见，我做如下说明：

1. 为什么所谓系统性的倒立应当产生某一个阶级的思想信念，而非另一个阶级的思想信念，这一点并不明显。这种主张因而不如统治阶级的思想观念明确有力。

2. 假定我们将这一段落解读为**所有**思想都是对现实的倒立式呈现。这可能是想描述倒立的初始状态以及再行倒立的可能性。这样一来，从并未反映现实的信念转向反映现实的信念，就没有问题（至少在理论上没有问题，虽然实践上可能有问题）。另一方面，这一段落也有可能是说倒立的状态是永久性的：试图将事物扳正反倒是神经错乱的表现。实质上，我们无法通达正确的信念。如此一来，这一说法取消了正确信念和错误信念的区分（因为据说所有信念都是倒立的）。但是既然要诉诸倒立概念以表明目前信念之可疑性，那么这一观念本身就是在诉诸某种真理的标准（倒立很可能是正立的对立面，正立应当是"正确"的做法）。这样一种观念将会陷入矛盾。

3. 假如我们将这一段落解读为——我认为应当这样解读，只有**某一些**信念属于意识形态的范畴。这一段落的语境是精神生活和物质生活的"相互交织"（参见第8章第5节）。其最后的分句指出："这种现象［环境呈现为上下倒置］也是从人们生活的历史过程中产生的，正如物体在视网膜上的倒影是直接从人们生活的生理过程中产生的一样"。整个句子应当解读为马克思对事物在日常生活中如何**呈现**自

---

① 引文有改动。引文中的"环境"在中文版中为"关系"。——编辑注

第 10 章 《德意志意识形态》（下）：道德批判（与回归哲学）

身的讨论。其应当解读为事物怎样呈现自身，这是日常生活进程结构的一种功能，并且这可能并不反映事物的真实状态——比如，某些环境中**呈现出**一个分离独立的观念王国，但实际上并不存在这样的王国。意识形态信念因而是一种特殊类型的信念，其未能反映社会现实。它们之所以作为（错误的）信念而出现，是因为在日常生活领域它们看起来相当自然（呈现为对社会现实的反映）。

但是如此一来：

（1）对意识形态信念所做的这样一种理解，并未能给马克思式怀疑主义，尤其是弱社会学论点、强社会学论点，抑或结构性论点所涉及的道德信念增添任何新东西。并且：

（2）除此之外，还有另外一些有待解决的问题，其一，某一些（抑或所有）以这种方式产生的错误信念是否有其特殊的社会功能；其二，如果它们确实具有**这样**一种功能，这种功能是否有助于解释它们的产生。这是有关意识形态的一般理论需要考虑的一些论题。

［11］关于本节所讨论的问题，我曾受惠于与坎达丝·沃格勒的有益对话。

［12］伍德区分了"1. 文本事实，2. 基于文本的解释，以及 3. 符合文本的推测性拓展"（"Justice and Class Interests," *Philosophica* 33［1984］：10）。本节需要第 4 种范畴：符合文本的**进一步**（very）推测性拓展。

［13］对使正义成为必要的环境的经典讨论，可参见 David Hume, *A Treatise of Human Nature*, book 3, pt. 2, sec. 2, and *An Enquiry Concerning the Principles of Morals*, sec. 3, and Rawls, *A Theory of Justice*, §22。

［14］关于马克思与正义关系之激烈论争的发轫，可参见 Cohen, Nagel, and Scanlon, eds., *Marx, Justice, and History* 中再版的论文。有关近来著作的较为全面的文献目录，可参见 Peffer, *Marxism, Morality, and Social Justice*, 以及 Allen Buchanan, "Marx, Morality, and History: An Assessment of Recent Analytical Work on Marx," *Ethics* 98 (1987)。

［15］Jorge Louis Borges, "The Immortal," in Borges, *Labyrinths* (New York: New Directions, 1964), 105–118。

［16］博尔赫斯讲述的人物事实上缺乏我们通常的道德反应："我提到小溪对岸的废弃的采石场；一个人从高处滚到坑底，口干舌燥，求生不得，求死不能；他们过了七十年才扔下一根缆索。他们对自己的命运也不关心"（*Labyrinths*, 115；译文转引自博尔赫斯·阿莱夫. 王永年, 译. 杭州：浙江文艺出版社, 2008：14）。

［17］参见 Rawls, *Political Liberalism*, 46。

［18］参见 Kant, *Gesammelte Schriften*, 7: 58; *The Conflict of the Faculties*, trans. Mary J. Gregor (Lincoln: University of Nebraska Press, 1992), 105。

［19］一般来讲，由当前形而上学对照所激发（至少部分程度上激发）的问题，将会丧失其对我们的（至少部分）支配力。如果与人分裂为理性和感性两部分的描

述毫无关联，有什么必要去担心道德是否以理性为基础呢？

[20] 讨论玩笑之有意思的哲学论文，可参见 Ted Cohen, "Jokes," in *Pleasure, Preference, and Value*, ed. E. Schaper（Cambridge：Cambridge University Press，1983）。

值得稍带指出的是，下述诱惑——从我们有能力发现事物有趣，上升到假定存在一种特殊的幽默能力——是付之阙如的。不过我认为，我们确实有"幽默感"这一说法，其功用与"道德感"大相径庭。后者让我们联想起存在者的幽灵，如果没有这个幽灵，存在者将看不到道德的区分（他只能看到其他人用特定术语——向他——描述的事物）。我们有时确实会说某个人缺乏幽默感，不过我们的意思并不是说他没有"有趣"观念，不是说他**无法**发现事物的有趣之处——他确实缺乏一种能力，就好比人可能缺乏视觉器官一样。我认为这种说法所针对的是某个确实拥有"有趣"观念，却发现很少甚至没有什么东西可以适用于这个观念。（所以这个术语所表达的是下述批评——如果人缺乏这样做的能力，我们怎么能够指责他未能发现事物的有趣之处？）对于幽默而言，我们事实上并不假定某种有可能缺乏的特殊能力。

[21] 比如可参见 Bernard Williams, *Ethics and the Limits of Philosophy*（Cambridge, Mass.：Harvard University Press，1985），以及 Cora Diamond, "How Many Legs?" in *Value and Understanding*, ed. Raimond Gaita（London：Routledge, & Kegan Paul，1990）。G. E. M. 安斯科姆（G. E. M. Anscombe）在其名文《现代道德哲学》(Modern Moral Philosophy) 中所表达的思路，与我此处对马克思的解读之间，可以说存在相似之处。

[22] 参见 David Hume, *An Enquiry Concerning the Principles of Morals*（Indianapolis：Hackett Publishing，1988），58。

[23] 参见 David Hume, *Dialogues Concerning Natural Religion*（Indianapolis：Hackett Publishing，1983），5。

[24] 需要指出的是，我仍然可以接受各种命题的真理性，比如"理性可以规定意志"。但是我无法将它们视为对人的本质属性的揭示。它们可以向我展示一些有趣的事物，这就好比"理性可以使我发笑"这个命题可以向我展示一些有趣的事物一样。但是全面的影响将不复存在。

[25] 严格来讲，（2）与（1）是相容的。资本主义可以在使主体无法实现其本性的同时，造成对财货的不公正分配。另外，（1）和（2）亦可以单独成立。此处的问题关乎不同文本对资本主义的核心批判。既然我对《形态》的看法在于，依据一种解读，《形态》中的马克思并**不**认为资本主义反复灌输了错误的善好生活观念，那么此处运用"要么……要么……"（either/or）的说法，而非"和/或"（and/or）的说法，似乎可以少些歧义。

[26] 此外，马克思在一处段落中重提了《提纲》中的论题。他说，对于一个成功的共产主义社会，"使人普遍地发生变化是必需的，这种变化只有在实际运动

第 10 章 《德意志意识形态》（下）：道德批判（与回归哲学）

中，在**革命**中才有可能实现；……只有在革命中［无产阶级］才能抛掉自己身上的一切陈旧的肮脏东西，才能成为社会的新基础"（DI 70/52-53；《形态》节选本，第 35 页）。革命被说成是转化性的（DI 195/214；《形态》，第 234 页，同样有此说法）。革命使人"成为社会的新基础"。这样的人拥有明确的"共产主义的意识"（DI 70/52；《形态》节选本，第 34-35 页）。马克思似乎认为，革命活动给人带来了新的洞察力，这也许包括对善好生活之真实内容的洞察——进而涉及对共产主义和资本主义条件下的生活冲突的洞察。

马克思指出，无产阶级是这样一个阶级："它必须承担社会的一切重负，而不能享受社会的福利，它被排斥于社会之外，因而不得不同其他一切阶级发生最激烈的对立"。无产阶级具有"必须实行彻底革命的意识"（DI 69/52；《形态》节选本，第 34 页）。不过，马克思仍然认为，在资本主义条件下，劳动者彼此之间是竞争对手，他们的信念和欲望是由资本主义社会所塑造的。他们尚且不是自身在革命进程中会变成的样子（因而他们的信念尚且不具有认识论上的特权）。他甚至指出，在资本主义条件下，利己主义可以成为行动的恰当动机（DI 229/247；234/252《形态》，第 275-276，282 页）。他认为这将给予无产阶级反抗的理由。但是这将我们拉回到了第 7 章和《提纲》中所谓的第一步难题。因为如果无产阶级尚不具有共产主义意识，其当前所具有的主要是利己主义意识，那么从他们当前视角来看，如果他们参与最终能够给予他们共产主义意识的活动，对于他们每一个个体而言，似乎并**不**是理性的（尽管马克思认为是理性的）行为。革命活动或许能够带来所需的转变，但是正如之前所说的那样，要想让人们理性地参与这种活动，这需要某种非利己主义的理由。对于这一问题，《形态》中并未增加任何新的内容。

[27] **一种不具有说服力**的谴责是很容易表述的：

1. 所有的物质不平等都是不合理的，不论其多么微小，对于经济高效运转多么必要。
2. 在资本主义社会中，至少在最低限度上，始终存在某种物质不平等。因此：
3. 资本主义社会是不合理的。

当马克思宣称"占统治地位"的思想是统治阶级的思想时，或许其在部分程度上所指的是，这些思想很容易提供至少表面上具有说服力的、旨在维护现状的论证。

[28] 对于认识论的类似说法，可参见 Mark Kaplan, "Epistemology Denatured," *Midwest Studies in Philosophy* 19（1994）：360。

[29] 这种论证在多大程度上能够向马克思主义者恢复其他哲学问题的名誉，需要根据具体情况加以具体分析。其取决于人们认为某一特定的哲学问题在多大程度上不可回避，取决于人们认为处理这一问题可以获得怎样的好处。

结　论

　　我的论述从费尔巴哈的基督教批判切入，经由费尔巴哈的哲学批判，转到鲍威尔和1844年的马克思对人是这样一种生物的强调：人通过不断改造自身、不断改造世界（单指马克思）来实现其人的本性。这种强调意在批判：资本主义作为一种社会制度，使得个体未曾亦不能实现其人的本性。我进而在第6章中指出马克思关于人本性主张的证成难题，尤其是人通过哪种活动实现其本性的证成难题。费尔巴哈要求人们转变取向，这种转变充当了费尔巴哈式人本性主张的证成机制。1844年的马克思无法前后一贯地要求一种类似的转变，且马克思对费尔巴哈式哲学批判的实质性援用，使他丧失了可资利用的证成资源，而这些资源原本是马克思基于自身的前提所需要的。在第7章中，我尝试将《提纲》解读为（最终并不完全成功）应对马克思式证成难题的方法。在最后的3章中，我考察了《形态》对青年黑格尔派、哲学和道德所做的批判，同时我还考察了其对善好生活的描述（稍稍不同于1844年的马克思），此外，我还再度考察了马克思关于资本主义批判的证成难题。

　　我所追溯的是下述这些尝试，尝试解释何谓人与世界之间的基本关系，何谓人与人之间的基本关系，何谓人的善好生活；尝试把对上述问题的论述，用作评判现行社会制度的标准；尝试在这样做时几乎不依赖形而上学理论和道德理论。不过所有这些尝试最后都有其缺陷。尤其是马克思谴责资本主义的尝试，最终表明需要一种为他所鄙视的，不自相矛盾就无法加以运用的证成。

最后，这些思想家的方略，尤其是不同时期马克思的方略，就其自身而言，对于他们的目标来讲是不够的。告别哲学的尝试，是由人的生活能够变得清晰明了（transparent）和我们的本性以及我们的善好生活，最终可以一目了然的希望所激发的。但是，这一抱负无法相容于下述主张：现存社会不仅是不合理的，而且系统性地误导人相信这种不合理，同时这一抱负亦无法相容于下述目标——说服那些可能遭受严重误导，尚不相信上述主张的人相信上述主张。当谴责现存社会制度的理由并非显而易见时，就需要类似哲学的东西对其加以证明。

本书的研究目的在于解读。其初衷在于增进我们对一系列文本的理解。不过，在结尾部分我想稍稍跳出文本观念的限制。首先，马克思主义者持有一种道德观念。我曾指出，马克思的著作中包含两种关于善好生活的观念。即便撇开我所谓哲学对于地道的马克思主义者并非禁地这一主张不论，马克思本人似乎还在一个文本中强调"共同性关联"（communal ties）和"人与自然的斗争"，在另一处文本中强调"多样化的个体自我表现"。究竟哪一个强调是终极性的，这样一些论点在多大程度上是相容的，即便是马克思主义者，如果想持有一贯的观点，这也是必须要解决的问题。单纯文本上的证据无法解决这个问题。这个问题必须根据是非曲直（on the merits）加以解决，亦即马克思主义者必须用道德哲学和政治哲学来处理这个问题。

其次，我想简单谈一下我的观察所得，以及对今后研究的建议。当20世纪的马克思主义作家试图创建马克思主义认识论，创建支持唯物主义或反对唯心主义的论证时，他们所从事的活动，是马克思在我们所考察的所有文本中（追随费尔巴哈）一再鄙弃的活动。这些活动正是马克思所试图回避的活动。对于马克思而言，20世纪马克思主义对这些问题的争辩和论战——即便撇开诸多观点所表现的愚蠢可笑不论——从一开始就大错特错。

不过，有一些马克思主义作家——尤其是卢卡奇和法兰克福学派的成员——多少看到了这一点，并且试图不借助于任何认识论或存在论，抑或通过特意发明能够避开通常哲学范畴的理论，来处理这些问题。对**这些**作家，考察我们所研究的多个文本在多大程度上（我认为相当之大）预演了他们的迂回和曲折，会是件很有意思的事情。[1]

结 论

最后，我还关注乌托邦因素在1844年马克思著作中的作用。马克思文本中的社会理论经常被认为是乌托邦，被贴上这个标签曾被认为是毁灭性的批判。甚至有人说，考察马克思的早期著作毫无意义，因为他所推介的社会理想本身永远无法实现——它们是乌托邦。关于马克思的文本，我最后想指出的是，标签"乌托邦"之下可以隐含几种不同的错误，马克思1844年的著作表明，有些错误有时或许是值得去犯的。

以下是某种社会理想可能成为乌托邦的四种方式：

（1）它可能是**政治乌托邦**。它可能需要每个人都知道的，在不久的将来不会发生的制度变革。这并非因为这种变革无视技术现实和经济现实，抑或超出了人的本性的能力，而只是因为现行的政治力量太过强大，阻碍了这种变革。

（2）它可能是**技术乌托邦**。它可能依赖于对社会技术能力的极度不合理的假定，即假定能够生产出实现这一社会理想所需的物质资源。

（3）它可能是**经济乌托邦**。它可能依赖于对社会经济能力的极度不合理的假定，即假定可以非常容易地从个体身上激发出实现这一社会理想所需的生产活动。

（4）它可能是关于**人的本性的乌托邦**。它可能依赖于对人的能力、关切和动机的极度不合理的假定。[2]

要求一种政治哲学避免第一种意义上的乌托邦，未免太过苛刻。政治哲学史上几乎没有几部著作能够满足这一限定条件，包括常常被视为20世纪政治哲学领域最重要的著作《正义论》（A Theory of Justice），罗尔斯构想的良序社会并不会很快变为现实。

当然，如果一种政治哲学**不**是第一种意义上的乌托邦，它必然也不会是其他几种意义上的乌托邦。试图依赖错误的技术主张或经济主张，抑或错误的人的本性的主张，创设出制度安排来，是一种很坏的观念。我认为对于后三种意义上的乌托邦主义的大部分敌意，源自以下意识：试图将犯有一种或多种形式带有乌托邦主义过失的社会理想加以真正的现实化，将是极具灾难性的。

但是，如果我们承认一种观念是第一种意义上的乌托邦，即政治的乌托邦，那么又会怎样呢？这无疑是个程度问题，不过让我们设想一种政治哲学论述，其在下述意义上——我们无需担心政治家们很快会认真对待它——是十足的乌托邦。如**此**一来，就讲不清楚作为第二种或第三种意义上的乌托邦论述，是否一定总是错的。成为某一种意义上的，或者兼备两种意义上的乌托邦，对于人们理解想要考察的事物来讲，比如人的本性的观念（抑或它的一个特定方面）对政治哲学的作用，可能是一种有用的方法。成为某一种意义上的，或者兼备两种意义上的乌托邦，可以充当隔离人想要详加考察的因素的方法。

政治哲学始终必须避免的，是第四种意义上的乌托邦主义，即有关人的本性的乌托邦主义，因为发展一种与**我们**无关的政治哲学将毫无意义。政治哲学所采用的有关人的本性的论述，我们必须可以从中认出我们自身，抑或至少能够从中认出我们可以视之为关系很近的后代的存在者。政治哲学所把握的，必须是我们可以认可的人的可能性。

不论将他的观念划归我所描述的哪一种意义上的乌托邦，马克思对此都会加以拒绝。不过，目前马克思在哲学上的重要性，无疑在于他是一名乌托邦作家。

为了搞清问题所在，我们需要另一组区分。人的本性的观念至少能够做到：

a. 提供对人的现实状态的描述；
b. 提供对人的理想状态的描述；
c. 强调人类生活的某一重要却受到忽视的方面。

专注 a 显然是有价值的，这对于揭示当下现实性与当下可能性之间的差距来讲，这一点尤其有其价值。考虑到人和制度现有的诸多可能性，未能实现这些可能性可以被视为社会的一种（或许重大的）失败。指出人，照其现在的状态，**能够**实现诸多未曾实现的制度可能性，这是一种强有力的现实指向。

不过，我认为专注 b 更有价值。罗尔斯著作的深层力量，在部分程度上源于其对我们非常渴望的人的理想状态的描述。[3] 它不仅指出了我们当前的失败，即未能在当前实现人的本性中的现有可能性，而且指出了当前对于未来的失败，即当前未能为将来实现人的本性中的更好的可能性打下基础。

马克思 1844 年著作的重要性，在于其专注于 c。我认为 1844 年的马克思将会成为哲学上最为恒久的马克思。《形态》对于善好生活的论述，与非马克思主义的论述之间并无本质的不同。这一文本对于全面发展的个体强调得过分了，不过我们也可以对之进行过分的批评。关于所

结　论

有主体在其中都能自由选择从事多种活动，这样一种社会世界的描述，无疑是第（1）（2）（3）种意义上的乌托邦，但并非——总之并不显然是——第（4）种意义上的乌托邦，并且它还是一种许多非马克思主义者都会向往的描述。

相比之下，1844年马克思著作中的善好生活观念，尤其是其赋予共同体和劳动的重要性，要更有特色。我在"导论"中曾指出，1844年的马克思朝向对人的本性的非形而上学论述迈出了一步。这里我想强调，虽然他对共产主义的描述无疑是第（1）（2）（3）种意义上的乌托邦，但正**因为**他的描述是这样一种乌托邦，正是通过他对"作为人"（AM 462/227；《穆勒评注》，第183页）进行生产的真实状态的想象，1844年的马克思才能够格外强调共同体的作用，尤其是强调劳动在人的善好生活中的作用，而这是马克思事业的主要价值所在。强调共同体在今天已是司空见惯。但马克思式对劳动的强调则远非司空见惯，它指出了近来政治哲学的一大重要空白。恰当类型的制度结构对工作的重要性——这样一种结构对工作场所之中的生活和工作场所之外的生活的广泛影响——被忽视了，事实上经常是被无视了。它理应成为现代世界每一种政治哲学的核心。

最后，在结束一部主要研究乌托邦式（我所勾勒的一种或多种意义上）文本的著作时，我想说，政治哲学不应当仅仅关注什么在相对不远的将来是实践可行的，而且应当告诉我们，基于对人的本性及其可能性的理性描述，怎样的生活将是人的恰当的生活。

注　释

［1］仅以卢卡奇著名的"物化"理论为例。卢卡奇指出："思维和存在是同一现实的历史辩证进程的不同方面。"（Lukács, *Geschichte*, 349; *History*, 204）这种说法可能会得到《提纲》中的马克思的支持（参见第7章第2节对同步模式的讨论），并且容易让人联想起《形态》关于意识和物质活动相互交织的论述（参见第8章第5节）。

有趣的是，依据《形态》的视角，卢卡奇的说法同样会导致类似难题的出现。卢卡奇指出，如果有人认为"现实并不存在，其只是生成"（Lukács, *Geschichte*, 349; *History*, 204），就可以认识到资本主义条件下的生活的"物化"**是**物化，而非事物的自然状态。可惜，物化理论指出，资本主义条件下的现实**似乎并不**生成。其似乎单纯就在那里，冷酷而陌生，至多表现为一种有待操控的事物。这一现实在实际上的确生成这一点，唯有从青睐无产阶级的一种认识论立场出发，才能恰当地加以把握。但是，由于无产阶级自身仍然受制于物化，所以卢卡奇强调无产阶级在资本主义中的位置原则上所允许其具备的意识（其"被植入的"意识，参见 Lukács, *Geschichte*, 126, 155–169; *History*, 51, 70–81）。但在现阶段，亦即在具备革命的客观可能性和相当程度的革命组织之前，这种"无产阶级立场"如同自我意识的立场和人类的立场一样，只是一种理想化的立场（我所称的隔离式立场）。因而对于《形态》中的马克思而言，其同样是不能令人满意的。

[2]对乌托邦主义的类型，我们还可以做更进一步的区分。乌托邦可以提出一种社会理想，但其所依据的人的观念超出了人的本性的可能性之外；亦可以是指同时提出两种社会理想，其中每一种都是可能的，但两种社会理想之间却无法相容。后者是伯林（Isaiah Berlin）所担心的乌托邦类型。一个社会不能既实现中世纪基督教的理想，同时又实现古罗马的理想。马克思显然不会受制于后一种批判。他的两种社会理想，如我所概述的那样，从其他方面来讲可能是乌托邦，但是其并不涉及同时实现两种不能相容的人的可能性。

[3]罗尔斯写道："那么我们姑且从下述尝试开始，即描述出我们或许希望成为的那种人，以及我们或许愿望生活于其中、塑造我们的关切和性格的那种社会。"（"A Kantian Conception of Equality," *Cambridge Review* [February 1975]: 94；转引自 Norman Daniels, "Reflective Equilibrium and Archimedean Points," *Canadian Journal of Philosophy* 10, no. 1 [March 1980]: 95）

索 引

Abrams, M. H., 383n50, 383n51
Adorno, Theodor, 408n38
Age of Constantine the Great, The (Burckhardt), 232
alienation, 148–151, 163, 193, 194–195, 208–209
Althusser, Louis, 13, 318–321, 405n3, 411n22, 411n26
Anscombe, G. E. M., 415n21
Anti-Dühring (Engels), 408n32, 409n3, 413n9
Archard, David, 393n9
Arvon, Henri, 370–71n2
Ascheri, Carlo, 376n54, 394n10, 394n12
Austin, John, 78
Avineri, Shlomo, 227, 246

Barth, Karl, 371n5, 374n19
Bauer, Bruno; introduction to writings, 1–3, 17; Self-consciousness, 3, 110–114; differences between Hegel and, 116, 125–126, 141; interest of his texts, 12–16; state and civil society, 114–120; attack on Feuerbach, 114, 262–263, 265; critique of religion, 120–128, 129; differences between Feuerbach and, 121–123; on Judaism, 123–128, 386–387n29; taking standpoint of Self-consciousness, 128–134, 387–388n39; *Umsturz* model, 129–130, 131, 132; Hegel's *Geist* and Self-consciousness, 129, 140; presuppositions and, 131–132, 280; assessment of, 134–142; Marx and, 145, 151, 154–155, 265–266, 285, 315–316; fighting subjective illusion, 201; Marx's attack on Young Hegelians, 268–278; political change and, 270, 271
Bauer, Edgar, 23, 387n39
Beiser, Frederick, 370n22, 375n30, 375n44, 376n45, 378n6, 384n59
Berlin, Isaiah, 375n30, 384n64
Borges, Jorge Louis, 339, 414n16
Brenkert, George, 389n5, 392n26
Buchanan, Allen, 257–258, 404n46
Burckhardt, Jacob, 232

Calvez, Jean-Yves, 227, 246
Capital (Marx), 163, 391n20, 391n23, 392n25, 410–411n10
capitalism; workers' ignorance of their true nature, 193–197; Marx's problem of justification, 197–201, 347–353; and labor, 200–201, 204, 208–209, 302; and political economy, 202, 393n4, 398n10; self-activity under, 307, 308, 314; condemnation of, 192, 347–359, 416n27
Carlyle, Thomas, 97
Carnap, Rudolph, 380–381n18
Cavell, Stanley, 43, 97, 373n10, 374n17, 374n18, 380n15
Cesa, Claudio, 381–382n31
"Charakteristik Ludwig Feuerbachs" (Bauer), 132, 265

Christianity; Feuerbach's critique of, 27–37; method of critique of, 37–44; Bauer's critique of religion, 120–128, 129
Cieszkowski, August, 18, 109
civil society; Bauer on, 114–120; Marx on, 145, 239, 241, 249, 251; standpoint of, 402–403n29
classless society, 305–306
Cohen, G. A., 13, 197, 393n5, 405n5, 410–411n10; sketch of life under communism, 186–187, 311
Cohen, Ted, 415n20
Coleridge, Samuel, 97, 194
Comments on James Mill (Marx); on good life, 146; on community, 152, 170, 175, 180; on human self-realization activity, 173; on love, 183; on completing one another, 185, 392n2; contrast with Cohen's views, 187; and *The German Ideology*, 281, 299, 304
communism, Marx's view of; species being and products, 144–151; species being and enjoyments, 152–155, 351–353; individual development and Marx of 1844, 154–155; human relation to objects, 155–160; immortality, 160; human self-realization activity, 160–168; production and human self-realization activity, 173–174; Cohen's sketch of life under, 186–187; Marx's problem of justification, 197–201, 347–353; problem of ends and beliefs, 201–210; Marx's picture of the good life, 299–302, 310, 311, 364; division of labor, 299–302, 341, 409–410n5; classless society, 305–306; self-activity, 307–310, 314; morality and moral philosophy under, 337–347; *See also* community
Communist Manifesto, The (Marx), 186–187, 258, 311
community; completing one another, 169–176, 184–185, 392n2, 395n18; mediating for one another with the species, 175–183; digression on, 183–191; described in *German Ideology*, 302–307
completing one another, 169–176, 184–185, 392n2, 395n18
Comte, Auguste, 279, 374n27
Concluding Unscientific Postscript (Kierkegaard), 253
"Contribution to the Critique of Hegel's *Philosophy of Right:* Introduction" (Marx), 266, 267, 270, 271

"Correspondence of 1843, A" (Marx), 267, 274
Counter-Enlightenment, 17, 48
creation; Feuerbach on, 30, 61, 213, 239–240, 284, 285; Marx on, 213–216, 220–221, 223–224, 408n37
"Critical Remarks on the *Principles of the Philosophy of the Future*" (Feuerbach), 83, 85, 295
Critique of Political Economy, The (Marx), 265
Critique of the Gotha Program (Marx), 173, 410–411n10

David Hume (Jacobi), 106
deflationary approach to philosophical questions; defined, 78, 380n17, 380–381n18; Feuerbach and, 81, 84, 85, 88, 99, 382n35; Marx and, 215, 216, 222, 287
Descartes, René, 6, 7, 58, 72, 74, 85, 88, 92, 95, 250, 274
Deutsch-Französische Jahrbücher (Marx), 5, 144, 145, 222, 265–267, 271, 274
diagnostic approach to philosophical questions; defined, 78–79, 380–381n18; Marx and, 215, 217, 221, 222, 291–293, 409n42
Diamond, Cora, 394n11, 415n21
"Die Gattung und die Masse" (Bauer), 132
"Die Judenfrage" (Bauer), 123
dismissive approach to philosophical questions; defined, 77–78; Feuerbach and, 81, 87, 96, 382n35; Marx and, 217, 282, 288, 315

Edwards, Jonathan, 41, 218
Ego and His Own, The (Stirner), 265, 410n6
egoism, 99–100, 117, 120, 179; Marx on, 239–240, 293; Stirner on, 275–276
Eliot, George, 373n14
Elster, Jon, 135, 389n3, 389n6, 390n11, 390n18, 395n22, 397n4
empirical verification, 278–282, 312–313; scientific vs. everyday, 281
Engels, Friedrich, 4, 23, 98, 265–268, 283–285, 369n11, 401n11, 405n2, 405n4, 405n7, 406n15, 408n32, 408n36, 409n3, 413n9
Enquiry Concerning Human Understanding, An (Hume), 48
Essence of Christianity, The (Feuerbach); goal of, 8, 54; method of critique of Christianity, 38; Engels on, 98; Jacobi and, 52, 105; differences in editions, 53; religion and

practical life, 66, 350; method of inversion, 72; on bread and water, 160; on love, 180; Marx's *Theses on Feuerbach* and, 238–239; on Judaism, 238–239
Essence of Faith According to Luther, The (Feuerbach), 53, 266
external vs. internal shared ends, 187–189, 396n27

faith, 47–48, 51–52, 105, 254
Faith and Knowledge (Hegel), 106
Fear and Trembling (Kierkegaard), 253
feedback model of interaction with the world, 237–242
Feuerbach, Ludwig; introduction to writings, 1–3, 17; and Hegel, 6, 75–77, 86, 94, 106, 107, 384n75; and Marx's complaint against philosophy, 6–12; interest of his texts, 12–16, 106–108; critique of Christianity, 27–37; on creation, 30, 61, 213, 239–240, 284, 285; and miracles, 30–31, 40–41, 43, 47–51, 53, 60, 87, 100; and immortality, 33–34; and Hegel, 35, 75–77, 86, 94, 106, 107; method of critique of Christianity, 37–44; as natural scientist of the mind, 38, 54–57; comparisons to contemporary thinkers, 45–54; on Kant, 45–46, 81–82, 95–97; on faith, 47–48, 51–52; on water and hydrotherapy, 55–57, 377n61; on theology, 59–61, 63–65; status of philosophy, according to, 59–71; method of critique of philosophy, 71–88; sensuous perception, 83–84, 240–241; goal of critique of philosophy, 88–93; Wartofsky on, 89–90; problems with critique of philosophy, 93–103; relation to Romanticism, 97–98; Young Hegelians and, 98; Marx and, 98, 160, 210–213, 216, 217, 224, 266, 314, 316; on knowledge, 100; antecedents of Feuerbach's new philosophy, 103–106; Bauer's attack on, 114, 262–263; differences between Bauer and, 121–123; views on species membership, compared to Marx, 177–179; on relation of man to woman, 180–181; reciprocal mirroring, 181–183; fighting subjective illusion, 201; on Judaism, 238–239; Marx's attack on Young Hegelians, 268–278; differences with Marx, 294–298; unaware of contemporary zoological debates, 371–373n9; Kierkegaard, compared to, 377n57

Firth, Roderick, 412n2
Foot, Philippa, 139
Fourier, François Marie Charles, 174, 391–392n24
Fragments Concerning the Characteristics of My Philosophical Development (Feuerbach), 85, 94
fundamental relations/orientations, 228–236, 288, 298, 315, 317–318

Gadamer, Hans-Georg, 95, 98
Garve, Christian, 370n22
Gascoigne, Robert, 389n55
Geertz, Clifford, 57
Geras, Norman, 405n49
German Ideology, The (Marx), 3, 6, 12–16; criterion for genuine desires, 168; interpretations of *Theses on Feuerbach* and, 228; general comments on, 260, 265–268; attack on Young Hegelians, 265, 268–278; attack on Stirner, 265–266, 276–277; empirical verification, 278–282; antiphilosophy I, 282–286; antiphilosophy II, 287–294; transformation, 294–298; division of labor, 299–302, 341, 409–410n5; community, 302–307; self-activity, 307–310, 314; change from 1844 Marx, 310–322; Althusser on, 318–321; morality, the problem with, 324–326; sociological thesis, 326–329; strong sociological thesis and structural thesis, 329–337, 354–358; condemnation of capitalism, 347–353
Geuss, Raymond, 369n18
Giles-Peters, A., 400n1, 403n38, 403n40
Göschel, Karl Friedrich, 4, 17, 294
Graham, Keith, 187
Gregory, Frederick, 381n30
Grundrisse (Marx), 165, 166, 311–312, 392n27, 396n23

Habermas, Jürgen, 227, 243–246, 401n17, 402n20, 403n39
Hamann, Johann Georg, 17, 48–53, 103–106, 375n30, 375–376n44, 376n45, 376n49, 377n57, 383n51, 384n59, 384n70
Hardimon, Michael, 385n10, 400n2, 400–401n5
Heart of Darkness (Conrad), 110
Heflin, Van, 310
Hegel, Georg Wilhelm Friedrich; and Feuerbach, 6, 35, 75–77, 86, 94, 106, 107, 384n75; and Marx, 6, 394–395n17; differ-

Hegel, *(continued)*
  ences between Bauer and, 116, 125–126, 141, 386n28, 388n53, 389n56; *Geist* and Self-consciousness, 129, 140; externally directed community and, 396–397n30
Hegelianism (Toews), 4
Heidegger, Martin, 222, 382n37, 398n16, 402n27
Hess, Moses, 23, 115, 408n33, 410n7
Herwegh, Georg, 123
History and Class Consciousness (Lukács), 227, 403n41, 416–417n1
History of Materialism (Lange), 25
Hobbes, Thomas, 332
Holy Family, The (Marx), 265–268, 270, 271
human nature; giving content to, 13–15; completing one another, 169–176, 184–185, 392n2, 395n18; Thesis Six and, 261–263
human self-realization activity, 160–168, 192; labor as, 161–168, 196–197, 199–210, 218–219, 299; production and, 173–174; workers' ignorance of their true nature, 193–197; capitalism and, 193–197; Marx's desired orientation and, 257, 403–404n43; standpoints and, 274. *See also* standpoints
Hume, David, 7, 48, 51, 92, 104, 105, 344, 346, 375n30, 376n44, 377n57, 384n59, 384n70, 412n2
hydrotherapy, 55–56, 377n61

illusion; objective, 197–199, 278, 294; subjective, 198, 201
"Immortal, The" (Borges), 339
immortality, 33–34, 160
internal vs. external shared ends, 187–189, 396n27
intertwined vs. overlapping shared ends, 188–189, 396n28

Jacobi, Friedrich Heinrich, 17, 48–53, 103–106, 375n30, 375n43, 375n44, 376n45, 376n50, 376n52, 377n57, 384n59, 384n70, 384n75
Judaism; Bauer on, 123–128, 386–387n29; Feuerbach's *The Essence* on, 238–239

Kain, Philip, 314, 411n14
Kamenka, Eugene, 25, 371n3, 382n35, 382n41
Kant, Immanuel; 228, 244, 325, 344, 345, 356, 371–372n9, 384n59, 400n4, 401–402n17, 403n42; Feuerbach and, 45–46, 81–82, 95–97; realm of ends, 185–186, 257, 395n20, 395n21
Kaplan, Mark, 416n28
Kierkegaard, Søren, 252, 377n57, 401n8, 402n27
Kline, George, 408n34
Kolakowski, Leszek, 227
Korsgaard, Christine, 394n16
Kritik der evangelischen Geschichte der Synoptiker (Bauer), 109, 131
Kritik der evangelischen Geschichte des Johannes (Bauer), 109
Kymlicka, Will, 136–138

labor; alienation of, 148–151, 163, 193, 194–195, 208–209; necessary, 161–166; as human self-realization activity, 161–168, 196–197, 199–210, 218–219; workers' ignorance of their true nature, 193–197; *Theses on Feuerbach* (Marx), 242–247; division of, 299–302, 341, 409–410n5
Ladd, Alan, 310
Lehre der Nahrungsmittel (Moleschott), 75
Lange, Friedrich, 25, 39, 44
Lavrov, P. L., 27
Lectures on Philosophical Theology (Kant), 45
Lectures on the Essence of Religion (Feuerbach), 25, 75, 82
Lenin, Vladimir Ilyich, 283–285, 290
Lessing, Gotthold, 48–53, 376n52, 377n57, 379n8
Life of Jesus (Strauss), 1, 131
Locke, John, 7, 92, 169
Löwith, Karl, 5, 6, 11, 98, 383–384n54
Ludwig Feuerbach and the Outcome of Classical German Philosophy (Engels), 283
Lukács, Georg, 227, 362, 403n41, 416–417n1
Lukes, Steven, 412n1
Luther, Martin, 53, 57, 80, 376n53, 377n56

MacIntyre, Alasdair, 398n15
Mah, Harold, 367–368n1, 407–408n31
Manuscripts, 1844 (Marx); on good life, 146; on human self-realization activity, 161, 167, 200; on alienated labor, 163, 208; relation of man to woman, 180; and *The German Ideology*, 281, 299, 304; "Critique of the Hegelian Dialectic and Philosophy as a Whole," 399–400n21
Marx, Karl; introduction to writings, 1–3,

18–20; critique of religion, 3; dialectical materialism, 6; of 1844 (defined), 6; and Feuerbach's complaint against philosophy, 6–12; interest of his texts, 12–16; attack on Proudhon, 269; Feuerbach and, 98, 160, 210–213, 216, 217, 284–285, 294–298, 314, 316; Bauer and, 145, 151, 154–155, 265–266, 285, 315–316; species being, interpretations of, 147–148, 313; alienation of labor, 148–151; nature and human activity, 150–151; species being and enjoyments, 152–155, 351–353; human relation to objects, 155–160; species being and immortality, 160; human self-realization activity, 160–168, 192, 257, 402–403n29; completing one another, 169–176, 184–185, 392n2, 395n18; on market relationships, 171–173; production and human self-realization activity, 173–174; mediating for one another with the species, 175–183; species membership, compared to Feuerbach's views, 177–179; on relation of man to woman, 180–181, 394n13; reciprocal mirroring, 181–183; contrasted to Kant, 185–186; workers' ignorance of their true nature (work of 1844), 193–197; problem of communists' ends and beliefs, 201–210; critique of Smith (work of 1844), 208–209; 1844 critique of philosophy (work of 1844), 210–217; on creation, 213–216, 220–221, 223–224, 408n37; problem of the present (work of 1844), 217–226; fundamental relations/orientations, 228–236, 288, 298, 315; Thesis Eleven, 236–242, 269, 278; practical-idealist reading, 247–254; problem of the first step, 254–260; on revolutionary activity, 255–260, 404n46, 415–416n26; human nature and Thesis Six, 261–263; change from earlier texts, 266–268, 306–307; Stirner and, 265–266, 268–278, 294, 303; presuppositions, 279–280, 291; picture of good life, 299–302, 310, 311, 364; change from 1844, 310–322; problem with morality, 324–326; sociological thesis, 326–329; strong sociological thesis and structural thesis, 329–337, 354–358; condemnation of capitalism, 347–359; on ideology, 413–414n10

Marx-Engels Collected Works, editor on, 269, 410n7

Massey, James, 374n19

Materialism and Empirio-Criticism (Lenin), 283

Mayer, Gustav, 370n23, 406n14

McLellan, David, 368n10, 386n16, 387n31, 389n56

mediating for one another with the species, 175–183

method; of critique of Christianity (Feuerbach), 37–44; of critique of philosophy (Feuerbach), 71–88

Michelet, Karl, 116

Mill, John Stuart, 46–47, 140, 279

Miller, Richard, 404n45

miracles, Feuerbach on, 30–31, 40–41, 43, 47–51, 53, 60, 87, 100

Moleschott, Jacob, 75, 84

morality, Marx's critique of; problem with morality, 324–326; sociological thesis, 326–329; moral philosophy under communism, 337–347; strong sociological thesis and structural thesis, 329–337, 354–358

natural scientist of the mind (Feuerbach), 38, 54–57

"Necessity of a Reform of Philosophy, The" (Feuerbach), 37, 47, 95–96

Nielsen, Kai, 390n17

Novalis, 97

Nüdling, Gregor, 371n2, 371n5, 373n12, 382n31

objects and communism, 155–160

"On Miracles" (Feuerbach), 60

"On Miracles" (Hume), 48

"On *The Beginning of Philosophy*" (Feuerbach), 98

"On the Jewish Question" (Marx), 267

"On the Proof of the Spirit and of Power" (Lessing), 48

"Other Minds" (Austin), 78

"Outlines of a Critique of Political Economy" (Engels), 266, 271, 406n15

overlapping vs. intertwined shared ends, 188–189, 396n28

pantheism, 64–66

Parfit, Derek, 232–233, 402n25

Pascal, Blaise, 50, 218

Past and Present (Carlyle), 9, 270, 406n15

Peffer, R. G., 389n3

Phenomenology of Spirit, The (Hegel), 75–76, 380n13

Philosophical Fragments (Kierkegaard), 253
philosophical questions, approaches to, 77–80
philosophy; Feuerbach's and Marx's critique of, 6–12; status of, according to Feuerbach, 59–71; speculative, 63–64, 70–73; Marx's 1844 critique of, 210–226; moral under communism, 337–347; developing Marxist moral philosophy, 353–359
Plamenatz, John, 223, 389n8
Plato, 185, 308, 410n9
Popkin, Richard, 372–373n9, 376n53, 384n59
Popularphilosophen, 370n22
Poverty of Philosophy (Marx), 404n47
practical-idealist reading, 247–254
presuppositions, 131–132, 276, 279–280, 291
Priessnitz, Vincent, 55
Principles of the Philosophy of the Future (Feuerbach); on natural science, 28; critique of philosophy, 67, 73, 74, 80, 81, 83, 85, 87, 89, 91, 96, 102–103; Marx on, 266, 295, 314; on political change, 270
Proudhon, Pierre Joseph, 269, 405n6
Provisional Theses for the Reformation of Philosophy (Feuerbach), 58, 89, 94
Prussian state and civil society, 114–120
Pynchon, Thomas, 12

Rawidowicz, Simon, 370–371n2, 374n27, 376n52, 380n12, 382–383n41
Rawls, John, 16, 190, 363, 396n27
realm of ends and Kant, 185–186, 257, 395n20, 395n21
Reasons and Persons (Parfit), 232
reciprocal mirroring, 181–183
relations and orientations, fundamental, 228–236, 288, 298, 315, 317–318
religion; Feuerbach's critique of, 27–37, 59–61, 63–65; Bauer's critique of religion, 120–128, 129; attacks on, differences between Feuerbach and Bauer, 121–123; Judaism and Bauer, 123–128
"Religious Rejections of the World" (Weber), 107
revolutionary activity, 255–260, 404n46, 415–416n26
Rheinische Zeitung (Marx), 267
Ricoeur, Paul, 398–399n16, 405n11
Romanticism, 97–98
Rosen, Michael, 369n18, 398n9

Rosen, Zvi, 368n2, 385n2, 385n5, 386n15, 387n32, 387n38
Rosenkranz, Karl, 4, 116
Ruge, Arnold, 23, 98, 368n1, 388n53
Ryle, Gilbert, 9

Schacht, Richard, 394n15
Schelling, Friedrich, 76
Schleiermacher, Friedrich, 376n50
Schmidt, Alfred, 227, 246, 382n35, 402n23
Schnädelbach, Herbert, 380n17
"Science as a Vocation" (Weber), 234
self realization; Bauer and, 119–120, 135–136; Marx and, 146, 160–168, 300; difference between self-activity and, 307
self-activity, 307–310, 314
Self-consciousness, 3, 110–114; taking Bauer's standpoint of, 128–134, 387–388n39
sensuous perception, 83–84, 240–241, 401n11
serious approach to philosophical questions; defined, 77; Feuerbach and, 100; Marx and, 213, 215, 287
Shaffer, Jerome, 409n41
shared final ends, 187; internal vs. external and overlapping vs. intertwined, 187–189, 396n27, 396n28
Shaw, William, 370n24
simultaneity model of interaction with the world, 237–242
Smith, Adam, 208–209, 412n2
sociological thesis, 326–329; strong and structural thesis, 329–337, 354–358
"Species and the Crowd, The" (Bauer), 262, 265
species being; and products, 144–151; and enjoyments, 152–155; immortality, 160; species membership, comparing views of Feurbach and Marx, 177–179
speculative philosophy and theology, 63–64, 70–73, 96–97
Spinozism, 64–65, 376n52, 379n8
standpoints; privileged, 248, 250; human self-realization activity and, 274; insulated, 274–277, 326, 330, 335–336; Archimedean, 275, 276, 277; of civil society, 402–403n29
state and civil society, 114–120
Stirner, Max, 23, 269, 270, 273, 275, 276; Marx's attack on, 265–266, 268–278, 294, 303, 410n6

Strauss, David Friedrich, 1, 131, 132
structural thesis, 329–337, 355–356
Stuke, Horst, 385n2, 385n5, 387n31, 387n35, 387n38, 387–388n39

Taylor, Charles, 396n25
theology; Feuerbach on, 59–61, 63–65; speculative philosophy and, 63–64, 70–73, 96–97
Theories of Surplus Value (Marx), 163
Theory of Justice, A (Rawls), 363
Theses on Feuerbach (Marx), 6; fundamental relations/orientations, 228–236; Thesis Eleven, 236–242, 269, 278; feedback model of interaction with the world, 237–242; simultaneity model of interaction with the world, 237–242; Thesis Two, 237–242; Thesis One, 238, 240, 242; Thesis Five, 240–241, 242, 401n11; labor and, 242–247; practical-idealist reading, 247–254; privileged standpoint thesis, 248, 250; Thesis Ten, 249; Thesis Six, 249, 261–263; problem of the first step, 254–260; Thesis Three, 255; and *The German Ideology*, 281; Althusser on, 318
Toews, John, 4
"Towards a Critique" (Feuerbach), 94
Trumpet of the Last Judgement over Hegel, the Atheist and Antichrist, The (Bauer), 109, 115, 270

Über die Lehre des Spinoza (Jacobi), 48, 51
Unger, Roberto, 138, 388n51
"Utility of Religion, The" (Mill), 46
utopian thought, 362–363

Vogel, Steven, 390n12, 402n20
Vogler, Candace, 414n11

Wartenberg, Thomas, 58
Wartofsky, Marx, 89–90, 370–371n2, 371n4, 371n6, 371n7, 381n23, 382n37, 382n40, 382–383n41
Wealth of Nations, The (Smith), 208–209
Weber, Max, 107, 234
Welch, Claude, 374n19, 376n53
"What Is Now the Object of Criticism?" (Bauer), 265
Williams, Bernard, 415n21
Wolff, Robert Paul, 399n16
Wood, Allen, 46, 148, 193–194, 223–224, 369n19, 370n25, 389n3, 389n7, 397n4, 399n17, 399–400n21, 400n22, 402n24, 405–406n11, 414n12

Young Hegelians; introduction, 2; themes from, 3–6; and Hegel, 6; and Feuerbach, 98; on religious belief, 201; attack on in *The German Ideology* (Marx), 265, 268–278; on political change, 269–270, 405–406n11

Marx's Attempt to Leave Philosophy
By Daniel Brudney
Copyright © 1998 by the President and Fellows of Harvard College
Published by arrangement with Harvard University Press
through Bardon-Chinese Media Agency
Simplified Chinese translation copyright © 2018 by China Renmin University Press.
All Rights Reserved.

图书在版编目（CIP）数据

马克思告别哲学的尝试/（美）丹尼尔·布鲁德尼（Daniel Brudney）著；陈浩译. —北京：中国人民大学出版社，2019.7
（马克思主义研究论库. 第二辑）
ISBN 978-7-300-26342-7

Ⅰ.①马… Ⅱ.①丹…②陈… Ⅲ.①马克思主义哲学-研究 Ⅳ.①B0-0

中国版本图书馆 CIP 数据核字（2018）第 235948 号

国家出版基金项目
马克思主义研究论库·第二辑
马克思告别哲学的尝试
[美] 丹尼尔·布鲁德尼（Daniel Brudney）　著
陈　浩　译
Makesi Gaobie Zhexue de Changshi

出版发行	中国人民大学出版社			
社　　址	北京中关村大街 31 号	邮政编码	100080	
电　　话	010－62511242（总编室）		010－62511770（质管部）	
	010－82501766（邮购部）		010－62514148（门市部）	
	010－62515195（发行公司）		010－62515275（盗版举报）	
网　　址	http://www.crup.com.cn			
经　　销	新华书店			
印　　刷	涿州市星河印刷有限公司			
规　　格	160 mm×235 mm　16 开本	版　次	2019 年 7 月第 1 版	
印　　张	26.75 插页 3	印　次	2019 年 7 月第 1 次印刷	
字　　数	419 000	定　价	88.00 元	

版权所有　　侵权必究　　印装差错　　负责调换